シリーズ三都

大坂巻

塚田　孝――［編］

東京大学出版会

Series: The Three Great Cities of Early Modern Japan
Volume: Osaka

Takashi TSUKADA, editor

University of Tokyo Press, 2019
ISBN 978-4-13-025183-9

刊行にあたって

日本近世は、人口数十万〜百万人規模の巨大都市・三都（江戸・大坂・京都）を産み出した「都市の時代」であった。日本近世の都市史研究は、戦前以来の長い歴史を有しているが、一九七〇年代に都市住民生活の基礎単位である「町」とそれを構成する町屋敷（家屋敷）への着目によって、それまでの都市の全般的・階層的把握から、都市の社会構造に踏み込んだ研究へと大きな飛躍を遂げたことは周知の事実である。都市社会史への展開である。その後の近世都市社会史研究は、第一段階（一九七〇―八〇年代）、第二段階（一九九〇―二〇〇〇年代）を経て、現在、第三段階を迎えている。

第一段階は、京都と江戸を主たるフィールドに展開した。そこでは、京都における「町」や町組の研究が大きな進展を見せるとともに、江戸においては、「町」と大店をめぐる社会関係、市場社会の構造、分厚く展開する日用層の存立構造などが次々と解明されていった。それに続いて、大坂においても、引き続き「町」や（株）仲間、非人などの周縁的な社会集団について、「法と社会」の視点からの研究が進展した。第一段階の研究は、即自的に巨大都市研究としての性格を持っていたため、この段階では、都市の巨大化によってもたらされる通有性が着目された。

一九九〇年代に入ると、二つの側面から研究状況が大きく展開していく（第二段階）。一つは、地方の小城下町→人口数万人程度の中大規模の城下町→巨大城下町という城下町の発展段階の中に巨大都市・三都を位置づけることで、三都の巨大性を相対化して捉える視野が拓けたことである。二つ目は、一九九〇年代以降、三都それぞれの都市社会史研究の進展によって、巨大都市としての通有性とともにそれぞれの社会構造の固有性が浮かび上がってきたことである。これにより、それぞれの都市（特に江戸と大坂）に即して、藩邸（蔵屋敷）社会、寺院社会、大店と表店の位相、市場社会、遊廓社会、芝居地、かわた町村と非人仲間などの様々な都市内社会の複合構造（分節構造）が明らかにされていった。

こうしたなかで、三都それぞれにおける固有の社会構造を前提にしながら、地方都市（城下町）とは質を異にする三都の巨大都市としての特質も顕著であることが自覚され、改めてその意味を問うことが課題として浮上してきている（第三段階）。本シリーズは、こうした第三段階の都市社会史研究の達成を示すとともに、今後の発展の契機とするために企画した。

なお、その準備のために科研費（基盤研究（B）「三都の巨大都市化と社会構造の複合化に関する基盤的研究」二〇一六―一九年度）の助成を得て、三都研究会を組織し、そこでの共同の討論を踏まえた成果であることを申し添えておきたい。

＊　＊　＊

本シリーズでは、三都の固有性と通有性を念頭に、次の三つの課題を設定し都市社会構造の分析を進める。第一に、三都に共通する分析レベル（「権力と社会」「町方の社会」「民衆世界の諸相」）に即して、それぞれの都市の特質を表現する対象を取り上げる。第二に、三都を往来する人とモノ、すなわち三都を結ぶ要素に着目して、その共通する局面と固有性を浮かび上がらせる。第三に、都市の巨大化は、中心部での高密度化と外延部への拡大の両面から進行するが、現在の研究状況をふまえ、三都それぞれの特質を浮き彫りにすべく、とりわけ後者（外延部への拡張）に焦点を当てる。

なお、いずれの巻においても、中世からの展開を踏まえること、さらに近代都市への展開を具体的に展望することを意図した。特に都市の巨大化、外延部への拡大は、近代都市への歴史的前提をなすものであり、そうした視角から三都の近代化のあり方を見通したい。本シリーズが、今後の都市史研究の発展につながることを願っている。

二〇一九年四月

杉森哲也
塚田　孝
吉田伸之

序

塚田　孝

大坂の範囲

本書は、『シリーズ三都』のうちで大坂を対象とする巻である。

近世日本において、大坂は最大時には人口四〇万を越える巨大都市であり、人口一〇〇万の江戸（明治以降の東京）に次ぐ日本で第二の都市であった。政治権力の所在した江戸、伝統と文化に彩られた京都に対して、大坂は経済都市としての性格が強かったとしばしば言われる。しかし、都市の住民生活の基礎単位として「町」があることは共通していた。もちろん三都の「町」のあり方もそれぞれ固有の特徴をもっていたが、そうした固有性と共通性をともに視野に収めながら、総体的に考えていくことが必要であろう。

近世大坂の都市域は、現在のＪＲ環状線内の北側ほぼ三分の二に相当する。北は、大川（淀川）北岸の天満地域に街区が広がり、その北側には東西に寺院が横一列に並んでいる。現在の大阪駅の辺りは曾根崎村であり、市域外である。その西は上・下福島村である。東は、大坂城の東、上町台地の縁に沿う猫間川の辺りが限界である。南は、道頓堀周辺までであり、日本橋から紀州街道沿いに長町が延びる。また、道頓堀の南には難波村が広がっていたが、近世中期以降、道頓堀周辺部に新地が開発される。上町台地上に寺町が展開しているが、四天王寺周辺は天王寺村の領域になる。西は、木津川・尻無川辺りまでである。その西は九条村である。一七世紀末に九条嶋に開削された安治川両岸にも新地が開発されている。

以上のような都市大坂の広がりを念頭において、その形成過程を振り返っておこう。

大坂の形成過程

天正一〇(一五八二)年六月の本能寺の変で織田信長を自害させた明智光秀を山崎合戦で破り、さらに柴田勝家を賤ヶ岳の戦いで敗北させた秀吉は、天正一一年に大坂に入り、築城に着手した。

秀吉の当初の都市プランは、浄土真宗の本願寺寺内町跡に城を築き、そこから四天王寺周辺を城下町としてつなぐ構想であったという。城と上町台地上の城下町部分を、東の猫間川、北の大川(淀川)、西の東横堀に加えて、南に空堀を築いた惣構え(防御施設)で囲み(文禄三(一五九四)年)、平野郷の人たちを移住させて、平野町を作るなどの都市建設が行われた。また、天正一三年に天満地域に本願寺寺内町を誘致して都市開発を促進した(ただし、天正一九年に京都へ移転)。慶長三(一五九八)年、秀吉は亡くなる直前に、三の丸内に伏見から大名屋敷を移転させるため、そこにあった町家を移動させる必要が生じ、東横堀の西側の船場に町場が開発された(「大坂町中屋敷替」)。豊臣段階の大坂は、上町台地から天満地域、そこから船場の方面までだったのである。

元和元(一六一五)年に大坂夏の陣で豊臣氏が滅び、松平忠明(家康の外孫)が大坂城主となるが、元和五年に大和郡山に転封となる(この時期の家中屋敷などの実態不明)。この後、大坂には城代と町奉行が置かれ、徳川幕府の直轄となる。大坂の陣で痛手を受けた大坂の復興が図られ、一六三〇年頃にかけて、大坂城が再建され(諸大名の御手伝い普請)、西船場や島之内に都市開発が進められていく。

船場の西側、つまり西横堀の西側に広がる地域の開発は、土佐堀、江戸堀、京町堀、阿波座堀、立売堀、長堀、薩摩堀といった堀の開削とセットで行われた。さらに三津寺村や上・下難波村の村領を挟んだ南部には、道頓堀が開削されている。これらの堀川の開発はほぼ一六三〇年頃までに一段落している。その上で、寛永一一(一六三四)年に上洛した徳川家光から地子免許を認められたのである。

道頓堀とその周辺の開発

堀川の開削と一体の開発の中でも、具体的な経過がわかる道頓堀の開発を見てみよう。

慶長一七(一六一二)年に成安道頓・安井治兵衛・同九兵衛・平野藤次郎の四人が出願して、上下二八町の土地を下され、自分の資金で道頓堀の開削に着手し、その両岸に裏行二〇間宛の町地を開発した。完成前に、安井治兵衛と成安道頓は死去し、大坂の陣後に大坂城主となった松平忠明の家老・奉行衆から、元和元(一六一五)年九月に安井九兵衛と平野藤次郎に道頓堀両岸の町家を取り立てるようにとの折紙が出される。

しかし、道頓堀周辺の開発はスムーズには進まず、東横堀に近い所や西横堀より西の部分は家建てが進まなかった。また東西横堀の間でも、南岸の中央部や北岸の裏町とされる部分でも明屋敷化が見られた。

八木滋は、寛永一七(一六四〇)年に南岸の立慶町や吉左衛門町の明屋敷部分、北岸の久左衛門町や宗右衛門町の明屋敷部分の家建てを望む個人から願いが出され、認められた経緯を明らかにしている。また、同じ頃、道頓堀の東端区域や西横堀から西側の部分のまとまった再開発を、安井九兵衛・平野徳寿(次郎兵衛)・伊丹屋道寿・木津勘助・難波孫兵衛・高津村五右衛門らが願い出て、認められたことも明らかにしている。明屋敷となり年貢負担を課された土地の再開発は、もう一度出願して許可を得る必要があったのである。こうした経緯の結果を示す明暦元年段階のこの地域の開発の進展は、模式図(八木論文より第11章図4として引用)に窺うことができる。

以上の経過から見ると、次の二点が注目される。第一には、道頓堀の開発が着手されたころ、都市化が進んでいたのは船場の地域であって、(後の)堀江の辺りが上・下難波村の領内だったことはもちろん、(後の)島之内の辺りは三津寺村の領域であったという点である。こうしたことを考えると、道頓堀とその周辺の開発は都市大坂の南限を画す意味もあったのではなかろうか。
第二には、道頓堀の周辺には、芝居小屋の設置が認められ、茶屋営業が展開することである。村領を挟んで、むしろ南の限界を画するような位置にある道頓堀周辺の開発は、蔵屋敷や市場などが展開する西船場とは開発の性格が異なるのかもしれない。

新地開発

一六三〇年ころ大坂の都市開発は一段落を迎えたが、その状況が大きく転換するのが、一七世紀末からの新地開発の展開である。河村瑞賢による淀川の治水工事の一環として貞享元(一六八四)年から堂嶋川の整備・築地や新川(後の安治川)の開削が行われたのである。続いて、元禄一一(一六九八)年に堀江の開削と堀江新地開発が行われ、宝永五(一七〇八)年には曾根崎新地が開発される。

一八世紀半ばには出願者の願い出を受けた新地開発が進められる。享保一八(一七三三)年には福島屋市郎右衛門・備前屋善兵衛が出願し、西高津村内に西高津新地が開発され(延享二年より大坂町奉行所の支配)、明和元(一七六四)年には金田屋正助の出願で難波村内に難波新地が取り立てられた。

河村瑞賢による治水事業と連動する①堂嶋新地と②堀江新地、および③曾根崎新地は幕府主導の開発であり、地子銀(=地税)上納を条件に出願した者(堂嶋新地)、入札による地代金負担者(堀江新地・曾根崎新地)に払い下げられた。一方、④西高津新地や⑤難波新地は開発請負人の出願が認められたもので、町奉行支配に入るが年貢と家役の二重負担が続く。

こうした性格の違いにもかかわらず、新地開発に際しては、「新地繁栄」「所賑い」などを名目として茶屋株や煮売株などが赦免された。これらの茶屋は、元禄七(一七九四)年に茶立女二人を置くことが認められた。大坂において遊女商売は新町遊廓以外では厳禁されていたが、この時点で茶立女を公認することで、茶屋にも事実上の遊女商売が黙認されたのである。これらにより、新地には遊所としての性格が伴うこととなった。また、堀江新地、曾根崎新地、難波新地には芝居興行も認められたのである。

先に触れたように、道頓堀南岸の立慶町と吉左衛門町には芝居小屋が赦免され、またその周辺は古株による茶屋営業が認められた地域であった。これらは道頓堀周辺の「所繁盛のため」に認められたものであり、道頓堀の開発は一七世紀前半の西船場などの諸堀川の開削・開発と一連のものであるとともに、後の新地開発と共通する「新地」としての性格という二重性をもったものと捉えることができよう。

一六世紀末に豊臣秀吉による大坂城とその城下町づくりから始まる都市大坂は、その段階では上町から船場、天満の辺りに限られていたが、一六三〇年頃には堀川の開発を伴いながら、西船場や島之内などに拡大し、ほぼ三郷の形が整う。その後、一七世紀末から堂嶋、続いて堀江の開発以後、次々と新地開発が行われ、周辺への拡張が進められたのである。以上のような経過で形成・展開していった大坂の都市空間はその形成過程によって様々な特質を刻印されることとなったのである。

大坂の分節構造

次に、こうして形成された大坂の都市空間の全体構造を一瞥しておきたい。江戸時代の城下町は、城を中心に、武家地、寺社地、町人地などに分節化された構造を持っていた。ただし、江戸幕府の直轄都市である大坂は、一般の城下町のような膨大な家臣団の集住地としての武家地の比重は大きくない。また、社会的に見ると、武士や町人（商人・職人）、宗教者などの諸身分が複合的な構造をなしていたのであり、単純化することはできないが、おおよそ武家地・寺社地・町人地などの区分で見ていくことが適切であろう。

a　武家地　大坂城の周辺に武家地が集まっている。大坂には、西国大名を統率する立場にもある大坂城代を頂点に、大坂城の警備にあたる定番二名・大番組二組・加番四名が置かれた。二の丸の南に城代（下）屋敷があり、玉造口と京橋口の両定番の下屋敷などがあった。大番・加番は城内に居住した。

大坂町奉行は、東西二名が置かれ、旗本が就任した。この大坂町奉行は、大坂三郷・町続在領の支配、摂河の仕置から摂河泉播の地方関係の裁判権、さらには西日本への金銀出入りの裁判権などの広範な権限を持っていた。京橋口の外側に東西町奉行所があったが、後に西町奉行所は本町橋より少し北の東横堀沿いに移った。東西町奉行所の与力・同心の屋敷は、天満の東側の淀川沿いと北端の二ヵ所に所在していた。なお、江戸のような寺社奉行は置かれておらず、町奉行所の寺社方与力が寺社行政を管轄した。

大坂の武士身分が居住する空間として蔵屋敷がある。一九世紀初めの「町奉行所旧記」（文化五年）には、大名の蔵屋敷一三九軒、旗本の蔵屋敷四軒、大名家来の蔵屋敷一〇軒があげられている。それらは、中之島や堂嶋、土佐堀川沿い、江戸堀川沿いに集中しているが、それ以外のところにも散在していた。大坂の蔵屋敷は、江戸の大名屋敷（藩邸）のような幕府からの拝領地（武家地）ではなく、町人地を買得して設置されたものであり、そのため町人身分の土地の名義人を置かなければならなかった。その名義人は名代と呼ばれる。蔵屋敷は、諸藩の年貢米や特産品などを大坂市場に販売することが最大の機能であったが、そのために多数の大坂商人が出入りし、仲仕などの荷物運びの労働者も多く抱えていた。

b　寺社地　大坂の寺社には、寺町（寺社地）に集中した寺院と市中に散在した寺院・神社があった。浄土真宗以外の寺院は、基本的には寺町に所在した。寺町は、大きくは二ヵ所に分かれており、一つは天満の北辺に東西に一列をなしていた。もう一つは上町台地上の武家地と四天王寺の間に大規模に形成されていた。一方、浄土真宗の寺院は、町内の家屋敷にまじって所在した。また、多くの神社も町人地に散在した。天満天神社や御霊社、座摩社、仁徳天皇社（稲荷社）のような大規模な神社の境内では、床店が営まれたり、宮地芝居が興行された。生玉社には、神主や社家もいたが、別当の南坊ほかの真言宗の社僧が実権を持っていた。こうした大規模な神社や（大坂の南・天王寺村に位置する）四天王寺の周辺では、神社や寺院を磁極とする社会秩序が形成されていた（神社社会・寺院社会）。

なお、修験（山伏）や願人坊主、陰陽師、六斎念仏、神道者などの勧進宗教者（道心者）は、市中の借屋などに居住することが認められていた。

町人地——三郷

次に町人地について見よう。大坂の町人地は、北組・南組・天満組の三組に分けられ、合わせて三郷と呼ばれる。一八世紀半ばでは、北組に二五〇町、南組に二六一町、天満組に一〇九町が属し、三郷合わせて六二〇町を数えた。天満組は、ほぼ大川（淀川）の北側、北組と南組は本町橋の辺りを境に分かれるが、単純な境界線で区切られた空間ではなかった。

立売堀と長堀の間にあった新町は、大坂で唯一の公認遊廓である。この新町遊廓は、空間的には南組の地域に位置していたが、内部には南組の町と北組の町が混在していた。三郷の枠組みが確定した後の元禄一一（一六九八）年に大規模に開発された堀江新地三三町は、当初北組・南組に付属するものとして一括されていたが、元禄一六年に北組・南組・天満組に分割された。また、理由は不詳だが、日本橋から南に延びる長町も北組であった（長町の北に続く油町一—三丁目も同じ）。

以上のように三郷は単純に空間的に区切られたものではないが、三郷にはそれぞれ惣会所が置かれ、都市運営上の行政的なまとまりであった。各組には、運営の中心となる数人ずつの惣年寄がいたが、安井九兵衛が南組の惣年寄だったように初期の有力町人が任命された。その下に、各組に雇用された惣代、若き者、物書き、会所守などがいた。

彼らが執務するのが惣会所である。惣年寄、惣代らは各組の運営だけでなく、町奉行所の市中支配のシステムに組み入れられていた。

船場地域は町方の中心であり、三井（越後屋）や岩城（升屋）、鴻池屋など呉服商や両替商などの有力町人の店舗が集中していた。堂嶋には米市場があり、天満の大川沿いには青物市場があった。西船場に目を移すと、雑喉場に生魚市場、靫の永代浜に塩干魚市場と干鰯市場があり、江戸堀下之鼻新築地に川魚市場があった。また、長堀の両岸には材木市が広がった。

全国各地から大坂に積み送られてきた諸物資は、大きな廻船が市中の堀川には入れないので、安治川口・木津川口で上荷舟・茶船に積み替えられて、諸問屋・船宿に荷受された。西船場や堀江には、こうした諸問屋・船宿などが展開した。やや意外かもしれないが、三郷内には一八世紀初めに酒造屋が数百軒あった。そして、その後数を減らすものの、幕末にも二〇〇軒近くが存在していた。

大坂には膨大な大工や木挽、左官、船大工などの建築関連の職人もいた。大工は京都の大工頭中井家の支配の下、北組・南組に二三組、天満組に六組の大工組に編成されていた。木挽も中井家の支配であったが、大工とは別に組を作っていた。

先に触れたように、遊女商売を公認されたのは西船場の新町遊廓だけであったが、一七世紀末以降、茶屋に茶立女を置くことが公認され（遊女商売の黙認）、新地開発に伴って各所に遊所が展開した。道頓堀周辺の開発を促進するため、芝居小屋が設置されたが、京都の四条河原のような町域外ではなく、町地内の家屋敷に置かれた（すなわち地主＝家持が存在）点に特質がある。また、新地開発に伴って芝居小屋が認められた。道頓堀周辺では古株による茶屋営業が認められていたが、道頓堀周辺の開発は後の新地開発の先駆という意味も合わせもっていたのである。

大坂においても、江戸と同様に都市民衆世界が展開した。そうした人々の生業として、多様で零細な物売り（振売）や物作りが見られるとともに、資本も特別な技能も持たない者たちが生活を支えるものとして、男は働き渡世、女は縫仕事洗濯が広く見られた。働き渡世には、仲仕などの運輸労働や手伝い職などが含まれるであろうが、膨大な武士が集住する江戸に比べると、武家奉公人の比重は格段に低かった。しかし、日用層の口入や統制という局面では武家奉公人の問題が震源地であったことも見ておく必要がある。また、大坂の手伝い職は、江戸の鳶職に相当するが、鳶集団が町火消として結集したような様相は見られず、手伝い仲間を形成した。

c　かわた村と非人垣外　大坂の周縁部には、かわた身分や非人身分の集住地があった。渡辺村はかわた身分の村で、町奉行所の行刑役などを勤めたため、役人村とも呼ばれた。渡辺村は一七世紀には、道頓堀の西南側に所在したが、堀江新地の開発に伴い、木津村の領内に移転させられた。渡辺村の内部は都市的様相を呈し、大坂市中と同様の六「町」が形成されていた。この渡辺村六町は空間的には離れた天満組に属していた。

大坂の非人たちは、天王寺・鳶田・道頓堀・天満の四ヵ所の垣外に集住した。彼らは、大坂の成立期に乞食・貧人として都市社会に定着したものであったが、空間的には天王寺村、今宮村、難波村、川崎村の村領に含まれた。彼らは、市中での勧進を公認されるとともに、町奉行所の下で警察関係の御用を勤めた。

渡辺村は、行刑の御用を勤めるとともに生業としては皮革関係が重きをなしたが、一定の包括性をもつ町を形成していたのに対し、垣外仲間は御用と勧進に特化した集団であった。

「大坂巻」の構成と収録論考の位置づけ

本巻では、シリーズ全体の主題に即して、まず〈近世へ〉で、中世末のあり方を条件として建設された豊臣段階の大坂について見たうえで、「権力と社会」「町方の社会」「民衆世界の諸相」の三つの分析レベルから、大坂の特質を表現する対象を取り上げて論じる。また、〈三都を結ぶ〉では、江戸・京都・大坂を結ぶ要素に着目し共通性と固有性を浮かび上がらせ、最後に〈周縁へ〉において、巨大化を遂げた大坂と外延部との関係を見る。

中世末期の諸条件を前提とした豊臣秀吉による大坂城下町の建設が近世大坂への出発点となった。その様相を明瞭に示したのが、第1章大澤研一「豊臣期の大坂城下町」である。豊臣期大坂は三十年余の短期間であったが、天正期、文禄から慶長三年、慶長三年以降の段階を追って、上町、天満、船場の地域に都市化が進んでいく状況を確認するとともに、武家地・寺社地・町人地の分節構造を摘出する。そのなかで、武家屋敷が大坂城周辺と土佐堀沿いに位置していたことから、近世の大坂城周辺の武家地と大川沿いの蔵屋敷の原型が見られることなど、近世大坂の骨格に引き継がれたとの指摘は注目される。

江戸幕府の直轄都市である大坂は、膨大な家臣団が居住するための武家地の比重は小さかったが、城代や定番の屋敷や幕府諸役人の屋敷や西国大名などの蔵屋敷、また寺領や社領を与えられた寺社（領主としての側面をもつ）なども存在した。第Ⅰ部「権力と社会」では、定番屋敷や蔵屋敷をめぐる社会諸関係を見ていく。

まず、第2章齊藤紘子「大坂城の定番家臣団と都市社会」は、一七世紀後半までの大坂城代、定番を中心とした大坂城守衛体制の定着過程を追い、その時期の大坂の都市社会状況を解明する。そこでは、当時、旗本が定番に就任する際、一万石の加増を受け、小譜代大名となるのが一般的だったが、もともとの家臣に加え、他家の与力を譲り受けたり、大坂で滞留する牢人を抱えて家臣団を構成したことを明らかにしている。こうした定番の家中や与力・同心の召し抱えには「本国・生国」を基準にした身元改めが求められた。また都市社会の中において足軽・中間から家中奉公人までを調達する実態を明らかにする。同時に、その時期、牢人や武家奉公人らの統制が大きな課題だったことを浮き彫りにしている。

続いて、蔵屋敷を対象とした特論2本を置いた。特論1植松清志「蔵屋敷の変遷」は、蔵屋敷の空間構成に注目し、参勤交代に際して藩主が立ち寄る「西国型」の蔵屋敷とそれがない「東国型」の蔵屋敷という類型を摘出する。さらに幕末期に至ると、藩領商人の大坂市場への参入を支援することを目的として松代藩が設置したような新たな類型の蔵屋敷が産み出されることを指摘する。

一方、特論2森下徹「蔵屋敷から見る民衆世界」は、徳山藩の蔵屋敷の一八世紀半ばの実態に即して、民衆世界との関係をあぶり出す。そこでは、蔵屋敷に専属する仲仕集団のあり方、堀川での搬送をめぐる上荷船との対抗、参勤交代に要する通し日用の調達などを検討し、仲仕は荷物運搬だけでなく、蔵屋敷の日常雑役にも従事したが、彼らも徐々に蔵屋敷の統制を離れた利害集団化が進むこと、日用頭たちも独自の組織化が見られることなどを明らかにしている。

第Ⅱ部「町方の社会」では、都市社会の基盤にある「町」に目配りしつつ、大坂の特質を示す流通・運輸に関わる商人とその仲間のあり方を掘り下げるとともに、町方社会の近代への展開過程を探る。

第3章島﨑未央「種物問屋」は、油の原料である菜種・綿実を大坂で荷受する種物問屋のあり方を詳細に解明し、そこから問屋制に関する「荷受問屋から仕入問屋へ」というシェーマの見直しを提起する。具体的には、一八世紀前期までの大坂では幅広い諸問屋・船宿が種物を荷受していたが、油の流通統制（江戸への安定供給のために大坂への集中を図る）との関係で種物問屋（定問屋と増問屋）が括り出されたこと、しかしその専業問屋化は彼らが主体的に求めたものではないことを明らかにし、その後も多様な商品の荷受を行う存在であり続けたこと、逆に諸問屋・船宿なども自己の戦略で株取得・譲渡することが広く見られたことを解明している。

第4章北野智也「砂糖仲買仲間の成立と展開」は、もともと輸入砂糖が主流だったものが、一九世紀初頭に和製砂糖が大量に流通するようになることを背景に、砂糖仲買仲間の成立と展開を見ていく。天明元（一七八一）年九月から一一月にかけて、輸入砂糖などを引き受けていた戎講・大黒講・弁天講が、唐物の抜荷取締りを名目に「唐紅毛砂糖荒物仲買仲間」という株仲間として公認された。一九世紀に激増する和製砂糖の流通に対する文化期（和製砂糖引請人制）・天保期（和製砂糖問屋仲間）の統制においても、彼らは独占的な立場を維持したが、問屋から「素人」が自分使いの砂糖を購入することを認められたことを根拠に無株人の取り引きが横行することは避けられず、両者のせめぎあいが見られたことを明らかにしている。

特論3羽田真也「べか車の車主と車力」は、大坂の人力荷車であるべか車と上荷船や馬持との対抗関係の分析を通して、近世後期の運輸のあり方を明らかにする。一八世紀後期には、材木屋・油屋・薪屋などの商人＝荷主がべか車を所有し、下人や雇用した仲仕に引かせる形態と、複数のべか車を所有する賃貸業者から荷主自身が借りる、もしくは賃貸業者から車を借りた日用を雇用する形態が見られたが、一九世紀にはべか車所有の運送業者が広がり、その中には仲仕が車主になることも見られるなど、非特権のべか車による陸上運輸の展開を浮かび上がらせる。

特論4塚田孝「褒賞からみる町」は、一九世紀に広く見られた町年寄の精勤褒賞の事例を整理して、住民生活の基礎単位である「町」と町年寄には、町内取締りと町入用削減、町内の紛争解決や相互扶助などが期待されていたことを指摘する。

こうした「町」が都市社会の近代化の中でどのように変容・解体するかを論じた二本が続く。第5章飯田直樹「町の近代化」は、『鰻谷中之町の今昔』における明治一三―一四年に同「町」が表舞台から姿を消したという記述を手掛かりに、近世的な町の終焉とその意味を探る。町による家屋敷売買に対する規制と水帳の帳切は明治一二（一八七九）年二月までに基本的に終焉し、明治一四年には旧慣という扱いだったこと、それは明治一一年に公布された地方三新法による地方制度の改変の紆余曲折と関わり、明治一三年一一月の町単位での町会の開設に伴う町総代人の廃止、そして実際には町会が連合町会になってしまったことに決定的な画期を見るのである。そして町内の「寄合」は私的なレベルで継続されることとなったのである。

第6章佐賀朝「近代大阪の町・町会・学区」は、戦時町内会の導入まで、こうした私的なレベルで多様に見られた町内団体の動向を見ようとしたものである。そこでは、一九三六年の『大大阪年鑑』に網羅された当時の親睦会的町内会の一覧から、南区・西区を取り出し、町内に複数の団体がある場合、一つだけの場合、ゼロの場合があるという偏在状況を指摘し、その内実を見るために、谷町方面の一〇ヵ町と『西区史』記載の団体を検討し、住民の流動性と関係のあったことや戦時町会への移行も一様でなかったことなどを見出す。その上で、町が根強く残る京都や一九二〇年代には全戸加入の町内会が組織された東京との比較を試みる。

第Ⅲ部「民衆世界の諸相」では、寺社の周縁に位置づく者たちや遊女商売に関わる者、かわた町村など、身分と身分的周縁の研究の中で解明が進められてきた対象を取り上げる。

第7章屋久健二「大坂天満宮と門前社地の運営」は、著者自身がこれまで境内の茶屋仲間などについて解明してきた大坂天満宮について、神主と社家仲間の所有地である門前社地の貸地・借屋経営について明らかにする。門前社地の貸地・借屋経営の実際を担うものとして支配人が置かれたが、それは江戸の浅草寺の「一山家守」に相当しよう。彼らは後任の推薦という形でその地位の株化を図っていった動向も窺える。また、境内の床店・茶屋の支配は西側茶屋仲間が担ったが、時に支配人が掌握することも見られた。しかし、近代になると、社地は地借家主に地券が発行され（所有権の認定）、神主と社家仲間に依存した支配人の立場は顧みられなかったのである。

四天王寺に属して雅楽を演奏する楽人たちは、近世には朝廷にも出仕し、京都・南都と並ぶ三方楽所を構成した。特論5山崎竜洋「四天王寺と楽人」は、この天王寺楽所の楽人たちが、四天王寺で営まれた将軍家法要、および聖霊会に出役する実態を明らかにする。聖霊会は四天王寺で最も重要な法会であったが、終了時間の遅れを問題とする寺家の要求から演奏曲目の省略をめぐって起こった東儀家と林家の対立（享和三年「抜頭一件」）を通して、家付の曲を成熟させている楽人の家のあり方、禁裏楽人としての立場を背景に寺家の支配を相対化する志向を見出す。

第8章吉元加奈美「堀江新地における茶屋町」は、堀江新地の御池通五・六丁目に即して、遊女商売を黙認された茶屋のあり方を解明する。まず、大坂における茶屋統制の特質と堀江新地の開発の経緯について整理し、さらに茶屋は新地に分散していたのではなく、御池通五・六丁目の連続する一画に小規模な茶屋町を形成していたことを指摘する。その上で、天保改革による遊所統制の転換によって、道頓堀・曾根崎・新堀の三ヵ所に飯盛女付旅籠屋（のち泊茶屋）が認められることになったが、堀江新地は茶屋を禁止された。それに伴って御池通五・六丁目の茶屋はすべて三ヵ所の一画である幸町四・五丁目に転宅したことを明らかにする。また、株仲間解散令との関係で泊茶屋の軒数制限を行えず、そのため天保改革の遊所統制は遊女商売の拡張を招来するという矛盾を抱えこんだことを指摘する。

大坂南部に位置する渡辺村は町奉行所のもとで行刑役などを勤める役人村であり、内部に六町を含む「かわた町村」であったが、第9章三田智子「渡辺村の構造」は、この渡辺村について一九世紀の社会＝空間構造を解明し、その上に立って寺院と真宗信仰をめぐる矛盾の所在を探る。渡辺村は、一八世紀初めの二三〇〇人余から一九世紀には四〇〇〇人台へと人口を増大させるが、空間的にも元もとの六町から南北の木津村耕地に「皮干場」を拡張させ、さらにその北側に「細工場」を確保した。そこに掛屋敷を集積していく皮問屋や職人親方層の実態を明らかにし、その対局に膨大な下層民衆が位置づけられる。渡辺村には、西本願寺派の四ヵ寺が所在し、そのうち徳浄寺と正宣寺が惣道場の位置にあった。西本願寺は、免物や衣体を認めるのと引き換えに多額の懇志を求めたが、それに対する不満が村内に充満し、それが繰り返される異安心・異儀事件の背景にあったことが指摘される。

本巻〈三都を結ぶ〉では、遊里や芝居、祭礼とも関わる音曲芸能に注目した第10章神田由築「音曲芸能者の三都」を置いた。江戸における音曲研究において、新吉原の男女芸者が成立し、祭礼や芝居に関する局面が蓄積されていることを踏まえ、まず大坂の新町遊廓で芸子と太鼓持ちの成立を確認する。芸子の芸種は、語り物系統、歌物系統、鳴物系統からなり、語り物には大坂起源の義太夫節と江戸起源の宮薗節があり、歌物に江戸歌、鳴物にも江戸三味線や二丁鼓が含まれる。こうした芸子は、黙認遊所の茶屋町にも広がった。芸子の出自には男性音曲芸能者の親族が見られる一方、太鼓持ちには音曲芸能者そのもの、役者出身、芝居周辺の雑芸者が見られた。彼らは祭礼の練り物や俄芝居の担い手でもあった。このような音曲芸能者が三都の芸能の場を回ることも見られ、芸内容も相互に影響を与えた実態が明らかにされている。そして、江戸の芸能者は家元制のもとに組織されていたが、上方では専門的な芸種を超えた交流があったことが対比され、その背景には「素人」による幅広い芸能実践があったことが見通されている。

巻末の〈周縁へ〉は、大坂南部で都市社会が周辺に拡大していく状況を把握すべく、第11章塚田孝「**道頓堀周辺の地域社会構造**」を収録した。近世初頭に開発された道頓堀とその周辺の開発は、都市大坂の南限を画する意味があった。道頓堀の周辺の開発を進め、「所賑い」を図るため、芝居興行や茶屋商売が赦免されたが、その南部は墓所や刑場、非人垣外が所在する周縁的な空間であった。これらの諸要素がどのように関連するかに留意しつつ、その複合的な社会構造の復元を試みている。

各論考は、大坂の都市社会の一側面を深く掘り下げるものであるとともに、先述した都市大坂の全体のなかに有機的に位置づくものである。今後の研究進展のステップとなることを願っている。

目次

〈第1章〉

豊臣期の大坂城下町

大澤研一

はじめに――巨大都市の起点・豊臣期大坂

大坂は古代以来、都市としての長い歴史を有するが、そのなかでも豊臣期から徳川初期は大きな画期であり、おおよそ四つの段階を経て近世大坂の骨格が形成された。その段階とは天正期城下町、慶長期城下町、元和初期城下町、幕府直轄期城下町である。このうち天正期と慶長期を合わせた豊臣期は全国的にみても都市の巨大化がはじまる時期であるが、とりわけ大坂は天下一統を目指した豊臣秀吉の膝下城下町として巨大都市の起点に位置した存在といえよう。ここではその豊臣期大坂城下町（以下、豊臣期大坂）の実態を建設経過と空間構造・町の構造の側面から把握してみたい。

一　建設の経過

1　天正期の建設

天正一一（一五八三）年四月、賤ヶ岳合戦で柴田勝家を滅ぼした羽柴（豊臣）秀吉は翌五月に池田恒興から大坂を受け

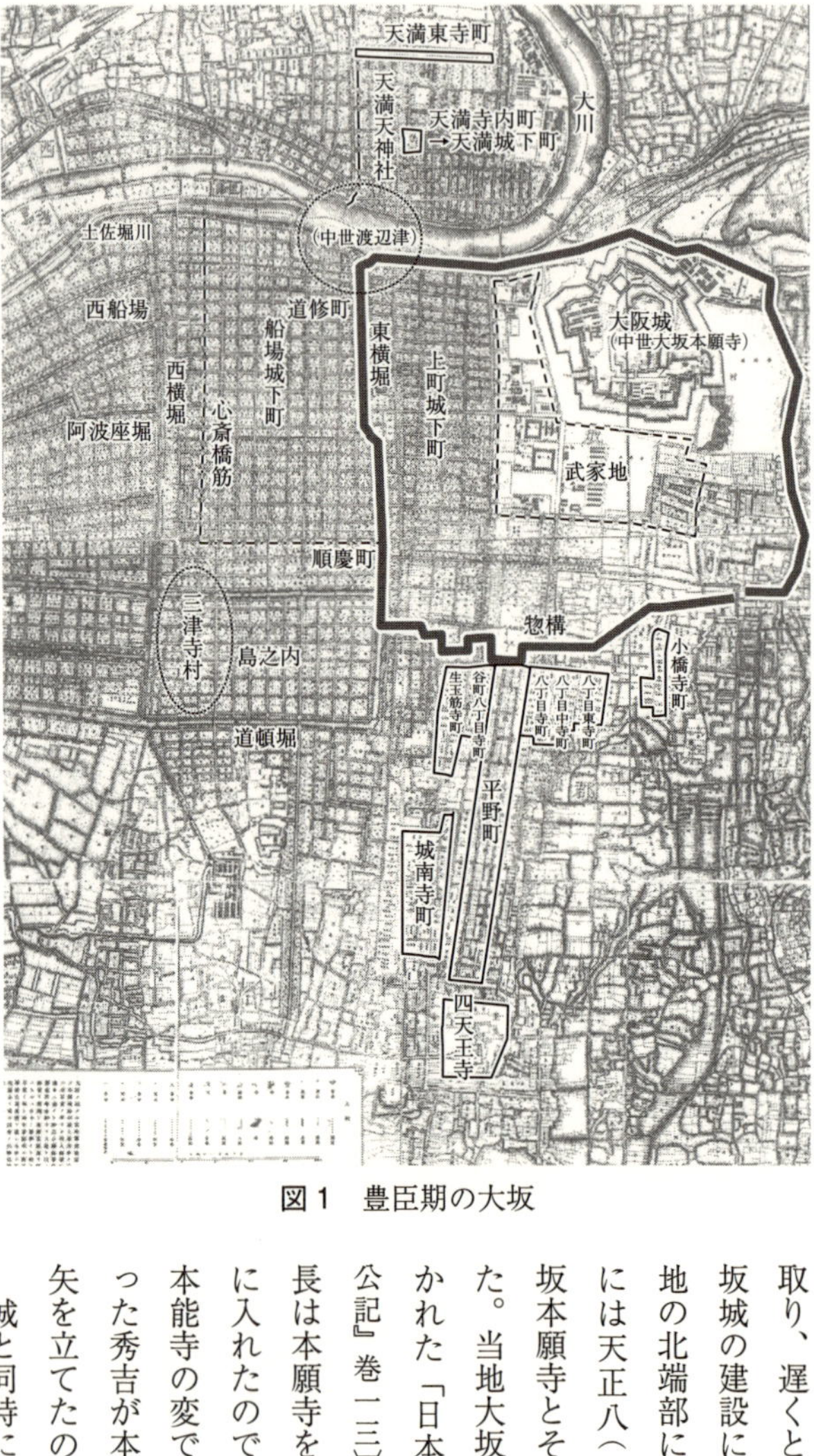

図１　豊臣期の大坂

取り、遅くとも八月下旬には大坂城の建設に着手した。上町台地の北端部に位置するこの場所には天正八（一五八〇）年まで大坂本願寺とその寺内町が存在した。当地大坂を国内・世界に開かれた「日本一の境地」（『信長公記』巻一三）と評した織田信長は本願寺を追放し、大坂を手に入れたのであったがまもなく本能寺の変で斃れ、後継者となった秀吉が本拠地として白羽の矢を立てたのだった。

城と同時に着工された城下町

は近隣の中世都市を新規建設の町場で連結し、さらに当初は堺とも結びつけようとする壮大な計画に基づくものだった（『柴田退治記』）。しかし実現したのは大坂城を扇の要の位置に置き、西方は大川（淀川支流）に面した渡辺津、南方は四天王寺およびその門前町を新規建設の上町の町場・寺町によって結びつけたところまでで（図1参照）、堺との連結は天正一四（一五八六）年までに放棄された（大澤 二〇一九a、三四六―三五六頁）。このように当初の計画は実現に至らなかったが、大川を挟んで大坂の北に位置した天満でも天正一三（一五八五）年に本願寺を誘致して寺内町の出現をみており〔伊藤 一九八七、一六七―二二五頁〕、これらを合わせることで中世都市を大きく凌ぐ規模の都市大坂が産声を上げたのである。

2 文禄期と慶長期の建設

文禄期はこれまであまり注目されてこなかったが、無視のできない時期である。文禄三(一五九四)年、伏見城の整備と並行して大坂城外郭に周囲八キロメートルに達する惣構が築造された事実は、大坂城と伏見城がセットの政治拠点であることを打ち出すとともに〔曽根 二〇一三〕、大坂としては都市域を視覚化し城下町の範囲を明確に示すことになったのである。時期は若干前後するが、都市域を対象とした天正一九(一五九一)年の地子免除との連動も想定されるところである。

この文禄期を経て慶長三(一五九八)年、死期を悟った秀吉は愛児秀頼のため大坂城の防衛能力を高める必要から惣構内部で三ノ丸の整備に着手した。三ノ丸の実態には諸説あるが、大坂城に近接して存在した町人地を武家地に転じる必要性からその代替地として船場に目が向けられ、低地部の開発が本格化するきっかけとなった〔大坂町中屋敷替え〕。この段階での船場は南が順慶町、西が心斎橋筋までの範囲〔図中の一点鎖部〕であったが〔内田 一九九三〕、その後慶長五(一六〇〇)年には阿波座堀と西横堀、同一七(一六一二)年にはのちの道頓堀の開削がはじめられ、西船場・島之内地区の開発の先鞭がつけられた。この動きの延長線上に元和以降には三津寺村など隣接集落の大坂編入・市街地化が進行することとなるので、慶長期は都市大坂が巨大化の第二ステージへと踏み出した時期と評価されよう。

二　空間の構造

1　町人地

分節構造の視点を念頭に豊臣期大坂の空間がどのように構成・整備されたのかをみてゆこう。まずは町人地の状況を、大坂城地と上町台地上の四天王寺および門前町を連結させるために建設された平野町を事例にみてみよう〔内田一九八五〕。平野町は秀吉が中世都市平野（現大阪市平野区）の住人に移住を命じて成立した〔「一五八四年一月二〇日付フロイス書簡」〕。平野町は並行する二条の南北道の間とその外側に東西四〇間または五〇間、南北一二〇間の長方形街区を東西方向に三つ、南北方向に六つ並べてつくられた〔内田一九八九〕。そして奥行二〇間、長さ六〇間の空間が道を挟んで向かい合う四〇間×六〇間を基本単位とする両側町が設定され、道に向かって開く狭い間口の短冊型地割が並ぶ景観が出現した。このような長方形街区と短冊型地割のセットは近世都市空間のメルクマールと評価されており〔前川一九九一、一一二頁〕、とりわけ整然とした長方形街区の連続と両側町の組み合わせは豊臣期大坂がその早い事例と考えられる〔大澤二〇一七〕。

一方、船場では先行したいくつかの中世集落をかわす形で未開発のエリアが開発の主対象となり〔松尾二〇一八〕、四〇間四方の街区を基本とする奥行二〇間の両側町構造が出現した。この船場では、豊臣末期の「道正谷（道修町）七町目」の墨書を有する木簡の出土により、面的な街区に整然とした町割りが施行されたことが確実となった〔大澤二〇一九a、五〇九—五一〇頁〕。そして町の境界には木戸が設けられ〔『鹿苑日録』慶長一二（一六〇七）年閏四月一二日条〕、町は景観的にも視認されたのであった。

「道正谷（道修町）七町目」のような大坂の地名＋（数字）丁目の町名、およびその前提となる面的な街区の配置と両側町の設定は、そこの住人が特定箇所からの集団移住というよりは個人、あるいは小グループの来住が基本だったことを想起させる。彼らは都市建設にともなって大坂の住人となり、当地で新たな町共同体をつくりあげたものとみられる。こうしたタイプの町共同体は豊臣期大坂では少なくなかったものと推測される〔吉田 一九九八、五四頁〕。

2 武家地

近世城下町の大きな特徴のひとつに武家地の存在がある。大坂城では秀吉周辺に石田三成ら子飼いの奉行衆や直属の家臣団が常駐する必要があったほか、秀吉に臣従した大名たちは大坂で屋敷建設が指示され、そこでは妻子も居住した。

武家地の所在地はおおよそで二ノ丸の西側および南側だったと推測される〔図中の破線部。ただし近臣たちは大坂城二ノ丸にも屋敷を構えた〕。ただし大名屋敷のすべてがここに集結したわけではなく、町人地ゾーンに屋敷が置かれた事例も確認される〔大澤 二〇一九a、四〇四—四三五頁〕。その理由のひとつに、土佐堀川沿いの山内氏の屋敷のように物流拠点としての機能をあわせて担う場合があり、立地環境の重視があったと推測される。そのためゾーニングとしての武家地という意味では豊臣期大坂は未確立だったといわざるをえない。しかし、豊臣期大坂が政権都市であると同時に広域流通の拠点機能を担う都市として勃興しつつあったという事情を念頭に置けば、この状況は豊臣期大坂の特質をよく示しているとみることが可能である。徳川期に入ると大坂の武家関係地は中之島を中心とした河川流域の各藩の大坂屋敷〔蔵屋敷〕と、大坂城に近接した幕府役人が集住する武家地ゾーンに大きく二分されるが、それはこうした豊臣期の武家地の機能を分離・継承したためと考えることもできよう。

3 寺社地

寺社については先行した中世都市の権門寺社の取り扱いが急務だった。大川に面した渡辺津には式内社坐摩神社をはじめとする複数の寺社が並存していた。そのため秀吉はこれら旧勢力の在地支配を排除し、渡辺津の一円支配を実現する必要性から坐摩神社に替地を与えて移転させたのであった〔大澤 二〇一九a、三五一頁〕。

一方、南方の四天王寺（門前町）については渡辺津と違って寺院と町が一体化した存在であったため、四天王寺自体を排除するのは困難であった。そのため秀吉は、境内地は安堵しつつも寺領（近接分）については西側門前の一部に限って存続を認めることとし、さらに秀吉は四天王寺の外護者として臨む姿勢を明らかにし、四天王寺の自立性に制約を加える行動をとった〔大澤 二〇一九、三四七―三四八頁〕。秀吉は四天王寺に対し、城下町の南端部の核として存立しうる最低限の権限を認めるにとどめたのである。

天満は天正一三（一五八五）年に移転してきた本願寺の寺内町となった。ここは秀吉みずからが縄打ちをおこなって本願寺へ給付した土地であり、防御施設の建設は認められなかったが〔大澤 二〇一九a、三二三―三二四頁〕、当初は奉行の任命を本願寺がおこなうなど本願寺の実質的な支配が許された。こうした本願寺に対する扱いは天満の開発への貢献が期待されたためと考えられる。しかし天正一七（一五八九）年、聚楽第番所への落書にかかわって追放された責任者の天満寺内潜伏が発覚した一件〔「寺内牢人衆隠匿発覚事件」『言経卿記』〕が契機となって秀吉は寺内検地を断行し、さらに天正一九（一五九一）年、京都改造への貢献が求められ、本願寺は京都への転出を余儀なくされたのであった。

一方、小規模寺院に対しては、天満北縁部および上町城下町南方の城南地区へと集める施策がとられた。いわゆる「寺町」の誕生である。寺町は浄土宗あるいは法華宗の寺院がそれぞれ集中的に配置された点に特徴があり、教団との調整を経て計画的に設定された可能性が高い〔伊藤 一九九二〕。寺町は近世城下町に広くみられ、近世の宗教統制や身分制との関係でも注目される存在であるが、豊臣期大坂の寺町はその濫觴とみなすことができる〔内田 一九八九〕。

三　町共同体と都市運営

1　町共同体

さきに述べたように町人地の建設過程をみると、豊臣期大坂の町共同体は吉田伸之のいう「創出型」という評価に合致するように思われる〔吉田　一九九八、五四頁〕。ところが豊臣期の町名を詳しくみてみると、違う経過の想定が可能な事例に気づく。ひとつは前述の平野町である。注目されるのはこの平野町の一角に中世平野の構成町である「泥堂町」〔大澤　二〇一九a、三四九頁〕が存在したとみられる点である。その名の確認は明治一九年「大坂実測図」へと下るが、明暦元年大坂三郷町絵図で「本平野町すじ」と記された当地にみえる「泥堂町」の名は、豊臣期における中世の町共同体を継承した集団移住の痕跡といえるのではなかろうか。平野からは法華宗寺院の久本寺が大坂の寺町へ移転したという伝承もあり、さまざまな社会的関係が平野から大坂へ持ち込まれたことが示唆されるのである。

ただし、空間構造でいえば大坂の平野町は両側町として建設されたものの、中世平野は両側町ではなく道路に四方を囲まれた空間が町を称する面的な街区だったと推測されている〔松尾　二〇〇六、一八頁〕。つまり平野の人びとは空間建設への主体的な関与は許されず、権力主導で建設された新たな空間基準の町に都市興隆の担い手として来住することになったのである。

他都市とのかかわりでいえば、「安土町」の存在〔文禄四（一五九五）年顕如画像裏書、大阪城天守閣蔵〕も安土からの住人移住を想起させる。これ以上「安土町」に関する史料は確認できていないが、天正一四（一五八六）年の聚楽第建設の際に大坂を含む各都市から京都へ少なからず人口移動がみられたことからわかるように〔大中院文書〕、豊臣政権成立直後は都市間あるいは村落から都市への人口移動が激しくおこなわれたことが推測される。そうしたなかでは個別の移住者のほかに平野町や安土町のように既存の共同体・都市を母体とした集団が来住し、豊臣期大坂の新住民として再出発した事例は一定存在したのではなかろうか。こうしたケースをここでは「移植型」と呼ぶことにしたい。

このほか天正一五(一五八七)年には「瓦町」、「藍屋町」という同業者由来と考えられる町も確認される〔『言経卿記』〕。中世以来、町人の源流を職人たちにみる見解があり〔中井 一九七五、二〇—四三頁〕、実際大坂城・城下町建設には各地の職人が動員された形跡も確認できるので〔大澤 二〇一九a、三六四—三六七頁〕、これらの町名は都市建設にともない職人たちによる町共同体の形成が豊臣期大坂でみられたことを示していると考えておきたい。

2 住人構成と町制機構

町の住人構成については、徳川期大坂では家屋敷を所有する家持、家守、借家人に大別された。このうち公役・町役を務める家持が正式の町の構成メンバーであり、借家人は町役を負担しなかったことから町人とはみなされなかった。こうした住人構成がいつからみられたのかが問題となるが、前掲の天正一七(一五八九)年「寺内牢人衆隠匿発覚事件」の際に町人・家主・借屋衆が誓詞・起請文を提出していることが確認できる。呼称はまったく同じではないが、おおよそこの区分に対応している可能性はあろう。一方、町における役負担については、慶長期において元和期と共通する内容が確認されるものの〔八木 二〇〇四〕、天正期の状況は不明である。

個別町の町制機構については、やはり天満の事例であるが、天正一七(一五八九)年段階で町代・触口の存在は確認できる〔伊藤 一九八七、二〇九頁〕。ただしこの事例は「寺内牢人衆隠匿発覚事件」以降、秀吉が天満寺内への介入を強めたのちのものなので、この事件を契機とした施策のなかで整備された可能性は否定できない。

3 町奉行

権力側の都市支配機構と位置づけられる町奉行については天正一四(一五八六)年、大坂で千人切りの事件が発生した際、秀吉が責任者である三人の「町奉行」を成敗しようとした〔『貝塚御座所日記』〕。これが豊臣期大坂での町奉行の初見である。その構成メンバーは不詳だが、小出秀政が文禄四(一五九五)年に家売買を承認したのは〔「浄照坊文書」〕、町奉行としての職掌に基づくものと考えられ、さらに秀政が天正一二(一五八四)年に天王寺牛町の保護を命じた〔「石橋家文書」〕のも、都市運営の一環と考えれば、広く町奉行の職掌による行為と考えることが可能であろう。町奉行自体は織田期の北ノ庄ですでに存在が確認されており〔「橘文書」〕、豊臣期大坂でも当初から存在した可能性は高いと考えられる〔大澤 二〇一九b〕。

おわりに――豊臣期大坂の位置

豊臣期大坂は、ほぼ全面的に新たに建設された都市であった。京都の上京・下京のような先行する都市社会〔町共同体〕を前提とせず、天正一一(一五八三)年段階で町人地・武家地・寺町を要素とする都市がいったん構想され、一定の実現をみた。そして、のちの住人構成や町制機構の一端がこの天正期で見られることから、豊臣期大坂は近世城下町の諸要素を盛り込みつつ誕生した最初の巨大城下町といえよう。

ただし、実際の都市民としては中世以来の他所の町共同体を継承しつつ豊臣期大坂の建設に参加した人びとが存在したことも事実であった。そうした人びとの力を得つつ、新たな装いの政権都市として豊臣期大坂は建設されたのである。

参考文献

伊藤毅『近世大坂成立史論』生活史研究所、一九八七年
伊藤毅「近世都市と寺院」吉田伸之編『日本の近世9　都市の時代』中央公論社、一九九二年
内田九州男「城下町大坂」『日本名城集成　大坂城』小学館、一九八五年
内田九州男「豊臣秀吉の大坂建設」佐久間貴士編『よみがえる中世2　本願寺から天下一へ　大坂』平凡社、一九八九年
内田九州男「船場の成立と展開」『ヒストリア』一三九、一九九三年
大澤研一「街区から考える近世城下町の空間構造――豊臣大坂城下町を軸に」『城下町科研総括シンポジウムⅡ@大阪　中世・近世移行期における守護所・城下町の総合的研究（2）』二〇一七年
大澤研一『戦国・織豊期大坂の都市史的研究』思文閣出版、二〇一九年a
大澤研一「豊臣秀吉を支えた小出秀政――直轄地支配の担い手」『鴨東通信』一〇八号、二〇一九年b
曽根勇二「秀吉による伏見・大坂体制の構築」山本博文・堀新・曽根勇二編『偽りの秀吉像を打ち壊す』柏書房、二〇一三年
中井信彦『日本の歴史　第21巻　町人』小学館、一九七五年
前川要『都市考古学の研究』柏書房、一九九一年
松尾信裕『近世城下町における帯状街区・面的街区の受容に関する調査研究』（科研報告書）二〇〇六年
松尾信裕「古代・中世の船場地域の景観」『大阪歴史博物館研究紀要』一六号、二〇一八年
八木滋「慶長・元和期の町と町人」『歴史科学』一七六号、二〇〇四年
吉田伸之「町と町人」『近世都市社会の身分構造』東京大学出版会、一九九八年

I　権力と社会

〈第2章〉

大坂城の定番家臣団と都市社会

齊藤紘子

はじめに

近世の都市大坂は、元和五(一六一九)年に幕府の直轄都市となった。大坂城の周囲には、将軍の代理である城代や、城の警衛を分担する定番らの屋敷群、さらには町奉行所などの武家地が広がり、そこに居住する武士や奉公人の数は、都市社会においても相当の比重を占めた。とくに、大坂城の守衛体制が確立する一七世紀後半には、幕府の命をうけて城内警衛にあたる在坂大名の家臣団も増大し、それによって町方との間にも多様な社会関係が生み出される。そこで本章では、大坂城守衛体制の確立期に焦点をあて、主に定番の家臣団のあり様と都市社会との関係について検討したい。その際、城代や定番らの役が、大名個人ではなく、「家」として勤められた点に注目し、役職就任と家臣団編成の関係性について明らかにする。

当該期の畿内における幕府の支配体制については、幕府中央による畿内西国支配の掌握が進むなかで、従来の畿内・西国独自の支配機構であった「八人衆体制」が一七世紀半ば(寛文期)に消滅するとされている。そのなかで大坂については、番方の大坂城代・定番二名と、役方の町奉行二名を中核とする統治に再編される時期として捉えられてきた〔朝尾 一九六七〕。

これに関連して、寛文二年から享保三(一七一八)年までの城代については、在職中には大坂城以外で居城を持たず、城代にともなう軍役五万石の領地も、就任時に上方へ与えられる場合が多いと指摘されている〔横田 二〇〇〇〕。また定番についても、当初は就任時に加増され、大名へ取り立てられて終生在番する事例が一般的で、妻子を伴って家臣団とともに在坂したことが明らかにされている。ただし、寛文八年以降は加増され大名に取り立てられる事例が減り、一八世紀半ばには在職中の定額役料支給に変わっていく〔宮本 二〇〇二〕。この点は、定番とその家臣団のあり方に深く関わる点として注目される。

このように、番方の中枢である城代・定番が「家」を挙げて大坂城周辺に詰めたという点は重要である。しかし、その実態については、これまで全く未検討であり、就任大名の交代・変遷を追うだけでなく、城代や定番の家臣団の構成など、「家」としての勤役実態を見る必要があろう。

さらに、都市社会史の視点にたつと、大坂城守衛大名の家臣団と町方社会との関係も、具体的に掘り下げるべき論点である。一七世紀の番衆と都市社会の関係については、大坂町奉行による慶安元(一六四八)年から寛文期までの都市法整備と関わって、武家奉公人の出替り規定や、市中治安対策における武士・奉公人問題の重要性などが指摘されている〔塚田 一九九五等〕。こうした都市法への反映を踏まえたうえで、法令に頻出する「奉公人」や「浪人」の内実・実態を、武家地での家臣団編成と絡めて具体的に考察しなければならない。

本章では以上の課題を念頭に、一七世紀後半における大坂城定番家臣団の実態に迫ってみたい。主な史料は、九州大学所蔵法制史料「大坂諸公事覚書」〔九州大学附属図書館蔵/塚田孝編 二〇一五〕である。この史料は、寛文年間までの町触・書付・老中への伺いなどを書きとめたもので、寛文元(一六六一)年に大坂定番となった渡辺家(伯太藩)が、先任定番から引き継いだ文書を帳面に写し留めたものと考えられている。この「覚書」に加えて、城代・定番を担った大名側の史料をみることで、在番の実態と都市社会の関係を分析していく。

一　一七世紀後期の大坂城守衛体制

1　近世中期以降の大坂城守衛体制

本論の前提として、近世大坂城の守衛体制を概観しておこう。

まず、大坂城守衛の中核として番方を統括した城代には、概ね五—六万石の譜代大名が任命され、城内の追手口に上屋敷、追手口外側から大坂城南西部一帯に下屋敷が置かれた。大坂城代の役職は、京都所司代や老中への昇進ルートに位置づけられていた。

一方、一—二万石程度の譜代小大名が勤める定番役は、大坂城代の補佐として京橋口と玉造口の二ヵ所を受け持ち、城外にも下屋敷を拝領した。また、城内の維持・管理のため、幕府の金奉行・蔵奉行・材木奉行・鉄砲奉行・具足奉行・弓奉行の「大坂六奉行」を統括したとされる。任期は定められておらず、一八世紀中期までは一度就任すると死ぬまで勤役する事例が多かった〔宮本 二〇〇二〕。

城代・定番とは異なり、一年交代で番を勤めたのが加番と大番である。加番は一—二万石の大名が四名体制で勤め、城内の山里・中小屋・青屋口・雁木坂の四ヵ所に小屋が置かれていた。また、大番については、旗本大番組一二組のうち二組が大坂大番として在番し、大御番頭二名に大番組各五〇人が付属した。大番と加番は毎年八月に交代した。

近世大坂城の守衛は、これら城代・定番・加番などの「家」ごとに城内に上屋敷（小屋）を与えられ、付近の「持場」の番を受け持つというものであった〔岩城 二〇〇二〕。城内出入りは平時でも追手口のみに限定され、城を出る場合には札改めが実施されるなど、最小限に制限されていた。また城代・定番は、城外の武家地に下屋敷を与えられ、寛文二年以降は、大坂定番および町奉行に対して、妻子の在坂が認められた（ただし、長子については江戸詰とされた）

〔宮本 二〇〇二〕。

2 在番体制の確立と下屋敷の変遷

次に、右のような体制が確立するまでの城代・定番制度の変遷と、大坂城周辺での武家地（下屋敷）の展開について見ておこう。

大坂城代の役職は、元和五（一六一九）年、伏見城の廃城にともなって、伏見城代から大坂城代へ転じた内藤信正に始まるとされる。続いて、寛永三（一六二六）年より正保四（一六四七）年まで、阿部正次が勤めた（阿部については、職名として「城代」の名称が確認できないなどの理由から、定番の高木正次・稲垣重綱とともに「三人定番衆」と捉える見方もある〔宮本 二〇〇二〕）。阿部の死去後、慶安元（一六四八）年より稲垣重綱、慶安二年から寛文二年までは、陸奥棚倉藩内藤信照、信濃松本藩水野忠職、陸奥岩城平藩内藤忠興らが輪番で追手口の番を勤めた。そして、寛文二（一六六二）年に信濃国小諸藩主・青山宗俊が二万石の加増を受けて大坂城代となり、延宝六（一六七八）年まで在坂した。なお、一七世紀の城代については、就任中、居城・所領を収公されたうえで、畿内に領地を移され、軍役五万石の体制で在坂したとされている〔横田 二〇〇〇〕。

続いて、定番の就任者と下屋敷の所在について、定番付与力が作成した「与力歴譜同附録」の記載を手掛かりに整理しておきたい。この史料は、慶安元年から寛文八年まで定番付与力を勤めた坂本平左衛門の役務記録を、その子孫である坂本鉉之助俊貞が写したとされるもので、国立国会図書館所蔵の原本と、明治期に『大阪市史』編纂のために筆写され、大阪市史編纂所に引き継がれた稿本とが現存する〔川﨑 二〇〇四〕。一七世紀末以降に書かれた記録である点には留意しつつ、初期の定番に関する記述を追っておこう。

まず玉造口定番については、元和九年からの稲垣重綱（二万三〇〇〇石）が最初とされ、下屋敷は「天満寺町前」にあったが、後に城の東堀端に屋敷地を拝領し、天満屋敷を返上したと書かれている。ただし、稲垣は慶安元(一六四八)年に追手口の屋敷(城代屋敷)へ移った。

同年、かわって定番屋敷に入ったのは、新たに定番に任命された保科正貞である。保科正貞は大番頭七千石知行の旗本で、定番着任の際に一万石を加増されて着坂した。さらにこのとき、幕府から玉造口・京橋口の各定番に対して、与力三〇騎・同心一〇〇人ずつが付けられたとされている。そのため従来の下屋敷のみでは手狭となり、承応三(一六五四)年に、下屋敷に隣接する町屋敷を与力・同心の組屋敷として拝領したという。

万治三(一六六〇)年には、保科にかわって石川総長が定番となり、その際一万石が加増された。さらに寛文元年には渡辺吉綱に交代する。渡辺家は、着坂以前は武蔵国比企郡野本村に三五〇〇石の知行所をもつ旗本で、定番就任の際に一万石加増されて譜代大名となった(後の泉州伯太藩)。この渡辺家以降は妻子の同伴が許可され、定番屋敷は「奥御殿」を含む「藩邸」となる(宮本 二〇〇二)。

次に、京橋口定番は、元和九年に高木正次が七〇〇〇石知行から三〇〇〇石の加増を得て、一万石の譜代大名として在番した。「与力歴譜同附録」によれば、高木正次には大坂城北側の鴫野橋向かい側に下屋敷が与えられ、これを「鷺嶋屋敷」と称したが、寛永七(一六三〇)年の高木の死去以後、後任定番はおかれず、空地化したとされる。その後、慶安元年より内藤石見守信広が大番頭四〇〇〇石から一万石の加増を得て京橋口定番となり、このとき玉造口定番と同様に、与力三〇騎・同心一〇〇人が付けられたが、下屋敷がなかったため、城代稲垣摂津守の下屋敷のうち「追手先ゟ久宝寺町堺」まで、東は「広小路限り」の土地を拝領し、「石見守殿家中・組中共に住宅」することになった。この場所は「下屋敷は農人橋筋安国寺坂にこれ有り」とも記されており、明暦元(一六五五)年の大坂三郷絵図では農人橋筋の「下屋敷」とある区画に相当する(大阪歴史博物館蔵「明暦元年大坂三郷絵図」)。

その後の京橋口定番には、慶安二年より安部信盛(九二五〇石)が一万石の加増をうけて着坂した。万治三年には板倉重矩（一万石）が同じく一万石の加増を得て定番となる。「与力歴譜同附録」には、板倉重矩の頃に「上東町八丁目」の西野畠にて屋敷地を拝領し「下屋敷」を営作したとされる。さらに寛文六年には、五〇〇〇石の米津田盛が一万石を加増されて京橋口定番となり、安国寺坂下の下屋敷を城代青山氏へ渡したうえで、寛文一〇年に鷺嶋で二万坪を拝領して下屋敷を営作し、上東町の屋敷も返上した。これによって、京橋口定番屋敷は大坂城北側の鷺島煙硝蔵の隣に位置することとなる。

以上、城代・定番の就任者と、その下屋敷の変遷を確認してきた。寛文二年頃までの時期は、大坂城守衛体制が段階的に確立するなかで、その周辺に武家地の空間が形作られる時期であった。特に、慶安元年には暫く空席であった京橋口定番が復活し、また、ほぼ同時に両定番に与力三〇騎と同心一〇〇人ずつが付けられたことで、各定番の下屋敷・組屋敷などが大きく拡張された。そして、寛文元年には、定番と大坂町奉行に対して妻子同伴が認められ、定番屋敷が藩邸化するとともに、翌二年には城代の輪番制が解消され、青山宗俊が以後一六年にわたって城代につき、家臣団を伴って在坂したのである。

つまり全体として、慶安期から寛文期にかけて、大坂城周辺の武家地に詰める大名およびその家中や与力・同心らが下屋敷などの居住域を拡大しつつ、増加したといえよう。それでは、こうした武家地人口の維持・拡大がどのように進められたのか、在番を命じられた大名家中の対応に注目しながら、具体的にみていくことにしよう。

二　与力・同心・家中・奉公人の召し抱え

1　定番による召し抱えとその基準

本節では、一七世紀に定番役遂行のために書き留められた「大坂諸公事覚書」によって、定番大名の家中および与力・同心の召し抱え実態を検討する。この「大坂諸公事覚書」は、寛文元年一一月に玉造口定番となった渡辺家が、前任定番より大坂市中の基本法令や大坂城守衛に関わる文書などを引き継ぎ、写し留めた帳面とされ〔塚田編 二〇一六〕、町触や書付などとともに、大坂での家中召し抱えや、屋敷内の家中取り締まり規定などが留められている。そのうち、次に引用した寛文元年五月二七日の書付「覚」は、渡辺家の前任者である玉造口定番石川総長と京橋口定番板倉重矩が、万治三（一六六〇）年一一月の定番就任から半年後に、老中へ提出した伺いである。

〔史料1〕（「大坂諸公事覚書」五七）

覚

一、与力共召し抱え之儀は、其許にて仰せ付けられ候通り、弥九州・四国・中国・五畿内之本国・生国を除き、慥か成る者を召し抱え申すべく候、然れ共別して慥か成る由緒を存じ候者は、生国は除き候□召し抱え申すべしと存じ奉り候

付り、同心召し抱え之儀は、保科弾正忠・阿部(安部)摂津守も慥か成るを本に仕り、吟味を遂げ、生国に構無く召し抱え候由申し候

一、私共召仕之侍、生国に構無き由に候、慥か成る者、或は私共家にしたしみこれ有る者、随分吟味を遂げ召し抱え申すべしと存じ奉り候

付り、足軽・中間は知行所之者は申すに及ばず、本国・生国に構無く、慥か成る者を撰び、召し抱え申すべしと存じ奉り候

一、与力・同心幷びに私共家来之召仕男女は、遠国より召し抱え候儀は罷り成らず候に付、只今迄保科弾正忠・阿部摂津守も慥か成る者を撰び召し抱えさせ、本国・生国に構無く、知行所之者は申すに及ばず召し抱え申し候

右之通り私共も仕るべしと存じ奉り候、町奉行衆之内談を仕り候処、兎角末遂《(ママ)》げ難くと存じ候、其の上召仕之軽き者遠国へ下人召し抱えに人遣し候儀も成り難く、如何様之者を召し抱え申すべきも、遠国之儀に御座候故、心元無く存じ候間、旁以て弾正忠・摂津守只今迄仕り候通り、私共も仕り度く存じ奉り候、以上

寛文元年五月廿七日　　板倉内膳正

石川播磨守

一条目は、与力・同心の召し抱え基準に関する内容である。まず与力について、「其許」すなわち老中の意向に沿って、九州・四国・五畿内を「本国・生国」とする者を除き、身元の確かな者をかかえる方針だが、特に確かな由緒をもつ者については「生国」の条件を緩和してほしいと上申している。また、付けたりでは同心の召し抱えについて、前任の保科正貞〈弾正忠〉・安部重盛〈摂津守〉も身元確かな者を「生国」を問わず召し抱えてきたと主張している。つまり、「本国」の制限は同心も与力と同様だが、「生国」の条件に関しては前任者の頃に解除されていたのである。

二条目は、「私共召仕之侍」の召し抱え方に関する箇条である。近世初期の「侍」は、又者・若党などの奉公人〈陪臣〉を指す場合が多いものの、本条の「侍」は差出人の板倉・石川自身が召し抱える存在であり、定番大名の「家中」、つまり武士身分を指す。二条目ではその召し抱えに関して、「生国」を問わず、身元の確かな者や各家に親しみのある者をよく吟味したうえで召し抱えたいと上申している。「生国」を問わない点は、同心の場合と同じく前任者の頃に緩和されていた。ただし「本国」については言及がなく、九州・四国・五畿内を本貫地とする者の召し抱えは禁じられていた。

一方、二条目の付りでは、板倉家・石川家直属の武家奉公人である足軽・中間の召し抱えについて、知行所からの召し抱えを前提としつつ、それ以外の者であっても「本国・生国」は問わず、身元の確かな者を抱えたいと述べている。

さらに三条目では、与力・同心や家中が抱える男女奉公人（陪臣）について、遠国から抱えることは不可能なので、前任の保科正貞や安部重盛と同様に、身元の確かな者を召し抱えさせ、「本国・生国」を問わず、知行所の者にも限らずに、召し抱えたいと上申している。「召し抱えさせ」とあるとおり、陪臣は与力・同心・家中各々が相対で抱えることを前提としている。また、そうした召し抱えの方法をとる限り、在坂する個々の与力・同心や家中自身が遠国から召し抱えることは困難であり、畿内に加増された知行所を一次供給源とするほか、主として大坂市中からの雇用が目指されたと考えられよう。

また、末尾の書留文言では、前任の保科家・安部家の召し抱え基準を踏襲するべく大坂町奉行衆へ「内談」したが埒が明かないうえ、下人召し抱えのために遠国へ人を派遣することもできず、老中に対して保科家・安部家が行った方法での召し抱えの許可を要請したことがわかる。

以上の内容で明らかな点は、第一に、板倉・石川の定番着任時にも、与力・同心の召し抱えが行われたことである。先述のとおり、慶安元年に定番与力・同心が付けられてから、京橋口定番は内藤信広から安倍重盛へ、玉造口定番は保科正貞から石川総長へと交代している。それにもかかわらず、史料1の一条目では与力・同心たちを地付役人とみなさず、定番交代の都度、各大名が抱える存在と規定しているのである。またその召し抱えについて、幕府と定番の間では、与力・同心の「生国・本国」の所在が問題となっている。ここでの「生国」とは、召し抱えられる本人の出生地、また「本国」とはそれぞれの「家」の本貫地を意味すると解釈できよう。つまり、「生国・本国」に関する老中の指示は、「家」と個人の双方において畿内・西国出自の者を排除するもので、特に与力に関しては畿内・西国以西を「本国」または「生国」とする者の召し抱えを全面的に禁止していた。幕府の御家人である与力については、軍事的観点から、豊臣系など外様大名領に出自を持つ者の召し抱えを厳重に警戒したのであろう。しかし、任地で人選にあたる定番側は、与力についても条件を緩和するよう求めたのである。

ここで、当該期の定番与力の具体例として、先述の「与力歴譜同附録」より玉造口定番保科家が抱えた与力の動向を見ておきたい。同史料によると、保科家は寛永七年から大番頭を勤めており、その時点で、先役より徒同心二〇人を引き継ぎ、与力一〇騎を預かっていた。そして慶安元年の定番就任時に、「御城付」の与力三〇騎・同心一〇〇人を付けられ、大番頭時代以来の元組与力一〇人・同心二〇人以外の百人を、「江府に於いて召し抱えられ」たと記されている。ただし、保科家が幕府へ提出した与力たちの親類書には、旗本の親類を持たない者も含まれていたため、江戸出立前の八月一二日に、幕府より「御旗本親類之内を吟味致し、召し連れ候様に」との命令が下され、家老の保科隼人は該当する一一人の与力たちへ親類書を再提出するよう命じた。その結果、坂本ほか六人は親類書を書き直して提出することで、与力就任を認められたが、五人は与力から除かれたとされている。あくまでも後年の記録ではあるが、慶安元年の与力召し抱えでも、旗本の親戚であることが条件とされたのである。

先行研究によれば、このとき玉造口定番与力となった三〇家のうち六家については、寛文八年までに交替・退転したとされる〔川﨑 二〇〇四〕。実際には前任者の与力をそのまま引き継ぐ場合もあったが、いくつかの家が入れ替わりつつ、地付役人として定着していったと考えておきたい。

第二の注目点は、定番大名の各家が、幕府御家人である与力・同心たち以外に、自らの家中や武家奉公人を召し抱えたことである。同心と家中については、「生国・本国」の条件のうち「生国」は解除され、「本国」のみ五畿内・西国以西の者が引き続き除外対象となった。それに対して武家奉公人については、本国・生国の条件をともに解除し、知行所を一次的供給源としながらも、それ以外からの召し抱えを進めようとしていたこと、幕府側もこれを追認したことが確認できる。

こうした家中や奉公人の召し抱えは、当該期の定番大名にとって、大坂での役務遂行に不可欠なものだったと考えられる。先述のとおり、この時期の定番就任者は知行数千石程度―一万石の旗本や大名で、就任に伴う畿内での一万石加増によって一―二万石の譜代「大名」となった者たちであった。各家にとって就任後の知行高は大幅な加増であり、それだけの軍役をもって生涯定番役を勤め続けなければならない。それには新規加増分で「定番」としての家臣団を創出する必要があり、大坂での在番体制構築を通して、自らの大名家中を形成していったのである。

第三に、以上のような召し抱えは、寛文元年に定番となった板倉・石川が、前任者保科正貞・安部摂津守の時代に行われたものをそのまま参照したものであった点に注意したい。石川家に代わって玉造口定番となった渡辺家も、板倉・石川が上申した「覚」を「大坂諸公事覚書」に写し留めている。つまり、与力・同心・家中・奉公人の召し抱えは、慶安期から寛文元年にかけての定番が一様に直面した事態だったのである。

2 定番渡辺家の家中と浪人

以上のような家中形成の具体例として、ここでは寛文元年から定番となった渡辺家（伯太藩）での召し抱えについて検討しておきたい。伯太藩初代藩主・渡辺吉綱は、近世初期には武蔵国比企郡に知行所をもつ三五〇〇石の旗本で、寛文元年に定番を命じられて一万三五〇〇石の大名となり、死去する同八年まで定番をつとめた。伯太藩では、元禄一四（一七〇一）年から享保一三（一七二八）年にも三代基綱が玉造口定番を勤めたが、元禄期の就任時には領地の加増は確認できない。

さて、伯太藩家中家々に残された由緒書で、各家がいつどのように渡辺家に抱えられたのかを確認すると、家中最上層「家老」筋のなかに、次のような由緒をもつ家々がみられる〔齊藤 二〇一七〕。

例えば、近世後期に家老を勤めた小瀬家の場合、幕末に記された由緒書「先祖略記」において、初代又五郎は小出大和守の家中（家老、一二〇〇石知行）、その次男伝兵衛の子で後に伯太藩家中となる小瀬茂兵衛は、長崎奉行甲斐庄喜右衛門の与力（知行二〇〇石）から伯太藩家中に移ったと記されている。甲斐庄喜右衛門が長崎奉行を勤めたのは、承応元（一六五二）年一月から万治三（一六六〇）年六月までで、小瀬茂兵衛は当該期の長崎奉行付き与力五騎・同心二〇人の一人であったとみられる。その茂兵衛が与力を辞し渡辺家に入ったのは、甲斐庄が長崎奉行を退任した翌年の寛文元年、渡辺吉綱が大坂定番となった時からである。「先祖略記」には、この時の召し抱えについて「壱万石御加恩御拝領に付き、諸浪人多く召し抱えられ」とあり、小瀬茂兵衛の場合は、渡辺吉綱の妻の実家・高木主水家と関係を持っていた甲斐庄家から高木家へ「御貸し貰」うことにより、渡辺家中に抱えられたと記されている。つまり、多数の「浪人」とともに、着坂したばかりの渡辺家に召し抱えられたのである。

また、この由緒書によると、茂兵衛とともに長崎奉行の「同組与力」であった吉田清太夫も、寛文元年に渡辺家中へ移ったと記されている。吉田の名前は一七世紀末以降の伯太藩領内の村方文書においても年貢免状の発給者として確認できる。つまり、伯太藩家中となった小瀬家と吉田家は、渡辺家に抱えられるまで幕府の御家人として長崎奉行与力を勤め、寛文元年になって他の「諸浪人」と共に渡辺家へ抱えられた由緒を持つのである。

もう一つ、同じく家老の向山家にも触れておこう。向山家の由緒書によると、本国は「甲州」で、本貫地を甲府盆地南東部の「向山」と記載している。初代・向山出雲は、武田信玄によって勝頼に付けられた家臣の一人とされているが、勝頼が討死した天目山の戦いには参加せず、信濃国高遠に引き籠もっていたところ、戦後、高遠の地を拝領した松平（保科）肥後守家に召し抱えられ、藩主の転封とともに陸奥会津へ移った。向山家と伯太藩との関係は、出雲の孫にあたる向山利右衛門が、寛文元年冬に大坂定番として着坂した渡辺吉綱に召し出されたことに始まる。利右衛門は、それ以前の慶安元年に大坂定番となった上総飯野藩保科正貞に召し出されて大坂に移り、保科家の定番退役後、摂津国で「浪人」となっていたところ、寛文元年に再び定番の渡辺家へ抱えられたのである。そして、二代藩主方綱までの時期に御用人や物頭といった家格を獲得し、渡辺家の家老を勤めたと記されている。

以上より、小瀬家の「先祖略記」に記された「諸浪人多被　召抱」の「浪人」とは、まさに向山家のような存在と推測できよう。さらに向山家の場合は、先の主人である飯野藩保科家も大坂定番であった。つまり向山利右衛門は、大坂近在での短期間の浪人期を挟みつつ、保科家から渡辺家へ定番家中を渡り歩いたことになる。「諸浪人」のなかには、定番交代の際、後任定番に抱えられることを見越して浪人となる者も存在したのである。ただし、寛文期を境に新任定番への加増がなくなると、こうした浪人の生活条件も失われた可能性が高く、寛文八年に定番を退任した伯太藩においても、就任時に大坂で召し抱えた家臣たちの多くが家中に落ち着き、家老などとなって幕末に至った。

3 城代青山家の御足軽・家中奉公人調達

それでは、武士身分ではない武家奉公人は、どのように調達されたのだろうか。奉公人層の調達は、城代・定番に共通する問題でもあったので、以下では城代による調達の事例を取り上げたい。

城代については、寛文二年に就任した青山宗俊家での調達方法を参照しておきたい。『新修大阪市史』第六巻（六六四頁）には、青山家文書に含まれる寛文四年の「万留」が抄録されており、そこでは大坂での「御家人中下々召仕之者」（家中奉公人）と「御足軽」の召し抱えについて、①寛文四年の家臣団への通達と、②それに付された寛文元年の老中への伺い（史料1に相当）、③辰一一月五日付の物頭中宛達書の内容を知ることができる。

まず①では、「御家人中下々召仕之者」すなわち家中諸士が抱える奉公人（陪臣＝家中奉公人）の召し抱えについて、身元の確かな者を選び、請人を立て、請状をとること、また他の家中傍輩にも相談して抱えるよう通達している。ここでは知行所での召し抱えは言及されておらず、主に大坂周辺での相対による調達が想定されている。なお、①の方針を決めるにあたっては、藩から老中へ、京橋口定番板倉家・玉造口定番渡辺家と同様の方法を取りたいという「御窺」が出されており、老中から承認の奉書が下されたのをうけて、②で先例となる史料1を「与力・同心幷私家来之召抱男女」に関する「伺」として要約し、添付している。すなわち、城代青山家でも、在坂家中の男女奉公人（陪臣）を抱える必要があり、その調達基準は慶安元年以降の定番就任者である保科家・安部家・板倉家・石川家・渡辺家での先例を踏襲したことが明らかである。各々が請人を取り、家中傍輩にも相談するとの条件からみて、城代青山家中および右記定番家中の奉公人すべてで、大坂市中での相対抱えが行われたと考えられる。

一方、③の通達は、藩直属の「御足軽」調達に関するもので、家中奉公人に関する①②との違いが注目される。③では、物頭中に対し、御足軽の召し抱えは「兼々」命じられている通り入念に進めるよう確認したうえで、領外からの召し抱えについては、五畿内・九州・西国・四国の大名領分の者を禁止し、摂津・和泉・河内の知行所の高持百姓を抱えるよう指示している。この摂津・和泉・河内の領分は、青山家が城代着任の際に加増された役知領で、在職中必要な人員・物資・財源の供給地となる村々であった。さらに、知行所出の御足軽の身元保証は領地代官や居村庄屋が請け負うこととされ、所領支配機構を通じて調達されたことがわかる。

しかし、知行所出の御足軽には適任者が少なく、③の通達では、ひとまず切米五石三斗の待遇で召し抱え、その者が鉄砲の扱いを習得し、足軽相当の者と判断できれば、正式の「御足軽」として六石三斗で抱えるよう確認している。こうした措置の背景には、「去年」抱えた知行所出御足軽（＝百姓身分）に鉄砲を撃ちこなす者が少なく、帰村を命じた者たちが多かったとの事情があった。そこで青山家が積極的に調達しようとしたのは、近江以北の東国出身者、特に、青山家の旧領を含む三河・遠江・信濃三ヵ国の者たちで、体格よく身元も確かな者を切米六石三斗の待遇で積極的に召し抱えるよう通達している。

青山家の「御足軽」の召し抱え基準は、定番の召し抱える直属奉公人が、「本国・生国に構無く、慥か成る者を撰び、召し抱え申すべしと存じ奉り候」と上申されていたのに比べると、与力召し抱えの基準に等しい厳しい内容である。城代の軍事力を構成する鉄砲足軽として、与力並の身元や鉄砲技術が求められたと考えておきたい。

以上、本節では、慶安元年から寛文期の大坂城守衛体制確立期における定番家中・与力・同心召し抱えと、城代・

定番による奉公人調達について検討してきた。慶安元年以降、大坂城周辺の武家地が拡大されるなかで、新任定番によって新規家中の召し抱えが進められ、また城代・定番の家ごとに、大坂城の番役に必要な直属奉公人の調達や、在坂家中・与力・同心らの奉公人雇用なども行われた。

こうした動きに対して幕府側は、家中以上については軍事的観点から五畿内以西の他領者の召し抱えを警戒したが、任地に赴いた定番たちは繰り返しその緩和を求めた。そうしたなかで、各定番の家中には、大坂近辺に滞留する浪人や、幕府御家人身分であったはずの与力らが数多く抱えられていった。そして、抱えられた浪人や元与力のなかには、伯太藩家老の小瀬家や向山家のように、有り付いた大名家の上層家中として定着する者もあった。しかし、本節でみた一七世紀後期の浪人や与力らは、定番大名の家中や与力身分、「浪人」状態などを転々とする者たちであり、身分的にも流動的な存在だったのである。

一方、城代・定番による奉公人調達については、老中奉書でも、知行所とそれ以外での召し抱えを「本国・生国」を問わずに認める方針が下されていた。特に家中・与力らの奉公人調達では、比較的緩やかな基準のもと、相対での召し抱えが一般化しており、市中の奉公人口入宿などを「請人」として雇用調達する事例も多かったと想定される。ただし、奉公人全てが代替可能な労働力で構成されたわけではなく、大名直属の「御足軽」＝鉄砲足軽については、大坂城の「御番」に従事する存在として、鉄砲技術を持つ奉公人の確保が必要とされる場合もあった。この点は、番方の役職である大坂城守衛大名家臣団の特質として注意しておく必要があろう。

三　都市法による取り締まり

1　城代による取り締まり

それでは、定番などが抱えることとなった与力・同心・家中・奉公人らの都市社会における存在形態は、どのようなものだったのだろうか。本節では、大坂城代による城内・武家地の統制内容と、町奉行による市中町方支配の局面から、当該期の大坂における番衆家中・奉公人の姿に迫ってみたい。

はじめに、「大坂諸公事覚書」より、大坂城代が定番に対して発令したと考えられる「定」を通して、当該期の「番」の勤め方をみておこう。この「定」は、文末に「寛文元辛丑年」とあるのみで、日付・作成者・宛先の記載を欠くが、規定の内容からみて、大坂城代から定番渡辺家へ下されたものと推定しておく。

全一九ヶ条の内容をまとめた表1より、注目すべき点をあげておきたい（以下本文中の括弧内は箇条番号を示す）。まず、定番の職務については、大坂城の「御番」と端的に規定され、その内容は御門付近に設けられた「御番所」の警衛と、出入人の改めであった（②）。「御番」を担う城中や御門付近の「御番所」では、喧嘩・口論は双方とも死罪とされ、厳しく禁じられた（③）。また、非常時の対応として、「急之儀」および火事の場合に、所定の対応（「兼而如相定」）を求められたことがわかる（⑱）。また、このような「御番」を担うため常に嗜むべきものとして「武道」が挙げられている（⑬）。

勤役中の家中・奉公人らの生活については、分限を超えた屋作や諸道具・衣類の所持などを禁じ、傍輩中への振舞も最低限に簡素化するよう求める一方で（④⑤）、「御番」に必要な「武具」については、「相応」の用意が求められた（④）。この点は、「御番」の勤めに対応した規定であろう。

家中・奉公人らの交際関係や他出に関する規定は多岐に及ぶ。特に、他家の家中や「浪人」との付き合いは固く禁じられ、「面□(々)屋敷」には、親族や「不叶筋目之者」といった特例を除いて、「浪人」は勿論のこと、「他所の者」であっても一宿たりとも指し置いてはならないと規定している(⑨)。ここでの「面々屋敷」は、城内の上屋敷だけではなく、下屋敷やその近辺の家中・与力屋敷も含めた家臣の居住域全体を指すと考えられる。先述のとおり、寛文元年頃の定番家中には多くの浪人や他家中出身者が含まれていた。そうである以上、定番の家中自体が、元浪人や元他家の家中を寄せ集めた新参者の家臣団であり、個々の家臣のなかには浪人や他家の家中と旧交のある者も存在したで

表 1　「大坂諸公事覚書」49　寛文元年「定」の内容（要約）

①	公儀御法度を守ること.
②	「御番」を懈怠なく勤め,「御門」を出入りする者をしっかりと改め,「御番所」を守ること.
③	喧嘩・口論は双方死罪. 堪忍致し難きことは, きちんとした理屈があるならば, 以後は（喧嘩をせず）分別に任せること.
④	屋作・諸道具・衣類・食物などに至るまで, 分を守ること. 武具は相応に用意すること.
⑤	賭けの諸勝負は禁止.
⑥	［初］勧進の肝煎りは無用. 御城廻りや近在での殺生は厳禁.
⑦	縁辺の事柄については御定のとおり申し合わせ, 何時でも上申すること.
⑧	傍輩中への振舞は禁止. やむを得ない場合は一汁一菜とし, 酒など乱酔に及ばないこと.
⑨	他家中の者や浪人との付き合いは無用. ただし, 叶わざる筋目の者については上申すること. 浪人や他所の者を面々屋敷に一宿たりとも逗留させてはならない. ただし, 親子・兄弟・伯父・甥・小舅・孫や特段の理由がある者は, 上申して指図次第に泊めること.
⑩	人請けに立つことは禁止. ただし特段の理由があれば, 上申すること.
⑪	諸事訴訟のとき, 一味徒党してはならない.
⑫	在番の□直衆, その家中の者も猥りな出入りは無用.
⑬	武道をいよいよ心がけ, 武芸など常に嗜むこと.
⑭	傍輩中どうし互いによく見知っておき, 気付いたことは異見し, 神妙に慎むこと. 善悪によらず気付いたことがあれば密かにこの方へ上申すること.
⑮	召使いの者については, 寺請・人請をしっかりと立て, 身元確かな者を召し抱えること. キリシタン宗門ではないかどうか, 常に注意して改めること.
⑯	諸事買い物代は, 長期間掛け置かないこと.
⑰	当地において他行する場合は, 仲間の内へ届け出てから出かけること. 当地を離れて他方へ行く場合は上申すること.
⑱	万一の緊急事態や火事のときには, 兼ねて定めていたように油断なく対処すること.
⑲	操り芝居や歌舞伎など, 町での諸見物は全て禁止.

出典）　九州大学附属図書館所蔵法制史料「大坂諸公事覚書」.

であろう。城代は、こうした定番家中の実態を前提として、下屋敷周辺における浪人や他家の家中の逗留を警戒したのである。

また他参については、大坂市中であれば仲間内へ届け出て他出すること、市中を出る場合には、主人へ伺うことが求められている⑰。そして、他出時の家中・奉公人らの逸脱的行動として、賭け事⑤、勧進の肝煎りと大坂城周辺や近在での殺生⑥、操りや歌舞伎など町方での芝居見物⑲の禁止が強調されている。ここでは、家中・奉公人らの行動範囲が城内やその周辺の武家地のみならず、大坂市中や近在にまで及んでいたことを確認できる。これらの箇条は後述のとおり、町方支配を担当する町奉行所の所管事項であったが、城代から定番に対しても、各「家」レベルでの取り締まりを求めたと考えられる。

奉公人の召し抱えについては、「寺請・人請」を立て、身元の確かな者を抱えること⑮を規定する一方で、自らが「人請」に立つことは特段の事情がある場合を除いて禁止されている⑩。

以上、この「定」の内容は、大坂城代が、大坂城守衛に関わる定番の家中・奉公人の取り締まりを求めたもので、城内外での生活・交際に関する包括的規定といえる。大坂城代による取り締まりは、城代・定番以下、番衆各家の家臣団統制に依拠するものであったが、定番のように家臣団自体が浪人や他家の家中を抱え込んでいる場合もあり、その統制は容易ではなかったのである。

2　町奉行による取り締まり

みてきたように、城代の「定」に記された家中・奉公人の逸脱的行動は、城内や下屋敷に収まらず、大坂市中や近在にも及んでいた。こうした逸脱行為には、大坂における武士・奉公人と都市社会との関係が表出している。町奉行所が管轄する大坂市中にあって、家中や奉公人はどのような存在として捉えられていたのだろうか。最後に、大坂城の番衆家中・奉公人と都市社会との接点や、町奉行による町方支配との関係について言及しておきたい。

「大坂諸公事覚書」には、大坂町奉行からの申し入れとして、五月一九日付の「覚」二通が留められている。この二通は、寛文二年に大坂町奉行から新任定番の渡辺吉綱に宛てて申し入れられたものと考えられる。まず、一通目の内容からみておこう。

［史料2］〔「大坂諸公事覚書」四四〕

覚

一、町中、亥刻以後は門を立て、通り候者を相改め、町送りに通し申し候、若し強儀申し候て、夜番を打ちたゝきなと仕り候は、捕え参り候様にと常々申し付け置き候事

一、諸見物之芝居へ顔をふかく包み、または強儀を申し候て入り候者は、相改め捕え参り候様にと申し付け置き候事

一、在々へ参り候て殺生之事

右之通り、此以前より、阿部備中守殿・稲垣摂津守殿・保科弾正忠殿・安部摂津守殿堅く仰せ付けられ候間、其の御心得成されべく候、已上

五月十九日

彦坂壱岐守

松平隼人正

渡辺丹後守殿

この「覚」では、市中での家中・奉公人の取り締まりについて、①夜間に「強儀」を申しかけ、夜番を打擲するなどして町中の木戸門を通行する者は、町々で捕縛すること、②芝居見物のために、顔を隠し、「強儀」を申しかけるなどして強行入場する者は身元を確かめて捕縛するよう芝居関係者に通達したこと、③大坂周辺の在方で殺生をする

ことの禁止が確認されている。城代・定番の家中らが日常的に町中を通行し、芝居見物に出かけ、在々において鉄砲で殺生に興じる様子がうかがえるとともに、町奉行所は当人の身元を確認したうえで、町々にも捕縛させる方針をとった。

この通達は、書きとめ文言にみえるように、最初の大坂城代である阿部正次やこれまでの定番に対しても確認されてきたものである。その初発と考えられるものが、正保二(一六四五)年九月三日に作成された、町奉行曽我古祐から城代阿部正次・玉造口定番稲垣重綱宛ての「覚」である〔大阪歴史博物館蔵「曽我古祐覚写」〕。この「覚」三ヶ条は、史料2と同様の局面を問題にしつつ、三条とも「我等」=町奉行の名をかりた行為として記され、書留は「右之通りにかりこと申し候者これ有るに於いては捕え候と町中幷びに近所之在々へも申し付け候間、此旨御役人・同心共堅く申し付けられ候様に」と結ばれている。さらにその翌日には、町中・蔵屋敷宛てに町触を出し、顔を深く包み隠した者の芝居見物と、夜更けに木戸門を明けさせ通行する者の取り締まりについて、町々がとるべき対応を周知させている〔三津八幡宮文書・支配8〕。夜更けに町を通行する存在は、具体的に「備中殿・摂津守殿・因幡殿・丹波者と名を名乗り候」者があげられており、城代〔阿部備中守〕・玉造口定番〔稲垣摂津守〕・町奉行〔因幡・丹波〕の家中を騙って通行する行為が横行していた。町中においても、城代・定番・町奉行家中の名を騙る不審な武士の吟味・通報が求められたのである。

このうち芝居への強行入場に関する規定は、慶安五年に出された「芝居仕置」の内容にも引き継がれていく。

[史料3]〔「大坂御仕置留」四三〕

芝居仕置事

覚

一、奉公人木戸銭を出さざる者芝居へ入れ間敷候、奉行所之名をかり、理不尽にはいるへきと申す者ハ、侍にて

も小者にてもとらへ来るへし
但し、すまひ（争）候者は留め置き注進致すべき事
一、御定番衆之目付は芝居之者能く見知り〔置〕くへし、其の上主人之札を持ち参るべく候間相改め、札もなく目付之由申す者はおさへ置き、御定番衆目付方へ早々注進すへし、また札に不審これ在る者同前たるべき事
一、御番頭衆・御加番衆之目付、是は芝居へ用之儀これ在る時は木戸銭取るへし、其の外木戸銭を〔出〕さず入り候者は狼藉者之条（候）、とらへ参るべき事
右此の方之目付を出し候間、芝居之者見のかし用捨せしめば、残らずしはい払うべきの条、狼藉者これ在る時はとなりの芝居よりも出合い、情を出すべき者也
辰（慶安五年）六月五日

この仕置は、芝居町の芝居関係者に対して出された規定である。仕置の一条目では、「奉公人木戸銭を出さざる者」の入場が禁じられ、特に奉行所の名を借りて入場した場合には、「侍」「小者」の区別なく芝居関係者の手で捕縛するよう命じている。ここでの「侍」が奉公人を指すことは明らかであり、こういった者にはおそらく番衆や蔵屋敷の家中が抱える若党も含まれるであろう。また、二条目や三条目は、「定番衆之目付」や「御番頭衆・御加番衆之目付」などの番衆家中が芝居へ入場する場合である。ただし、定番の目付については主人の「札」を持参することが前提とされ、その「札」で身元が確認できれば入場が認められた。一方、大番頭衆と加番衆には「札」がなく、いずれも木戸銭を取るべき存在であった（ただし三条目の「取るへし」は、『大阪市史』第三巻所収補触二一など、写本によって「取るへからす」と記されているものもある〔塚田 二〇一〇〕）。町奉行は奉行所からも「目付」を派遣し、こうした行為を統制する一方、「芝居之者」たちに吟味と捕縛を命じることで、仲間集団を通じた取り締まりを強化しようとしたのである。

次に、史料2と同日付で通達されたもう一通の「覚」を検討しよう。

[史料4]〔「大坂諸公事覚書」五五〕

覚

一、三ヶ所之下屋敷に火事出来之時は、互いに手前切りにて御かま□有る間敷由、尤も□□候町人足手桶を持ち来り候間、我等共は与力・同心を召し連れ、何方へも罷り出べく候事

一、町屋火事之時は、江戸御法度のごとく、奉公人一切停止候間、罷り出ず候様に堅く仰せ付けらるべく候、奉公人参り候へば断り申し候、自然申し分悪敷候えば、□は討ち捨て、小者は搦め申し候間、其の御心得成されべき事

一、町中において討者・捕者これ有る場へ奉公人参り候儀、御存知之通何方にても御法度に候間、其の段堅く仰せ付けらるべく候、若し参り候は、火事場同前に申し付け候事

一、町人に対し、与力・同心衆幷びに家中之衆出入これ有るにおいては、何時も此方へ申されべく候、急度申し付けべく候間、其段仰せ付けられべく候事

一、小者・草履取欠落之者これ有る刻は、前廉より断り申され、其上何方にても捕る様に仰せ付けられべく候、幷びに他所より親類近付き御家来を頼み候て走り者捕え参り候時も同前之事

五月十九日

彦坂壱岐守

松平隼人正

渡辺丹後守殿

この申し入れでは、城代と定番二名の「三ヶ所下屋敷」において火事が発生した場合、火元下屋敷のみで「手前切」に消火すること、その際の加勢として町人足が手桶を持参し、町奉行所役人も出動する方針が示されている。さらに、町方に属する町屋で火事が発生した場合、火事場へ奉公人が来ることは江戸での禁制に則って禁止され、町奉

行所の指示に従わない者についてはその場で切り捨て、中間以下の「小者」であれば捕縛すると伝達している。三条目は、同じく町中における討者・捕者に奉公人が来ることを禁じ、もし現れた場合には火事場での対処と同様に切り捨てもしくは捕縛されることになる。これについても「何方にても御法度」とされ、一七世紀後期の奉公人取り締まりとして一般的な作法であった。

四条目は、与力・同心・家中が町人を相手取り、紛争に及ぶ場合は、町方支配を管轄する町奉行所へ届け出るよう要請している。そして、最後の五条目は、上・下屋敷から欠落した小者・草履取の探索に関する内容で、町奉行に断ったうえで、自ら捕縛するよう求めている。

この「覚」に関しても、先行法令として、慶安元(一六四八)年一二月に大坂町奉行・城代・定番から「御役人衆」「御代官衆」宛てに出された文書が確認できる(塚田 一九九五)。その文言には、「摂津守殿・弾正殿・石見殿下屋敷幷びに役人衆之屋敷・侍屋敷、火事出来之時は、内町之人足手桶を持ち来るべき事」とあり、慶安元年の京橋口定番の復活をうけて、城代(稲垣摂津守重次)・定番(玉造口、保科弾正忠正貞・京橋口、内藤石見守信広)の下屋敷と役人衆・代官屋敷の消火体制を確認し、市中の「内町」各町に手桶人足の駈けつけを命じたことを伝えている。ここでの「内町」とは、東横堀川以東の「上町」部分の町々に該当する。同じ内容の触は、慶安二年の安部摂津守への京橋口定番交代後にも再触されており、これをのちに定番となった渡辺家が「大坂諸公事覚書」のなかに書き写している(「大坂諸公事覚書」五四)。

以上みてきた「大坂諸公事覚書」のなかの「覚」二通は、いずれも市中町方を支配する町奉行が、武家地の各家臣団や与力・同心および家中奉公人の市中での行動を取り締まるために、彼らの主人である城代・定番に申し入れた処罰方針であった。町方支配の局面においても、在坂家中やその奉公人による市中での逸脱行動、消火体制の構築、町方との訴訟への対応といった問題が課題となったのである。

一方、城代・定番などの家に属さない浪人については、町方における市中居住の統制対象となっていたものの、寛文期を境として町触発令の頻度は低下していく〔河野 二〇〇七〕。定番については、着任時の加増が停止される点を指摘できるが、要因の一端にすぎないだろう。当該期の浪人の内実やその変化については、周辺大名への召し抱えなども含めて検討する必要がある。

おわりに

慶安期から寛文期にかけて、近世大坂城守衛体制が確立するなか、大坂の武家地人口は、番方を担う大名や旗本らのほか、定番付属の与力・同心たち、彼らが抱えた奉公人層なども含めて、全体として増大しつつあったと考えられる。また、この時期の定番については、就任時に一万石を加増され、譜代大名として取り立てられる事例が多く、保科家や渡辺家のように、一定数の家中を召し抱えなければならない家も存在した。

大坂城は畿内・西日本にむけた幕府の軍事拠点であり、城内警衛の中核となる与力・同心や家中の召し抱えには、「本国・生国」を基準とした厳しい身元改めが求められた。幕府側の警戒対象は、畿内・西国・四国・九州の他領を「本国・生国」とする者で、特に与力については、慶安元年以来、「家」筋と「個人」の双方において、厳格な基準が適用された。しかし、このような条件は、任地で与力・同心・家中を一挙に抱えなければならない定番たちにとって、非現実的な条件であった。それゆえ、定番から老中へ、召し抱え条件の緩和を求める「伺」が繰り返し上申されたのである。

大名として取り立てられた定番は、主に畿内周辺で新たな家中を召し抱えようとしており、「家」としての在番体制の構築は、同時に大名家中の創出過程でもあった。玉造口定番就任により大名となった伯太藩渡辺家が召し抱えたのは、元定番家中であった浪人や、幕府の長崎奉行与力であった小瀬家・吉田家など、多様な出自をもつ武士層であり、いずれも一八世紀には家老筋の上層家中となっていく。浪人の中には、向山家のように定番の家中を渡り歩く存在であったものが、寛文期以降、定番の職制から〈取り立て大名による終生在番〉という慣例が消滅するなかで、そのまま主家の家中に落ち着いたケースも多かった。一方、小瀬家・吉田家などの元与力層の動向も、当該期の与力・同心などがいまだ地付役人として定着しきらず、浪人状態や諸家家中の身分をも流動する存在であったことを示唆している。この時期の与力・同心についても、「浪人」状態から家中へ定着した武士と同様に、繰り返し召し抱えられるなかで、地付役人として定着したとみるべきであろう。

一七世紀後半の大坂市中では、これらの与力・同心や家中とともに、番衆の奉公人問題も顕在化しつつあった。当該期の城代・定番の奉公人の内実には、大名自身が抱える直属の足軽・中間だけでなく、与力・同心や家中が抱える若党や男女下人なども多数存在した。これらの奉公人の供給地は、城代や定番の場合、一義的には役知となった畿内知行所村々の百姓が想定されていた。また、すでに相対での召し抱えが一般化していた家中奉公人に関しては、知行所だけでなく、大坂市中の「請人」や「宿」を介した雇用も広く行われていたと考えられる。ただし、直属奉公人の場合、城代青山家の例でみたように、「鉄砲足軽」など特定の武具を扱う足軽が必要とされたため、西国以西や五畿内他領者の召し抱えは忌避されつつも、畿内知行所の百姓にも適任者が少なく、旧領を含む東国の者たちを積極的に抱える方針がとられた。こうして当該期の番衆の奉公人には、畿内の知行所出身百姓、市中の口入宿から雇用された存在、東国出身の「鉄砲足軽」などの存在が混在していたのである。

このような家臣団のあり方は、全体として、武家地内部での大名個々の「家」による統制を困難にしていた。町奉行による町方支配のなかで重視された浪人の市中居住に関する統制は、城代による大坂城周辺武家地の家中と浪人との付き合いを禁じた取り締まりとも繋がっており、在番大名の家臣団と市中の浪人が相互に流動的であった段階を反映するものであった。また、在番大名が抱える直属奉公人や、家臣団や与力・同心が抱える家中奉公人が増加するにつれて、町方における奉公人の逸脱行為や、奉公人の欠落・滞留といった問題が、都市の治安問題として浮上することにもなった。

こうしてみると、近世大坂において幕府権力を体現した番方の武家とその家臣団は、在坂大名の「家」による家臣団統制の枠組みを超えて都市の町方社会にも繋がりつつ、都市の軍事・支配機構として定在したといえよう。本章では、個々の大名に即した城代・定番屋敷の人員構成・空間構造などは、史料的制約から十分に検討できなかった。また、一八世紀以降の展開についても未検討である。これらの点に関しては、今後の課題としておきたい。

参考文献

朝尾直弘『近世封建社会の基礎構造――畿内における幕藩体制』御茶の水書房、一九六七年、のち『朝尾直弘著作集第一巻　近世封建社会の基礎構造』岩波書店、二〇〇三年

岩城卓二「在坂役人と大坂町人社会――大御番頭・大番衆・加番を中心に」大阪教育大学『歴史研究』三九、二〇〇二年、のち『近世畿内・近国支配の構造』柏書房、二〇〇六年所収

川﨑讓司「大坂城定番与力家の成立と推移――坂本鉉之助家を中心に」『大阪の歴史』六四、二〇〇四年

河野未央「コラム　牢人統制について」塚田孝編『近世大坂の法と社会』清文堂出版、二〇〇七年

齊藤紘子「近世中期伯太藩における村落社会と領主支配――泉州上神谷郷を対象に」『ヒストリア』二四七号、二〇一四年、のち同『畿内譜代藩の陣屋と藩領社会』清文堂出版、二〇一八年所収

齊藤紘子「和泉国伯太藩の家中形成と大坂定番――「家老」家々の来歴から」『和泉市史紀要第二七集　和泉の村と支配』和泉市史編さん委員会、二〇一七年、のち『畿内譜代藩の陣屋と藩領社会』清文堂出版、二〇一八年所収

菅良樹『近世京都・大坂の幕府支配機構――諸司代・城代・定番・町奉行』清文堂出版、二〇一四年

塚田孝「一七世紀なかばの大坂と都市法制整備」大阪市立大学文学部紀要『人文研究』四七―八、一九九五年、のち『近世大坂の都市社会』吉川弘文館、二〇〇六年所収

塚田孝『近世の都市社会史』青木書店、一九九六年

塚田孝「宿と口入」原直史編『身分的周縁と近世社会3　商いがむすぶ人びと』吉川弘文館、二〇〇七年、のち塚田『都市社会史の視点と構造――法・社会・文化』清文堂出版、二〇一五年所収
塚田孝「近世大坂における芝居地の《法と社会》――身分的周縁の比較類型論にむけて」塚田編『身分的周縁の比較史――法と社会の視点から』清文堂出版、二〇一〇年、のち『都市社会史の視点と構想〈法・社会・文化〉』清文堂出版、二〇一五年所収
宮本裕次「大坂定番制の成立と展開」『大阪城天守閣紀要』三〇、二〇〇二年
横田冬彦「「非領国」における譜代大名」尼崎市立地域研究資料館『地域史研究』二九―二、二〇〇〇年
吉田伸之「日本近世都市下層社会の存立構造」『歴史学研究』五四三、一九八四年、のち『近世都市社会の身分構造』東京大学出版会、一九九八年所収
塚田孝編『「大坂御法度書巻」「大坂諸公事覚書」「諸事被仰渡判形帳」――近世大坂町触関係史料五』大阪市立大学大学院文学研究科都市文化研究センター、二〇一五年
塚田孝編『「大坂御仕置御書出之写」「大坂御仕置留」――近世大坂町触関係史料二』大阪市立大学大学院文学研究科都市文化研究センター、二〇〇七年
『新修大阪市史　史料編　第六巻　近世1政治1』
大阪市立大学大学院文学研究科都市文化研究センター・大阪歴史博物館編『明暦元年大坂三郷絵図／大坂歴史博物館蔵』大阪市立大学大学院文学研究科都市文化研究センター、二〇〇八年

〈特論1〉

蔵屋敷の変遷

植松清志

はじめに——蔵屋敷の発生と設置

大坂における蔵屋敷は、慶長期（一五九六—一六一五）、大坂城南部に設けられた西国大名の上屋敷における生活を支えるため、水運の便が良い中之島付近に設けられた下屋敷に端を発する。元和期（一六一五—一六二四）の市街地整備による水運環境の向上により、西国諸藩の大坂への廻米が進み、その後、西廻り航路の整備刷新が奥羽諸藩の大坂廻米をうながした。こうした経緯によって、大坂は全国規模の市場として発展したのである。

江戸時代、大名が大坂で蔵屋敷を設けるためには、拝領屋敷を除いて、土地を所有する町人を名代として登用し、地子や町役を負担しなければならなかった。このようにして設置された諸藩の蔵屋敷は、延宝七(一六七九)年に八九、元禄一六(一七〇三)年に九五、天保六(一八三五)年に一〇四が確認される。元禄一六年の立地の内訳は、中之島四〇、堂島七、天満一七、土佐堀川沿い一四、江戸堀川沿い六、その他一一で、水運の便が良い中之島周辺に集中している。中之島周辺や土佐堀川などに沿って諸藩の蔵屋敷が軒をつらねる風景は、水都大坂における都市景観の特徴となった。

一　蔵屋敷の様相

ここでは、蔵屋敷の施設構成などを、西国の佐賀藩、東国の津軽藩を例にみていくことにしたい。

1　居住施設など

佐賀藩蔵屋敷　佐賀藩は、明暦元(一六五五)年には天満一一丁目下半町(現在の大阪高等裁判所の位置、現大阪市北区西天満二―一―一〇)に蔵屋敷を設けている。敷地(約四二〇〇坪)は、上屋敷と下屋敷が隣接して一つの屋敷を構成していた。この屋敷は、元禄五(一六九二)年には、周囲が米蔵・長屋・馬屋などで囲繞され、内部には、北側に参勤交代時に藩主が滞在する御屋形(御殿)、南側に米売場などが設けられていた。藩士住居の長屋は小屋とも呼ばれ、役職上の上下関係にある者が互いに隣接して配置され、規模や設備によって階層差が付けられている。なお、留守居小屋には銀蔵が付置されていた。

御殿は、接客空間・居住空間・台所空間・役所空間で構成されていたが、接客空間は狭小で、居住空間は独立性に乏しかったが、数度の増改築を経て各空間の区分が明確になり、機能も充実した。

この屋敷は、享保九(一七二四)年三月二一日の大火で全焼したが、同年六月に再建工事が始められている。復興された屋敷は、敷地周囲の南面・東面に米蔵、北面に長屋、西面に中使長屋(貸家)などが配され、内部には、北側に御殿、北西側に役所、南側に米会所などが設けられ、享保二〇年には焼失前の規模となった。

津軽藩蔵屋敷　津軽藩蔵屋敷は、元禄五年に天満一一丁目、佐賀藩蔵屋敷の東隣り(現在の天満警察署の位置、現大阪市北区西天満一―一二―一二)に確認される。享保九年以前の屋敷は、敷地(約五一七坪)の周囲に米蔵・長屋・役所

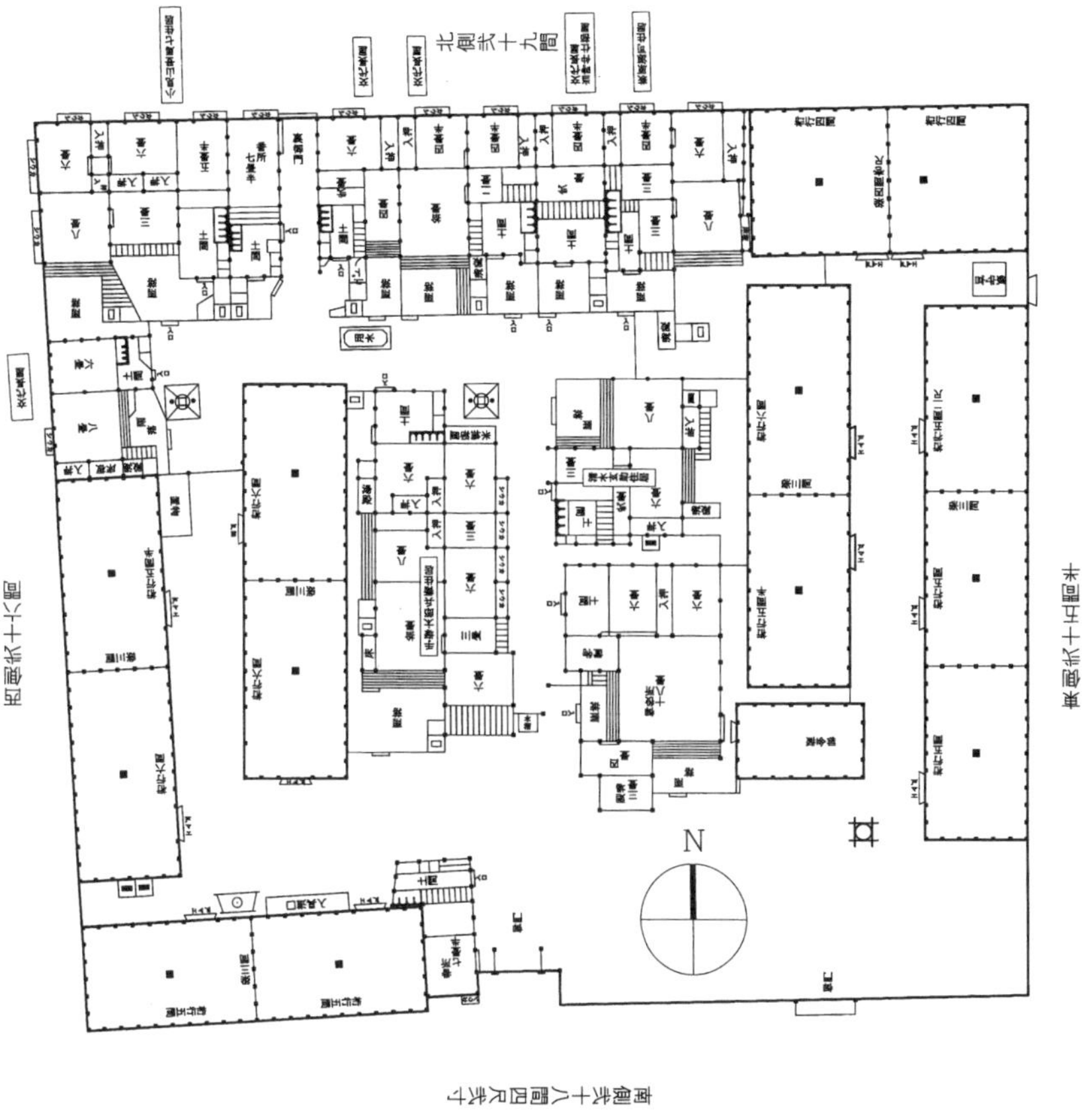

図1　津軽藩蔵屋敷図（文政期）

など、内部の中央部に米蔵・金蔵が設けられていた。藩士住居である長屋には、式台・玄関・床の間などはなく、出入りは土間からであった。住居はすべて長屋形式であるが、規模や居間の有無などによって階層差が付けられている。なお、津軽藩は奥羽在藩であるため、御殿は設けられていない。

この屋敷は、享保九年の大火に罹災した。復興された屋敷は、寛政四(一七九二)年の大火には罹災せず、同九年六月に東隣りの屋敷地約二二三坪を買得し、約七四〇坪となった。文政期には、南面中央と東よりに御門、西南部と東北部に米蔵、北面西よりの裏御門の左右に長屋が設けられている。これらの長屋には、雨落、土間には竈や式台、座敷には押入、便所、湯殿が設けられるなど、住居の設備などが充実し、居住環境が向上している。内部には、中央部の東側に役所・役宅、米蔵・金蔵、その西側に留守居住居、米蔵が配されていた（図1）。この屋敷は、天保期には敷地の周囲が長屋と米蔵で囲繞され、堂島川に面して蔵が連立する景観が確立された。

2　船入り

佐賀藩蔵屋敷には、堂島川から荷船などが直接入ることができる船入りが設けられていた。このような船入りは、熊本・広島・鳥取・久留米・徳島・高松藩のような一〇万石以上の大藩に設けられていた。津軽藩蔵屋敷には、川岸に石の階段を設けた岩岐《がんぎ》形式の船着き場が設けられていた。

3　神社

蔵屋敷に稲荷社が多いのは、商売繁盛・家内安全などのご利益のためであろう。佐賀藩蔵屋敷では、元禄五年の屋敷に神社は設けられていないが、再建された屋敷では、寛保三（一七四三）年に国元から稲荷社が勧請されている。国元から勧請された神社では、高松藩蔵屋敷の金毘羅宮、徳島藩蔵屋敷の二井神、福岡藩蔵屋敷の菅公祠、広島藩蔵屋敷の厳島神社などが有名で、ことに、広島藩蔵屋敷の船入りには、厳島神社の大鳥居が設けられていた。津軽藩蔵屋敷では、享保九年以前の屋敷には神社がみられないが、文政期の屋敷では鎮守宮が確認される。

4　貸家

西国諸藩の蔵屋敷では、一八世紀頃から貸家が設けられるようになるが、東国ではみられない。

二　蔵屋敷の類型

蔵屋敷の諸施設をみると、西国諸藩では、米蔵・役所・米会所・銀蔵・御殿・長屋・神社・貸家などでほぼ共通している。なお御殿は、規模による差はあるが、概ね接客空間・居住空間・役所空間・台所空間で構成されていた。東国では、西国の銀蔵に対し金蔵が設けられている。御殿は設けられず、屋敷地は小規模である。貸家は東国ではみられない。

西国・東国ともに施設が共通するのは、主な取り扱い物品が年貢米のためである。相違点は、流通貨幣の違いや参勤交代に係わる施設の有無などである。これらを踏まえて、施設構成の違いに着目すると、御殿・銀蔵・貸家などを有する蔵屋敷を「西国型」、御殿がなく、金蔵を有し、小規模な蔵屋敷を「東国型」と類型化することができよう。

このように、江戸時代を通じて、米穀を販売する蔵屋敷の機能や施設には共通する点が多いが、幕末期には社会の変動とあいまって、従前とは異なる様相の蔵屋敷が出現する。

三　新機能の蔵屋敷

幕末期には大名の上洛の機会が増し、上方に拠点が設けられるようになる。ことに、大坂は水運の便が良く、京都にも近いことから、単なる廻米の集散地・販売地としてではなく、横浜と同様、外国との貿易地として機能したことは、川口に居留地が設けられたことからもうかがわれる。

松代藩蔵屋敷　幕末に大坂市場に参入した松代藩は、大坂を外国との貿易地ととらえ、蔵屋敷の設置を強く望んで

図2　松代藩蔵屋敷図

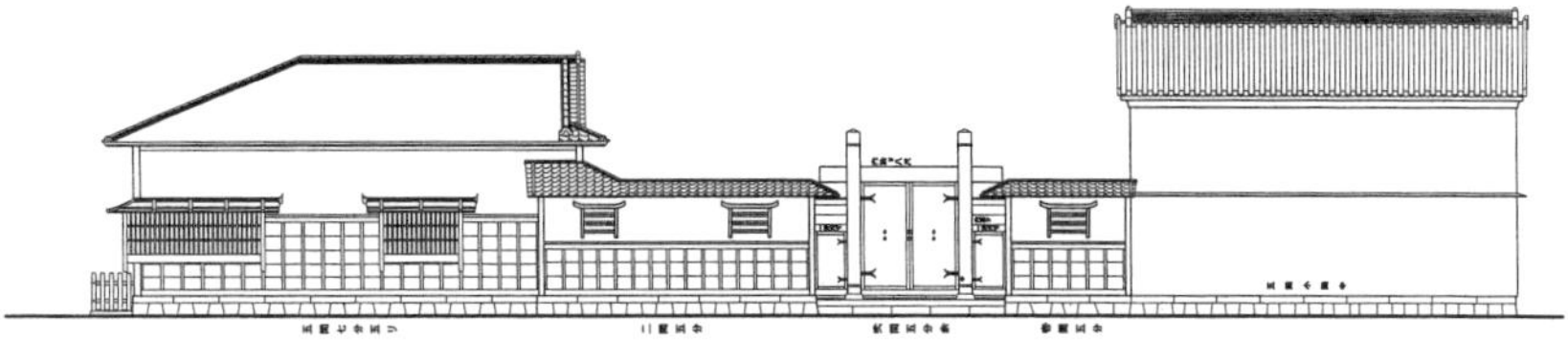

図３　松代藩蔵屋敷立面図

いた。その理由として、①在所の商人が物産を大坂に出荷して荷主・手代が正月に上坂し、商売を終えて四月に帰国するまで、多額の滞在費用がかかること、②高額の取引に不都合が生じやすいこと、③持参した物産の相場が合わず、安い値段で売りさばいて帰国したことがあることなどが掲げられ、蔵屋敷を設置する効用として、①商人から荷物の預かり賃や宿泊料が入る、②取引の交渉も旅館より都合がよい、③無理して安い相場で売らずとも、為替金を用立ててやれば領民の救いになり、商法の引き立てにもなることなどを掲げている。

つまり松代藩は、従前のように米穀などを販売するのではなく、在地商人の取引を支援するために、宿泊所の提供、荷物などの保管、さらには為替金の用立てなどを主な業務とする蔵屋敷の設置を図ったのである。また従前の蔵屋敷が、敷地を取得するために町人を名代として登用したのに対し、松代藩では近在の富裕な豪農に蔵屋敷の建設を依頼し、豪農も蔵屋敷を投資の対象としてとらえ、その建設を請け負うなど、これまでとは全く異なる設置手段と運営方針が示されている。

施設構成　敷地は、北浜一丁目通りをはさんで、南部の屋敷地と北部の淀川筋に面する浜手座敷に分かれ、敷地規模は合わせて約二八一坪である。

屋敷地の北面中央部に表御門、東北部に役所を兼ねた留守居住居（役所棟）、西北部に土蔵、西面に住居、中央部には蔵が二棟あるのみで、他は貸家である。この貸家が、長期滞在者用の施設と考えられる。なお、蔵の規模が小さいのは、収納する物産が紬・生糸・杏仁などのためであろう。

浜手座敷は、河道をはさんで東西に分かれ、ともに二階建てである。東側は、入口を入った中庭に面して式台・玄関を備え、最奥の大座敷には床の間・違い棚・付書院が設えられていることから、上級藩士や重要な客の宿泊・接待所と考えられる。西側は短期の滞在者の宿泊所であろう（図2）。

外観は、屋敷地北面の表御門は冠木門、土蔵以外の腰壁は押縁下見板張り、役所棟の屋根は茅葺きと推測される軽快なもので、敷地の周囲が米蔵で囲繞される従来の蔵屋敷とは趣が異なっている（図3）。

運営方針　松代藩における、蔵屋敷を在地商人のための宿泊施設や商品の保管施設などとする位置づけや、宿泊料や蔵敷料を藩の収入とするなどの運営方針は、在地商人を対象とした旅館業や貸倉庫業・金融業とみることができ、近代産業の先駆ととらえることができる。

〈特論2〉

蔵屋敷から見る民衆世界

森下　徹

はじめに

大坂に限らず民衆世界の解明はとりわけ史料的な制約を伴うものである。そうしたなか、各地の藩庁史料に残された蔵屋敷関係史料が意外な手掛かりとなることがある。ここでは萩藩の支藩、周防徳山藩という小藩の藩庁史料（山口県文書館徳山毛利家文庫）に基づいて、蔵屋敷をのぞき窓に民衆世界の様相を観察しようと思う。小規模な蔵屋敷ではあるが、かえって包括的にとらえやすい利点があるだろう。なおこれまで萩藩をはじめ、いくつかの蔵屋敷の仲仕については、近世後期を対象にして検討を加えたことがある〔森下　二〇〇四、第Ⅱ部第一章・第二章〕。ここでは時期をさかのぼらせ、仲仕以外のものも取り上げてみたい（以下、徳山毛利家文庫からの引用は整理番号のみ記す）。

一　徳山藩の蔵屋敷

徳山藩は城下徳山を中心に、瀬戸内に面した四万石の領地からなっていた〔『山口県史　史料編近世三』九頁。寛永検地時点〕。多くの藩では堂島米市場に近い中之島周辺に蔵屋敷を置いたのに対し、やや離れた立売堀（立売堀西ノ町）

に設けており、中之島近くの土佐堀一丁目に移転するのは天保一三(一八四二)年のことだった〔「奉書録」一〇四〕。ただし蔵屋敷の絵図が残されておらず、内部の様子はよくはわからない。ちなみに土佐堀に移転したときの屋敷は、間口二四間、三軒役である〔同前〕。同じころの萩藩の土佐堀屋敷は間口六一間、一五軒役だったから〔森下 二〇一四、一一三頁、一二二頁〕、数分の一程度ということになる。

この蔵屋敷には、留守居以下の役人数人と門番の足軽など数人が、一年—数年程度の任期で国元から派遣されており、大坂町人から調達された家守や船頭、舸子もあった(1)。それぞれは蔵屋敷内に小屋を与えられ居住していた(2)。また別にいた仲仕については、蔵屋敷によっては周囲に設置された貸屋に居住する場合も多かったものの、小規模な蔵屋敷のことだから近隣に居住し通勤していたものと推測しておきたい。

蔵屋敷が果たしていた機能については、新任の留守居に宛てた職務規定からうかがうことができる。たとえば元文元(一七三六)年のものを見ると〔「御書出控」八〕、冒頭に公儀の法度や町触などを江戸と国元に知らせることがあがっている。それに続いて、国元から送付された年貢米と紙を受け取って換金すること、徳山からの指示があれば江戸屋敷に銀を送ることが定められている。徳山藩では年貢米と並んで紙が蔵物としてあり、それらの売却がもちろん中心的な業務だった。その他、江戸や国元からの指示で「御買物」にあたることも書かれている(3)。さらには国元から来た廻船が所持する手形を改め、出津にさいしては積荷・乗員を調べて手形を発給することも命じられている。

こうした役割を果たす大坂留守居への国元からの指示〔「奉書」〕をまとめた記録が、一七世紀末から断続的に残されている。また元文三(一七三八)年と延享四(一七四七)年、二年分の留守居日記がある。以下ではこれらに依拠して、一八世紀前半を中心とする蔵屋敷と民衆世界との関係を見てゆきたい。

二　蔵屋敷専属の仲仕

国元から送られる年貢米や紙の蔵入れ・蔵出しに従事した仲仕について、元文三年の日記には本仲仕四人と下仲仕二人の名前が記録されている（「大坂日記」一）[4]。宝暦二（一七五二）年でも蔵仲仕七人とある（「奉書録」三七）。かれらは徳山藩専属の蔵仲仕に他ならなかった。ここで、延享四年の日記から搬入のようすを見ておくと、九月二六日に国元からの廻船一艘が「当年初御運送米」一五〇俵を積み登せ、次には一〇月三日に一艘一三〇俵、一〇月一二日には一艘五〇〇俵、のように続く（「大坂日記」二）。年貢米の収納時期には、百俵から数百俵を積んだ廻船が数日おきに来着していた。それを六、七人の仲仕だけで水揚げできたものかどうか、疑問が残るところではある。さらに配下に雇われる仲仕がいたということかもしれない。

ところでこれら仲仕は年貢米や紙の搬入だけではなく、種々の雑役を務めるものでもあった。そのことは日記のなかにさまざまに見いだせる。いくつかの例をあげれば、「御屋敷内掃除その外取り繕い」に働かせたとか、蔵元町人への使いに出した役人の供をさせた、あるいは火事見舞いに高張提灯を持たせて舸子とともに遣わした、などの記事があるし（「大坂日記」二）、蔵元町人から銀百貫目を借り受けたとき、「持ち夫」をさせたとするものもある（「大坂日記」二）。蔵屋敷からすれば、このように仲仕を随時使役できるのだから奉公人を別途調達する必要はなかったことになる。この点は小規模な蔵屋敷に特有なことというよりは、蔵仲仕一般に見られたことと考えられる[5]。江戸藩邸では日常業務の維持に大量の奉公人・日用を調達する必要があったが、大坂蔵屋敷では仲仕がその代わりを果たしていたらしい。

もっとも徳山藩の仲仕は蔵屋敷の外に居住していたと思われるし、収入も刺米に基づくものであって藩から直接給付される関係にはなかったはずである。あくまで外部のものだったにもかかわらず、なかば奉公人のようにして使役されていた。蔵仲仕にしてみれば、その蔵屋敷の荷役を独占するうえでの代償だったのだろう。

時期は下るが天保一三年に土佐堀に移転したとき、仲仕はすべて入れ替えられることとなった(6)〔「奉書録」一〇五〕。そこで注目されるのは、上仲仕五人・下仲仕一〇人と、元文三年には二人だけだった下仲仕が大幅に増えていたことである。一八世紀後半になると他の蔵屋敷においては、刺米の利権を梃子に下仲仕が独自に組織を作ってゆくところがあった〔森下 二〇一四、一四三―一五一頁〕。徳山藩での増員が移転に伴うことなのか、それ以前からのことなのかは確認できず詳細は不明だが、上仲仕・下仲仕を別々に呼び出して「御用向き」を務めるよう申し渡していることからは、下仲仕が自立した組織を作っていた可能性はあるだろう。一方、上仲仕については、入札の事務作業にかかわっていることから、事前に知りえた落札値段で自身が買い取り、しかも品質の良い米を選んで持ち去ってしまうといった行為が移転直後に問題視されてもいた〔森下 二〇一四、一三四―一三六頁〕。近世後期になると、専属の仲仕において蔵屋敷の統制を離れた利害集団化が進んでゆくということである。

三　上荷仲間と留守居組合

次に、市中に張り巡らされた堀川を通って蔵物を搬送するさいの、上荷船との関係を見てみたい。

諸藩の蔵屋敷に詰める留守居は組合を作り、情報交換を行っていた。徳山藩の留守居も同規模な小藩約二〇からなる組合に属し、定期的に寄合に出席している。組合内では、さまざまな情報が廻状によってもたらされていた。

元文三年八月の日記には、別の組合〔上中島組〕に属する丸亀藩から徳山藩所属の組合になされた照会が記録されている〔「大坂日記」二〕。このとき丸亀藩の留守居がいうのは次のことだった。「①かつては小船を使って堀川で荷物を搬送していたが、正徳四(一七一四)年の町触以降、それは止めている。しかし国元からの廻船を屋敷前に着け、荷物を直接水揚げしたり積み出したりすることは、町触には抵触しないはずである。②にもかかわらず、享保二〇(一七三五)年、上荷船のものどもがそれについてまで町奉行所に差し止めを訴えた。よもや当藩だけかと思い他の蔵屋敷へも尋ねたところ、どこでも直着けはしていた。そこで、禁止するのならば他へも一斉に通達してほしいと町奉行所へ申し出ておいた。③先月町奉行所に呼ばれ、あらためて直着け禁止を告げられたので、他とも相談したうえで回答すると述べたところである」。このような状況を説明したうえで、「在所手舟・町船」を直着けしている蔵屋敷の名前を報告することになったとして、徳山藩所属の組合における状況を尋ねたものである。ここで正徳四年の町触というのは、極印を受けていない船の堀川における荷物運送を禁じたもので、すでに元禄九年に触れられ(『大阪市史　第三』触五三九)、さらに元文三年七月にも繰り返し発令されたものだった。

これを受けた徳山藩所属組合は、荷物の直積み・直揚げは以前から行っていることだとして、その蔵屋敷の名前を丸亀藩と一緒に町奉行所に提出すると寄合の場で決した。病気で欠席した徳山藩留守居は廻状でその旨を知らされている。翌日の廻状にも、「江戸堀には海船が入ることはないだろうが、土佐堀であれば船を繋いで水揚げすることはあるだろう」と記されるように、蔵屋敷によっては廻船が屋敷前に着岸することはたしかにあった。はたして徳山藩の留守居も、「当屋敷では、これまで屋敷前に着岸させ、荷物を直接水揚げしている」と手紙で伝えている。丸亀藩に歩調を合わせ、直着けを行っているということで、上荷船に対抗するのである。

このように堀川での搬送については、①川口で上荷船が廻船から瀬取りし、諸所へ搬送する他に、②蔵屋敷所属の川船が瀬取りする場合、あるいは③廻船が堀川まで入り込み、蔵屋敷に直接積み入れる場合も併存していた。そうであるから徳山藩蔵屋敷では、船宿が仲仕頭を兼ねて仲仕を差配する体制がとられていたのだと考えられる。一方上荷船は、極印を打たれ役船や役銭を上納することで公認されたものとしてあった。またその船を借りて荷役に従事する船乗仲間は、一七世紀末から働き場（テリトリー）を形成して結集し、やがて宝暦一〇（一七六〇）年には公認を受けることになる〔羽田 二〇〇七、三〇七―三〇八頁〕。その過程で出訴を繰り返すことで②や③を排除し、堀川での独占を図ろうとしたわけである。(7)

そうして上荷仲間が運動するなか、蔵屋敷の側も、留守居組合やさらにそれをも越えて横断的に結合し対抗した。上荷船が極印を受けた公認の地位を梃子に、集団化して利害を実現しようとする以上、蔵屋敷個々での対応には限界があったということであろう。もっとも上荷船の独占を認める形で町触が出されるなかでは、②や③のような独自な水揚げは次第にできなくなってゆくと思われる。徳山藩に即しても、船宿が仲仕頭を兼ねるあり方は近世後期には見られなくなるのである。

四　通し日用と日用頭仲間

また大坂は参勤交代にさいしての中継点であり、通し日用を調達する場所としてもあった。

たとえば元禄一五（一七〇二）年の参勤では、播磨室津までは海路で行き、そこからは陸路で江戸まで向かっている。このとき留守居は国元から、大坂の前後で分けて通し日用を調達せよと指示されていた〔「奉書録」一一〕。うち大坂から江戸までの分を見ると、平日用一一三人の他に、駕籠六尺六人と山ノ手奴八人が必要であり、駕籠六尺は「大男、若き男、きれいなる男、六人とも一様に揃い、随分見かけ能き男ぶり」、山ノ手奴も「随分大男、見かけよく、御道具持つ」ものを条件としている。藩主の駕籠を担ぐ六人と、特別な道具を持つ奴には、とくに外見のよさが求められていた。毛鑓などを振り回す奴は、ときに「見世物」としてあった行列の中核だったともいわれている〔久留島 二〇一五、六〇頁〕。またそれ以外の平日用一一三人とは道具や用途それぞれの人数を積算した人数であり、「男ぶり大きにて道中達者成る」ものを雇うこととされた。全体を通しても、「何れも見懸け能き人柄」とし、「見かけ悪敷き者」を雇ってはいけないと念を押しており、やはり一定度の外見は必要だった。供廻り一人一人の質——荷役に従事できる体力以上に必要な見栄えのよさ——は、行列の権威づけに不可欠だった。

こうした調達は、尾張屋七兵衛という出入り町人を通してなされている。かれは飛脚屋として江戸からの情報を逐次蔵屋敷に届けるものでもあった。宝永三(一七〇六)年の参勤のさいもこの尾張屋が提供しており、駕籠六尺は一人あたり銀八一匁五分、山ノ手奴は銀八二匁五分と申告していた。これに対して国元から、その申告よりも駕籠六尺は一五匁増し、山ノ手奴は一〇匁増しとすることで、「随分能き者」「よくやつこ」を調達せよとの指示を受けている(「奉書録」一七)。藩は、高い賃銀を支払ってでも特定の人材を確保しようとしていた。そのことを出入り町人を通して実現しようとしたのだろう。

ところがそれに対し、元文三(一七三八)年の下国ではようすが変わっている(「大坂日記」二)。大坂から国元までの通し日用が入札されているのである。これに応札したのは三人で、うち尾張屋七兵衛の落札となっていた。もっとも、その入札額は山ノ手奴一人銀一一五匁、平日用は六貫目持ちを条件に銀六七匁五分だったのに、落札後にそれぞれ五匁と一三匁五分ずつ安くせよと命じられている。先とは逆の指示だが、実はこれは近江屋九兵衛の入札額なのだった。一番札だったわけでもないのに、出入り町人であるとして尾張屋に請け負わせようとしたゆえのことだった。結局、尾張屋はこの額での引き受けを拒否、安札だった近江屋が担当することになった。また延享四年にも入札されており、やはり近江屋が落札していた(「大坂日記」二)。

他方で、その後も尾張屋七兵衛は飛脚屋として出入り町人ではあり続けていたから、このころを境に、出入り町人への依存から、入札に切り替えられたことになる。特定の日用を高額な賃銀を支払ってでも調達することよりも、経費節減が優先されるようになっていたのだろう。

こうした入札に参加する通し日用頭たちは、やがて寛政元(一七八九)年に株仲間として公認されることになる〔藤村 一九七四、七—九頁〕。江戸の六組飛脚屋仲間や京都、伏見とあわせて結成が命じられたものである。このころの印鑑帳によると、川西組三三人・上町組四五人から構成されており、前者は中之島の常安裏町一二人を中心に常安町、江戸堀、堂島新地などその周辺に、後者は谷町二丁目一四人、北新町七人、松尾町八人、内淡路町三丁目六人など谷町の隣接しあう町に集中している〔藤村 二〇〇〇、一七二—一七九頁〕。なお尾張屋七兵衛は中之島に接する玉水町居住であり、川西組に名前をみいだせる。また近江屋という屋号が上町組に数人いるので、近江屋九兵衛は谷町周辺のものだったと思われる。大坂の通し日用頭はこの二地点に集住していたのだった(8)。

ただし安永六(一七七七)年の「難波丸綱目」を見ると、御大名奴入口として三人、御大名人足請負方は九人がいるだけである〔野間光辰監修『校本難波丸綱目』中尾松泉堂書店、一九七七年、五二五—五二六頁〕。尾張屋七兵衛を含むそのうち八人は、印鑑帳にも名前を確認できる。このことは、川西組、上町組それぞれが、諸藩から直接請け負いをするものと、それの下請けという重層的な関係からなっていたことを示唆していないか。たとえば延享四年に近江屋九兵衛が落札したさい、六尺清兵衛が、「近江屋のもとへ行って賃銀の相談をしたが折り合わなかった。ために今回は供に加わることができない」との趣旨を徳山藩に報告している〔「大坂日記」二〕。清兵衛とは駕籠六尺を請け負うもので、通し日用全体を請け負った近江屋から下請けする関係にあったのだろう。集住している業者内部における重層的な関係をうかがえる。

このように通し日用頭たちは、やがては公認されることになる組織を発達させていた。蔵屋敷も個別の業者との出入り関係にかわって、そこから入札を通して必要な人馬を調達するようになっていた。

おわりに――磁極としての蔵屋敷と民衆世界

蔵屋敷は蔵物の搬送や参勤交代のための人馬の調達を通して、大坂市中の運輸・交通労働と深く結びついていた。そのさい、蔵仲仕をはじめ、川船や廻船も直接差配し、また通し日用を出入りの業者から調達するなど、蔵屋敷が核となって民衆世界を統合する段階が存在した。たしかに蔵屋敷は、さまざまな出入り関係を従える磁極のような存在として〔吉田 一九九九、四―一〇頁〕、巨大都市大坂の部分社会を構成していたわけである。

ところが、やがて上荷船や日用頭は仲間化してゆき、蔵屋敷もそことの関係を新たに結びなおすことになっていった。専属の蔵仲仕においてさえ、蔵屋敷の統制を離れた利害集団化が進んでゆくと思われる。したがってこれら民衆世界の構成要素については、一方的に編成されていたわけではなく、それぞれに自律的な組織を発達させることで、蔵屋敷とあい対する面もあったことになる。こうしたことは中之島から離れてある小規模な蔵屋敷ゆえのことだったのかどうか、他の蔵屋敷における同様な定点観測を試みたいところである。

(1) 御手舸子為八が死去したさい、代わりとして船場の「売画」渡世河内屋作兵衛を「船手の業も少々心得」ているとして召し抱えている例がある〔「奉書録」八〇〕。たとえばこのように、市中から抱えられる家守、船頭、舸子は、民衆世界との関係を考えるうえでの不可欠の要素に違いないが、ここでの検討は割愛する。

(2) 文化一四(一八一七)年、類焼後再建したときの記録を見ると、「御役人中居小屋」として、立売堀に北面する表門の東西に留守居と米銀役の小屋、西角の外向きに家守の小屋、裏門付近に足軽や船頭、御手舸子の小屋が書き上げられている〔「奉書録」八〇〕。また御殿については文政一〇(一八二七)年に至るも再建されていなかった〔「大令録」五三〕。この他、「御米紙諸蔵」も建ち並んでいた。

(3) このころ藩主の係累や諸役所は、調度品や絵の具、菓子類、あるいは船の板材などに至るまで、さまざまな品物を大坂から調達している。

（4）同じとき仲仕頭は船宿徳山屋庄左衛門が兼ねている。その事情については後述する。

（5）一九世紀初めの福岡藩大坂蔵元奉行の「覚書」においては、同藩蔵屋敷には上中師一三人、下中師四五人があって、米蔵入には船頭から、出米には浜方（堂島）から賃米を受け取っており（刺米のことと思われる）、藩からは一切支給していない。しかし「毎暮中師中より会所えあい詰め、御屋敷内掃除、その外下中師は、蔵元奉行廻勤の節供に召し連れ、諸方小使何事によらず召し仕」っている、と記録されている〔九州大学附属図書館九大コレクション法制史料 Kj 一八―〇―九六「大坂御蔵元奉行覚書」〕。

（6）このとき船宿には仲仕とは別のものが任命されている。

（7）このころ上荷船は尼崎・兵庫の渡海船とも競合していた。この問題を取り上げた大国正美によれば、一八世紀初めにいったん決着したものが、享保一九（一七三四）年以降、再度出訴が集中するのだという〔大国正美「西摂海上積み荷争論と尼崎藩大坂留守居」『地域史研究――尼崎市立地域研究史料館紀要』通巻八一号、一九九八年〕。ここで紹介した蔵屋敷との争論も、こうした動きと何らか関係があったのかもしれない。

（8）川西組が常安裏町を中心とする中之島に集まるのは、諸藩の蔵屋敷が近いからであろう。一方、蔵屋敷の立地とは離れた上町組については、大坂城の番衆の用務も担当したからなのか、もしくは大川の船着場がある八軒屋浜に近かったことが理由だろうか。

参考文献

久留島浩編『描かれた行列――武士・異国・祭礼』東京大学出版会、二〇一五年
羽田真也「近世大坂におけるべか車の展開と上荷茶船」塚田孝編『近世大坂の法と社会』清文堂出版、二〇〇七年
藤村潤一郎「通日用について」史料館研究紀要七、一九七四年
藤村潤一郎「翻刻飛脚屋関係刷物史料（五）」創価大学人文論叢一二、二〇〇〇年
森下徹『近世都市の労働社会』吉川弘文館、二〇一四年
吉田伸之『巨大城下町江戸の分節構造』山川出版社、一九九九年

Ⅱ　町方の社会

〈第3章〉

種物問屋

島﨑未央

はじめに

近世大坂の特徴としてまず挙げられるのは、幾多の蔵屋敷が設けられ、全国から蔵物・納屋物を問わず特産品が集まり、また江戸をはじめとする諸国に物資を供給する、物流の枢要としての姿であろう。隔地間取引を可能にした問屋の性格と機能については、長らく次のように説明されてきた。

特定の国の産物を委託され、荷主に代わって販売し手数料(口銭)を得る荷受問屋が問屋の本源的形態である。一七世紀後期の大坂では、すでに特定の商品に特化した「専業問屋」もいくつかみられたが、凡白の商品を取り扱う諸物品問屋＝荷受問屋が主流であった。諸藩の蔵屋敷と関係を結び諸産物を引き受け、納屋物の売りさばきも兼ねた「国問屋」がその典型である。しかし、取扱量の増大と市場の拡大に伴って取扱品目を定める『専業問屋』化が進み、かつ産地に前貸金を投下する仕入問屋としての取引が比重を増していく(宮本 一九五一など)。

「荷受問屋から専業問屋へ」という、「問屋制」の発展過程を描くシェーマである。本章では、大坂で油の原料である種物(菜種・綿実)を荷受けし、市中や周辺地域の絞油屋に売り捌いた種物問屋を取り上げる。油の価格統制の必要から、一八世紀半ばに株仲間となり「専業問屋」化を遂げるが、業態のうえでは荷受問屋であり続けた種物問屋の具体相を明らかにすることを通して、「問屋制論」の見直しをはかりたい(1)。

こうした取り組みはすでに一九九〇年代以降の都市史研究と並行して進められており、特定品目の市場や問屋・仲買の実態分析を通して、流通の具体的なありかたが解明されている。原直史は国問屋の典型例とされた松前問屋の成立過程を分析し、近世後期に領主の後ろ盾もなく出発した荷受問屋たる松前問屋は「国問屋」の通念を覆す存在だったことを立証し、「問屋制」論の再考を促した〔原 二〇〇〇〕。荷主である船手や、買い手である干鰯屋といった取引上あい接する諸存在の動向に大きく左右される荷受問屋の特徴が明らかになった。また松前問屋の経営の特徴として、塩干魚や他品目を扱う問屋(両種物問屋を含む)との兼帯が指摘されたことに注目したい。「荷受問屋から専業問屋へ」というシェーマを見直すうえで、問屋の兼帯の具体的なあり方が鍵になるからである。

種物問屋仲間の構成員は特定産地との関係が強い「国問屋」や船宿数百軒の集積体であり、種物だけでなく穀物等も取り扱う荷受問屋であった。一八世紀半ば頃、油相場の引き下げ政策との関連で原料をいかに大量に安く絞油屋へ供給するかが問題になると種物問屋三〇軒が公認され、それを機に利害集団化を遂げた〔島﨑 二〇一五〕。本章では幕府の統制政策に加え、それを受けた仲間の動向、そして個別経営の戦略にも目配りし、荷受問屋の展開過程の一例を示したい。

一 種物問屋仲間の動向

まず本節では、荷受問屋である種物問屋が専業問屋として利害集団化する過程を追う。

1 一七世紀後期—一八世紀前期の種物問屋

種物の流通統制に関わる町触は一七世紀末頃に登場する。油の価格統制と関連して「油種」すなわち菜種と、次いで絞油原料として需要が高まった綿実の買占めを禁じるが、種物の流通の担い手にまでは関心が及んでいない〔『大阪市史　第三』一九一一年、触五八八など〕。例えば正徳三(一七一三)年六月には、灯油の価格高騰をうけて市中に菜種の買い込みを禁じ、在庫の放出を命じている〔『大阪市史　第三』触九八〇〕。こうした町触が繰り返されるのは、菜種は日持ちがよく値待ちが頻繁に行われ、荷主が資金融通を目的に質入れを行ったためである。享保八(一七二三)年には、諸国から送られてくる菜種と綿実を「問屋外之者」が引き受けていると大坂三郷絞油屋が訴え出た。大坂町奉行はその三年後に「向後問屋の外町人、菜種・綿実引請商売仕るまじく候」と命じ、「尤問屋え加り候儀は相対たるべく候」と、「問屋」への加入を促す方針を示した〔『大阪市史　第三』触一二八七〕。当時の「問屋」が相対次第で加入する対象とされる一方で品名を冠する専業問屋としては認識されていないこと、また取り締まりに至る契機も「問屋」の働きかけではないことが注目される。

一八世紀前期に至ると、大坂市中だけでなく西宮・灘目・兵庫といった西摂諸地域で六甲山水系による水車絞油業が隆盛を極め、油・種物の集荷の問題が表面化する。享保期には西宮の油問屋が油を買い集め、大坂を介さず江戸へ直積みするようになり、元文五(一七四〇)年、これに反発して大坂油問屋・絞油屋・木地樽屋が差し止めを願った。江戸油相場の高騰が続いたこともあり、老中や江戸町奉行、大坂町奉行の間では、西宮の油問屋が買い集める西国産油を江戸に廻送させるか、大坂に送らせるかの評議が行われ、江戸直積みを容認する方針がとられた。併せて原料の菜種・綿実についても、大坂に集中させるべきか、周辺の産地にも供給すべきか、さらには在方絞油屋の営業を停止させるべきかという議論が行われた。幕府が大坂の周辺地域でも絞油業が定着している状況を把握したことで、原料の菜種・綿実の供給範囲にも関心が及んだのだった。しかし、こうした議論の過程でも、訴願主体や諮問の対象となったのは油の生産・集荷・出荷に関わる業種であり、大坂で種物を取り扱う問屋が対象になった形跡はない。

寛保三(一七四三)年には、江戸直積みを認めても期待通りに江戸油相場が下がらなかったため、油は全て大坂へ積送るよう触れられた。これと併せて、諸国に種物の増産が命じられ、在来の絞油屋に売り渡した残りの種物はすべて大坂へ送るよう触れられた。大坂町奉行は大坂の油問屋、仲買、絞油屋とともに「菜種問屋」・「綿実問屋」の年行司にその旨を申し聞かせており、ここで初めて種物を扱う問屋が組織化していたことがわかる〔『大阪市史　第三』触二八八九〕。

当該期の実態を摑むことは難しいが、絞油原料として価値がある菜種は市中において「問屋」ではないとみなされた町人が扱うこともままあり、投機目的の値待ちや囲置きも行われた。また一八世紀前期以降は、瀬戸内海を東上する諸廻船を寄港させ、菜種・綿実を買い取る西摂地域の絞油屋との対抗関係が高まり、大坂三郷絞油屋は種物の「道買」や「艀下買」を度々訴えるようになる。こうした問題は種物を買い取り油に加工する三郷絞油屋の利害に関わって表面化するのみで、「問屋」が主体的に行動を起こすことはなかった。一七世紀後期から一八世紀前期において種物を扱った「問屋」の主体意識の低さ、集団性の希薄さは、彼らがどのような性格を持つ経営体で、どのように集団化していたのかに起因すると考えられる。以下項を改めて検討を加えてみよう。

2　問屋の存在形態

ここでは、地誌の記載を参照し、一七世紀後期以降の様子を推測する。前述のように寛保三年には「菜種問屋」「綿実問屋」には年行司が存在し、ある程度集団化していたようである。寛延年間刊行の『難波丸綱目』(野間光辰監修、多治比郁夫・日野龍夫編『校本難波丸綱目』中尾松泉堂書店、一九七七)には「菜種子問屋」の記載がみえ、会所を大川町に置く「古組」一〇五軒、北堀江に会所がある「南組」二〇一軒とある。詳しくは次項でみるが、宝暦九(一七五九)年に種物問屋が幕府から公認される直前の状況と一致し、実際は地誌の「菜種子問屋」には綿実を扱う者も含んでいた。つまり、三〇〇軒を超える「問屋」の集積体が種物を荷受けしていたのであり、一七世紀後期から一八世紀前期にかけて「問屋」仲間として行動を起こさなかったのも、数百軒で構成されるような緩やかな集団性が影響していたと考えられる。

では、「問屋」はどのような経営体だったのか。表1で一覧にした明和七年の名前帳収載の構成員のうち、一七世紀後期以降の地誌に現れる者に注目しよう〔塩村耕編『古版大阪案内記集成』和泉書院、一九九九〕。

宝暦九年に古組の年行司であった大川町の尾道屋与三兵衛（3）は、延宝九（一六八一）年頃刊行とされる『古今芦分大全』で、備後・尾道の「船宿同問屋」とあり、肥後屋十兵衛（欄外）は肥後のそれである。また、大川町の淀屋三右衛門（2）は名前帳で二番目に連印していることから仲間の中核を担う存在だったと考えられるが、延宝七年刊行の『難波雀』では西国たばこ問屋、また備中木蠟問屋として登場する。その背景には『古今芦分大全』で備中の「舟宿同問屋」とされるような船手との関係があったのだろう。つまり淀屋は、一七世紀後期に既に仲間の体裁を整えており、地誌にも現れるような特定品目の「専業問屋」として認知されるが、必ずしもその品目に「専業化」せず、産地や船手との関係に基づき種物も引き受け取り捌く存在だったと推定できる。このような荷受問屋が大川町を拠点に、「古組」を構成したと考えられるのである。

他方の「南組」はその名称と、会所が北堀江に所在することから、後発的に種物取引に参入し、元禄期の堀江新地造成以降に「問屋」に加わった者も多数を占めたと考えられる。一七世紀末以降に木津川沿いに展開した「西浜問屋」「小問屋」「船宿」にあたる者も廻船に積まれた諸品を引き受け、場合によっては値待ちのため種物を囲い置くなどしていたところ、三郷絞油屋の訴えを受けて「問屋」への加入を求められ、南組を構成した、という流れが想定できるだろう。

このようにみると、「古組」と「南組」は、種物取引に関与し始める時期こそ異なるが、業態上の差異はさほど見受けられない。いずれも特定地域の産地・船手との関係を前提に、複数の産品を荷受けする荷受問屋＝諸物品問屋と理解して差し支えないだろう。

3 種物問屋の公定

宝暦八（一七五八）年には、灘目水車新田の小池屋勘四郎が西国の種物を道買し、大坂絞油屋との間で争論を引き起こしたが、大坂油問屋や種物問屋も江戸へ召し出され、幕府勘定所の裁定を受けるまでに至った。翌年九月の裁許で、種物問屋に関しては次の三点が命じられた〔「門林啓三氏所蔵史料」引出へ―五〇―二〕。第一に、菜種問屋は二〇軒、綿実問屋は一〇軒を指定し、以後大坂に送られる種物は納屋物か蔵種（蔵屋敷に送られる菜種）かを問わず独占して荷受けすることになった。なお三〇軒は従来行ってきた穀物の荷受けの継続も容認された。第二に、争論の相手である水車新田は、以後大坂菜種問屋・綿実問屋から年間の荷受高を基準に割合を定めて買い取るよう命じられた。これは、以後大坂以外の諸地域については在所で生産された菜種・綿実のほかは、回送中の種物を道買・艀下買することが禁じられたための措置であり、水車新田は在国である摂津以外で生産された種物は大坂種物問屋を介して買うよう義務づけられた。第三に、菜種は荷受けした石高、綿実は代銀を基準として、問屋口銭までも公定された。

以上の裁許は、大坂絞油屋と灘目絞油屋の間で種物の集荷競争が激化したことをきっかけに、引受けと取捌きの担い手である菜種問屋・綿実問屋を厳密に把握し、統制しようとしたものだった。公認されたのは従来の問屋のわずか十分の一で、大坂町奉行への名前帳提出が義務づけられ、前書では、構成員の経営が傾いた際は仲間で助け合い、不正がないよう監視し合うことを誓約している。このことが菜種問屋・綿実問屋が「専業問屋」として利害集団化する端緒となったと考えられる。

4　明和七年油方仕法制定による独占集荷権の動揺

灘目水車新田との争論を経ても、すでに絞油業が定着してしまった畿内では、在方絞油屋の集荷活動を抑制することは不可能だった。油相場の高騰を理由に江戸浪人が「油一件取締り」の請負を願うと、大坂油問屋を中心に、その周辺の摂津・河内・和泉も含めて、株仲間取り立ての出願が活発化した。幕府としても、宝暦九年の裁許を維持して種物の供給対象を大坂市中と水車新田に限定するより、むしろ周辺地域をも大坂への油の供給地として認め絞油株を与えるべきという考え方が出てきた。それが明和七（一七七〇）年制定の油方仕法であり、八月二四日に老中からの仰せ渡しという形をとって通達された〔「明和撰要集　九中・酒油商売物」、国立国会図書館蔵〕。明和七年令は、摂河泉の三ヵ国に水車絞りと人力絞りの区別をたてて絞油株を与え菜種と綿実を仕入れる範囲を指定したもので、図示すると図1のようになる。摂河泉の絞油屋に関する規定を和泉国を例にみてみると、人力絞油屋は菜種・綿実共に五畿内から仕入れられるが、水車絞油屋は菜種は住国である和泉からしか仕入れを許されない。綿実は実が堅く粉砕するには水車が適しており、菜種を人力絞油屋により多く供給すべきとの配慮が働いている。

宝暦九年令で大坂菜種問屋・綿実問屋からの買い取りが義務づけられた水車新田の場合、菜種は住国の摂津で仕入れるほか、菜種問屋から年間一万五千石限りの買い取りが認められた。一方綿実については綿実問

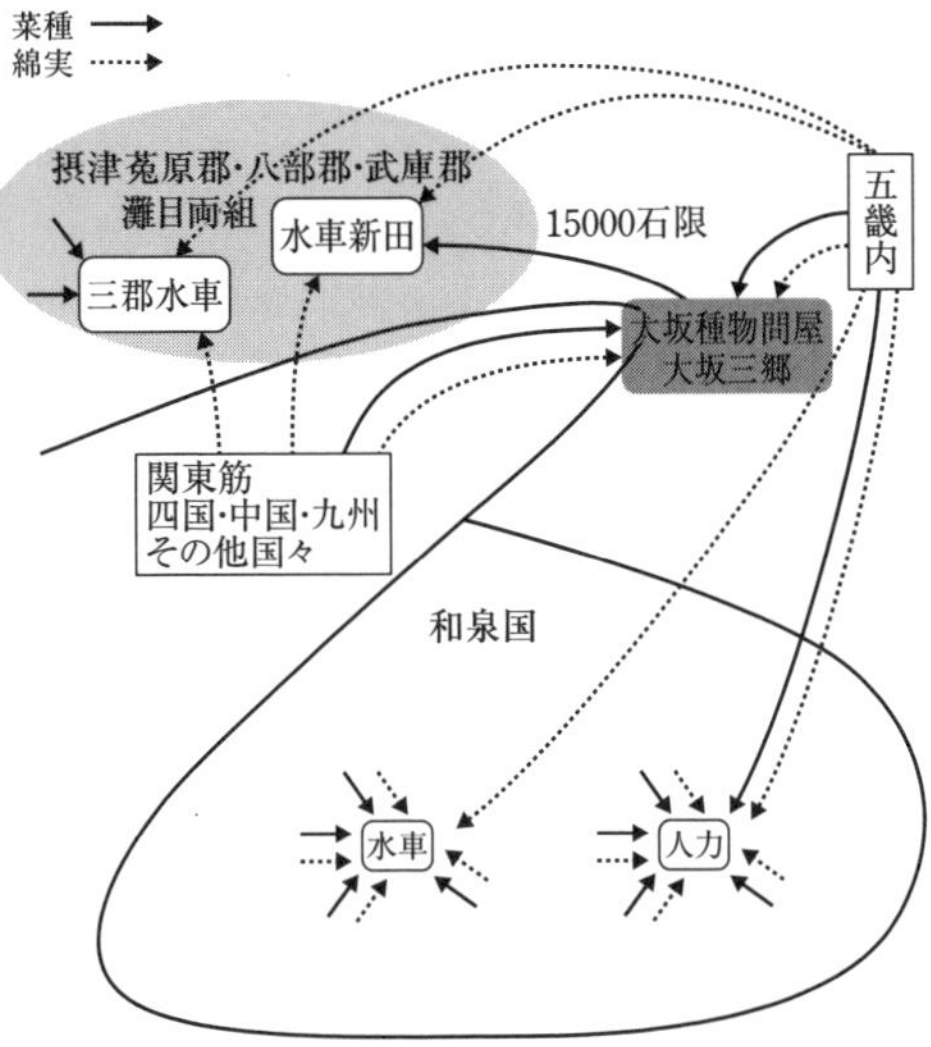

図1　明和七年令下の種物流通経路

注）摂河泉の在方絞油屋の買入れは同じであるため，和泉のみを図示した．三郷絞油屋については省略し，図2で示した．
出典）和泉市の歴史3　池田編「池田谷の歴史と開発」，354頁の図を加工．

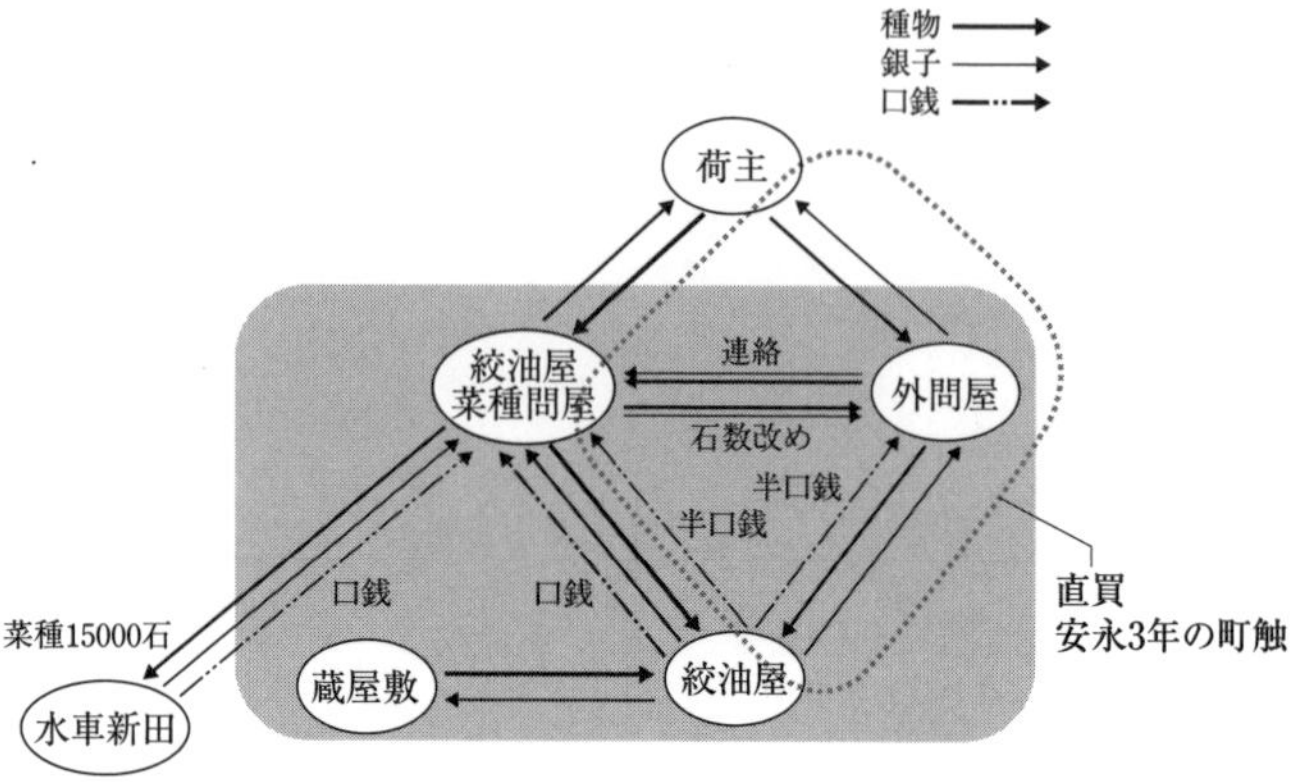

図２　明和七年令下の大坂における種物取引

出典）『大阪市史　第三』，842 頁，『同　第五』，703 頁．

屋からという制限が外れ、諸国からの仕入れが認められている。

大坂絞油屋に至っては、「大坂廻着之分絞草（種物に同じ）は問屋外にても勝手次第買入れ、其外五畿内にても直買致すべく候」と命じられ、大坂に回着した種物については種物問屋を介さずとも買い入れてよく、五畿内からも問屋を介さない「直買」が認められた（図2）。「問屋外にても」買い入れる際に水揚げや荷の保管業務を担うと考えられるのは、第一に船宿・小問屋など船手との接点を持つ者たちだが、船に積み合わせられた他品目を扱う問屋が関与することも可能になった。

要するに幕府は、摂河泉で在方絞油業を広く認めれば種物の集荷競争がより激化すると予想し、市中の絞油屋や水車新田に仕入れの範囲をより広く保障しようとしたのだが、その結果菜種問屋・綿実問屋の権益が大幅に制限されたことは明白である。明和七年令は、大坂での油の集荷効率をより高める目的で制定されたが、同時に大坂の種物集荷市場としての地位を著しく低下させた。加えて菜種問屋・綿実問屋は、市中の内部でさえ荷受けを独占する権利を失った。在方水車絞油屋への供給が重視された綿実を扱う綿実問屋に至っては、大坂への入津高激減を理由に渡世が立ち行かなくなり、翌明和八年には菜種問屋と統合されて四五軒の「両種物問屋」となった（宝暦九年公認の菜種問屋株二〇、綿実問屋株一〇。宝暦以降加入の「菜種増問屋」一五の計四五軒からなる）。

安永三（一七七四）年には大坂への種物入津の不振をうけ、次のような町触が出ている。

（前略）種物廻着減少の趣意此度あい糺候上、種物増問屋申し付け、右の者共は勿論、有り来る両種物問屋幷絞り油屋共よりも勝手次第国々へ仕入銀差し出させ種物引き受けさせ候間、已来定問屋の外へも廻着いたすべく候、定問屋の外へ廻着いたし候分、絞り油屋直買いたし候はば、その問屋より定問屋へあい達し、定問屋立ち会い石数あい改め売渡し、定問屋へは油屋より種壱石につき銀五分宛、定めの通り口銭差し出すべく候（後略）〔『大阪市史　第三』触二八八九〕

第一に、新たに五軒の増問屋が設けられた。これは表1の（46）―（50）にあたる。増問屋の増員は、種物産地でもある地域との取引関係がある者を選び、仕入銀を投下させ、ひいては種物の廻着を促進させる意図を帯びていた。同様の目的で寛政三（一七九一）年にも増問屋五軒が加入している（（51）―（55））。

第二に、仕入銀の奨励と併せて「定問屋」以外の者が種物を荷受けすることが改めて認められた。なお、安永版『難波丸綱目』で旧来の種物問屋四五軒が「両種物定問屋」とされているため、文言中の「定問屋」も同様であろう。これにより増問屋のほか、他品目の問屋や船宿の介入が法的に保障されたといえる。

第三に、「直買」の種物を水揚げする際には必ず定問屋が荷改めに立ち会い、手数料として平口銭を受け取るよう明記された(2)。これは定問屋の「御用」を明確にし特権を与える、いわゆる保護措置でもあった。

元来、諸国から送られる種物は、船手との関係を持つ三〇〇軒余もの問屋や船宿が引き受け、大坂三郷絞油屋に取捌いていた。しかし、周辺地域で絞油業が盛んになるにつれ、油相場の引き下げには種物の流通統制も不可欠なことが意識され、極端に絞り込まれた種物問屋仲間が一手に引き受けを担うに至る。

しかし、明和七年の在方絞油業の公認に伴い、大坂への種物廻着の不振が顕著になると、大坂においては、旧来の種物問屋に限らない手広な取引と、産地への仕入銀の促進が図られた。その結果、種物取引の担い手は定問屋―増問屋（以上が正規の両種物問屋）―外問屋（小問屋・船宿・他品目問屋）という形で重層化し、大きく拡大された。しかし、

C　延享版諸国問屋・船宿	D　安永版諸国問屋・船宿
	肥後
備中・讃岐	備中
	備後国船宿
備前・豊後・筑後	備前・豊後・筑後
筑前（博多・姪濱・福岡）・讃岐	越前・筑前・筑後
	筑後
阿波	阿波・肥後
	讃岐
伊予国船宿	伊予
	備中
	伊予
豊後三佐	豊後，畳の縁問屋
周防岩国船支配米穀幷船宿（寛延）	
	豊後
淡路	
讃岐	讃岐
安芸国船宿（北堀江 4）	安芸国船宿
豊後（杵築）	
	越前・肥前，油粕問屋
和泉	肥前，越前（道頓堀湊町）
御城米商人（寛延）	
伊勢，	伊予・筑後
伊予紙問屋（杉原・仙過）	伊予杉原仙過問屋
	備前・出雲・石見・長門・筑前・肥後
阿波，阿波国船宿（沖洲・小松嶋）	
讃岐国，讃岐国船宿，薩摩小問屋（寛延）	
薩摩小問屋（寛延）	薩摩小問屋
紀伊（西濱町）	
薩摩小問屋（西濱町）	
	和泉国船宿
阿波・豊後，藍玉問屋	阿波，藍玉問屋
	讃岐
和泉，播磨，備前，肥前（嶋原）	淡路
駿河，遠江	駿河，遠江
讃岐，筑後国船宿	
肥前	

表１　種物問屋の兼帯状況

A　宝暦９年９月の年行司	名前帳の序列	B　両種物定問屋の名前帳		
	①宝暦 10	1	江之子島西町	室屋万介▲
	菜種問屋（20）	2	大川町	淀屋三右衛門
古組	→　→　→　→	3	大川町	尾道屋与三兵衛
		4	土佐堀２	豊後屋治郎兵衛▲
		5	百間町	淡路屋七兵衛▲
		6	北濱２	肥前屋六十郎
		7	北堀江５	伊予屋熊之助
		8	長堀清兵衛町	豊後屋次郎七
		9	北堀江５	尼崎屋平兵衛▲
		10	北堀江４	観音寺屋茂兵衛
		11	西濱町	薩摩屋次郎兵衛
		12	湊橋	中国屋平兵衛
		13	玉水町	嶋屋市郎兵衛
		14	土佐堀２	佐田屋伝兵衛
		15	長堀清兵衛町	福嶋屋治右衛門
南組	→　→　→　→	16	道頓堀湊町	鍋屋嘉兵衛▲
		17	北堀江４	和泉屋庄右衛門
天満臼屋町　菜種絞油屋	→　→　→　→	18	新難波西之町	阿波屋仁右衛門
		19	江戸堀５	近江屋五郎兵衛
		20	立売堀４	肥後屋宗兵衛
	②～明和７	21	南久太郎町１	大和屋甚兵衛
	菜種増問屋（15）	22	茂左衛門町	奈良屋平兵衛
南組	→　→　→　→	23	江戸堀３	伝法屋五左衛門
		24	江之子島西町	長門屋吉兵衛▲
		25	薩摩堀中筋町	阿波屋吉兵衛△
		26	薩摩堀中筋町	備前屋藤兵衛△
		27	上博労町	嶋屋久兵衛
		28	南堀江５	油屋半六△
		29	長堀高橋町	岡田屋四郎兵衛
		30	北堀江５	三津屋勘兵衛
		31	新大黒町	雑賀屋佐七
	(安永５ 株取上げ)※１	32	新戎町	網干屋甚右衛門
		33	大沢町	日野屋半右衛門
		34	新平野町	河内屋久右衛門
		35	堂島新地５	秋田屋彦太郎
	③明和８打込	36	大川町	津国屋喜右衛門
	元綿実問屋（10）	37	長堀高橋町	阿波屋庄助

C　延享版諸国問屋・船宿	D　安永版諸国問屋・船宿
肥前（清兵衛町），筑後（百間町）	
出羽	出羽・加賀・越後・阿波・丹後・実綿問屋　和泉国船宿
豊前	
豊後（日出・頭成）	豊後国船宿
	讃岐・伊予

C　延享版諸国問屋・船宿	D　安永版諸国問屋・船宿
備後・阿波・讃岐・筑後	備後・讃岐・筑後
	豊前・豊後，買東西煙草問屋，七嶋莚問屋
出羽	出羽
安芸（北濱1），肥前，会津越後丸亀蠟問屋	肥後，生蠟問屋
豊後杵築	買東西煙草問屋，七嶋莚問屋

C　延享版諸国問屋・船宿	D　安永版諸国問屋・船宿
	長門
	阿波，苧問屋
壱岐国船宿，鯨油壱岐平戸呼子問屋	壱岐
	豊前・豊後，七嶋莚問屋

対馬	
日向（新戎町），陸奥国船宿	若狭，越前国船宿 越前，加賀
豊後（府内）	豊後，七嶋莚問屋

菜種問屋株判形帳」（大阪府立中之島図書館蔵・文書174）から，明和7年の株立て当初の構成員を一覧にした．帳
年まで更新されている．/C・D：野間光辰監修，多治比郁夫・日野龍夫編『校本難波丸綱目』（中尾松泉堂書店，

については安永5年12月付で「問屋株御取上被為成此度被下候」と貼り紙があり，安永版作成時は明き株だったと

を本拠とし，一橋家の蔵元や諸家の館入・売支配を兼ねた吉田喜平次の関係者である可能性も指摘されている．吉
能性もある．

（表1つづき）

A 宝暦9年9月の年行司	名前帳の序列	B 両種物定問屋の名前帳	
古組	→ → → →	38 長堀高橋町	丸屋左平次
		39 安治川上2	豊嶋屋万太郎
		40 湊橋	尼崎屋喜兵衛
		41 安治川上1	伝法屋伊兵衛
		42 富嶋2	万屋与兵衛
		43 湊橋町	三木屋太四郎
		44 道頓堀大和町	伊勢屋喜六
		45 新戎町	平野屋伝吉
	④安永4 両種物増問屋（5）	D 安永版難波丸綱目・両種増問屋	
		46 山本町	河内屋伊左衛門
		47 安治川上1	豊後屋彦兵衛★
		48 百間町	米屋長右衛門
		49 北濱2	加賀屋市兵衛
		50 江戸堀5	升屋吉右衛門★
		通路人吉田町松屋勘兵衛／年行司2人	
	⑤寛政3 両種物増問屋（5）	E 寛政3(1791)年・両種増問屋	
		51 新大黒町	三田屋太右衛門
		52 海部堀川町	平野屋新右衛門
		53 鋪屋町	尼屋弥兵衛
		54 西濱町	嶋屋権兵衛
		55 湊橋町	綿屋清八★

両種物問屋株の動き（部分）

古組	（明和7年には不在）	江之子島西町	肥後屋十兵衛
南組	（明和7年には不在）	長堀高橋町	小倉屋藤兵衛
※2	安永3-安永6	25 南堀江5	川崎屋庄右衛門
	安永6-寛政4	25 江之子島西町	多田屋清左衛門
※1	安永5-文化2	32 富嶋1	鳥嶋屋勘兵衛★
※3	安永8-天明2	47 富嶋2→過書町	吉田屋喜七郎★
	天明2-天明8	47 過書町	吉田屋五兵衛 （喜七郎従兄）
	天保6-	安治川上1	吉田屋喜太郎★

注） A：宝暦9年9月「差上申一札之事」（「門林家文書」引出ヘ 50 2）連印の年行事/B：「明和7庚寅年5月
面の表題は「菜種問屋」のみだが，②菜種増問屋，③元綿実問屋，④安永の増問屋まで連印があり，寛政3
1977）から作成した．/E：「菜種・綿実両問屋株判形帳」（大阪府立中之島図書館蔵・文書175）．

※1 B「株判形帳」によると，この株（延享難波丸では和泉・播磨・備前国問屋とされる網干屋甚右衛門株）
考えられる．その直後に鳥嶋屋勘兵衛★（豊後府内国問屋）がこの株の名前人になっている．

※2 株25は北国品類問屋でもあった川崎屋庄右衛門から，多田屋清左衛門に譲られた．

※3 株47は安永8年から天明8年にかけて，吉田屋の親類間で所持されていた．摂津国莵原郡住吉村呉田町
田家は摂州武庫郡・莵原郡・八部郡之内油稼株の引受人でもあったため，その関係で種物問屋株を取得した可

このような階層差は法的社会的位置づけの上だけのことで、荷を引き受け絞油屋に取捌くという業態の上で差別化をはかるのは非常に困難だったと考えられる。油という重要品目の原料集荷問屋だからこそ幕府主導の流通統制の影響を蒙ったこと、「定問屋」とはいえ取引の実務における権益が大きく制限されたことが、両種物問屋の特徴といえよう。

競合を余儀なくされた両種物問屋は利害集団としての性格をより強めるとともに、荷改めの御用の見返りに半口銭を徴収することに腐心し、さらに種物産地や船手との間では、得意関係を保持するための資金投下とより一層の「道買」の規制強化に注力せざるを得なくなったのである。

二　一八世紀後期における仲間の規約

本節では、明和七年令下で作成された両種物問屋仲間の規約を取り上げ、両種物問屋が仲間の存立基盤として重視した①市中における荷改めの御用と、②道買の摘発という二つの面に注目する。

1　天明八年七月の申堅め

天明八（一七八八）年七月、両種物問屋計五二軒が一〇箇条の申堅めを作成した（「菜種綿実両問屋申合書」黒羽兵治郎編『大阪商業史料集成』大阪商業大学経済研究所、一九三五）。その動機は次のように説明される。解釈が難解な部分は読み下しとした。

（一条目）近年大坂への菜種の廻着高が減じているのは幕府の御定法にも背き、恐れ多いことだが、荷主や船頭衆中は遠路航海する渡世であり、相場を見合わせて渡航するのは無理もない。とにかく荷主方の納得がいくよう売口に励めば廻着高も増すので、個々の問屋は銘々「仲買」を取締り、荷主方への交渉についても仲間の取り決めを厳守するよう前々から定めている。近年休み株を譲り受けて仲間へ加入した者もいるので、今回相談の上改めて調印する。

（但し書き）銘々知音をもって荷物を引き受けてきたが、近年の加入者は荷主との馴染みも薄いので出精を以てより多くの荷を引き受けようと「其の時々分け荷物これ有る問屋の差別なく抜き出し」、相場にもない高額で荷主に仕切状を送っている。絞油屋に売り渡す際に損を蒙ることになり、渡世が立ち行かないことになる。特に幕府が口銭を公定している以上、結局商売のためと言っても自分勝手な取り計らいをする者がいては仲間の商売の衰微に繋がるため、今後は慎み、相談の内容を厳守すること。

中堅めの背景には菜種の廻着不振があり、荷主や船頭の信頼を得るための営業努力が必要なことが確認されている。その反面但し書きでは、近年休み株を譲り受けた加入者による規定違反や得意先の横取りがみられることを問題にしており、力点はよりこちらに置かれている。名前帳から相続や手代への譲りではない株の切替の動向をみてみると、明和七年以降、中堅め作成までの約二〇年間で両種物定問屋四五株中二四軒と半数以上が入れ替わり、寛政二（一七九〇）年までには家出が原因の明き株が三軒も生じている。こうした状況下で、新たな加入者が産地と取引関係を結ぶため渡世の根幹にある徳分までも自己裁量で減額するなど、仲間全体の存立を揺るがす行為が蔓延していたのである。

四条目では、外問屋は廻着した種物を水揚げする際に最寄の定問屋か仲間会所へ届け出る義務があるが、わざと届け出ない傾向があるとし、確実に取引に立ち合い半口銭を得るため、「最寄の定問屋より油断なく心を付け合い、若し不埒の致し方これあり候はば訴え出べく候」と定めた。その他、売却前の種物を抵当に代銀を貸し付ける「引当為換銀」の利子や、荷主が値待ちをする間の蔵敷（保管料）も徹底して徴収するよう求めた（五・六条目）。これらはいずれも、取引を仲介し、売買の場を提供し、荷主や船頭の求めに応じて資金を融通する問屋の職能に基づく徳分であった。なお蔵敷に関しては菜種・綿実と併せて「米雑穀の類、壱箇月壱俵につき三厘宛」とあり、宝暦九年に米雑穀の引き受けの継続が許されたのと変わりなく、両種物問屋が米雑穀の荷受けも行っていたことがわかる。

次に、中堅めの連印者から、両種物問屋の経営形態に注目したい。まず淡路屋七兵衛以下五二軒の両種物問屋が連印したのち、「淡路屋七兵衛売支配人久兵衛」以下二五名が連印している。売支配人には、仲間の参会に名前人が出席できない場合に代理での出席が認められており（九条目）、両種物問屋の店支配の実質を担う存在だと考えられる。五二軒の両種物問屋が中堅めに参加しているが、うち半数近い二五軒が売支配を置いていた。両種物問屋は菜種・綿実・米雑穀に加え様々な品目を取捌く「荷受問屋」で、種物・米雑穀部門を差配する売支配が仲間レベルで認知されていた。こうした経営形態はむしろ両種物問屋の本来的なあり方だと理解できる。

両種物問屋は問屋口銭・利子収入や蔵敷で収益を得る「専業問屋」の仲間だったが、特に荷改めの御用を務める見返りとしての半口銭が彼らを「定問屋」たらしめる根拠でもあった。その反面、個別経営のあり方を考えるとき、必ずしも取引品目が単一商品に特化・専門化していたとは考えられず、西国や北国の産地や船手との関係を基盤に他品目を取捌く荷受問屋として理解できる。この点については三節で改めて検討したい。

2　兵庫・灘目との緊張関係

次に、大坂両種物問屋が廻船の寄港地であり絞油業の拠点でもあった兵庫津や灘目にどのような方法で関与を試みたのかをみてみよう。

安永六（一七七七）年には、「西国筋より摂州兵庫津並びに最寄り灘目と唱え候村々船宿ども、又は所縁これあり廻着の綿実売買取り締まり」を名目に、両所に大坂両種物問屋の出店である綿実問屋五軒を設置することが認められた

〔「兵庫灘面一件」『大阪商業史料集成』所載〕。年に銀一〇枚の冥加銀の見返りでもあった。諸国から綿実問屋に積み送られた綿実については代銀一〇〇目につき口銭二匁を取り、船宿に廻着した分は計量と売却に立ち会い、口銭を船宿と折半して現地の絞油屋に売り渡すとした。図1で確認した通り、兵庫津や灘目に廻着する綿実を買う水車新田や摂津国水車絞油屋は、仕法の上では大坂両種物問屋を介さず綿実を仕入れることができた。しかし、大坂町奉行の管轄下で種物の廻着高を改める「御用」を担った大坂両種物問屋は、船宿や、所縁あって綿実を荷受けする兵庫津の商人を取り締まるという名目で、大坂市中と同様改めに立ち会ったり、荷受けに直接関与したりする拠点＝出店を設け、口銭収入の獲得に乗り出したのである。

寛政九（一七九七）年には「兵庫灘両店一件取締り」について「三拾六軒一統」が規定を作成している〔「兵庫灘面一件」〕[3]。両店の運営にあたっては、「毎月年行司壱人ならびにその余鬮取りに致し、弐人宛差し添え遅滞なく両店へ罷り下り見改め、日用入用員数取り調べ致すべく候事」と、毎月三名が現地に下向するとある。下向を拒否した場合は罰金が課され、出店からの収益を受け取ることも認められなかった。

配分される収益は、まず「両店より登り銀」すなわち出店の収益〔口銭・蔵敷等〕が送金されると、その都度一同へ配分された。「兵庫・灘半口銭」については、「壱箇年惣締り高何程にても、三拾八に割り、内弐つ分兵庫北国屋権左衛門え差し遣わし申すべきこと」とあり、両店の運営に参加する三六軒に加え、兵庫津の豪商北国屋権左衛門にも分配があった。北国屋を介して現地で何らかの便宜を得たのだろう。

兵庫津・灘の出店の運営は、大坂の自身の店における引き受け、取り捌きとは別に、兵庫津下向や様々な負担を伴った。それでもその収益が問屋仲間の構成員にとって重要な位置を占めていたことが伺える。しかし出店運営のための下向を重視した背景には、兵庫津や灘目の付近では道買が頻発しているという事情もあった[4]。

明和七年令の施行により両種物問屋の権益が大幅に削減されたことはすでに確認したが、出店が設けられた安永期、中堅めを作成した天明期は、株の譲り替えが頻発し定問屋の約半数が入れ替わった時期でもあった。作成された規約の根幹は、問屋が本来得るべき口銭や蔵敷・利子の徴収を徹底することであり、また市中に限らず兵庫津や灘目で取引される荷についても「問屋」が介在してしかるべきとみなし、荷改めを行うことが定問屋の「御用」だと再確認することだった。両種物問屋が市中に限らず権限を拡張できた背景には、菜種・綿実の流通量と取引高を把握する「御定問屋」の御用があった。明和七年以降の両種物問屋は仕法の制約で競合を余儀なくされるなか、法的社会的な位置づけに過ぎないともいえる「定問屋」の名目を最大限に活用し、新たな存立基盤を見出したのである。

三　個別経営の動向

これまで幕府の流通統制政策の中で種物問屋が「専業問屋」化する過程と、両種物問屋が「御用」を担う仲間として権益を守ろうとする動向をみてきた。その一方で、売支配を置くことが多い両種物問屋の経営は多角的なもので、兼帯が多かっただろうことも指摘した。ここでは個別経営に視点を移し、具体的にどのような形で兼帯を進め、営業品目を選択しているのか、また両種物問屋以外にも、種物の取引にはどのような存在が関与していたのか、という点に可能な限り迫りたい。

1　北国国問屋と船手の関係

表1で確認できるように、両種物問屋の中には北国の国名を冠する国問屋・船宿として地誌に記載された者が多い。北国の船手との具体的な取引例をみてみよう〔福井県　一九九六〕。

越前国丸岡藩領梶浦の船主・南又兵衛家は、蔵米輸送に従事する傍ら越後・出羽で自ら米を買い付け、瀬戸内や大坂で売却していた。同家の「金銀覚帳」には大坂の問屋との関係も表れるが、その多くが種物問屋の構成員でもあった。明和二(一七六五)年には、奈良屋平兵衛(22)と淡路屋七兵衛(5)に銀八貫目を貸しているが、北国での買米売却代の未回収分と推定されており、種物問屋が納屋米も荷受けしていたことと呼応する。また安永五(一七七六)年には、奈良屋、大和屋甚兵衛(21)と伊丹屋四郎兵衛に売却した菜種代金一三二両が未回収で、伊丹屋には松前鰊五四四箇の代銀未収もあった。さらに南家一統が蝦夷地に進出したきっかけは、前年に大坂櫓櫂問屋の多田屋清左衛門(安永七年に株(25)を取得)の添え状を持参し江差湊の廻船問屋・関川家に入津したことだった。以上の動きから「従来は米積廻船を主としていた南家のような北国の船主たちも、肥料需要の増大に呼応して、取扱商品の中に蝦夷地産物を加え、蝦夷地から大坂までを範囲とする流通ルートを担うことになった」とされる。南家にとって、おそらく種物は米雑穀と併せて扱ってきた商品で、その取引関係を基盤に、取引網の拡大と品目の多様化を実現したのである。

取引先である淡路屋・奈良屋・大和屋の動向に注目すると、いずれも西国や畿内とも取引関係を持つ国問屋とされる。早くから筑前の船手と取引関係がみられた淡路屋、御城米の払米を担ったとみられる奈良屋、油粕の集荷と取り捌きにも携わっていく大和屋、と様々な顔を併せ持っていた。淡路屋・大和屋・奈良屋が地誌編者から「越前問屋」と見做された背景には南家のような船手との取引関係があり、彼らが経営を多角化しうるかどうかも船手・産地の動向に規定される部分が大きかったと考えられる[5]。

2　北国品類問屋・東組松前問屋との重なり

南家が米雑穀や菜種とともに松前産鰊をもたらしたことも興味深い。北国産の塩干魚(鯡・数の子など)を扱う北国品類問屋で、後に松前産魚肥を扱う東組松前問屋にもなる川崎屋庄右衛門が両種物問屋を兼ねたことが指摘されている〔原 二〇〇〇〕。川崎屋は安永三(一七七四)年に種物問屋株(25)を取得するが三年後に早くも手放している。天明三(一七八三)年には塩魚干魚鰹節問屋の名前帳に北国品類問屋として名前がみえる。その後寛政一一(一七九九)年に北堀江五丁目の借屋を拠点に株(20)を買得し種物問屋を再開するが、文化五(一八〇八)年に北堀江四丁目家持となった後の動向は知れず、撤退か退転したのだろう。また文化三年に松前問屋が鞆干鰯屋との魚肥取引の交渉過程で結集を強める以前から松前鯡を扱っていたようだが、文政二(一八一九)年以前に撤退したようである〔原 二〇〇〇〕。

断片的な情報を総合すると、川崎屋は延享版難波丸綱目で日向や南部宿船宿として登場するが、そこで構築した北国の船手との関係から塩干魚を扱い、種物も引き受けていたのだろう。一八世紀後期に株仲間の公認が活発になる中塩魚干魚問屋株を取得する必要が生じたが、種物問屋株については取得後数年で手放したり、出店を設けて経営の多角化をはかるなどして取捨選択していた。大坂への入津量が急増した松前産魚肥も引き受け始め、東組松前問屋の構成員としても現れた。なお、川崎屋が手放した株(25)は翌年に多田屋清左衛門が買得し、寛政四(一七九二)年まで所持している。多田屋もまた北国品類問屋の一員であり、寛政一一年に蝦夷地が幕府直轄下に置かれた際には大坂で産物を扱う「御用取扱い人」に指名された一人だった。櫓櫂問屋を営む多田屋も、その経営で関りをもつ南家のような船手から塩干魚や種物を引き受けたのだろう。

さらに、安永五(一七七六)年に菜種の売り先として現れる伊丹屋は、川崎屋・多田屋と重なる要素も持ちつつ、一貫して種物問屋株を取得しなかった。北国品類問屋、松前問屋、蝦夷地御用取扱人に加え、安政五(一八五八)年に函館産物会所が設けられた際には用達に任じられた。さらに伊丹屋は安永版難波丸綱目に「伊勢問屋」として表れるが、明治二(一八六九)年九月に結成された木綿商社太平組の社長に就任していることを勘案すると、木綿問屋としても有力な位置を占めたことと関係するのだろう〔宮本 一九七五〕。諸藩との出入り関係も手広く結んでおり、福岡藩には大名貸しを行い、文化期の皮専売制導入にあたって銀主を務めた〔塚田 一九九二〕。また越前丸岡藩との間では藩財政悪化と天保飢饉の被害が重なったことを受け、天保七(一八三六)年に六六〇〇両余の調達金に応じた〔福井県 一九九六〕。

安永五年の南家との菜種取引に伊丹屋が関与したことは、安永三年令で両種物定問屋への申告と口銭の折半を条件に外問屋の荷受けも認められたため、合法といえる。伊丹屋は鰊と併せて菜種も荷受けしたが、両種物定問屋である奈良屋・大和屋との間では「外問屋」という立場で荷を分けたことになるのである。伊丹屋の例から参入が期待された外問屋の存在形態を推測するならば、まったく新興の商人というよりは他品目問屋として既に船手や産地との関係を有する問屋や船宿、または船手を引き付ける銀主となりうる者であり、安永三年令はそうした者達が広く種物取引に関与することを期待した措置だったと評価できよう。

3　西国国問屋と領主権力

種物問屋には西国諸国との関係を持つ者が目立つ。兵庫津・灘目における道買、艀下買を阻止するために荷主・船頭と安定的な取引関係を結ぶことが重要だったのは言うまでもないが、そうした取引関係を基盤としつつ、特定の領主と関係を結ぶこともみられた。

薩摩問屋は藩から任命された国問屋のひとつだが、国産荷物〔蔵物・納屋物〕の引き受け、上方の情勢伝達、領民が登坂した際の世話などを担った。屋久健二は、政治的側面を担ったのは定問屋であること、国元の商人との関係を基盤に荷物を引き受ける者たちが定問屋の監督のもと小問屋として編成されたことを指摘し、その多くは船宿などの小規模かつ不安定な経営体と推定した〔屋久 二〇〇七〕。寛延版難波丸綱目では、種物問屋のうち三軒が薩摩小問屋としても把握される〔表1の△〕。備前屋藤兵衛〔のち藤次郎〕のみ安永・享和版難波丸綱目でも小問屋として存続するが、安永三年には種物問屋株を手放している。他二軒は小問屋から撤退するが、油屋半六は寛政九〔一七九七〕年まで種物問屋株を保持している。こうした流動性は経営規模の小ささだけによるのだろうか。定問屋らの規定の上では、小問屋は荷が廻着しても立ち会いしか認められない時期もあり、定問屋への口銭の支払いが義務付けられていた。小問屋になれば薩摩藩からの認可が得られ取引上の利益も期待できたが、同時に定問屋の管理下で吸着されることを意味した。小問屋となることもまた、いくつかの経営戦略のひとつだったといえよう。[6]

天明六(一七八六)年には熊本藩が、「御国より大坂え渡海之船々、今迄は心次第に問屋着いたし来り候ところ、着船の上諸荷物仕切直段、口銭等の儀について、問屋共勝手次第の取り計らい等これあり迷惑に及び候」との理由で、大坂の者六名を「御国船定問屋」に指定した(「雑式草書　二一八」藩法研究会編『藩法集　七』創文社、一九六六)。表1に▲で示した者たちである。種物問屋ばかりが選ばれた経緯や実際機能したのか、いつまで存続したかは不明だが、その契機は、諸品を引き受ける問屋の仕切値段や口銭に疑義が生じたことだった。これらを一手に引き受ける者として両種物定問屋が指定されたのは、船手との関係性が評価されたことに加え、その金融機能と共に種物や米雑穀に限らない品目を扱う力量が求められたと考えられる。西国産地との関係においても両種物問屋の経営が多角化していたことを示唆しているのではないか。

最後に、安永・寛政期の二度にわたり増員された増問屋にも注目したい。★で示したように増問屋のうち三軒が、また安永期に種物問屋株を取得した二軒(鳥嶋屋、吉田屋)が、豊後国特産の畳表、七嶋莚の問屋でもあった。彼らは常州真壁郡小川村の百姓による願い株に対抗して安永九年に株仲間化を願い出、府内藩・日出藩・森藩・杵築藩の名代と青莚仲買への照会・折衝を経て、同年八月に株仲間となっている(川島　一九八二)。両種物増問屋や同時期の加入者に青莚問屋が目立つのは、一面では産地との太い取引関係と仕入銀を投下しうる資本力に期待がかかったといえるだろう。その一方で、明和期以降大坂での青莚取引においては、新規参入の問屋や仲買が既存の流通ルートを攪乱する動きが見られたという。青莚問屋らによる種物問屋株の取得は、荷を積登る船手との繋がりを強める手段として選択された面もあるのではないか。

おわりに――国問屋・船宿の「専業化」の内実

本章では油の原料を引き受け、絞油屋に取り捌く種物問屋を対象に、流通統制の変遷とそのもとで形成された株仲間の動向、統制の趣旨と仲間としての論理のもとで個々が選択する経営戦略のあり方について、限られた史料からではあるが検討してきた。そこから国問屋、船宿が「専業化」するという「現象」の過程を捉え直すと、次のように説明できると考える。

①種物は、絞油原料としての高い商品価値があること、日持ちがすること、取扱いに専門性を要しないことが特徴であり、米雑穀とともに諸国と取引関係を持つ問屋・船宿により広く扱われてきた。株仲間化（「専業問屋化」）は、流通統制の要請や仲間内外からの出願を契機として行われるが、その結果、様々な商品に即して荷受けの権限を独占する動向が進む。種物問屋の場合、広く種物を扱ってきた問屋・船宿の大多数の排除を伴った。一方で、選ばれた種物問屋らにとってはより有利な売却条件を模索する荷主・船手と結びつく他品目問屋や船宿らとの不断の対抗関係に置かれることを意味していた。

②特に幕府の強い統制下におかれた油の原料集荷を担ったために、種物問屋は、統制方針の変化に伴って特権が著しく制限されるという特徴がある。明和七年令で従来の定問屋に加え増問屋、外問屋の荷受けが奨励されたため、種物入津高を把握する「御用」と問屋固有の徳分を確保することが種物定問屋の存立基盤として強く意識される。こうした特権の制約は種物問屋の流動化を促すものでもあり、特に新規参入者を対象に内部統制の徹底が図られた。その反面、西宮・灘目まで及ぶ外部統制にも「御用」の論理を拡張する動向もみえ、制約された特権を最大限に活用しているともいえる。

③個別経営に注目すると、株仲間化を経ても、産地・船主との関係所有を基礎に複数品目の扱いを続行する傾向が強い。②の動向が進む中、株の取得・売却などの取捨選択を進めた結果、複数の「専業問屋」の兼帯として現象する。取引網の拡大と新規商品への参入をはかる船手との関係に規定され、取引先や取扱い品目の取捨選択がありえただろうことも指摘した。西国諸国との間では、円滑な取引や資金融通を求める領主の意向とも繋がってい く問屋や銀主的存在の参入もみられた。本章でみた事例から、特定領主の後ろ盾を得た「国問屋」は、荷受問屋の典型というよりはむしろ、特定産地と繋がりをもつ荷受問屋の、ひとつの発展型であった可能性を示している。

右のような捉え方により、国問屋・荷受問屋から専業問屋へという図式的捉え方の見直しは、個別品目に即して、商品の特性を考慮しなければ成し得ないこと、そしてそうした諸研究の成果が蓄積された現段階においても、それらを総合した議論がなお求められることを強く示唆している。種物取引に即していえば、産地との関係における取引構造からのアプローチを通して、問屋仲間の動向をより立体的に捉えられるはずである。これについては今後の課題としたい。

(1) 〔中川 二〇〇七〕は「問屋制」論が依拠した大坂案内記を再検討し問屋の展開過程の見直しを図っており、延宝期以降の航路整備が国問屋・船宿の記載増に繋がることや、一八世紀後期の願い株の頻発が国問屋・船宿の専業問屋化を促したと指摘するなど、示唆に富んでいる。しかし、案内記や明治期の旧慣調査に大きく依拠したためか、実態にそぐわない概念規定が先行するきらいもある。例えば、「特定地域の諸品を荷受する意味での国問屋は薩摩問屋などの少数に限られ近世前期に一般的に存在したとは想定しがたい」との主張は、船手や産地との関係に基づき諸荷物を荷受けする荷受問屋の業態をも否定しかねず、具体的な対象に即した批判的検討を要すると筆者は考える。

(2) すでに明和七年の株仲間名前帳で絞油屋が直買する種物についても半口銭を取ることは認められていたが、水揚げの際に荷改めに立ち会うなどの詳細な手続きには言及がなく、安永三年令で明記された。

(3) 当時の両種物問屋の株総数は五五株だが、取り決めに参加しているのは三六軒、うち連印数は淀屋三右衛門以下三二軒である。

（4）　なお菜種に関しては、安永五年に大坂菜種絞油屋が兵庫津見糺所の設置を願い認められ道買の摘発に努めている。また安永七年には、西日本諸国に油を積み送る京口油問屋の日野屋庄左衛門が、自身が請負を務める摂津国菟原郡・武庫郡・八部郡村々の水車絞油屋に供給する菜種が不足していると訴え、諸国から摂河泉州の寄港地に積送られる「菜種余り荷物積合いの分」の集荷・買い取りを願い出た（池田治司「大阪京都油問屋文書――安永年間の大阪及び灘目油市場の動向」『大阪商業大学商業史博物館研究紀要』第一一号、二〇一〇年九月）。これに対し両種物問屋は、「日野屋が集荷した菜種を一度大坂に廻送し、両種物問屋の改めを受け、半口銭を支払うのであれば問題ない」と返答した。荷そのものではなく取引への介在に伴う口銭の確保に力点を置く問屋の利害が如実に現れており、興味深い。

（5）　一九世紀初頭、特に文化期前後に、北国との関係が強い問屋は種物問屋株を手放す傾向が看取できる。理由は不明だが、産地において菜種・綿実の消費傾向が高まったか、船手が大坂以外での売却を好むようになったか、あるいは種物問屋株を保持し続けることのメリットが低下したことが影響した可能性がある。この点については、産地・船手の動向もふまえ、一九世紀における種物問屋の性格について別稿での検討を用意したい。

（6）　天明七（一七八七）年には定問屋薩摩屋仁兵衛が菜種を含む藩領内の五種物の荷受けの独占を願い、認められた。薩摩屋は種物問屋株を取得せず、大坂町奉行による種物流通統制とは全く別系統で薩州産菜種の取り扱いを独占するに至った。その後種物問屋と小問屋の兼帯が見られなくなるのは、兼営する利点がなくなったためと考えられる。

参考文献

川島孝「近世後期大坂における畳表流通――豊後国産七島青莚の事例」大阪府立大学歴史研究会『歴史研究』二二、一九八二年
島﨑未央「都市大坂における種物流通と市場統制の変遷」『史学雑誌』一二四編一〇号、二〇一五年
塚田孝「アジアにおける良と賤――牛皮流通を手掛りとして」荒野泰典ほか編『アジアのなかの日本史Ⅰ　アジアと日本』東京大学出版会、一九九二年。のち『近世身分制と周縁社会』東京大学出版会、一九九七年、所収
中川すがね「江戸時代大坂の問屋とその金融機能」『大阪商業大学商業史博物館紀要』8、大阪商業大学商業史博物館、二〇〇七年
原直史「松前問屋」吉田伸之編『シリーズ近世の身分的周縁4　商いの場と社会』吉川弘文館、二〇〇〇年
宮本又次『日本近世問屋制の研究』刀江書院、一九五一年
宮本又次「明治初年大阪の市中商社と貿易商社」『上方の研究』2、成文堂出版、一九七五年。のち『株仲間の研究』講談社、

一九七七年、所収
屋久健二「薩摩問屋」森下徹編『身分的周縁と近世社会4　武士の周縁に生きる』吉川弘文館、二〇〇七年
『福井県史』通史編四

〈第4章〉

砂糖仲買仲間の成立と展開

北野智也

はじめに

長崎貿易でもたらされた品物に「荒物」と呼ばれる商品がある。ここには香木や香辛料など様々な物が含まれるが、その主要な品目の一つが砂糖であった。近世に流通した砂糖は主に「唐紅毛砂糖」（輸入砂糖）・「黒砂糖」・「和製砂糖」（白砂糖）の三種類であり、一八世紀までは輸入砂糖・黒砂糖が大半を占めた。一九世紀初頭以降、四国をはじめとする西国諸藩において和製砂糖が盛んに生産されるようになり、精製前の「白下地」や精製過程で生じた「蜜」とともに流通したため、輸入砂糖にかわって流通量を激増させていった。

これまで近世史研究における砂糖は、主に西国諸藩の財政構造を分析する観点から検討されてきた〔吉永 一九七三など〕。近年では、砂糖貿易の分析を通じて東アジア地域における薩摩藩と奄美・琉球の相互関係の解明を試みた真栄平房昭による研究〔真栄平 一九九六・二〇〇三〕や、砂糖の一大産地であった高松藩や丸亀藩を事例に、生産の局面から大坂や江戸への流通を展望した木原溥幸による研究〔木原 二〇〇九〕がある。しかし、両者ともに砂糖生産と、専売によって得られる巨額の利益に分析が集中し、大坂や江戸で実際に砂糖が取引される（利益が生み出される）局面への言及は一九五〇年代の樋口弘の成果〔樋口 一九五六〕を踏襲するに留まっている。

その樋口による研究は、産地の動向もふまえながら、大坂・江戸における砂糖取引のあり方やその担い手の概要を明らかにしたものである。樋口による分析は、現在において砂糖流通の通説となっているが、大部分を後年（明治以降）に編纂された史料〔遠藤芳樹編「大阪商業習慣録」（黒羽兵治郎編『大阪商業史料集成』第二集）など〕に拠っており、一般的な概要把握にとどまっている。そのため、近世期の史料を用いた具体的検証、また近年の流通史研究の成果をふまえた内在的分析が必要である。

こうした課題を克服するために参照すべき重要な流通史研究として、以下の研究が挙げられる。

第一に、大坂における薬種の流通構造を検討した渡辺祥子による研究〔渡辺 二〇〇六〕である。取引の担い手に即した関係構造分析から流通のあり方に迫る渡辺の視角は、砂糖の流通を考察する本稿においても有効であろう。なお、渡辺が分析対象とした唐薬問屋や薬種中買は輸入砂糖取引の担い手でもあり、彼らの存在形態自体が参照すべき成果といえる。

第二に、大坂における干鰯や塩干魚の流通構造を検討した原直史による研究〔原 二〇〇〇・二〇〇七〕である。流通する魚肥の中心が房総産の干鰯から蝦夷地産の鰊粕へと転化したことが、干鰯屋や松前問屋などの集団の変容をもたらした実態を構造的に分析する視角は、一九世紀を境に輸入砂糖から和製砂糖へと流通の中心が転換していく砂糖取引の担い手を考察する上でも重要である。

以上をふまえて本章では、大坂で砂糖取引を担った「唐紅毛砂糖荒物仲買仲間」（以下、砂糖仲買仲間）に着目し、彼らが取り結ぶ取引関係の展開に即して、近世後期大坂における砂糖の流通構造を明らかにする。後述するように、砂糖仲買仲間は天明元（一七八一）年に株仲間化する砂糖の仲買業者であり、先に挙げた三種類の砂糖すべてを取引していた。

なお、本章で主にとりあげる史料は、砂糖仲買仲間三番組の仲間仕法や株名前帳〔「佐古慶三教授収集文書」大阪商業大学商業史博物館所蔵）、砂糖仲買と無株人による万延元年の争論を記した帳面など（「日本経済史資料」大阪市立大学学術情報総合センター所蔵）である。

一　砂糖仲買仲間の成立と取引概要

1　砂糖仲買仲間の成立

樋口は、砂糖仲買仲間について、①享保期に輸入品を取り扱う仲買が荒物を取引する者（砂糖仲買）と薬種を取引する者（薬種中買）に分化し、②前者は自生的に三つの仲間組織（戎講・大黒講・弁天講）を形成し、③天明元年九月に唐物の抜荷取締を名目に株仲間化した、④その際三つの講それぞれに株が赦免され、三つの仲間集団（一番組〈戎講〉・二番組〈大黒講〉・三番組〈弁天講〉）からなる株仲間になった、と指摘し、これが現在も通説となっている〔樋口一九五六〕。本節では、これらの論点を再検討することで、三つの仲間集団間の関係と輸入砂糖の取引のあり方について考察する。その際、共に輸入砂糖を取引した唐薬問屋と薬種中買との関係に注目して論を進めていきたい。

まず、砂糖仲買の株仲間化（樋口説③・④）を検討する。次の一札は、砂糖仲買株の赦免に際し、天明元年一一月に砂糖仲買仲間三番組が町奉行所へ提出したもので、同仲間が天明元年一一月に作成した「砂糖株」と題する仲間名前帳（「砂糖株」佐古慶三教授収集文書G一四―二八）の冒頭に書き留められている。

［史料1］（以下、史料中の括弧書きは筆者による）

差し上げ申す一札

一、今度唐物売買筋御取締りに付き、私共一統株に御定め、仲間の内にて改役の者仰せ付けられ候間、紛しき品売買これ無き様、相互に改め合い、万一不埒の売買仕り候者これ有らば、隠し置かず、御訴え申し上ぐべく候

事

（二ヶ条略）

右の通り仰せ渡され候上は、銘々相慎み、紛しき売買致すまじく候、自然紛しき品取り扱い候は、御吟味の上、曲事に仰せ付けらるべき旨仰せ渡され、畏み奉り候、仍て件の如し、

天明元辛丑年十一月（以下、三九名連印略）

一条目では、唐物売買の取締のため株仲間に定められたが、不埒な取引をする者がいれば訴え出ることを誓約し、省略した二条目では冥加金の上納について、三条目では株の譲渡や変宅、名前人の切り替え等の際に届け出ることを誓約している。これにより、樋口が指摘するように（樋口説③）、砂糖仲買が唐物の取締りを名目に株仲間化したことが確認できる。

ただし、砂糖仲買の株仲間化の時期については、天明元年九月とする樋口説（③）と齟齬がある点に注目したい。樋口説（③）は、明治中期に編纂された「大阪砂糖商ノ沿革」（『大阪商業史資料』別巻、大阪商工会議所、一九六六年に収録）を論拠としており、ここには史料一とほぼ同内容の「一札」が引用されている。この「一札」は、天明元年九月に作成され、冥加金を「初年一両、翌年より二歩づゝ」上納するとしている。

一方で、史料1を書き留めた帳面の他の箇所では、砂糖仲買仲間一・二番組の冥加金を「初年一両、翌年より二歩づゝ」、三番組の冥加金を「初年三歩、翌年より一歩づゝ」としている。つまり、樋口が論拠とする「一札」は砂糖仲買仲間一・二番組のものであり、この「一札」と史料1の作成月の齟齬は、樋口説（④）にみえる砂糖仲買株の赦免が一度に行われたのではなく、戎講・大黒講から弁天講へと段階的に実施されたことを示しているのである。

次に、株が赦免される以前の砂糖仲買商人について考察する（樋口説①・②）。まず、輸入砂糖等の買い付け先であった唐薬問屋との関係から検討したい。次の史料2は、長崎会所で輸入品を買い付ける五ヶ所本商人・大坂の唐薬問

屋仲間・薬種中買仲間の三者の間で寛延二(一七四九)年に結ばれた「三方申合條目」(道修町文書三〇一〇〇六)、渡辺二〇〇六、二八一—三四四頁)の一五条目である。

［史料2］

一、堺筋中買大黒講・戎講両講え、人参類・薬種類共仕来りの通り問屋より売買致し候事、尤此の後右両講より別家致され候仁も右同前の事、

但し、右両講の内え他より加入致し候仁これ有り候はば、人参類・薬種は問屋より売り申すまじき事

冒頭で「堺筋中買」とあるのは、砂糖仲買が堺筋沿いに広く展開したことに由来する砂糖仲買の別称である。ここでは、唐薬問屋が人参類・薬種類を砂糖仲買の大黒講・戎講へこれまで通り売ることを確認した上で、この後に二講から別家した者や他から入講した者への対応を取り決めている。

注目したいのは、一八世紀半ばにおいて、三者の間で、唐薬問屋による人参類・薬種の販売を容認されたのは「大黒講・戎講」だけであり、弁天講が含まれていない点である。ここからは、弁天講は、大黒講や戎講より後発であり、唐薬問屋からの砂糖や荒物の取引においても一様ではなかったことが想定されよう。先にみたように、戎講・大黒講と弁天講では株の赦免時期や冥加金の額が異なったが、これらは三つの講のそれぞれの自生的な展開を反映したものといえよう。

次に、薬種中買仲間との関係を検討する。安永九(一七八〇)年一二月に薬種中買仲間が作成した「砂糖類・沈香類願書印形帳」(道修町文書一〇四〇三〇)が残されている。これは、砂糖仲買株を新たに赦免するのに際し、(おそらく内々に)町奉行所から薬種中買仲間に差し支えの有無が尋ねられ、その返答として作成されたものと思われる。

この史料によると、薬種中買と同様に砂糖や香木等を取引していた「脇店無株之者」に株が新たに赦免されることで、以前からの薬種中買の取引が阻害されないよう願い出ており、薬種中買が安永九年段階においても薬種に限らず

砂糖等も取引していたことがうかがえる。また史料2で確認したように、寛延二年段階においても砂糖仲買が人参類・薬種を取引していたことから、享保期に輸入品を扱う仲買が分化したとする樋口説（①）は成り立たないことは明白である[1]。

このように砂糖仲買仲間となる前身の戎講・大黒講と弁天講の三つの仲間組織間には、唐薬問屋との日常的な取引関係に基づく明確な区別が存在した。天明元年の砂糖仲買株の赦免は、こうした彼らの自生的な展開に即して行われたのである。なお、薬種中買仲間による輸入砂糖の取引は部分的にせよ継続した可能性があろう。

三番組の史料において一・二番組の仲間人数の変遷が三番組と同傾向であること（「和製方願一件」大阪歴史資料コレクション箱七―五、大阪歴史博物館所蔵）、仲間仕法に三つの番組が毎回連名していること（「〔砂糖株再興御定目〕」佐古慶三教授収集文書G一四―三七）などから、株仲間後の一・二番組と三番組の動向はほぼ同様であったと想定される。そのため、以下では三番組を素材としながら、それが砂糖仲買仲間全体の性格を示すものとして考察していくこととする。

2　砂糖仲買仲間の取引

明治五（一八七二）年三月五日に「砂糖商人仲間」（砂糖仲買仲間）が大阪府に提出した「規則書」（「大坂砂糖屋仲間記録一」日本経済史資料）には、近世に作成された仲間仕法などが収録されている。本項では、そのなかから、嘉永四年の株仲間再興にあたり、砂糖仲買仲間の取引を再規定した同年八月の仲間仕法をとりあげ、砂糖仲買による砂糖の取引を俯瞰しておこう。

［史料3］

一、薩州国産黒砂糖、万治年間より三組仲間え、左の通名にて入札を以て買受ハ、

一番組の内　中屋大吉組　同大蔵組　江戸屋大吉組　大嶋屋徳蔵組
二番組の内　富屋又七組　同又八組　大黒屋森吉組　同茂吉組　同茂八組
三番組の内　伊勢屋徳助組　同徳蔵組　永□屋万吉組

右の通り、札名前を以て入札いたし落札、

（中略）

一、薩州国産白砂糖　一、土州国産白黒砂糖　一、讃州国産白砂糖
一、肥後国産白砂糖　一、紀州国産白黒砂糖　一、阿州国産白砂糖
一、伊予西條産白砂糖　一、日向飫肥産黒砂糖

右蔵所幷に其筋分より入札を以て御売り払いに付き、銘々名前にて入札いたし落札、

（中略）

一、砂糖漬物は製作人より直組を以て買い取り候事、
一、和氷砂糖は製作人より入札を以て買い取り候事、
一、諸国製作砂糖積み登り、和製砂糖問屋え水揚の分は、直組を以て買い取り、又は荷主より入札を以て買い取り申すべく候事、

（中略）

右の通り、都て買い入れ、他所・他国は申すに及ばず、当地方在々積み送り仕り来たり候に付き、品劣り・懸目減らし等これ無く、一切正路に売買致し申すべく候、一己の利欲に迷ひ、競売相成り候ては、土地衰微の基に付き、荷物は□不同これ無き様相改め、目方正路に懸け改め、銘々手広の取引致すべく候事、
右の通り、規定堅く相守り申すべし、万一規定に相振れ候義これ有り候はば、三組仲間一同相談の上、組外れに致すべし、其の為連印仍て件の如し、

嘉永四亥年八月

（後略）

まず一条目では、薩州や土州産などの白・黒砂糖の入札による買付を規定している。これらは蔵物の白・黒砂糖であり、とりわけ薩州産の黒砂糖については、万治年間以降「通名」を付けた入札の組を編成し、その組単位で入札するという特殊な仕法が定められていたことがうかがえる。(2) 一方で、薩州産を除くと、土州産や紀州産のように、黒砂糖と白砂糖は同様の仕法で買い付けられていることも確認できる。ここから、黒砂糖流通の詳細については今後の課題とするが、薩州産を除けば概ね黒砂糖は白砂糖と同様に取り扱われたと想定できよう。また、嘉永四年段階には、黒砂糖の生産は限定的であり、和製砂糖の蔵物化が主要産地において進んでいた状況もうかがえよう。

次に二・三条目では、砂糖漬物・和氷砂糖という和製砂糖の加工品を砂糖仲買が買い付けたことを確認できる。これらの「製作人」については未詳であるが、和製砂糖を素材に加工業を営む人びとが大坂界隈に展開していたと想定される。

四条目では、「和製砂糖問屋」に水揚げされた和製砂糖の買付方法を規定しており、砂糖仲買が問屋場で値組又は入札で買い付けたことがわかる。また、砂糖仲買はそれらの荷物の目方・品質をチェックし、他所・他国のみならず大坂在々へも積み送っており、これらが仲間の重要な生業であったこともうかがえる。

さらに、ここで取り決められている取引が全て和製砂糖に関するものである点にも注目しておきたい。砂糖仲買は輸入砂糖も継続して取引していたと想定されるものの、この帳面には仲間成立時の一札（史料1、ただし一・二番組のもの）を除いて輸入砂糖への取引に言及がなく、嘉永四年段階の取引の中心が輸入砂糖から和製砂糖へ移っていたことを示しているといえよう。

砂糖仲買の取り扱い品目が転換した背景には、一九世紀初頭以来、和製砂糖の生産が増大していたことがあった。

そこで次に、この転換が生じた化政期の状況を概観しておきたい。

二　化政期における砂糖仲買仲間と流通統制

本節では、化政期に砂糖仲買仲間が和製砂糖を独占的に買い付けるに至る過程を確認したい。この点については、和製砂糖の荷請業者の視点から以前に論じたが〔北野 二〇一四〕、ここでは砂糖仲買仲間の動向に即して再整理しておく。

1　文化五・六年の流通統制

一九世紀初頭頃から激増しはじめた和製砂糖の流通を把握し、かつその統制をはかるため、文化三（一八〇六）年一〇月に町奉行所は和製砂糖を引請けていた者の有無や名前を町ごとに書き上げさせた〔『大阪市史』第四巻上、補達三九五〕。この時に和製砂糖を引請けていた者は「引請人」として把握され、和製砂糖の生産地などから砂糖に限らない諸品を荷請けしていた者たちであったとみられる。

文化五（一八〇八）年八月、町奉行所は引請人に依拠した流通統制を開始する〔『大阪市史』第四巻上、触四一一九〕。これは、諸国から大坂へ廻送される砂糖を文化二・三年の年間平均廻着量の水準に制限することを企図し、引請人を通じて荷主にその旨を通達するものであった。しかし、この施策は多様な荷主の実態を無視したものであったため[3]、多くの反発が生じたと推察される。

そこで町奉行所はそれぞれの引請人の引請実績を調査し、翌文化六（一八〇九）年には引請人それぞれ（三二名）に対して年間の引請上限量を定めた（合計約一二一〇万斤余り、これを「御定斤」と呼称した）。しかし、その翌日、町奉行所は諸藩からの申し立てを受け、特例的に御定斤を超える砂糖の引請を容認したため、流通統制は化政期を通じて形骸化していくこととなった。

2　化政期における砂糖仲買仲間と引請人

砂糖仲買仲間によって作成された「和製砂糖御定法」〔大阪歴史資料コレクション箱七—七〕と題する帳面が残されている。これは、文化六年に個々の引請人に対して御定斤が定められたことに伴い、砂糖仲買仲間は引請人以外から和製砂糖を買い付けることが禁止されたため、引請人を常に把握する必要が生じたことから作成したものである。この帳面には、文化六年に町奉行所が引請人に提出を命じた請証文が控えられ、それに続いて引請人それぞれの御定斤等が記されている。ここでは、この請証文に唐薬問屋と砂糖仲買が奥印している点に注目しておきたい。

まず、唐薬問屋が奥印した背景には町奉行所の意向があったと推察される。唐薬問屋は一貫して和製砂糖流通の厳格な取り締まりを主張する代表格であった。そこで彼らにも奥印させることで、町奉行所は流通統制が徹底されることを期待したのであろう。

また、砂糖仲買の奥印については一八世紀以来の輸入砂糖の流通が背景にある。前節で指摘したように、一九世紀初頭には唐薬問屋で荷受けされた輸入砂糖を砂糖仲買がほぼ独占的に買い付けるという販路が確立していた。一方で、一九世紀初頭から大坂市場への本格的な流入が始まった和製砂糖については流通体制が未成熟であった。そのため、和製砂糖を引請人の手から全国的な販売ルートに乗せるためには、輸入砂糖の販売実績を持つ砂糖仲買に依存せざるをえなかったのである。

この両者の取引関係を端的に示す史料に、天保三(一八三二)年に砂糖仲買仲間が作成した「和製方証文印形帳」〔佐古慶三教授収集文書G一四—三四〕がある。これには、引請人の交代に際して引請人が砂糖仲買仲間へ提出した「一札」

がまとめられている。それを見ると、引請人を交代するにあたっては、引請人が町奉行所へ届け出る必要があったが、その届け出には砂糖仲買仲間の「御調印」が必要であったことが確認できる。そして、「御調印」を得るために引請人が作成した「一札」には「何事に寄らず、御仲間（砂糖仲買仲間）の仰せに従」うとあり、砂糖仲買仲間が引請人を常時把握・管理し、和製砂糖の買付を化政期以来独占し続けたことがうかがえるのである。

こうして一九世紀初頭以降激増する和製砂糖についても、砂糖仲買仲間が大坂の荷請業者からほぼ独占的に買い付けたのである。なお、この取引関係は次節で詳述する天保五(一八三四)年の和製砂糖問屋の株仲間化まで堅持された。

三　天保五年の流通統制と砂糖仲買仲間

1　天保五年の流通統制

化政期から続く和製砂糖の流入量の激増は、砂糖の値崩れを引き起こし、とりわけ輸入砂糖を取り扱う唐薬問屋にとっては大きな問題となったため、唐薬問屋たちは流通統制の徹底を繰り返し町奉行所に出願していた〔「和製方願一件」大阪歴史資料コレクション箱七―五〕。本項では、こうした中で町奉行所が実施した天保五(一八三四)年の施策を検討する。この施策は、近世で唯一和製砂糖を専門に取り扱う株仲間（「和製砂糖問屋仲間」）を設定したという点から、これまで和製砂糖流通の最初の画期として評価されてきた〔樋口 一九五六〕。しかしこれは、前節で整理した流通統制に続く第二の画期として捉えるべきであり、そうした視点から再検討したい。以下、和製砂糖問屋株を赦免された唐薬問屋の小西佐兵衛が記した「和製砂糖問屋被仰付候一件」〔佐古慶三教授収集文書Ｇ一四―三五〕を分析する。

この史料は、天保五年の一連の施策を実施するに当たって、和製砂糖問屋仲間と町奉行所の間でかわされたやりとりを記録している。

まず五月二日の記事を見ると、「砂糖掛りの者」として「堺筋・西濱其の外、是まで和製砂糖引き受け居られ候人」(八四名)が町奉行所へ呼び出され、「是まで和製砂糖荷物引き請け居り候者共」の取放しが命じられている。「堺筋」とは砂糖仲買と引請人を兼業する者を指し、「西浜」は船宿などが集中する西横堀川以西の地域に展開した引請人を指すと想定される。ここから、四半世紀の間に引請人が三倍近くも増加したことが確認できる。

また七日の記事を見ると、唐薬問屋年行司(小西屋万兵衛)・堺筋改役六人、および唐薬問屋の長与(長崎屋与兵衛)・小勘(小西屋勘兵衛)・此方(本史料を作成した小西佐兵衛)とその他四〇名が町奉行所へ呼び出されている。注目したいのは、解散を命じられた八五名からもこの四〇名に選ばれている点である。まずこの四〇名と唐薬問屋の三名に和製砂糖問屋株が赦免された。したがって、天保五年における和製砂糖問屋仲間はそれまでの引請人を半数程度に縮小再編した仲間集団であったといえよう。なお、翌年一二月には残りの四三名にも株が赦免された。[4][5]

次に、これらを受けて作成された請証文を見たい。

[史料4]

差し上げ申す御請証文の事

諸国より当地え相廻り候和製砂糖、近年廻り高斤数相増し候に付き、唐紅毛持渡砂糖直段に相響き候に付き、去る寅年より去々辰年まで三ヶ年廻り高、平均一ヶ年三百四十六万四千四百八十斤を目当高にいたし、荷物引受問屋に申し付け候間、其の余の斤数以来引き受けまじく候、唐薬問屋は取締をも相兼ね申し付け候間、別て念を入れ相勤むべし、……問屋外にて猥りに荷物引き受けまじき旨、町々え触れ渡し候間、其の役も相心得申すべく候、……

右の通り仰せ渡され候上は、……畏み奉り候、仍て御請証文件のごとし、……

ここでは、諸国から大坂への和製砂糖の流入量が増加し、輸入砂糖価格に影響するため、荷請を和製砂糖問屋に限定し、唐薬問屋を取締役として仲間に加えること、天保元年から同三年における年間平均廻着量（三四六万斤余り）を御定斤とすること、を命じられている。しかし、先述したように、翌年一二月には元引請人四三名も仲間へ加入したことに伴い、御定斤は一一二〇万斤余りに上方修正された。この数量が天保初期における大坂への和製砂糖の実際の流入量と推察され、文化五年段階と比べると和製砂糖の流通量が約一〇倍に激増したことがうかがえる。また一方で、天保五年の流通統制が実態の流通量を約三分の一程度にまで縮減することを企図した相当な引き締めであったこともうかがえよう。

以上から、天保五年の流通統制は、大坂へ流入する和製砂糖を把握・制限することで、価格を強制的に引き上げ、長崎での貿易を維持するために、輸入砂糖の値崩れを抑制しようとするものであったといえる。ただし、翌年には和製砂糖問屋が増員され、御定斤も上方修正されたように、この施策の趣旨は十分に貫徹されなかった点も指摘しておきたい。

2 砂糖仲買仲間と和製砂糖問屋仲間

化政期以来の砂糖仲買仲間と引請人（和製砂糖問屋仲間）の取引関係が天保五年を契機にどのように変容するのかを次に考察する。まず、砂糖仲買仲間の株仲間化後の人数変遷を見ておきたい。

表1・2・3は三番組砂糖仲買仲間の名前帳（二冊）と出銀帳（一冊）を基に安永期から明治元（一八六八）年における仲間の状況を整理したものである。帳面によって人数に多少のズレは見られるが、大局はうかがうことができる。まず表1を見ると、享和三（一八〇三）年から天保二（一八三一）年にかけて仲間人数は一四名から四七名に増加しており、和製砂糖の流通量の増加と共に、仲間人数も増加したことがうかがえる。また薬種中買とは異なり、仲間の初発段階から〆株ではなかったことも確認できる。

表1　安永期―天保2年における砂糖仲買の株数・仲間人数の推移

時　期	総株数	総株入数（うち増株）	退転・休み株数	増株の時期（年.月.日）
安永期―享和2年	14		0	
享和3年―文化2年	21	14（7）		享和3.7.10
文化3年―文化4年	26	5（5）		文化3.8.10など
文化5年―文化7年	27	2（1）		文化6.2.20
（この間略）				
文政6年―文政8年	38	2（0）	0	文政9.3.20など
文政9年―文政11年	47	13（9）		
文政12年―天保2年	47	2（0）		

注）総株入数には，譲り・株売買などによって仲間入りした人数も含む．
出典）「砂糖株」（佐古慶三教授収集文書 G14-28）から作成．

表2　天保3年―嘉永4年における砂糖仲買の株数・仲間人数の推移

時　期	総株数	総株入数（うち増株）	退転・休み株数	増株の時期（年.月.日）
天保3年―天保4年	51	（4）	27	天保3.4.20など
天保5年―天保7年	54	（3）		天保6.3など
（この間略）				（この間略）
天保13年―天保14年	65	（5）		天保13.3など
弘化元年―弘化3年	66	（1）		弘化3.10.20
弘化4年―弘化5年	68	（2）		弘化4.11.20
嘉永元年―嘉永2年	72	（4）		嘉永1.5.20など
嘉永3年―嘉永4年	73	（1）		嘉永4.4.20

注）退転などによる空き株を含むため，仲間の実数を上まわった数を示す傾向にある．総株入数には，譲り・株売買などによって仲間入りした人数も含む．
出典）「〔砂糖株定目〕」（佐古慶三教授収集文書 G14-31）から作成．

一方で表2では、天保三（一八三二）年から嘉永四（一八五一）年にかけて株数自体は増加するものの、退転や休み株となる者が二七名と急増する。これについては、後述する無株人の台頭と、株仲間の解散令が影響していると考えられる。天保中期以降、無株人による砂糖仲買同様の行為が顕在化し、無株人と砂糖仲買仲間が激しく対抗する中で、天保一四（一八四三）年に砂糖仲買仲間は株仲間の解散を命じられる⑹。この時期に無株人の台頭が加速したため、退転や休み株となる砂糖仲買が急増したと想定される。なお、表2からは、嘉永四年に株仲間として再興されるまでの間にも、砂糖仲買が仲間として実質的に継続していたこともうかがえる。

また表3を見ると、嘉永五（一八五二）年以降仲間人数が概ね四五名から

表３　嘉永５年―明治元年における砂糖仲買の株数・仲間人数の推移

時　期	総株数	総株入数（うち増株）	退転・休み株数	増株の時期（年.月.日）
嘉永５年―安政３年	49	8（8）	1	嘉永 5.5.10 など
安政４年―安政５年	52	3（3）	4	安政 5.5.20 など
安政６年―万延元年	53	1（1）	3	万延 1.10.20 など
万延２年―文久２年	55	2（2）	1	文久 2.10.20 など
文久３年―元治元年	58	3（3）	4	文久 3.9.10 など
元治２年―慶応２年	63	5（5）	0	元治 2.3.20 など
慶応３年―明治元年	91	29（28）	4	慶応 3.7.24 など

注）退転などによる空き株を含むため，仲間の実数を上まわった数を示す傾向にある．総株入数には，譲り・株売買などによって仲間入りした人数も含む．
出典）「〔砂糖株再興御定目〕」（佐古慶三教授収集文書 G14-37）から作成．

五〇名程度で推移する一方で、慶応三（一八六七）年に仲間人数が激増した点にも注目しておきたい。この点については次項で詳述する。

次の史料５は、「和製砂糖問屋被仰付候一件」に含まれるもので、天保五年六月三日に和製砂糖問屋の取締方三名が町奉行所へ提出した和製砂糖の取引仕法に関する伺書である。

〔史料５〕

恐れながら御内慮御伺い

一、……然る処先日以来追々堺表へ諸国より和製砂糖積み廻り候趣、尤も堺表は御定斤これ無く、勝手に水揚仕り候場所の義に御座候処、御当地より砂糖荒物仲買、且つ此度御取り放しに相成り候者、其の外砂糖商売に携り候者共堺表へ買い取りに罷り越し候様風聞仕り候に付き、此の度仰せ付けさせられ候者共難渋仕り、相歎き罷り在り候、其の上唐紅毛砂糖見込に拘わり、自然と危踏み、人気進み兼ね、直段下落仕り候、就ては和製砂糖御改法にも拘わり候御儀に付き、何卒堺表へ御当地より買い取りに罷り越し申さず候様、御触流し成し下させられ候様願い上げ奉り候、……

ここでは、天保五年の施策によって、御定斤を設定していない堺表への和製砂糖の廻送が増加し、砂糖仲買仲間や取放された元引請人などがそこへ買い付けに行くことを問題にしている。こうした行為は輸入砂糖の値崩れ抑制を目的とする統制の趣旨に反することから、禁止するように和製砂糖問屋仲間は願い出ている。

ここから、流通統制によって大坂へ直接廻送される和製砂糖は減少したものの、砂糖仲買らが堺表で買い付け、それを大坂へ持ち込むことで、結果的に流通統制が形骸化している実態がうかがえる。

また、大坂から堺表へ「其外砂糖商売に携り候者共」も買い付けに行っている点にも注目したい。具体的には、第一節で指摘した和製砂糖の加工品の製作に関わる者や、後述する無株人が想定される。

なお、この出願は認められ、和製砂糖問屋以外から和製砂糖を買い付けることを禁止する町触が同月に三郷町中へ触れられた〔『大阪市史』第四巻上、触五〇九八〕。次に、こうした取引関係の変化が砂糖仲買仲間に与えた影響を考察したい。次の史料6は天保一二(一八四一)年四月に三郷町中へ触れられた町触である〔『大阪市史』第四巻下、触五四二四〕。

［史料6］

……心得違いのものもこれ有る哉、無株のもの共自分遣い用の外、多分の砂糖買い入れ、仲買共得意先々え売り渡し、又は仲買の内にて、召仕不奉公致し、暇差し出し候もの抔、砂糖取り扱い、諸国船宿其の外余商売の者迄、仲買同様他国積み等致し候ものこれ有り、唐紅毛砂糖捌き方相減り、自ら直段に差し障り、且つは仲買共渡世衰微致し、難渋の趣相聞え候間、以来無株にて砂糖売買に携り候ものは、是迄の通り和製砂糖の分、右問屋にて買い受け候儀は勿論に候えども、銘々遣い用の外、多分の砂糖買い入れ、仲買同様の渡世致すまじく候、若し向後無株にて右体の所業に及び、多分の砂糖素人売・他所売買等致し候ものこれ有るに於いては、吟味の上急度沙汰せしむべく候、……

まずここでは、「無株のもの共」(狭義)や仲買から暇を出された元奉公人、船宿の商人(これら全体が広義の無株人といえよう)が、「多分の砂糖」を買い入れ、砂糖仲買仲間の得意先へ売り捌き、砂糖仲買同様に他国積み等を行っている点に注目したい。和製砂糖問屋と砂糖仲買仲間に取引を限定しようとした天保五年の統制は、砂糖仲買株を持たない者たち（無株人）によって掘り崩されていっているのである。これが砂糖仲買仲間にとって深刻な問題となっていることは明らかであろう。

ただし、町奉行所は砂糖仲買仲間の「難渋」を認識しながらも、第一義的には輸入砂糖の値崩れを危惧している。町奉行所にとってこの町触は、天保末段階における輸入砂糖価格の下落に対応したものであり、天保五年の流通統制の延長上にあるといえよう。

また、これと同内容の町触が嘉永五（一八五二）年と慶応元（一八六五）年にも触れられている点も注目される[7]。つまり、砂糖仲買仲間にとっては台頭する無株人との対抗、町奉行所にとっては輸入砂糖価格の下落防止、という問題は後々も課題であり続けたのである。

この町触は、無株人による仲買行為を禁じたものであるが、注目されるのは、無株で砂糖売買に携わる者（砂糖漬物や氷砂糖の製作人などを想定か）が「銘々遣い用」の範囲であれば、和製砂糖問屋から買い付けることは禁止されていない点である。しかし実際には、この規定をめぐって仲買同様の取引を行う無株人と砂糖仲買仲間が激しくせめぎあっていく。次に、この様子を具体的に検討したい。

3　砂糖仲買仲間と無株人

ここでは、万延元（一八六〇）年閏三月に砂糖仲買仲間が柴屋正助ら三名を出訴した一件の記録（「砂糖荒物商旧記一」日本経済史資料）を検討する。まずこの一件の経緯を紹介しておこう。万延元年閏三月二四日、砂糖仲買仲間は藤屋庄兵衛（内本町橋詰町・借屋）・柴屋正助（錺屋町）・壺屋甚助（天満樋之上町）の三名を相手取り、柴屋らが「多分の砂糖を買い入れ、仲買同様に他所・他国売り」したことを町奉行所に訴えた。町奉行所は柴屋ら三名を呼び出し、事情を糺した上で、砂糖仲買仲間との内済を命じている。次に引用したのは、内済に至る過程を記した部分である。この史料から、砂糖仲買仲間と柴屋ら三名（無株人）の両者の思惑を考察したい。

［史料7］

後刻（二六日）三組木理席え相手方より吉野庄殿参り、……三町所の者より我等は兼ねて御入魂の事故、三町の代りに相成り、御詫び申し上げ呉候様申し参り、段々掛合の上、一札受け取る事に相成り、下書相認め、見せ遣し候処、和製問屋にて直買の文言抜き呉候様種々相頼み来たり、彼是引合の内、御掛り御引き取りの段承り候、……

同廿七日吉野庄参り、本人共え申し聞け候えども、矢張り問屋にて直買の文言抜き下され度頼み候えども、夫れにては仲間承知致し難く、引合行き届き難く、既に御役所え双方より不行届の趣断申すべき約定にて、吉庄引き取り候処、後刻吉野庄幷に樋之上町・銹屋町両丁代参り、私共は三丁年寄の代りに参り、趣意は、昨日より吉庄殿御掛合呉られ候えども、一札文面今少々にて行き届き兼ね候趣得と承り、大底の事なれば只今本人ども呼びに遣し候間、参り次第丁内より利解申し聞け、調印致させ申すべき由申し候に付き、和製砂糖問屋にて遣い用の外直買と申す文面にて引合詰めに相成り、……

まず閏三月二六日に、柴屋正助ら三名が居住する町の役人の代理である「吉野庄」を介して、砂糖仲買仲間が起案した内済の一札の案文を柴屋らに確認させている。この時は、柴屋側が「和製問屋にて直買」の文言を抜いて欲しいと主張したため、合意には至らなかった。ここには、柴屋らが「砂糖仲買同様に他所・他国売り」したことは詫びるものの、和製砂糖問屋から直接買い付けること自体は問題ではない、とする認識がうかがえる。すなわち、柴屋らは「仲買同様」の行為の内実を、和製砂糖を「他所・他国売り」することと認識しているのである。こうした柴屋らの主張は、前項で検討した天保一二年の町触に基づいたものと想定できよう。

翌二七日にも、引き続き「吉野庄」を介して一札の文面を交渉している。この日も「問屋にて直買」の文言をめぐって折り合いがつかず、砂糖仲買仲間はこの文言を抜くことは承知できないと主張している。ここから砂糖仲買仲間は、柴屋らによる和製砂糖の「他所・他国売り」に限らず、彼らの行為全体を問題視していることがうかがえる。これは、和製砂糖問屋から買い付けることと、「他所・他国売り」することを一連の仲買行為として砂糖仲買仲間が認識していることを示していよう。

最終的には、吉野庄と共に柴屋ら三名の居住する町の町代が仲裁に入り、「和製砂糖問屋にて遣い用の外直買」という文言を内済の一札に盛りこむことで柴屋ら三名を納得させ、内済に至った。実際に、柴屋らが砂糖仲買仲間へ宛てた内済の一札を見ると、「已来和製砂糖問屋にて遣い用の外、直買は勿論、御仲間差し支えの義決して致すまじく」とあり、柴屋らが「銘々遣い用」の範囲で和製砂糖を買付けること自体は禁止できなかったのである。和製砂糖の買付をめぐる砂糖仲買仲間と無株人のこのせめぎあいは、最終的に天保一二年の町触に準拠することで妥協点が見出されたといえよう。

この一件を通じて注目したいのは、砂糖仲買仲間が天保一二年の町触で示された仲買行為の内実を広げ、和製砂糖問屋からの買付を独占しようとしている点である。この点は砂糖仲買仲間の仲間仕法においてもよく表れているため、次に嘉永五(一八五二)年一二月に砂糖仲買仲間が規定した仲間仕法の一箇条(「三組仲間申堅規定連印帳」佐古慶三教授収集文書G一四―三六)を検討したい。この仕法自体は、同年七月に天保一二年の町触(史料6)と同内容の町触を再度触れるように砂糖仲買仲間が町奉行所へ出願し、認められたことを受けて、改めて仲間内の引き締めを図ることを企図して定めたものである。

[史料8]

一、和製問屋え組外の仁同道致し、直組・直取引、亦は客人先え問屋同道にて直組商内幷に顔貸商内等決して致すまじき義は

文化五辰年九月　　天保七申年五月　　天保十一子年二月　　嘉永元申年六月

右度々申合取り極め、張紙を以て銘々承知印形致しこれ有り候処、又ぞろ近来猥りに相成り、右申合を麁略に存じ、客同道直取引・直組商内等致し候仁これ有り、右様の手続きより仲買の所業を失ひ候道理に差し移り、自然と不取締に相成り、仲間の内より申合を相崩し、……これに依り以来の儀は弥以て急度相改め、当十二月十五日より前書の通り、和製屋《(問欠カ)》え組外の仁同道にて直組・直取引、亦は客先え問屋同道直組商内幷に顔貸商内共決して致すまじく候事、

ここでは、これまで何度も禁止してきたこと（和製砂糖問屋へ仲間外の者〈客〉を同道した取引、客の所へ和製砂糖問屋を同道した取引、「顔貸商内」の禁止）が守られていないとして、改めて取り決めの遵守を確認している。全体の趣旨として和製砂糖問屋と客の直接取引を問題視していることから、「顔貸商内」とは実際の取引に砂糖仲買が関与せず、仲買の名義貸しをして貸料を得る行為を指すと想定される。つまり、砂糖仲買仲間は和製砂糖問屋との取引を行う第一次的主体であり、それ以外の者が問屋と直接取引することを認めないという立場を確認しているのである。

そして、この取り決めを文化五年に規定して以来、四半世紀以上経過した天保七年から一六年間で四度もこの規定を再確認している点にも注目したい。文化五年は、最初の引請人による統制が実施された直後であり、天保七年は和製砂糖問屋の設定の二年後である。この背景には、和製砂糖の流通が増大していくなかで、無株人の台頭を招き、それによって不安定化する砂糖仲買の集荷・売り捌きの動向が存在していたのではなかろうか。

最後に、表3で慶応三（一八六七）年に砂糖仲買仲間の人数が激増する点に触れておきたい。この時に仲間へ加入した者と以前からの仲間構成員の居所を示したのが図1である。これを見ると、当時の構成員が堺筋沿い（少なくとも西横堀川以東）に多く見られるのに対し、新規加入者は堀江をはじめとする西横堀川以西にも多く見られる。また、他の年は新規の者の大半が各月の一〇日・二〇日（いずれも仲間仕法で規定した仲間名前帳の張り替え日）に加入するのに対し、慶応三年は七月二四日に一気に加入している。これらから、彼らが従来の砂糖仲買仲間の構成員とは異質な

存在であることが推察される。

また注目したいのは、先の万延元年の一件で訴えられた柴屋正助がこの新規加入者に含まれている点である。他にも慶応三年正月に柴屋正助らと同様の事情で、砂糖仲買仲間から訴えられた平野屋九兵衛〔「大坂砂糖屋仲間記録七」日本経済史資料〕も同時に加入したことが確認できる。したがって、慶応三年の仲間人数の激増は、それまでも部分的には加入していたであろう無株人たちを、仲間内部へ一気に包摂したことを意味するのではないだろうか。天保五年の流通統制以降、砂糖仲買仲間にとって深刻な問題となっていた無株人との対抗関係は、こうして解消がはかられたのであり、一方で砂糖仲買仲間にとっては異質な者を大量に仲間内に抱え込むことになったといえよう。

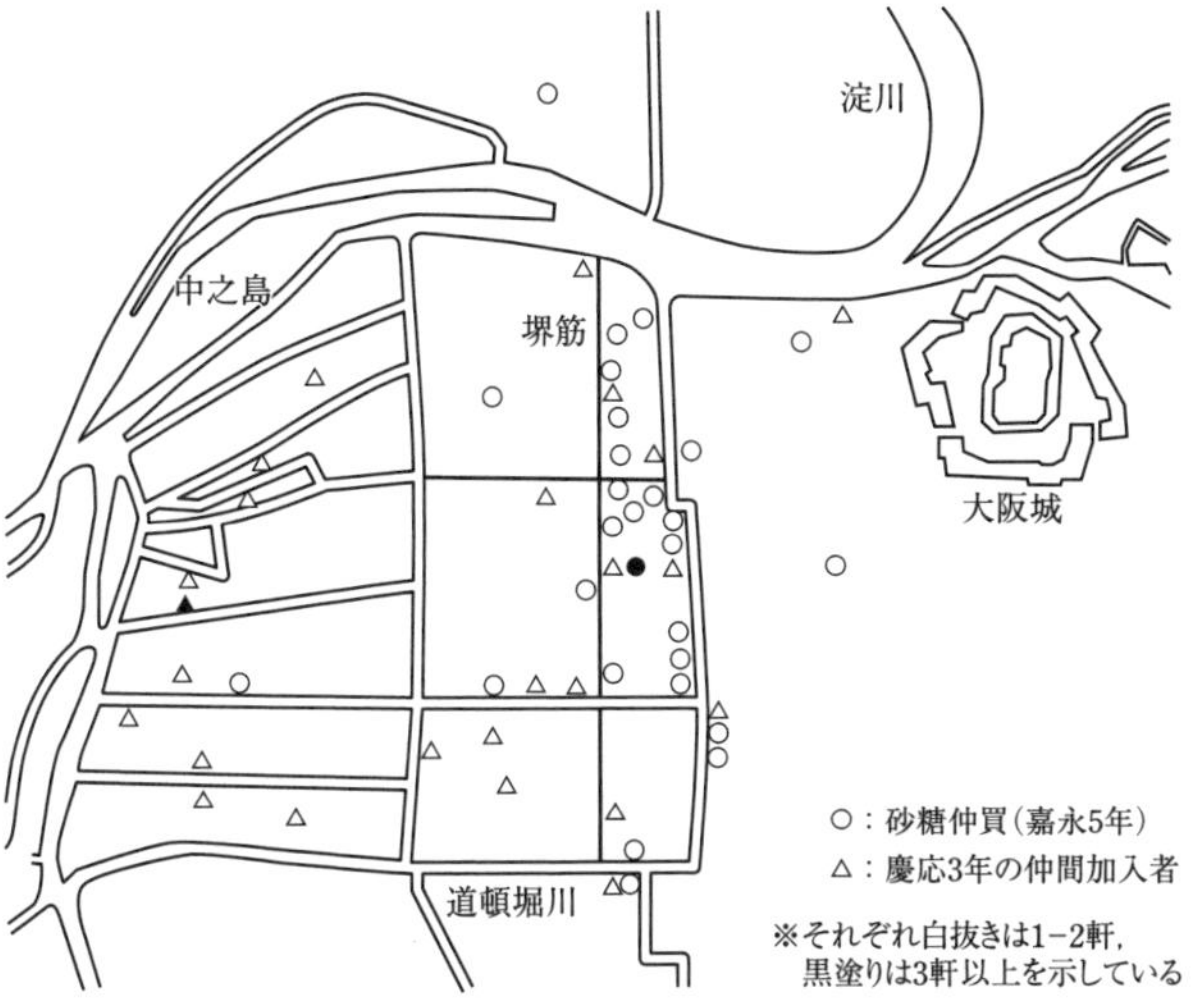

図 1　三番組砂糖仲買仲間（嘉永 5 年）と慶応 3 年の仲間加入者の分布図

おわりに

本章で明らかにしたことを二点にまとめておきたい。

一点目は、一八世紀後半から一九世紀後半の砂糖の流通構造である。一九世紀以前の砂糖流通の大半を占めた輸入砂糖は唐薬問屋で荷請けされ、砂糖仲買商人や薬種仲買へ売り捌かれていた。天明元年に砂糖仲買商人に対して唐物売買の取締を名目とした砂糖仲買株が赦免されたことで、公的にも輸入砂糖の取引体制として確立されていった。こうして形成された砂糖の販路は、一九世紀以降大坂へ大量に流入するようになった和製砂糖の販売についても活用され、大量の和製砂糖が引請人によって荷請けされた後に砂糖仲買へ売り捌かれたのである。

天保五年には和製砂糖の流入量が文化五年の約一〇倍に達したことを受け、輸入砂糖価格の値崩れを防ぐために、町奉行所は引請人を半数程度に縮小再編して和製砂糖問屋とし、彼らに荷請を限定することで和製砂糖の流入量を三分の一に抑制しようと試みた。しかしこの統制は十分な成果を得られず、化政期以来形成されてきた砂糖仲買仲間と引請人（後に和製砂糖問屋）の取引関係を大きく動揺させ、仲買行為を行う無株人の台頭を助長することとなった。

二点目は、砂糖仲買の存在形態についてである。砂糖仲買は、唐薬問屋や引請人などから砂糖等を買い付け、目方や品質をチェックした上で大坂近在を含む他所へ積み送ることを生業とした。天明元年には、それまでの唐薬問屋との日常的な取引関係を反映する形で段階的に株仲間化し、三つの番組からなる砂糖仲買仲間となった。

和製砂糖へ砂糖流通の中心が移ると、輸入砂糖の取引体制を背景に引請人と緊密な取引関係を形成した。しかし、天保五年に和製砂糖問屋株が赦免されたことを契機（加えて和製砂糖の流通量のさらなる増加が背景にあったか）に、仲買同様の行為を行う無株人が台頭するようになり、さらに天保一二年の町触や天保一四年の株仲間解散令によって、和製砂糖問屋からの買付をめぐる無株人とのせめぎあいが決定的なものとなった。砂糖仲買仲間は、無株人との争論や仲間仕法において和製砂糖問屋と客を取り結ぶ第一次的主体であることを強調して対抗したものの、最終的には慶応三年に大量の無株人を仲間内に一挙に包えこむことでいったんの決着をはかったのである。

本章では、蔵物としての和製砂糖の取引については検討できなかった。天保期以降、西国諸藩を中心に和製砂糖の蔵物化が進められていくが、その実態を明らかにすることで、和製砂糖の生産や消費の局面もあわせた流通構造の総体的把握へとつながっていくであろう。

（1）樋口説（①）の論拠は明示されていないが、おそらく享保七（一七二二）年に薬種中買仲間が公認されたことを受けて、輸入品を取り扱う仲買から薬種中買が分化した、と評価したものと思われる。

（2）論拠は示されていないが、通説〔樋口 一九五六〕では、薩摩藩から琉球産の黒糖が大坂へ輸送されたのは正徳三（一七一三）年から、とされている。この点については、当該期の史料が確認できないため、判断を保留したい。

（3）荷主の中には、町奉行所が引請人の調査を行った後に大坂へ廻送し始めた者や、文化二・三年の一方にしか廻送しなかった者も存在していた。

（4）二日の記述（八四名）と七日の記述（八五名）が食い違う理由は未詳である。

（5）天保五年に和製砂糖問屋株を赦免されなかった四五名のうち、天保六年段階では二名が死亡・欠落していた。この二名分の株は新規加入者用として仲間の総有となった。

（6）和製砂糖問屋仲間と砂糖仲買仲間については、唐物の取引に関わることを理由に、株仲間の解散が一度保留され、翌天保一四年に唐物関係の諸仲間と共に解散が命じられている〔「〔砂糖株再興御定目〕」佐古慶三教授収集文書G一四―三七〕。

（7）『大阪市史』第四巻下、触五九二五・六五五五。天保一二年・嘉永五年の町触については、砂糖仲買仲間からの出願によるものであった〔「三組仲間申堅規定連印帳」佐古慶三教授収集文書G一四―三六〕。

参考文献

北野智也「文化期大坂における和製砂糖の流通統制」塚田孝・佐賀朝・八木滋編『近世身分社会の比較史――法と社会の視点から』清文堂出版、二〇一四年

木原溥幸『近世讃岐の藩財政と国産統制』溪水社、二〇〇九年

原直史「松前問屋」吉田伸之編『シリーズ近世の身分的周縁4　商いの場と社会』吉川弘文館、二〇〇〇年

原直史「商いがむすぶ人びと――重層する仲間と市場」同編『身分的周縁と近世社会3　商いがむすぶ人びと』吉川弘文館、二〇〇七年

樋口弘『日本糖業史』味燈書屋、一九五六年

真栄平房昭「砂糖をめぐる生産・流通・貿易史――幕藩制市場と琉球の視点から」斎藤善之編『新しい近世史③　市場と民間社会』新人物往来社、一九九六年

真栄平房昭「琉球貿易の構造と流通ネットワーク」豊見山和行編『日本の時代史18　琉球・沖縄史の世界』吉川弘文館、二〇〇三年

吉永昭『近世の専売制度』吉川弘文館、一九七三年
渡辺祥子『近世大坂薬種の取引構造と社会集団』清文堂出版、二〇〇六年

〈特論3〉

べか車の車主と車力

羽田真也

はじめに

べか車とは近世中期以降の大坂で流行した人力の荷車である。図1のように一―数人の車力が曳いた。このべか車については、上荷船・茶船や馬といった特権的運輸集団の権益を脅かした存在として以前から注目されてきたが〔大阪市 一九九〇、五二三―五二七頁など〕、町触以外に史料がほとんどないためか、その理解は概説的なものにとどまっていた。そうした状況を突破すべく、先に筆者は、①主にべか車を規制する町触を読み込むことから、べか車の実態を可能な限り把握すること、②上荷船・茶船に関する史料を素材に、船の仲間の構造からべか車流行の要因を探ること、を課題に一定の分析を試みた〔羽田 二〇〇七〕。

このうち①では、べか車は荷主の需要を背景に町奉行の規制を乗り越えて展開していくが、それは車数の増加、積み荷や車の形態の多様化、車主（所有者）の空間的拡大（町続在領への広がり）とともに、車主や車力の存在形態の多様化を随伴したこと、そうした中では、車主においても、車力においても、横断的な仲間を独自に形成するには至らなかったことを述べた。幸いその後、数点ではあるが新たな史料を見出すことができた。本論では、それらを用いて、一九世紀前半を中心にべか車の車主（所有者）と車力のあり様を再検討し、その展開過程を見通したい(1)。

一　材木屋・油屋・薪屋とべか車

本節では、拙稿をふまえ文化期までの動向を簡単に確認したうえで、文化一四―一五（一八一七―一八）年の一件から車主と車力について考察する。

安永三（一七七四）年九月、べか車を規制する初めての町触が出され、往来人の妨げや橋の破損による橋懸り町々の難儀を理由に、べか車の橋越運送が禁止された〔触二八七七〕[2]。寛政三（一七九一）年一二月には、上荷船・茶船の船乗がべか車の橋越運送による荷物減少を理由に「遠方又ハ橋越ニ送り候儀」の差し止めを出願し、町奉行は御用を務める船の差し障りになることは容認できないとして、橋越運送の禁止を再度命じた〔触三六二二〕。船乗にとってはべか車の遠距離運送が問題だったのであり、これ以降、橋越運送を焦点として車を用いる荷主と上荷船・茶船の船乗が対立していくことになった。

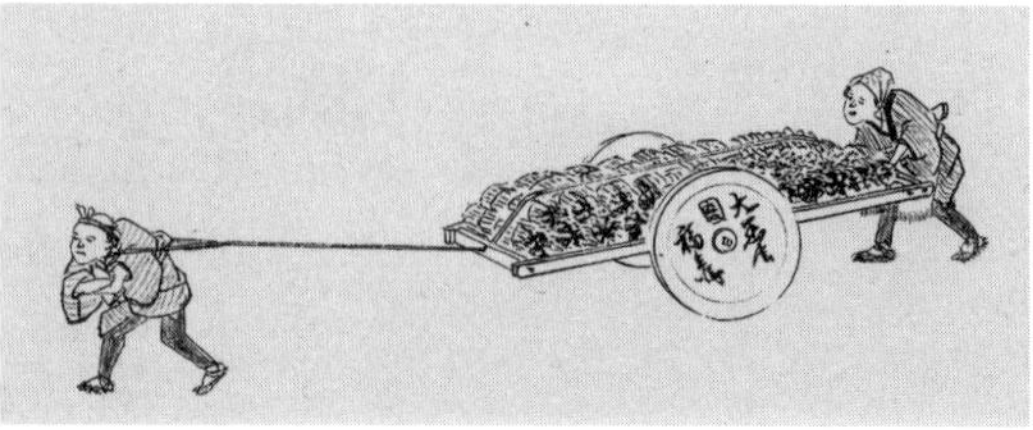

図1　べか車

出典）　喜田川守貞『守貞謾稿』

また、寛政一一（一七九九）年四月、伝馬所の出願をうけて町奉行は、伝馬役を務める馬持の差し障りになることは認められないとの立場から、馬付荷物のべか車運送を禁じた〔触三八六四〕。このことは橋越の禁止だけでは馬付荷物を確保できなかったことを示している。おそらく当時の馬の業態が浜出・水揚荷物といった近距離運送に比重があったためであろう。こうしてべか車を用いる荷主と馬持との対立は積み荷を焦点としていくことになった。

文化二（一八〇五）年一一月には、材木屋と竹屋が「聊かにて舟積みに及ばざる程の品」（「端荷物」）のべか車による橋越運送を町奉行へ出願した〔大阪歴史博物館所蔵大阪歴史資料コレクション「材木屋車ノ小廻シ願之控」〕。これに対し、上荷船・茶船の船乗の結集拠点である一〇〇余の浜（市中川沿いの荷揚げ・荷積み場）のうち、上之口組（淀川筋を下る船からの荷物積み替えを主とする天満橋周辺の一五浜）、川筋組（蔵屋敷米の積み出しを主とする中ノ島周辺の一九浜）、木津川組と安治川組（廻船の荷物積み替えを主とする木津川沿い二四浜と安治川沿い一七浜）は車の通行がないため容認の姿勢を示したが、堀々組（材木屋などの端荷物積み出しを主とする堀川沿いの三七浜）は「渡世相続」が困難になるとして不承知を申し立てたため、出願は不許可となった[3]。文化八（一八一一）年になると、堀々組を除く四組の方から、材木屋・竹屋のべか車の橋越運送を認め、小廻銭を受け取りたいと船方筆頭へ出願したが、これも堀々組の反発で実現しなかった（前掲「材木屋車ノ小廻シ願之控」）。

こうした経緯を前提として、文化一四（一八一七）年一一月、堀々組はべか車の橋越運送が続くなかで、橋々に船を付けておき、車が橋を渡ろうとすれば荷物を船に積み替えることを取り決め、同時にこれに従わない車の摘発を始めた（大阪市史編纂所所蔵「べか車一件」）。一一月晦日には西横堀長浜町（藤屋兵助借屋）の材木商売人多田屋作兵衛の車が二間の大丸太一三本を積んで京町橋を渡ろうとしたところを七郎右衛門町浜の船乗が見つけ、船への積み替えに応じなかったため積み荷と車を浜で預かり、堀々組は船方筆頭に対し町奉行への出願を求めた。また、長堀三休橋の浜仲仕河内屋九兵衛が自らのべか車で大宝寺町の油屋有伊から南堀江一丁目の木津幸へ油樽三〇挺を橋越運送したことも堀々組は船方筆頭へ訴えた。ただし、こちらは現行犯ではなかったためか、町奉行へは持ち込まれず、河内屋と堀々組の間で内済となった。

このような動きに反発した材木屋と竹屋は、翌年正月に再び、余内銭の負担と引き替えに端荷物の橋越運送を町奉行に願った。今回も堀々組の反発で二月二三日に不許可となるが、その前後にも堀々組は橋越運送の摘発を進めた。正月一九日には立売堀一丁目の材木商売人吉野屋平兵衛の挽板を積んだ車が、二三日には長浜町の材木商売人多田屋嘉兵衛の材木を積んだ車が、ともに奈良屋橋を越えようとしたところを差し止めた。また、二月二三日と二五日には堀々組の浜親父（浜の代表者）が見廻りを行い、長堀平右衛門町（佐野屋藤七支配借屋）の薪商売人近江屋為吉の薪を積んだ車を四ツ橋下繋橋で、安堂寺町一丁目の材木商売人高津屋七兵衛の板を積んだ車を西横堀新江達橋で、立売堀南裏町の油商売人近江屋茂兵衛の油四斗入明樽一〇挺を積んだ車を奈良屋橋で、衽町尼崎屋半兵衛方の挽割材木を積んだ車を奈良屋橋で差し止めた。北久太郎町三丁目（藤屋佐兵衛借屋）の油商売人堺屋治郎兵衛の油二斗入五挺と一斗入二挺を積んだ車を奈良屋橋で差し止めた。これらは船方筆頭から西町奉行所へ願い出られ、前年末に摘発された多田屋作兵衛を含め八人の車主が取調をうけたが、結局は筆頭と対談、車主から筆頭へ詫びの一札が提出され願い下げとなった。

右の動向からは材木商売人（材木屋）、油商売人（油屋）、薪商売人（薪屋）などがべか車による橋越運送を強行していたことがうかがえるが、さらに車主が船方筆頭へ差し出した詫び一札からは、彼らとべか車の関係を垣間みることができる。

すなわち、一札は二通作成されているが、うち一通は高津屋七兵衛、多田屋嘉吉代判善兵衛（多田屋嘉兵衛の関係者か）、多田屋作兵衛、吉野屋平兵衛、堺屋治郎兵衛、近江屋茂兵衛、近江屋為吉から出されたものである。その文面には「召仕の者幷びに仲仕共へあい任せ置き候段重々心得違い不調法にて、則ち向後の儀橋越は勿論、橋の上を荷物荷ひ越え候儀決して仕らず……猶召仕のもの幷びニ仲仕共へ兼ねて急度申し付け、重ねて右躰心得違いの儀は致させ申す間鋪候」と記されている。ここからは、七人の荷主が自らべか車を所有し、家内の下人や雇い入れた仲仕に荷物を運送させていたことが知られる。

もう一通は衽町尼崎屋半右衛門借屋笠岡屋嘉兵衛から出されている。彼は二月に摘発された尼崎屋半兵衛の挽割材木を載せた車の所有者だったと考えられるが、文面には「私義は仲仕渡世の者に御座候故、外人数衆中と一手ニ申し上げ候儀出来難く……則ち向後の儀は橋越ハ勿論、橋の上ヲ荷物荷ヒ越え候儀決して仕らず……重ねて右躰心得違い仕る間敷候」とあり、仲仕でありながらべか車を所有し、荷主の尼崎屋から運送を請け負っていたことがわかる。前年末に摘発された河内屋九兵衛も「長堀三休橋浜仲仕」とあり、三休橋に拠点を置く浜仲仕でありながら車を所有し運送を請け負っていた。本来、浜仲仕は浜沿いの町ごとに仲間を結成し、町から委任をうけて浜の荷役に従事する者たちであった〔森下 二〇〇四〕。その彼らが一九世紀前半にはべか車へも進出していたのである(4)。

以上からは、材木屋・油屋・薪屋といった荷主が自らべか車を所有する傾向にあったことがうかがえる。ただし、文化一四―一五年の一件から拾える事例はわずかである。そこで、文政一〇(一八二七)年四月の橋越運送の取締で摘発された四二人(四九件)をみると、材木屋を中心に炭屋・薪屋・油屋・竹屋などが荷主であったと思われること、その大半はべか車の所有者でもあったことが指摘できる〔前掲「べか車一件」〕。一九世紀前半の段階で、材木屋・油屋・薪屋・炭屋・竹屋といった、べか車を頻繁に利用し橋越運送を強行する荷主の多くが、自ら車を所有していたとみて間違いないだろう〔荷主＝車主〕。

また、そうした〔荷主＝車主〕が家内の下人や雇用した仲仕(後述の店仲仕か)を車力に用いていたこと、他方で浜仲仕がべか車を所有し〔仲仕＝車主〕、荷主から運送を請け負う場合があったことにも注目しておきたい。

二 一九世紀前半の車主と車力

本節では、べか車の持主と車力にかかわる史料を取り上げたい。

まず、御池通六丁目の事例をみよう。小林家文書〔大阪市立中央図書館所蔵〕からは、天保―安政期に御池通六丁目の者がべか車を譲り受けた事例を四件確認できる〔一「雑件」〕。安政五(一八五八)年一一月には、家持の伊勢屋嘉兵衛が南新町二丁目播磨屋源兵衛借屋の津国屋宇八からべか車一両を譲り受けている。伊勢屋は、慶応三(一八六七)年には酒造業を営んでいたことが確認できる〔七「雑件」〕。また、安政五年四月には、和泉屋小兵衛借屋の松本屋市郎兵衛が平右衛門町金屋七兵衛借屋の西川屋五郎兵衛からべか車一両を譲り受けている。松本屋はこの当時、線香職を営んでいた〔一三一「出火」〕。元治元(一八六四)年の史料からは和泉屋小兵衛の表借屋人だったことも知られる〔八「雑件」〕。こうした伊勢屋や松本屋は自らの家業のためにべか車を所有していたと思われ、[荷主=車主]の広がりがうかがえる。

次に、石船仲間の文書〔大阪市立大学所蔵日本経済史資料・大阪石船仲間文書綴込帳〕をみよう。文政七(一八二四)年閏八月に借主和泉屋平右衛門と請人綿屋利右衛門から樋口屋賀右衛門と車主和泉屋吉右衛門へ差し出された一札は、和泉屋平右衛門が石車一両を借り受けた際の証文であるが、その冒頭には「この度其許殿店仲仕和泉屋吉右衛門殿所持名前石車壱両御取扱ヲもって我等江慥かニ借り請け候所実正ニ御座候」とある。また、「勿論石船働き方の妨げニあい成り候様の川辺続き幷びニ橋越等の石荷物積みはこび仕り候ハヽ、何時にても右車其元殿江御引き取り成さるべく候」とも記されている。ここからは、表向きは店仲仕(樋口屋専属の仲仕か)和泉屋吉右衛門が車主であるものの、実質は「其許殿」=樋口屋賀右衛門の石車であったことがわかる。樋口屋は西横堀川沿いの権右衛門町に住む石船持・石仲買であった。その業態は未検討であるが、彼はこうした家業のためにべか車(石車)を所有し[荷主=車主]、店仲仕に運送させていたと考えられる。また、表向きとはいえ、車が店仲仕の名義になっている点も興味深い。仲仕がべか車を所有していく過渡的段階を示しているのではなかろうか。なお、借主和泉屋平右衛門も、文面からみて、石の運送のために車を借りたようであるが、詳しいことは不明である。

文政八(一八二五)年三月に人足頭丹波屋伊助と林田屋弥右衛門代親類浄玄から石船年行司へ差し出された一札は、石を積んで平野橋を渡った林田屋のべか車が摘発された際のものである。これによれば、北野村の林田屋弥右衛門は、自ら所有するべか車二両に加えて、大津町の大和屋喜八から一両を借り入れ、さらに人足頭の丹波屋伊助から車力を雇い入れて、荷主から古野面石割石と古立山石の運送を請け負い、車三両で内平野町二丁目の普請所から平野橋を越え順慶町三丁目大和屋九兵衛のもとへ運んだようである。こうした複数の車を所有し、車力を雇用して荷主から運送を請け負う林田屋は、専業の車業者と把握できるのではなかろうか［車業者＝車主］。同時に、車業者に車力（人足）を供給する人足頭の存在も注目される。

文政八年四月に大和屋新兵衛と播磨屋太兵衛から石船年寄樋口屋賀右衛門へ差し出された一札は、両人の曳くべか車の橋越運送を詫びたものである。これによれば、大和屋と播磨屋の二人は、立売堀二丁目の室屋惣兵衛に車力として雇われ、室屋の所有するべか車を用いて、室屋の石を普請場所まで運送したようである。室屋惣兵衛も［荷主＝車主］の一人であるが、ここではその車力を外から雇い入れている点が注目される。先の林田屋の事例をふまえるならば、人足頭を介して雇用したと想定される。また、一札の「以来べか車持参にて働き候共、地続きの外船廻し場所決して働き仕るまじく候」という記述によれば、大和屋新兵衛と播磨屋太兵衛がべか車を自ら持参して荷主の荷物を運送することもあったようである。おそらくその場合は、先の事例と同じく、人足頭を介して車業者に雇われ、その差配のもとで荷主の荷物を運送することになるものと思われる。

最後に、浜仲仕の事例をみよう。文化一四（一八一七）年、上荷船・茶船の堀々組は船方筆頭に対し、荷主が宿替道具などを船で積み送った際に、着岸の雁木先で馬方が居取銭の支払いを強要していることの差し止めを町奉行へ出願するよう求めた〔前掲大阪歴史資料コレクション「馬居取り銭差支之御頼」〕。その願書には「右の品々馬ニは付けられ申さず候荷物ニ御座候えば、居取り銭是ヲ取られ候ては宿替道具・その外荷物一向船積み御座無く、然る時は仲仕共へか車にて積み送り候えば、弥々車は増長仕り、私共船働き御座無く」とある。馬方の居取銭徴収により船積みされなくなった宿替道具などを浜仲仕がべか車で運送しているというのである。また、文政七（一八二四）年一二月に南組惣年寄は、べか車に車主の町と名前を書き付けることの徹底を指示するが、その二条目には「仲仕仲間、その外何仲間抔書き付けこれ有る車の分早々削らせ、持主の町・名前ニ認め替え候様これ又丁内よりあい改めらるべく候」とあり、多くの浜仲仕がべか車を所有するようになっている様子がうかがえる〔前掲日本経済史資料・北久宝寺町三丁目旧書類「御触書綴」〕。前節も含めこれらの事例からは、一九世紀前半には、浜仲仕がべか車を所有し［仲仕＝車主］、荷主から運送を請け負う状況が一定程度広がっていたことが読み取れよう。

三　車主と車力の展開

以上にみてきた一九世紀前半の車主と車力のあり様を基軸としながら、べか車の展開過程を仮説的に見通しておきたい。

まず、一九世紀前半の車主と車力について整理しておこう。車主には［荷主＝車主］、［車業者＝車主］、［仲仕＝車主］の三つが存在した。このうち、家業で用いるためにべか車を所有する［荷主＝車主］は、家内の下人、専属の店仲仕、人足頭を介して雇い入れた車力、このいずれかに車を曳かせていた。また、［車業者＝車主］は複数の車を所有し、人足頭から車力を雇い入れ、荷主から荷物の運送を請け負っていた。［仲仕＝車主］については、〔森下 二〇〇四〕の指摘もふまえれば、荷主から運送を請け負い、自ら車を曳くか、あるいは浜仲仕仲間に従属する若き者に曳かせていたものと思われる。

では、こうしたべか車のあり方は、どのような展開過程の結果として把握できるだろうか。以前に述べたように、寛政五(一七九三)年一二月に惣年寄が町々へべか車所有者の取調を指示しているが、その対象となったのは、自らべか車を所有する商人(荷主)と車の賃貸しを行う業者であった〔補達二八五、羽田 二〇〇七〕。また、天明六(一七八六)年二月には、炭屋町津国屋長兵衛支配借屋の井筒屋吉兵衛がべか車の製造・販売・賃貸しの独占を町奉行へ出願し、その差し支えの有無を問う触が出されたが、井筒屋の願書では「歩行荷持」を渡世とする者などが車力を務めていると記されていた〔補達二二〇〕。これらのことから考えると、一八世紀後半の車主には主として［荷主＝車主］と［賃貸業者＝車主］の二つがあり、①［荷主＝車主］は人足頭を介して歩行荷持などの日用（単純な労働力販売を生業とする者）を雇い入れて荷物を運送させる形で、②べか車を持たない荷主は、［賃貸業者＝車主］から車を借りる、もしくは［賃貸業者＝車主］から車を借りた日用を雇う形で、べか車を利用していたものと想定される。そして、①が典型であったと思われる。

一八世紀後半のあり方をこのように理解できるならば、一九世紀前半のべか車は二つの展開をみせたことになる。ひとつは、［荷主＝車主］が外から雇い入れていた車力を下人や店仲仕に置き換えるという、車力を自らの内に包摂していく動きである。それはとくに、材木屋・油屋・薪屋などの荷主に顕著であったと思われる。その背景には、日常的にべか車を利用していたことに加えて、町奉行から禁じられた橋越運送を強く志向していたことがあったと考えられる(5)。もうひとつは、［車業者＝車主］の登場である。日常的には利用しないものの、必要に応じてべか車での荷物運送を望む荷主の需要が、車数の増加、積み荷や車の形態の多様化とともに、こうした［車業者＝車主］を生み出すことになったのではなかろうか。そして、その延長線上に［仲仕＝車主］が現れることになったと考えておきたい。こうした展開の結果として、本論でみた車主と車力の多様なあり様が存在したのであった。

おわりに

ところで、一九世紀後半への展開をめぐっては、明治三（一八七〇）年正月に大阪府の主導で車持主の組織化が図られた際の定書（大阪歴史博物館所蔵）に運賃規定が盛り込まれていること、明治七（一八七四）年三月の「仲仕稼業組合規則」〔大阪市史編纂所 一九九九、五八頁〕の中に「水揚・浜出シ・蔵入幷びに荷車雇賃銭等ノ義ハ」とあるように、仲仕の職分としてべか車運送が位置づけられていることが注目される。一九世紀後半には〔車業者＝車主〕や〔仲仕＝車主〕が車主の多数を占めるようになっている状況を示唆していよう。こうした展開のひとつの要因として考えられるのが、文政七（一八二四）年に町奉行が行ったべか車の取締強化である。具体的には、車数を一六七八両で固定したうえで〔達一五九五〕、惣年寄へ車の監督を命じ、惣会所で焼き印を打つことや、所有者の名前替えや相続の際には惣年寄へ届け出ることを義務づけた〔達一五九七〕。これにより占株と同じ状況となり、一方でのべか車の流行と相俟って、荷主から運送を請け負う者が増加していくことになったと想定しうるのではなかろうか。

（1）上荷船・茶船の仲間の構造に関しては、近年、井戸田史子により研究が進められている〔井戸田 二〇一七ａｂなど〕。

（2）町触はすべて〔大阪市 一九七九〕に拠る。以下、町触には〔触二八七七〕というように、〔大阪市 一九七九〕に付された通し番号のみ注記する。

（3）各組の浜数は前掲〔井戸田 二〇一七ａ〕の表1に拠る。

（4）浜仲仕がべか車に進出している点については、すでに〔森下 二〇〇四〕で指摘されている。

（5）〔羽田 二〇〇七〕で検討したように、上荷船・茶船の船乗は、船持とは別個に、浜（杋場《かせ》）を単位として仲間を形成していた。その基盤には積石高を規定する杋株があり、各浜において船乗は自らの杋株高に従って順番に荷物を運送するという秩序を形成していた。こうした秩序は、船乗にとっては荷主からの自立性を共同で保障する意義を有したが、荷主側からみれば、船を所有してもその船で自らの荷物を運送できない、あるいは特定の船乗と固定した関係を取り結べないうえに、少量の荷物（端荷物）の場合は、高額の運賃を要求されたり、他の荷物が積み合うのを待つため都合よく運送してもらえないなどの問題を生むものであった。この点に材木屋などが橋越運送を強く求める要因があったのである。

参考文献

井戸田史子「近世大坂における上荷船・茶船の浜＝杋場の構造――堀江地域を中心として」『大阪の歴史』八五号、二〇一七年ａ
井戸田史子「近世大坂市中と大坂湾における舟運の構造――上荷船・茶船の実態を通して」『ヒストリア』二六五号、二〇一七

年b
『大阪市史　第三』復刻版、清文堂出版、一九七九年
『大阪市史　第四』復刻版、清文堂出版、一九七九年
『新修大阪市史　第四巻』大阪市、一九九〇年
大阪市史編纂所編『明治初期大阪の同業組合規則（下）――坂府商業組合条例』大阪市史史料調査会、一九九九年
森下徹「近世大坂の仲仕と仲間」塚田孝編『大阪における都市の発展と構造』山川出版社、二〇〇四年。のち『近世都市の労働社会』吉川弘文館、二〇一四年に所収
羽田真也「近世大坂におけるべか車の展開と上荷茶船」塚田孝編『近世大坂の法と社会』清文堂出版、二〇〇七年

〈特論4〉
褒賞からみる町

塚田　孝

はじめに

近世都市の理解にとって、住民生活の基礎単位たる「町」のレベルからの分析が重要との朝尾直弘の問題提起を受けて、一九八〇年代以降、京都・江戸・大坂の都市社会史研究が大きな発展を遂げてきたことは周知のことである〔朝尾　一九八一〕。これまで、個別の町に即した内在的分析が積み上げられているが（近年では、〔吉元　二〇一五・二〇一八a・b〕がある）、本章では、やや異なる視角から全般的な「町」の性格について考えてみたい。

一八世紀末から、寛政改革とも関わりながら、全国的に孝子褒賞や忠勤褒賞がさかんに行われるようになったが、大坂ではそれらの褒賞が市中に広く通達された。筆者は以前に、そこから都市民衆の生活世界の復元を試みたことがある〔塚田　二〇一七〕。それに続いて、一九世紀には精勤な町年寄の褒賞、あるいは盗賊を捕縛した者や水難や火難にあった者を救助した者などの褒賞が行われるようになる。これらは、いずれも一九世紀の社会状況に対応しようとするものであるがゆえに、一九世紀大坂の都市社会状況を反映するものと言えよう。

そのうち、精勤な町年寄の褒賞からは、町奉行所が期待する町の機能がうかがえるが、そこには近世都市における町の特質も反映していると考えられる。それゆえ、ここでは町年寄褒賞の事例から「町」の機能と特質の一端をうかがっておきたい。

一　町年寄褒賞の開始

大坂市中に精勤な町年寄の褒賞が初めて通達されたのは、文化九(一八一二)年一〇月九日である(以下、町触・通達については『大阪市史』第四巻による)。同日に、油掛町の天野屋五郎左衛門、阿波橋町の玉屋五兵衛、安治川上二丁目の苫屋嘉右衛門、本京橋町・立慶町・吉左衛門町兼帯の大和屋嘉右衛門、北久宝寺町五丁目の戎屋九兵衛の五人が町年寄の役義出精を奇特として褒賞され、各銀一枚を下された。

通達された褒賞理由として、五人ともに共通して「町義、平生諸事格別心を用い、月並み判形等にも懈怠無く罷り出で、都て町触度毎、触書の趣町中末々迄洩れざる様申し聞け、負い金銀出入にて、町内の者相手取り、出訴等届け受け候節は、出訴に及ばず候様内済取り計い、済し方不足これ有り、相済まざる時は、深切の世話いたし遣し、丁内用水弁に風烈の節見廻り、火の元の義申し聞け、丁入用諸勘定念を入れ、新規の義これ無き様取り計い」と言われている。

この最初の事例では、やや詳しい説明になっているが、この後、定型化した理由書では、①役義出精、②町入用の減少、③公事出入に及ばないよう取計い、と簡潔にまとめられている。逆にこの最初の理由書から、①役義出精の内容として、月並み判形(宗旨巻)や町触の通達・徹底、防火・防災が含まれることがわかる。それと、②町入用の減少、③町内の者が金銀出入に及ばないよう内済の取計い、を含む諸事が、町年寄に期待されたものであることがうかがえる。

以上の共通する説明に加えて、天野屋は借屋人のうちの長病で自滅に及びそうな者に医師の手当てを受けさせ、救済したことが挙げられている。玉屋は借屋人が引っ越してきた際に、扇子以外に一切受け取らなかったこと、また苫屋は借屋人のうち「親へ孝心奇特成」る者を賞美し、町内より少々の銀を与えたことが付け加えられている。ここには、様々な形で困難な借屋人の世話を行い、親孝行を奨励することなども、あるべき町年寄像に含まれることがうかがえる。ただし、これらは個別に言及されており、すべてに共通しているわけではない。

なお、前年一〇月九日に苫屋が町年寄を勤める安治川上二丁目の米屋長兵衛支配借屋に住む人松屋佐助同居の姉妹はるとすゑが母の死後、老病の祖母しゅんと持病の父佐助の看病・介抱に尽くし、孝行だとして、町奉行所からの褒賞を受け、鳥目一〇貫文を与えられているが、この前提に町内からの推薦があったことが予想される。

この時、五人が一斉に褒賞を受けたことに何か具体的な切っ掛けがあったのかは不明である。しかし、求められる町年寄像が存在し、それを拡げようという意図があったことは確認できよう。

町年寄の役義に出精したとして褒賞される事例が一気に増加するのは、五年後の文化一四(一八一七)年からである。同年四月二日に、金銀出入の訴状・返答書に家主・町役人の奥印を必ず受けるようにという町触が出された。これと合せて同日に、「町々年寄役の者は勿論、家主丁人共も以来心を用い、成るべく丈取り嗳い、無益の公事出入、丁失費相掛からざる様致すべく候」と触れられ、町年寄をはじめ町内の者たちには金銀出入に及びかねない場合にできるだけ内済とすることが求められた。

こうした金銀出入を町内の年寄、家主・町人らでできるだけ内済とするようにという触は、寛政三(一七九一)年五月、同九年九月、享和元(一八〇一)年七月にも出されており、この時が初めてというわけではなかった。これらの通達が、町年寄の役割として金銀出入の内済を主導することを求められるようになる要因であることは間違いない。しかし、その段階ではそれが精勤町年寄の褒賞に直結してはいなかった。

文化一四年四月の町触が出された後、その徹底のために町年寄を褒賞する方策が採られたものと思われる。同年九月一六日に、金銀出入などで呼出しの差日に病気などと称して出頭しないことを戒める寛保元(一七四一)年九月の町触を再確認する町触が出されたが、これと同日に大津町の河内屋伊助他四人の町年寄が、「役義出精に相勤め、丁内入用等も精々減し方心掛け、公事出入に及ぶべき筋出来の節は、事立たざる様取り計い、諸事取締方行き届き候に付」として褒賞され、それぞれ銀一枚が下されている。これに続いて、同年には一一月二日に一人、一二月一六日に四人が町年寄の役義に出精しているとして褒賞を受けている。

金銀出入などの訴訟をどう解決するかという課題と連動して、町年寄の褒賞が積極的に行われるようになったことがわかる。この後の褒賞理由書を見ると、この九月一六日の簡略な褒賞理由の書き方が定型的なものとして定着していく。町年寄としての役義出精は当然として、町入用の減少も褒賞理由として理解しやすい。それと合せて、公事出入の取計いに言及していることには、こうした町奉行所の意図がうかがえるのである。

二 町年寄褒賞の展開

精勤な町年寄の褒賞件数を、一九一一年から五年単位でまとめたのが、表1である。一八一一―一五年は、最初の文化九年の五件だけである。これ以後、幕末まで継続的に褒賞が行われていくが、三つの山が見られる。第一は、文化一四(一八一七)年から文政五(一八二二)年までを含む時期である。第二は、天保年間(一八三〇―四四)を含む時期である。第三は、嘉永後半から安政年間の一八五〇年代である。

第一の山の時期に含まれる文政四(一八二一)年八月には、先に触れた文化一四年四月の公事出入を町内で下済するようにという口達によって、市中の者同士の公事出入は減少しているが、摂河泉播の者との公事出入もなるべく下済するようにとの通達が出されている。この直後の一二月一五日に内平野町の平野屋太兵衛と京町堀五丁目・六丁目兼帯の阿波屋伊兵衛の二人、さらに翌文政五年三月二六日には、新靱町・浜町兼帯の須磨屋弥兵衛他一九人の町年寄がまとめて褒賞されている。これらは、これまでの褒賞の延長上に位置づけられるであろう。

しかし、この数ヵ月後の文政五年一〇月二六日に、三郷諸入用の減少の措置と関連して、町年寄や町代の勤め方についての町触が出された。そこでは、入用削減の問題に関わって、「町々年寄とも、勤め方は勿論、町内取締り方宜しく相聞え候分は褒美銀差し遣し、勤め方不出精、又は如何の筋相聞え候者共は追々相糺し、きっと沙汰に及ぶべく候」と言われている。特に町年寄の中には、町代に任せきりの者がいることを指摘するとともに、立場をわきまえない町代を処罰する旨が触れられている。この町触では、町入用の削減を含む町年寄の職務全般が問題とされているのである。なお、同日に「勤め向厚く心を用い、出精」しているとして、一〇人の町代（元町代一人を含む）が誉め置かれている（ただし、褒美は無し）。

これ以後、町年寄の褒賞は、公事出入の内済という局面だけでなく、先の三局面が全体として評価されたのではなかろうか。もっとも翌年から文政末年までは一件も見られない年から一―二人までであり、褒賞人数は少数であった。しかし、第二の山となる天保期にも、この評価基準は変わらなかったと思われる。個別の町年寄の褒賞ではないが、天保三（一八三二）年一二月一六日、天保六年一二月一四日、天保八年二月一六日、天保一一年正月一一日に数十町規模での町年寄・町代たちが町内自身番・夜番が行き届いているということで誉め置かれている。

ところが、天保八年ころから定型的な褒賞理由に加えて、難渋人施行や貧窮者へ米銭施与、火難者へのサポートなどに言及されるケースが増えてくる。天保飢饉の時期には町内でも三郷レベルでも貧民救済が広く行われたが、それが町内での相互扶助の重要性を意識化させることにつながったのではなかろうか。

表1　町年寄の褒賞人数

年　代	人数	年　代	人数
1811-15	5	1846-50	8
1816-20	22	1851-55	17
1821-25	32	1856-60	22
1826-30	9	1861-65	9
1831-35	23	1866-	4
1836-40	26		
1841-45	25		

その先駆けになるのは、天保二(一八三一)年三月二九日に褒賞された御池通四丁目の町年寄兵庫屋善兵衛の事例である。この日、兵庫屋善兵衛と御池通三丁目の名草屋善兵衛の二人は、定型的な役義出精の理由書で褒賞を受けたが(褒美銀一枚)、それとは別途に、兵庫屋は「兼て丁内又は隣町の内、貧窮の者を深く憐み、毎々米銭等施行いたし遣」したことを奇特として誉め置かれている(ただしこちらは褒美は無し)。ここではまだ役義出精と貧窮者施行が一体化していないが、関連するものと意識化されつつあることがわかる。

その後、天保八(一八三七)年一一月八日の順慶町三丁目の嶋屋忠兵衛は、定型的な三点の説明に続けて、「丁内難渋人共えは、手元より聊かながら米銭等施し遣し」と言及されている。以後、天保一〇年中に褒賞された町年寄八人のうち四人の理由書には貧窮者への救済が付記されるなど、それほど多くはないが、貧民救済に言及される事例が幕末まで見られ続ける。

また、天保一二(一八四一)年には、六月二四日の瓢簞町の倉橋屋重兵衛、続いて八月三〇日の三人、一〇月一日の二人、一二月二七日の一人、一二月八日の一人の全員の褒賞理由で、大御所徳川家斉の死去に伴う穏便中の自身番が厳重だったという点に言及されている。天保一三年二月二八日の長町六丁目の亀屋孫兵衛も自身番厳重が付記されているが、これ以後は見られない。厳重な自身番は、①防火・防災、丁内取締りに含まれるものであるが、家斉死去に伴う穏便中の警戒という特別時のものだけに、あえて言及されたのであろう。

第三の山の時期については、褒賞理由から特別な事情を見出すことはできない。ただし、嘉永五(一八五二)年一一月一二日に、町内自身番・夜番が行き届いているとして、北組二六町、南組二一町、天満組一六町の町年寄・町代を誉め置くという措置が取られた。これが引き金となり、ペリーやハリスの来航などによる幕末の不穏な政治状況が背景となって、嘉永六年以降、都市社会の安定化を図ることが意図された可能性が考えられるかもしれない。

なお、町年寄の褒賞については、定型的な理由書がほとんどであり、褒美も例外的な八例を除くと、すべて銀一枚である。こうした定型的な理由書は、個別の事例に即して詳細な説明があり、個人のライフヒストリーを復元できる孝子褒賞や忠勤褒賞の場合とは全く異なる。孝子褒賞・忠勤褒賞の場合は、褒美銀銭の額も千差万別であることも大きな違いである。町年寄褒賞の画一性からは、一定の基準に基づく町を通じた秩序維持策として採られた措置であったことがうかがえよう。

例外的な褒美銀二枚のケースを見ておこう。文政元(一八一八)年六月一日に褒賞された西高津町の高津五右衛門は、以前に一度誉め置かれた経験があったようであるが、それ以外に特別な点は見えない。天保三(一八三二)年三月二日に褒賞された日本橋一丁目・西高津新地一丁目兼帯の播磨屋休右衛門は五〇年間出精とあり、弘化三(一八四六)年三月二八日に褒賞された天野屋九兵衛は五一年間出精、さらに安政六(一八五九)年一二月二七日に褒賞された内淡路町三丁目の天川屋豊助は五〇年間出精とある。この三例はいずれも五〇年という長年にわたる勤役が特別待遇につながったのであろう。文久元(一八六一)年二月二九日に褒賞された福井町・籠屋町兼帯の加茂屋善兵衛は四〇年勤めたうえでの退役に際しての褒美銀である。彼の場合は二度目の褒賞である。五〇年以上の勤役であっても褒美銀一枚の者もいた。加茂屋の四〇年の勤役はかなり長期ではあるが、それだけでは特別ではない。退役に当たって彼は、四〇年という長期の勤役に加えて、二度目の褒賞であることにうかがわれるような、特別な功労を評価されたのであろうか。

天保一二年六月八日に褒賞された天満農人町・天満池田町兼帯の川崎屋伝四郎は、年数は記されていないが、長年精勤とされ、町内の困窮者へ米銭を施与し、火難者をサポートしたことが具体的に記されている。慶応二(一八六六)年一一月七日に褒賞された橘通七丁目の布屋長兵衛は、類焼者への米銭支給や家業の米の安売りなどが特記されている。こうした特別に評価されるような場合に褒美銀二枚とされたのであろう。天保三年七月一二日に褒賞された淡路町一丁目の銭屋五郎兵衛も退役に際してのものである。彼の場合、特別な事情は記載されていないが、おそらく退役に際して評価すべき功労が何かあったのであろう。

三　町の史料に見る町年寄褒賞

文久二(一八六二)年六月二七日に御池通五丁目・同六丁目兼帯町年寄の瀬戸屋九蔵が褒賞されている。通達されたのはその一ヵ月後の七月二八日であり、理由書は、とても簡略で「兼て役儀出精いたし、其の余奇特の取計い等相聞え」とあるのみで、町入用の減らし方にも公事出入の内済の取計いにも触れていない。しかし、褒美銀は他のケースと同額の銀一枚であった。

この瀬戸屋九蔵の褒賞については、以前に紹介したことがあるが〔塚田 二〇一七〕、この褒賞に向けた動きは、安政六(一八五九)年には始まっていた〔「小林家文書」大阪市立中央図書館蔵〕。御池通五丁目では、安政二(一八五五)年に墨屋和平が退役した後に、瀬戸屋九蔵が町年寄に就任した。前任の墨屋は、文政七(一八二四)年一二月以来、三〇年余の長期にわたって勤めていた(最後の三年余は中風で十分な仕事ができなかったが)のに褒賞されていない。それに対して、瀬戸屋は就任後四年足らずで、褒賞に向けて動き出していたのである。

安政六年から作成され始めた瀬戸屋九蔵の事績書上げが残されているが、その段階では、㋐公事出入を下済させ、惣会所などに自分で出勤し、倹約に努める/㋑夜番人の取計い、厳重な自身番/㋒暑中の和中散配布/㋓困窮者への正月餅配布/㋔借屋人三河屋伊八の葬式に補助/㋕いその褒賞に祝儀/㋖㋗借屋人丸屋源兵衛の滞り銀出入の立替え(二件)、ということを町年寄精勤の内容として上申しようとしていた。

㋐において、町年寄としての総括的な役儀出精について述べ、以下の諸項目はその具体例の意味をもっている。㋖㋗公事出入の内済をサポートした具体例とともに、町内での救済に関わることが目につく。㋒は毎年夏六月の暑い時期に、食あたり・暑気あたりの薬である和中散を多人数に施しているというもの、㋓は御池通五丁目と隣町(御池通六丁目か）の餅が搗けない困窮者に、一二月二八日に餅切手を施しているというものである。こうした、町内の困窮者一般に対する救済とともに、個別の事情に応じた補助もある。例えば、㋔薩摩屋金兵衛借屋の三河屋伊八が安政六年五月のコレラの流行で死亡した際、倅たちが幼少、かつ困窮で葬式も思うに任せなかったので、鳥目（銭）一貫文を補助したという事例である。

また、㋑については、風の強い（火事の心配な）時は、夜回りの夜番人に粥を給し、安政五年八月の（一三代将軍徳川家定死去に伴う）「御穏便」の時節に（家持たちの）自身番をきちんと勤め、町内見回りや御用に出勤した者たちに弁当を出して、雑費の掛からないようにし、夜番人には心付を与えたとある。警戒の必要な時にきちんと番を行うとともに、なるだけ経費が掛からないようにすることが重視されている。

瀬戸屋の事績書上げでは、先述した町年寄の褒賞の理由書に見られたような、①役義出精（狭義）、②町入用の節倹、③公事出入の調整に関わる事項に着目していると同時に、天保期以降に目立ってくる困窮者救済の比重が高いことが注目される。この後、文久元（一八六一）年に二項目、翌二年に二項目の追記が見られるが、その中で、特に万延元年一一月の米価高騰時に、町内の裏借屋の困窮者に一軒当り四〇〇文を施行したという実績が注目される。

この事例を参照すると、定型的で簡略な理由書で褒賞されている事例でも、事前に詳細な確認作業が行われていたことがわかる。また、その褒賞の背後には、町毎、町年寄毎に様々な形で、町内取締りと町入用削減、町内の紛争解決や相互扶助の具体的な実践があったことがうかがえる。

おわりに

町年寄の褒賞事例からは、五〇年余に及ぶ長期間、町年寄を勤めた者もいたことがわかり、また、そうした長期の勤役が町奉行所によって精勤と評価されることが間々見られたことが指摘できる。

一方で、瀬戸屋九蔵は町年寄就任後七年目に褒賞されていたが、前任者で三〇年余にわたって勤役していた墨屋和平は褒賞を受けていない。在任期間だけには帰せられない実情もあったのであろう。瀬戸屋の場合、就任四年目の安政六年から褒賞を受けるための動きを見せていたように、本人（もしくは町）からの積極的な惣会所―町奉行所への働きかけも状況を左右する要因の一つと考えられる。

その一方で、瀬戸屋は安政六年段階では、御池通五丁目の年寄だけであったが、文久元年に御池通六丁目の町年寄八萩屋弥兵衛が退役後、新しい町年寄を選ぶことができず、[1]瀬戸屋が兼帯することになったのである。こうした事情が瀬戸屋を町年寄としての職務に精励させようという力（褒賞）として作用したこともあったかもしれない。

ともあれ、町年寄の精勤に対する褒賞からは、町と町年寄に対して、町内取締りと町入用削減、町内の紛争解決や相互扶助が期待されていたことがわかる。同時に、それらの諸側面が「町」の機能として存在していたことがうかがえるのである。

こうした「町」の性格と機能は、明治初期にも持続していた。それは明治四（一八七一）年四月二七日に南大組中年寄の柳町高田伝蔵が「先達て居町幷に松原町兼帯年寄勤役中、丁内の者ともえ世話行き届き候に付、賞典に及」んだが、その後も奇特の事業を行っているとして、大年寄准席と勤役中の帯刀を許されている〔『南大組大年寄日記』大阪市史史料〕。ここで別紙としてまとめられている奇特の事業は、瀬戸屋の場合と共通する貧民救済や公事出入の調整などである。その際、特に貧民救済の事例が多数挙げられているのは、明治初年という時期にとりわけ求められていることが表現されていると言えよう。

（1） 吉元加奈美は一連の研究において、御池通五丁目の町内構造を詳細に分析するとともに〔吉元 二〇一八a・b〕、御池通六丁目は、安定した居付き家持がいなくなり、町年寄の成り手を確保できない実態を明らかにしている。後者の成果の刊行が待たれる。

参考文献

朝尾直弘「近世の身分制と賤民」『部落問題研究』六八、一九八一年、のち『朝尾直弘著作集』七、岩波書店、二〇〇四年所収
塚田孝『大坂　民衆の近世史――老いと病・生業・下層社会』ちくま新書、二〇一七年
吉元加奈美「近世大坂における茶屋の考察」『部落問題研究』二一一、二〇一五年
吉元加奈美「近世大坂堀江新地における町内構造――御池通五丁目の水帳分析」『部落問題研究』二二五、二〇一八年 a
吉元加奈美「近世大坂における都市社会構造――御池通五丁目の家質の分析」『部落問題研究』二二六、二〇一八年 b

〈第5章〉

町の近代化

飯田直樹

はじめに――ある町の回想から

明治一三(一八八〇)年一一月に至って町はひとまず名と姿とを消してしまった。鰻谷中之町という町が戦時町内会の編成によって終焉を迎えつつある時、自らの歴史をこのように振り返った。本章はこれを頼りにしながら、明治一三年前後の大阪の町が体験したことを、①町会という議会的要素の導入と②町による家屋敷取得規制という二つの観点から解明することにしたい。

1 なぜ町会に注目するのか?

明治初年の大阪市中での市制改革を検討した塚田孝は、明治二―三年にかけて行われ、結局挫折したこの改革が、会議所や議事者といった議会的要素を町組ごとに導入することによって町を解体し、町組というより広域的な行政単位を創出する試みであったことを明らかにした〔塚田 二〇〇二、一九二―一九九頁〕。

大阪で町よりも広域的な行政単位としてまず想起されるのは、「地域支配構造や政治構造におけるかなめ」〔松下 一九八六、五一頁〕である小学校学区やその前身である分画〔連合町〕であろう。塚田の研究は、学区定着過程における議会的要素導入の重要性を示唆したものと言える。本章では、この示唆を受け、明治一三年一一月の町会開設を機に明治初年に挫折した試みが達成されていく過程を追究したい。

さて、大阪では明治一三年の町会開設と引き替えに、後述するように町の代表者である町総代人が廃止された。そこで、明治地方自治制下の都市において町が「実質的な「自治」組織として存続」〔高岡 一九九五、一一三頁〕したとかつて評価した高岡裕之の町総代論についても触れておきたい。高岡の町総代論は、主要都市の町総代制を検討した視野の広いものであったが、全国的に町総代が設置されるきっかけとなった明治一七年の地方制度改革以後を主な対象としているため、それ以前に町総代が設置された東京や大阪が議論の枠外に置かれている。実は、戸長役場設置区域の広域化が一七年改革よりも早くなされた東京や大阪では、明治九年に同年公布の太政官布告「各区町村金穀公借共有物取扱土木起功規則」に基づいて町総代人が設置されていた。明治一七年以降、全国の都市で普及することになる町総代の法的根拠もこの規則に求めることができると考える①。

町総代の起源を同規則に求めることができるとすれば、高岡の町総代論の圏外となっている三都を含めた新たな町総代論の構築が可能となろう。さきに述べたように大阪では明治一三年に町会開設〔町会議員選出〕と引き替えに町総代人が廃止されたわけだが②、この町会は実質的には連合町会であった。さらに、この連合〔分画〕は、後に小学校学区へと発展したのであるから、大阪の学区制も町総代制の特殊形態と位置づけられるという仮説も成り立つ。大阪における町総代人廃止の意義を究明するためにも、町会に注目する必要があると考える。

2 町による家屋敷取得規制はいつまで続くのか?

町が明治初年から明治一三年一一月頃までに都市行政単位としての地位を失うという過程は、他方で町の身分共同体としての解体過程でもある。

近世都市では家屋敷の売買を行う際、それを町中に伝え、了承を得た上で契約を結ぶ必要があった。家屋敷売買に町の承認が必要だったのは、家持となることが町共同体の構成員、すなわち町人となることと同義であったからである〔塚田 二〇〇二、一一九頁〕。

本章では、町共同体の中核的な機能ともいうべきこの家屋敷取得規制に注目し、この機能がいつまで続くのかという問題を検討することによって、身分共同体としての町の解体過程についても論じたい。そのため、土地台帳たる水帳での土地所有者名義の切り替え（帳切という）が町の承認を経てなされたと理解し、この帳切がいつまで続くのかを検討することによって、この規制がいつまで行われたのかを間接的に明らかにするという方法をとる。

家屋敷取得規制に関する研究は、町文書が豊富に残されている京都を中心に町規約の検討という形で行われてきた(3)。しかしそれらは規約の変遷を追うものばかりで、機能の実態を具体的に明らかにしたものは少ない。また東京や大阪については、規約作成時期や規約の実効性に関して特有の問題がある。

明治以降作成された町規約のなかには、町解体の危機に直面した家持たちが、従来の町法や寄合の継続を確認するために作成したものが含まれると考える(4)。そうであるとすれば、町規約の実効性を問題にしなければならない。規約は抵抗する家持たちの意思を示すだけで、実施されたか疑わしいからである。

近代大阪の町規約事例としては極めて珍しい大宝寺町東之丁の「町中申合規則書」（明治一四年一一月作成）には、地所・建家を売却する際、事前に町中に披露し、差し支えがないと確認した上で、「帳切」をするという規定（第三条）がある〔塚田 二〇〇九〕。この「帳切」を文字通り水帳でのそれと理解すると、果たしてこの規定は実行されたであろうか。本章第二節では現存する大阪市中各町の水帳を可能な限り検討し、それらの最終帳切時期を明らかにすることになるが、その作業はこの規定がどこまで実効性を持っていたかを検証することにもなるであろう。

さて塚田が、この規則書の別の箇条に注目している点にも触れておこう。塚田は第五条から第七条において「町会議員による会議の決定は多数決による一方、町中の「懇議会」は「衆評」に従うとのみ規定していること〔塚田 二〇〇九〕に注目した。「町会」という議会と近世から「継続」する家持同士の寄合とでは意思決定の方法が微妙に異なる点に注目したのである。この違いは前者が第三節で明らかにするように個別町ではなく連合町の議会でのものであり、後者が町内の寄合でのものであると考えれば理解しやすいのではないだろうか。また「家持一同」による「毎年両度」の懇議会に関する第七条の規定は、町共同体解体後の町内での寄合の「再出発」を示しているという点で重要な意味を持つ。近代町規約に先に述べたような問題があるとしても、条文の意味を検討し、他の関係史料やその背後にあるものをふまえて読み解いていくことにも意義があるということを付け加えておきたい。

一　鰻谷中之町における町会と寄合

1　『鰻谷中之町の今昔』について

大阪には『鰻谷中之町の今昔』という書物がある。南区にあった鰻谷中之町という個別町の町会が明治初年から刊行年である昭和一七(一九四二)年までの町の歴史をまとめて出版したものである。町自身による歴史書という意味では大阪ではほとんど類例がない貴重なものである。この節では、この書物を参照しながら近代大阪における町の歴史を概観したい(以下、同書を『今昔』と略し、同書の該当頁を括弧内に示す)。

鰻谷中之町は明治五(一八七二)年の町域再編によって誕生した町で、長堀心斎町、長堀次郎兵衛町、長堀茂左衛門町、高間町、鰻谷二丁目という五町の町域の一部もしくは全部によって成立した[5]。同町は、浄瑠璃や歌舞伎の演目「桜鍔恨鮫鞘」の主人公古手屋八郎兵衛の居所が鰻谷とされたため、その舞台として、また合薬人参三臓円を販売する吉野五運店の所在地としても有名であった(一七九頁)。

『今昔』は戦時町会事業として出版されたもので、著者は町会長をしていたメダル製作業者大沢儀三郎（同町六番地住）である。「わが住む町の町形、町情の変遷とその特色歪みの所在とを明かに」し、「町務」すなわち町会事業と「町務ならざるとを問はず、万事に当って一層適切なる処置または解釈を執られること」を目的に出版された（三頁）。上篇「鰻谷中之町の現勢」、中篇「明治時代を中心としたる吾が町」、下篇「吾が町を形成せし古町の形態」の三編と附録「古手屋八郎兵衛の実説とその展開」からなり、出版費は町内数名の「特志」によってまかなわれた。執筆にあたり参考資料として「有力なる文書地図」を吉野五運や古くからの有力者であった玉置恭太郎、さらには南区役所などから提供を受けた。『今昔』は同町三九番地にあった株式会社中村盛文堂で印刷された。

そもそもこの出版は昭和一四年秋に皇紀二六〇〇年記念として構想され、翌年一二月には初稿が完成し、上篇が同町光清寺にて町内「各位」に報告された。その後、さらに「新資料入手」を経て昭和一六年七月に稿了したが、検閲や「物資労力の激減」により一七年七月にようやく出版された。出版後、町会から在住者に贈呈された。同町には同年四月末現在で二九六世帯一三一四人が居住していた。

2　町総代の廃止と分画の復活

このように町内諸階層の協力を得ながら出版に至った『今昔』は、町の歴史についてどのように記述しただろうか。まず注目されるのは、明治一三年もしくは同一四年を町解体過程の画期とする認識が示されていることである。「昔の町制と五人組との衰亡は明治二年から始まり、十三年十一月に至って一先づ名と姿とを消してしまひました」（二一八頁）とある。その理由については明確に記していないが、町の歴史を年表式にまとめた箇所では明治一三年一一月一〇日の項に「町ノ総代制ヲ廃ス」（二八七頁）とあり、これが「一先づ名と姿とを消し」た理由であることが示唆されている。

また「一の町が……一の自治単位であった……それが十数年にわたる区域名称組織の種々の揺蕩を経てゐる裡に、漸次上位上層の組織に単位を移して行った……十四年八月町もまた表面から影をかくし」（二八九頁）ともある。これは戸長設置単位の変遷に関する説明である。大阪市中の場合、地方三新法によって町村の長として位置づけられた戸長の設置単位が、連合町である分画として当初は設定された。明治一二年二月のことである。この分画は同一三年七月にいったん廃止されたものの、明治一四年八月二九日に復活した。『今昔』の「表面から」云々の記述は、この分画の復活、すなわち地方行政単位の町から分画（連合町）への移行を意味している。行政単位としての地位喪失が町にとって一つの画期であったことがわかる。

3　地方三新法期の町会

もう一つ注目したいのは、『今昔』には三新法期に個別町レベルで開設された可能性がある町会についての記述がなく、明治期町会といえば分画（連合町）単位で開設された町会を指しているということである。

さきの年表式の明治一二年六月三日の箇所では三新法施行にともなう区会町村会規則の制定があげられているが、わざわざ「ここにいふ町会とは一町の会でなく分画即ち小区の会であります」（二八五・二八六頁）と説明されている。しかし大阪府は個別町レベルでの町会開設を方針にしていた時期があり、西区のようにそれを各町に指示していた区もあった（この点、本章第三節後述）。それにもかかわらず『今昔』がこう記しているのは、地方三新法期の同町での町会とは、個別町単位ではなく、連合町単位で開設されたからであると理解しておきたい。

4　寄合と戦時町会

それでは寄合、すなわち家持同士の私的な結合は鰻谷中之町ではいかなる歴史をたどったのか。『今昔』によれば、明治一四年の分画復活後、同町では寄合が結成され、それが名称や構成員を変えながら昭和期まで継続したという。

まず、明治一六年一月に同町最古の私的団体である同盟社が創設された。『今昔』には同盟社の『積立金収支勘定帳』(『今昔』刊行当時、町所蔵)のうち、社員三四名の署名部分の写真が掲載されている。社員は「家持町人ばかり」で、「吉野さんが盟主」であったという。社員は月に一円ずつ拠出し、年に一回新年懇親会を開催した(一一九―一二一頁)。

この同盟社は、明治三〇年前後に「一和社」と改名した。その理由はよくわかっていない。しかし「家持連の中心的親睦会」という同盟社以来の性格を保持しており、一和社から学区の区会議員や「衛生の役員」(衛生組合の役員か)などを輩出した。

一和社の構成員にはその後変化がみられた。「後には家主ならぬ人もだんだん会員となり」(一二一頁)とあり、おそらく京都などの他都市同様に、大正デモクラシー期に一部の借家人層も入会したと推測される。

同盟社から一和社へ引き継がれた家持中心の寄合は、「昭和十四年まで存続して目下は休会になって」いた(同前)。この休会は、同町でも戦時期に全世帯加入の町会が編成されたことと関係がある。

昭和六年の満州事変以降、「皇軍将士の町内分宿」(陸軍特別大演習)や国防献金募集などが始まる中で「何か町会の如き組織的全体的のものを作り、町一般から認められた上で仕事をしやうといふ機運」が高まり、翌年に町務会という「新しい町会が昔と大分違った形に誕生した」。町会ではなく町務会としたのは、「自治制」、すなわち三新法期の「町会との紛れを避ける」ためであったという(一二三―一二四頁)。当初この町務会は「会費無し」であったが、昭和一二年の日中戦争開始とともに大阪市が各町に「統一的町会」、居住者全員強制加入の町会編成を指示すると、鰻中町会に改名し、翌年より会費を徴収することになった。

このような戦時町内会の編成とともに鰻谷中之町では、三新法期から続いた寄合の歴史も昭和一四年に幕を閉じることになったのである。

この間の事情について『今昔』は「画一的町会が種々の国策を要制《ママ》するに比して、(それまでの寄合が)或る意味に於てむしろ純粋でかつ尊いのであります」(二一七頁)などと記していた。このような記述のなかに画一的町会の編成によって寄合が休会に追い込まれたことへの有力者層の不満を読み取ることができるのではないだろうか。

以上、本節では、鰻谷中之町の地方三新法期の町会が連合町会であった可能性が高いことを確認するとともに、同町の寄合が三新法期の分画復活後に「再出発」し、戦時町会の編成とともに休会となったことを確認した⑹。

二　町による家屋敷取得規制と水帳帳切の終焉

1　明治前期における町による家屋敷取得規制

まず、町による家屋敷取得規制の実態が直接わかる三つの事例を年代順に紹介しておこう(以下の記述は〔飯田 二〇一五〕による)。

第一は、上難波南之町の事例である。上難波南之町は、明治五年の町域再編によって上難波町が北之町と南之町に分かれて成立した町である。上難波南之町の戸長文書(全三八点、大阪市史編纂所蔵)のなかには、家屋敷売買に関する資料が五点ある。いずれも同町内で土地家屋が売りに出された際に、戸長が町内にそれを披露し、了解(調印)を得るという形式のものである。五件のうち、最も古い事例(明治五年)で家持となった中村由兵衛は、その後の四件の披露にいずれも調印した。披露の対象は、上難波南之町に住む家持たちであろう。同町では家屋敷売買の際、町内家持による承認が必要であったと考えておきたい。

第二は、第四大区三小区内の町の事例である。野村吉兵衛家文書一〇四一点(大阪歴史博物館蔵)は、源八町に家屋敷を所有していた野村吉兵衛（一八七五―一九三四）の家に残されたものである。吉兵衛が北区松ヶ枝学区の区会議員などの名誉職や、学区単位に組織された各種住民団体の役員をつとめたため、それらの団体や職務に関する資料が多い。典型的な名望家資料群である。また、父である先代大和屋吉兵衛（一八五二―一九〇九）の資料も含まれており、そのなかに「地所家屋譲売買確証綴込」という興味深い資料がある。

源八町は、明治五年に友古町とともに天満橋筋四丁目となった。「綴込」には、明治九年中に天満橋筋四丁目を含む大阪第四大区三小区内で生じた土地家屋売買や相続に関する書類が綴られている。書類の宛先の大半は第四大区三小区の戸長である（大阪市中では明治七年七月に戸長設置区域が町からより広域の区（後の小区）に変更されている）。綴じられた書類は、三小区を構成していた天満橋筋二・三・四丁目と空心町二丁目に所在する地所建物に関するものである。

明治九年中に三小区内で生じた土地家屋売買の件数を数えると二一件あった。三小区では、土地家屋が売りにだされると、原則として以下のやりとりがなされた。まず、①売主・買主連名で戸長宛に届書が提出される。次いで、②戸長から売買物件のある町内に通知がなされる。それと同時に、③戸長によって買主などについての人籍の確認がされる。以上の①―③がなされた上で、④売主・買主双方から確証が戸長宛に提出された。この確証には「当区内御定則之通、万端御取計可被下候」とある。①―④が複数の事例で確認されることから、第四大区三小区において土地家屋売買にあたって、これらのやりとりをしなければならないというルール＝「御定則」が存在していたということになる。

このうち②については、天満橋筋四丁目七九番地の事例では「別紙之通、売買仕候段被届出候間、此段及御通知候也」と記され、五二名に回覧された。このなかには同町居住の野村吉兵衛の名がある。また、天満橋筋二丁目二二番地の事例では、戸長から「天満橋筋弐丁目家持衆中」に対してなされたから、この五二名は土地売買物件がある天満橋筋四丁目に家屋敷を所有する家持であると考えられる。

第三は、西区觀上通二丁目の事例である。明治一四年五月に西区觀上通二丁目で地所家屋売買があった際に、売買物件の内容をめぐって売主の被告、後述する「公売」によって物件を落札した原告、当該物件を抵当にとっていた債主の三者が争った裁判の判決書（国立公文書館所蔵）が残されている。

判決は、「公売」された物件数について三者の主張が異なることから「公売」は未確定と判断し、原告の落札そのものを無効と結論づけた。この判決文で注目すべきは、觀上通二丁目で被告が家屋敷を売却する際に、被告はまず戸長に申出て、それを受けて戸長が「旧慣」により町内一般に通知し、その物件が「公売」にかけられたと記していることである。この「公売」の結果、入札に参加した同町内の高田治助（原告）が（おそらく最高札で）落札した(7)。

以上の三事例から注目すべき点は以下の二点である。第一は、地方三新法施行以前と以後では、家屋敷売買にあたってのルールの公式化に違いがあるという点である。三新法以前の第二事例では、町内通知についてのルールが「御定則」という形で定式化され、そのルールが公的に認知されていた。それに対し、三新法以後の第三事例では町内通知の根拠が「旧慣」とあり、ルールが公的に認知されていなかったことがわかる。三新法後に家屋敷売買に関するルールを定めた例としては、地所・建家を売却時に事前に町中に披露した上で「帳切」をすると規定した大宝寺町東之丁の規則書（明治一四年制定）がある。しかし、これは家持一同による私的な寄合の場で決めたものであり、公的に認知されたものではない。家屋敷取得規制の公的な否定という面でも三新法が大きな意味を持っていたということになる。

第二は、町内通知の枠組みがいずれも明治五年の町域編成で成立した新町域であるという点である。いずれの事例も明治五年以降であり、新町域あるいはその連合を単位に設定された戸長を通じてのものであるから当然の結果であるが、それでは近世以来の旧町域での家屋敷取得規制はどうなっていたのか。次に水帳における帳切を検討することでこの問題に迫ってみたい。

2　水帳における帳切の終焉と地方三新法

近世大坂において町内の土地台帳である水帳は、「第一次的」には町で作成・管理された。水帳には、家屋敷の広さ・役数とともにその所有者が記され印が押された。所有者が変わると、先の所有者名の上に貼紙がされ、そこに新所有者名が記され、印が押された。この行為が水帳の切り替え、すなわち「帳切」である〔塚田 二〇〇二、一一二―一一三頁〕。この帳切は、家持＝町人身分の共同体である町の承認を経てなされたと理解できるから、帳切がいつまで行われたのかを明らかにすることは町による家屋敷取得規制がいつまで続いたのかという問題を明らかにすることにほぼ等しい。

水帳は、複数回、不定期で作成された。明治期にも水帳が作成されている。明治七年一月作成の「新水帳」である（『今昔』二七―二八頁）。この水帳の書式は、一筆ごとにその右肩に地番が朱書されている点以外、旧来の水帳とほぼ同じであるが、新町域単位に作成されたという点がそれまでの水帳との大きな違いである。本節では安政三年作成の安政水帳と新水帳を検討対象とする（以下の記述は〔飯田 二〇一七〕による。大阪各町の水帳の所在状況については〔梶原 二〇一七〕がある）。

現在その所蔵が確認されている安政水帳と新水帳を帳切最終時期で区分すると表1のようになる。水帳の大半が明治一二年二月までに終了することがわかる。これは地方三新法施行にともない大阪市中で区役所が同年三月一日に開庁することと関係すると考えられる。三月の区役所開庁に間に合うように、不動産の所有名義を整理しておく必要があり、帳切が全市的に実施されたと考えられるのである。そのことは、最終帳切の日付からも指摘できる。明治一二年二月に帳切が終了する水帳に限定すると、特定の日付に帳切が終了していることがわかる。二月一〇日と二月二一日である。前者は、三新法施行にともない大阪府内で大区小区制が廃止された日であり、後者は同じく三新法施行に

表1　水帳の最終帳切時期と所蔵別内訳

年	総計	市図	阪大	商大	府図	市公	天守
文久 3	1	1					
慶応 2	2	1			1		
3	6	6					
4	2	2					
明治元	1	1					
2	2	2					
3	1			1			
4	0						
5	2				2		
6	24	8	6	6	4		
7	1			1			
8	1				1		
9	4	2	1	1			
10	15	10	5				
11	88	60	22	5 (2)		1	
12							
～2月	59	35	23	1 (1)			
3月～	22	7	10	5 (4)			
13	14	6	7		1		
14	1		1				
(不明)	6	3			2		1
合計	252	144	75	20 (7)	11	1	1

注）市図＝大阪市立中央図書館，阪大＝大阪大学，商大＝大阪商業大学，府図＝大阪府立中之島図書館，市公＝大阪市公文書館，天守＝大阪城天守閣．（　）内は新水帳の数．

ともない連合町レベルの行政区画である分画が設置された日である。これらの日付は、三新法施行にともなう地方行政の変革にあわせて、全市的に帳切がおこなわれ、それが終了したことを示している。水帳の帳切というレベルにおいても地方三新法の重要性が認められるのである。

さて、先に新町域レベルで町による家屋敷取得規制があったことを確認したが、あらためて表1をみると新水帳に比して安政水帳が圧倒的に多いことがわかる。安政水帳は旧町域単位に作成されたものであるから、この事実は旧町域レベルでも町による家屋敷取得規制がなされたことを示唆するものではないだろうか。この点を確認するために、新町域単位で作成された新水帳での帳切を検討してみよう。

現存する新水帳七点全ては、大阪商業大学が所蔵する佐古文書[8]に含まれている。このうち安政水帳と新水帳の両方があるのは、①道頓堀九郎右衛門町、②道頓堀宗右衛門町、③吉左衛門町・立慶町（西櫓町）、④立慶町（東櫓町）の四例である。

①九郎右衛門町では、新水帳が作成されても安政水帳での帳切は継続している。それに対し②宗右衛門町では、新

水帳が作成されると安政水帳での帳切は終了している。明治六年で帳切が終了する安政水帳が他にもあるが（表1参照）、その一部は宗右衛門町同様に新水帳作成にともない帳切を終了したものと推測される。

次に③と④の事例を検討してみよう。明治五年の町域再編によって吉左衛門町の町域と立慶町の町域の一部から櫓町が成立し、さらに翌年に櫓町が東櫓町と西櫓町とに分かれた。その結果、③西櫓町は、旧吉左衛門町域と旧立慶町の西端の一ブロックから構成されることになり、④東櫓町は、旧立慶町のうち西から二ブロック目と三ブロック目で構成されることになった。

表2　安政水帳と新水帳の継承関係

	安政水帳家持	継承関係（帳切時期）		新水帳家持
立慶町	池田屋重兵衛	→	東櫓町	下野重兵衛
立慶町	尼野吉良兵衛	→	東櫓町	天野吉良兵衛
立慶町	小枝幸三郎	→	東櫓町	小枝幸三郎
立慶町	天満屋六治郎	→	東櫓町	福田六次郎
立慶町	土井庄次郎	→	東櫓町	土井庄次郎
立慶町	伊勢屋清兵衛	→	東櫓町	吉川清兵衛
立慶町	和泉屋太兵衛	→	東櫓町	岡太兵衛
立慶町	境屋久治郎	→	東櫓町	杉山久次郎
立慶町	国分屋佐兵衛	→	西櫓町	米田佐兵衛
立慶町	北村六良	→	西櫓町	北村六郎
立慶町	木谷九良助	→	西櫓町	木谷九良助
吉左衛門町	中川佐七	←（明治12年2/12）	西櫓町	永岡正兵衛
吉左衛門町	垂水卯兵衛	←（明治9年4月）	西櫓町	
吉左衛門町	湊屋伊兵衛		西櫓町	湊伊兵衛
吉左衛門町	前田俊一	←（明治8年9月）	西櫓町	安達新三郎
吉左衛門町	井上嘉七		西櫓町	井上嘉七
吉左衛門町	中村屋藤治郎		西櫓町	中村藤次郎
吉左衛門町	参河屋妻吉		西櫓町	三川妻吉
吉左衛門町	山城屋万助		西櫓町	飯井万助

注）安政水帳家持欄は，安政水帳での最終家持の名前を示す．
新水帳家持欄は，新水帳作成時の家持を示す．

吉左衛門町の安政水帳は、新水帳作成後も帳切は継続しているのに対し、立慶町の安政水帳は、新水帳作成後に帳切は終了している。先の①九郎右衛門町と②宗右衛門町との対比でも確認したように、全ての町が新水帳に帳切を引き継いだわけではなく、その対応は町によって異なっていたということになる。ここで注意したいのは、この「町によって」異なるといった場合、この町とは新町域ではなくて、旧町域の町を指しているということである。表2を参照してほしい。当該町における安政水帳での家持の名前と新水帳での家持の名前を対照したものである。西櫓町の新水帳をみればわかるように、同じ町内でも新水帳に帳切がそのまま引き継がれている旧立慶町域と、新水帳作成後も安政水帳に帳切がなされている旧吉左衛門町域に明確に分かれていることがわかる。これは新町域レベルではなくて旧町域レベルで新水帳への帳切引き継ぎへの対応に差があったことを示しており、さらに言えば、町域の再編が行われた後も近世段階の旧町レベルの家持結合が残存していたことを示唆している。そのような意味で佐古文書に残る新水帳はこの時期の町の「過渡期的状況」〔塚田 二〇一六、七七頁〕を示す資料と言えよう。

3 公文書としての水帳

天満三丁目の安政水帳は、現在大阪市公文書として登録され、大阪市公文書館で閲覧することができる。表紙をみると公文書としての種別や所管課名を示す貼り紙が二つ貼られており、そこに記される満期年代はそれぞれ「明治」と「大正」とある。この水帳が明治のある段階から公文書として取り扱われていたことを示している。

実は過去に公文書として取り扱われた水帳は他にもあった。

鰻谷中之町々会は、『今昔』執筆にあたり南区役所から「資料」の提供を受けていた。そのなかに水帳が含まれており、『今昔』には、鰻谷中之町を構成する旧五町の安政水帳五冊の表紙写真が「最後の水帳（南区役所々蔵）」として、さらに新水帳の表紙と末尾写真がそれぞれ掲載されていた〔二七・二八頁、二一一頁〕。『今昔』刊行当時、安政水帳と新水帳とを南区役所が所蔵していたのである。

大阪市立中央図書館所蔵の水帳や大阪大学所蔵の水帳にも、一九六〇年代以降に南区役所から移管されたものや公文書の痕跡（「保存永久年」印や「税務係」印など）が確認できるものがある。しかも現存する水帳を作成した町には地域的な偏差がある。すなわち、大阪市立中央図書館と大阪大学であれば旧東区と旧南区の町の水帳が圧倒的に多く、大阪商業大学であれば旧南区の町の水帳が圧倒的に多い。さらにそれらは一括して図書館や大学に移管されたものが含まれる。これらの事実は区単位である段階まで水帳を一括して所蔵していた機関が存在していたことを示す。それは区役所である。
幸田成友は、明治初期における水帳の保管について「水帳は一部を府庁内大年寄詰所に、副本を町会所に保管し、売買譲与ある毎に貼紙をなして所有者を加筆修正す」と記していた〔大阪市史編纂所 一九八二、六〇頁〕。近世において水帳は、町だけでなく町奉行所と三郷の惣会所にも備えてあった。幸田の記述をふまえると、このうち町の水帳は明治になっても町（町会所）が管理していたと考えるのが自然であろう。町奉行所管理の水帳については、大阪府庁に移管されたのではないだろうか。そして明治二年に大坂三郷廃止とともに設定された東西南北の四大組という行政区画が、三新法期に東西南北の区となっていくことから、各大組の大年寄詰所に保管されていた水帳、すなわち府庁内の水帳は最終的には区役所が管理することになったものと推測しておきたい。また、先に述べたようにほとんどの水帳が区役所開庁に合わせて明治一二年二月までに帳切が終了していることから、府庁から区役所へ移管された時期については、区役所開庁の明治一二年三月と考えておきたい。

以上、本節で明らかにした点を整理しておこう。

三新法施行前において町による家屋敷取得規制は、町内披露（通知）が新町域レベルでなされたことからわかるように形式的には新町域レベルで行われた。この規制は公的に認知され、それを前提にして戸長役場の行政も行われた。一方でこの規制は、旧町で作成された水帳に引き続き帳切がなされたことからわかるように、実質的には旧町域レベルで行われた。旧町の水帳が三新法施行後も区役所に公文書として保管されていたという事実はこの規制が実質的な意味を持っていたことを証明している。

しかし、三新法施行にともなう区役所の開庁とともに、町による家屋敷取得規制は公的に否定された。これに対する町の抵抗は、この規制が新町域（形式）と旧町域（実質）でなされたことに対応して二つのレベルでなされた。前者ではたとえば寄合で帳切の実施を形式的に取り決めたり、「旧慣」として土地家屋売買を町内に通知したりする町があった。後者では新水帳ではなく安政水帳に帳切をおこなう町があった。しかし、このような町の抵抗は明治一四年を最後にして今のところ確認することができない。

三　地方三新法期の町会

前節までの検討から、大阪の町は地方三新法によって地方行政単位としての地位を失うとともに、近世以来の中核的な機能である家屋敷取得規制を剝奪されたことが明らかになった。このような変化を町はどのような論理で受け入れたのであろうか。

明治一一（一八七八）年七月二二日公布の三新法は、近代日本における地方制度についての最初の統一的な法体系であった。この三新法では、町村レベルでの議会の設置は明文化されなかったが、禁止されたわけでもなかった〔松沢二〇一四、一三五頁〕。大阪府は三新法が公布されると、明治一二年六月三日に町村会規則を制定し、これを大阪市中の区役所に通達して町会結成を促した。同規則によると、町会とは町の公共に関する事件とその経費支出・徴収方法を議定する機関であり、議員は定数一五人以下で、二五歳以上男子で町に本籍を持つか居住し、土地所有者であるという資格要件があった。また町会は毎年五月と一一月に開会することになっていた。

同年六月一一日付けの区役所宛地第九六号達には「町村会規則中、町と有之分は総て町村一分画を指候」とあり、大阪府は当初分画（連合町）単位での町会開設を指示していた〔井上一九二二、八一二頁〕。しかし一三年七月二日に分画が廃止されると、大阪府は個別町単位での開設へと方針転換したと考えられる。実際に各町で町会が開設されるようになるのは、この年の次の町会開設時期である一一月からのことであった。本節では、明治一三年一一月以前と以後にわけて町会開設の実態を確認したい。

1　町会としての連合町会

実は、大阪府が町村会規則を制定する前に「町会」を開設する動きがあった。北浜三丁目など二一町から構成される連合町によるものである（以下の記述は大阪大学大学院経済学研究科経済史・経営史資料室所蔵の『明治十二年三月大阪府下創設町会開設旧記』による）。この連合町の戸長が同年三月二五日に「町会」開設を大阪府知事に申請し、許可をうけた。この申請で注目すべき点は以下の四点である。

第一は、申請した町々と小学校設置負担区との関係である。二一町は、北浜・道修の両小学校の設置負担区が統合された結果できた「連区」の区域と一致する。(9) 三新法公布前から大阪では小学校の設置負担区（連合町）レベルで議会（民会）が開設されていた。町村会規則制定前から町側に連合町レベルでの議会を開設する志向性があったのは、学区レベルでの民会の経験があったからであろう。

第二は、この時に開設されたのは個別町レベルではなく、連合町レベルの議会であったが、町側はそれを「町会」と呼んだことである。町は連合町（会）を町（会）と読み替えたということになる。第一の点とあわせると、町は小学校という財産を共有する連合町を一つの町とみなして、それを受け入れたということになろう。

第三は、議員選出方法である。この町会では、連合町を構成する町がそれぞれ一名ないし二名の議員を選んだ。議会は連合町レベルで開設するが、選挙単位は個別町であったということである。この選出方法からみれば、議員は連合町ではなく町の代表者（＝町会議員）であり、その議員によって構成される議会は連合町会ではなく町会ということになる。ここに町が連合町会を町会と読みかえる根拠があった。実は、この方法は民会以来のものである。明治九年四月に第一大区第一三番小学校（後の北浜小学校）で開場した民会の議員選出方法は「議員ハ一丁ヨリ弐人乃至三人ヲ選挙ス」（『大阪日報』明治九年五月一日付）というものであった。

第四は、選挙をせずに町総代人をそのまま議員とする町が複数存在した。町総代人は町の代表者であるから、この措置は自然なものである。しかしこれは、大阪府に議員に町総代人を代替させるという論理を与えることになったと考える。実際に大阪府は個別町レベルで町会が開設される明治一三年一一月になると、町総代人を廃止した。

町村会規則公布後の町会の実態について少しだけ触れておこう。先の二一町は規則が公布されると、公布翌日に町会を解散し、七月四日にあらためて同規則にもとづく選挙を行った。この選挙では、区会議員や死者などを除いて上位一五名（規則の議員定数の上限）が選ばれており、従来のように町が選挙単位とはならなかった。規則にそのような規定がなかったからである。しかも定数が一五名であったから、議員を輩出しない町が存在した。町からすればこれは「町会」とは言えない。町側には規則に対する不満があったと考えられる。

2　連合町会としての町会

明治一三年七月に分画が廃止され、町単位での戸長設置が原則となると、大阪府は町単位での町会開設に方針を転換したと考えられる。実際に町単位で町会が開設されるのは、この年の次の町会開会時期である一一月からのことであった。

この過程において重要なポイントは以下の二点である。

第一は、単独での町会経費負担を回避するために、町単位ではなく連合町単位での町会結成を他町と連名で出願する町があったことである。

『西区史』によると、同年九月二〇日に土佐堀通三丁目等六ヶ町の戸長・丁人総代から、六ヶ町連合で町会を開設したいという伺が区長宛に提出された（以下の記述は〔大阪市西区役所　一九四三、四四三―四八九頁〕による）。その理由は「各町分住居の地主少数、且つ丁年以下及び婦女子等多く、殊に土佐堀通四丁目・江戸堀北通四丁目等は地主たる者二三名より之無く、迚も人員役々を揚げ募るべきに至らず、依ては戸長役場等も六ヶ町聯合罷り在り、諸費割充法等、各町地主一同協議の上、何れも異論なく同意に付き、町会の義も六ヶ町聯合を以て議員選挙致し度く」というものであった。「地主少数」など議員の担い手の絶対的な不足を理由としてあげているが、戸長役場を六町で共有していることから町会開設経費負担を減らしたいというのが実質的な理由と考えられる。

西長堀北通四丁目戸長三宅善重郎からも同様の伺があった。おそらく他町も同様の事情を抱えていたと推測される。毎町戸長制の時期においても、戸長役場経費負担を軽減するために町側が連合町を結成して戸長を置く事例が広く見られたからである。大阪市中では「経費其他の関係により、各町戸長一員制は実行せられず」、区内一七五町中、町毎に戸長を設置した町九五、連合町に戸長を設置した町八〇の西区が「最好績」であった。東区は全一五七町中、前者が二六町、後者が一三一町で、南北両区も「同様の状態であった」という。戸長役場経費や町会設置経費負担を軽減したいという財政的な事情、すなわち連合町会を受け入れる条件は、大阪市中で広くみられたということになる。

実は、このような町の財政事情は三新法に由来するものであった。三新法では区町村の財政は区町村内の人民の「協議」に任せるものとされ、地方税財政の外に置かれた。府県レベルの財源である地方税の未納者が破産した場合、他の債権者に優先して確保されるのと異なり、「協議費の未納は他の私的債務と同様に扱われ」た。「協議費の徴収は私的な金銭のやり取りと、法的には同等の位置づけ」だったのである〔松沢 二〇一三、一一八頁〕。

先の六ヶ町などからの伺に対して、西区長は「書面の趣は、土地所有者に拘わらず其の町に適当の者を選挙致すべく候事」として、あくまでも町単位での町会開設を指示した。『西区史』には、新町南通四丁目で一一月二三日から開催予定の町会にて提出される協議費原案や決議書などが紹介されており、実際に西区長の指示は実行されたことが確認できる。

この指示にみられるように、大阪府の当初の方針は町単位での町会開設であったと考えられるが、明治一四年八月に分画が復活したことも関係して、その後の動向は、連合町レベルでの町会開設が一般的になったものと推測される。明治一五年末時点での大阪府内における区町村会の開設状況や議員数をまとめた大阪府統計書によれば、一町あたりの町会議員定数の平均が、東区で一・二三人、北区で一・九二人など、複数の区で二・〇を下回っており、町会議員が二人もいない、すなわち町単位に町会を開設しなかったと考えられる町があったことがわかる〔大阪府 一八八六、五八八丁〕。このような町々では、連合町レベルでの町会が開設されたと考えられる。

また、統計書の平均議員数の数値から、おそらく連合町会を構成する各町では、それぞれ一名ないし二名の議員を選出し、彼らを連合町会に町代表として参加させたと考えられる。前項で紹介した北浜三丁目など二一町から構成される連合町では、明治一三年一一月四日にそれまでの町会議員一五名で町会を開催した〔東区では、当初から連合町会が認められていたようである〕。この連合町会が翌五日に議定した連合会規則第一〇条では「本会ノ議員ハ毎町一人トス」となっており、町会議員の定数は二一名へと変更された。また、北区中之島一丁目外一〇ヶ町連合の町会は、その規則〔明治一六年一二月更正〕の第九条で「聯合町会議員ノ数ハ毎町二人以下ヲ定ム」としていた〔山口 一九三七、一九四頁〕。このように、府の町村会規則に基づくそれまでの町会と異なり、それぞれの連合町会で規則が制定され、定数が定められるようになったのは、「区町村会ノ規則ハ其区町村ノ便宜ニ従ヒ、之ヲ取設ケ、府知事県令ノ裁定ヲ受クヘシ」とする区町村会法が明治一三年四月に公布されたからである。こうして、町村会規則に対する町の不満は解消されたわけである。

3 町総代人の廃止と連合町の定着

しかし、明治一三年一一月以後の町会と町村会規則公布前の連合町会との間には、大きな違いがあった。それが第二のポイント、町総代人の廃止である。大阪府は町単位での町会が開設されると、明治一三年一一月一〇日に府令天第一六五号を公布し、町会開設によって町の代表者である議員が選定されたという理由で廃止したのである〔井上 一九二二、八一四頁〕。

この理由は、選挙をせずに町総代人をそのまま議員にしていた町にしてみれば受け入れやすいものであったかもしれない。しかし、その後の地方行政単位としての分画（連合町）や学区制度が普及していく過程のなかでこの廃止は大きな画期であったと考えられる。次の新聞記事を読んでほしい。

●共有財産の管理　四区の共有財産（区役所幼稚園等の敷地建物及び積立金）を管理する為、東区は二名、西区は旧区会議員十名を指名して町総代とし、北区は北田音吉、大鳥良輔の二氏、旧区会議員の資格にて之を処理することとなりしが、次で区内聯合町共有金の処分並に管理法を定むる事となりしを以て、東区は一昨日午前十時より共有金に関係ある聯合町会議員等を東区役所に招て臨時会を開き、総代人を選挙せしが其人の定まりし上は之に嘱託し、区役所の関係を断つ筈なり、又西区は旧十一聯合会議員百余名を町総代とする事に決し、北区は昨日午後瀧川尋常小学校に会し更に協議する所ありしが、南区のみは未だ定まらざるよし。〔『大阪朝日新聞』明治二二年九月二九日〕

明治二二年四月の市制施行後の、区や連合が蓄積してきた共有財産の処理に関する記事である。「町」ではなく区や連合の共有財産を管理する者が「町総代」あるいは「総代人」と呼ばれ、しかも連合町会議員や区会議員（区会議員は「町会議員」、すなわち実質的には連合町会議員から選出される）がその「町総代」にふさわしい者として認識されていたことを示している点が重要である。

廃止後十年足らずの間に人々の意識のなかでは、町の共有財産を管理するはずの町総代人が連合や区の共有財産を管理する存在へと、町が連合町へと置き換わっていた。この置換の直接のきっかけとなったのは、連合町会議員などから「町総代人」が選出されていることからもわかるように、町単位での町会開設を認める代わりに町総代人を廃止するという明治一三年一一月段階での大阪府の政策と言ってよいだろう。

また、明治五年に行われた町域の大再編にともなう区（連合町）の設定とその区に小学校という共有財産を設定するという一連の改革は、この置換がなされるための「布石」であったと言えよう。この改革は、「町組＝区（聯合町）を単位とする近代行政の推進過程で、旧来の町の単位性は解体し、小学校経営を基軸とした、より広域のコミュニティが形成」されていく画期と評価されている〔佐賀 二〇〇七、三三頁〕。市制施行後の学区制度へと発展するという意味で大きな画期と評価されているのである。この評価については、「町の単位性」に限定すれば、明治五年以降も町はその「単位性」を保持しており、その喪失の画期となったのは明治一三年一一月の町単位での町会開設とそれにともなう町総代人の廃止であると、修正する必要があると考える。

おわりに

明治一三年一一月頃を境にして大阪の各町は、一方では都市行政単位としての地位を失い、他方では家屋敷取得規制という身分共同体としての中核機能を失った。連合町を構成する一区画への転落と身分共同体の解体というこの二つの事態を町にもたらしたのが、町内の公共に関する事業を議定する町会の導入であった。これを機に町は連合町を受け入れたのである。また近世では町が第一次的に管理していた水帳は、徴税事務などに利用する公文書として区役所で管理されるようになった。他方で、町は近世から続く寄合の慣行を私的な親睦会などに変容させながらも「再開」した。この一連の過程は、身分共同体である町に「公」（町会）が導入されることによって、その機能が「官」（区役所）と「私」（寄合）に矮小化されて分裂したとまとめることができよう。

（1）この規則は小区または町村ごとに行われる金穀公借・共有物売買・土木事業の手続きを定めたもので、これらの事業の遂行には戸長の押印に加え、不動産所有者の六割以上ないしはその総代の押印が必要であるとされた。同規則は明治二二年の市制町村制施行とともに廃止されたが、その後も町の代表者や共有財産の管理者を「共有扱人」と称していた地域（川越町旧南町）があり、この呼称は同規則に由来していた〔伊藤 二〇一六〕。

（2）大阪以外の町総代の廃止は、東京が明治一二年六月〔池田 二〇一二〕、京都が明治三〇年四月〔小林 二〇〇六〕である。

（3）主なものとして〔三倉 二〇〇九、岩本 二〇一六〕がある。

（4）東京の町規約については〔岩本 二〇一六〕を参照。

（5）明治五年以前に存在した旧町の近代化についても論じるべきであるが、今後の課題としたい。

（6）寄合について鰻谷中之町と同様の経験をした町としては、以下のものがある。明治一五年に家持たちの寄合と推測される信友会が結成され、昭和一八年まで続いた南区東清水町〔牧村 一九五六、一七四―一七五頁〕、明治一四年に「諸町〔人脱カ〕の親和を目的として金蘭社なる町内会を結成した」東区高麗橋一丁目〔大阪市 一九三四、五一九頁〕、同年一一月に「町中家持一同、毎年両度懇議会」の開催などを内容とする町中申合規則書を定めた大宝寺町東之丁である。

（7）第三事例については、島田克彦が「町ごとの戸長が一時的に復活していた時期」の事例であり、小区単位に戸長が設置された第二の事例と同一に扱う拙稿〔飯田 二〇一五〕を批判した〔島田 二〇一七、九七頁〕。しかし第三節で述べるように、毎町戸長制期でも連合町単位で戸長を置く事例は広く確認されており、第三事例の靱上通二丁目は靱北通一丁目と同二丁目とともに連合町を構成し、長谷川加右衛門を戸長としていた〔大阪市西区役所 一九四三、四六九―四七〇頁〕。この点については、なぜ町が学区制の前提となる連合町を受け入れたのかを考える上で重要と考えるのであえて指摘しておきたい。

（8）大阪市南区編『南区志』（一九二八年）などを執筆した佐古慶三が蒐集した史料。目録として〔大阪商業大学商業史博物館 一九九二〕がある。

（9）二一町のうち、北浜三―五丁目などの一一町はもともと北浜小学校の設置負担区を構成し、伏見町三―五丁目などの一〇町は道修小学校の設置負担区を構成していた。両学区は、明治九年九月に実施された行政区画（小区）の統合にともない、同一の行政区（第一大区第九小区）となったことをうけ、学区と行政区の区域のずれを解消すべく、学校経済を統合し（「連区」という）、学校運営も両校の校長を同一人物が兼任するなど一体化させた。結局、両校は明治一九年に合併して愛日小学校となり、明治二五年に学区制度が復活すると二一町は愛日学区を構成することになる。以上については〔大森 一九七三〕を参照。

参考文献

飯田直樹「明治前期大阪における家屋敷売買と町による規制」『大阪歴史博物館研究紀要』一三号、二〇一五年

飯田直樹「大阪における水帳の伝来と帳切の終焉」『大阪歴史博物館研究紀要』一五号、二〇一七年

池田真歩「大区小区制下の東京における町・小区の「総代」——各区町村金穀公借共有物取扱土木起功規則に基づく総代人制度の運用実態」『年報首都圏史研究』二号、二〇一二年

伊藤久志『近代日本の都市社会集団』雄山閣、二〇一六年

井上正雄『大阪府全志』巻之一、大阪府全志発行所、一九二二年

岩本葉子「明治期東京の町と土地売買——麴町十二丁目を中心に」都市史学会編『都市史研究』三号、二〇一六年

大阪市編『明治大正大阪市史』第一巻、日本評論社、一九三四年

大阪市史編纂所編『明治時代の大阪（上）——幸田成友編「大阪市史明治時代未定稿」』（大阪市史史料第七輯）大阪市史料調査会、一九八二年

大阪市西区役所編『西区史』第一巻、大阪市西区役所、一九四三年

大阪商業大学商業史研究所編『大阪商業大学商業史研究所資料目録』第一集、大阪商業大学商業史研究所、一九九二年

大阪府編『大阪府統計書　明治一五年』大阪府、一八八六年

大沢儀三郎『鰻谷中之町の今昔　皇紀二千六百年記念』鰻谷中之町々会、一九四二年

大森久治『明治の小学校——学制から小学校令までの地方教育』泰流社、一九七三年

梶原修「大坂水帳所在目録　平成二八年七月一日現在」『大阪府立図書館紀要』四五号、二〇一七年

小林丈広「京都の町組織の再編と公共的業務——清和院町を中心に」伊藤之雄編著『近代京都の改造——都市経営の起源　一八五〇—一九一八年』ミネルヴァ書房、二〇〇六年

佐賀朝『近代大阪の都市社会構造』日本経済評論社、二〇〇七年

島田克彦「近現代大阪研究の現状と課題」『都市史研究』四号、二〇一七年

高岡裕之「町総代制度論——近代町内会研究の再検討」『年報都市史研究』三号、一九九五年

塚田孝『歴史のなかの大坂——都市に生きた人たち』岩波書店、二〇〇二年

塚田孝「近代大阪への展開をみる一視点」広川禎秀編『近代大阪の地域と社会変動』部落問題研究所、二〇〇九年、のち『都市社会史の視点と構想——法・社会・文化』清文堂出版、二〇一五年に所収

塚田孝「近世大坂の開発と社会＝空間構造——道頓堀周辺を対象に」『市大日本史』一九号、二〇一六年

牧村史陽編『大宝文化史』財団法人大宝文化会館、一九五六年
松沢裕作『町村合併から生まれた日本近代——明治の経験』講談社、二〇一三年
松沢裕作「地方三新法と区町村会法」明治維新史学会編『明治維新と地域社会〈講座明治維新七〈改訂版〉〉』有志舎、二〇一四年
松下孝昭「大阪市学区廃止問題の展開——近代都市史研究の一視角として」『日本史研究』二九一号、一九八六年
三倉葉子「近代京都の町による土地売買介入」『日本建築学会計画系論文集』七四巻六三八号、二〇〇九年
山口幸太郎編『中之嶌誌』中之島尋常小学校創立六十五周年・中之島幼稚園創立五十周年記念会、一九三七年

〈第6章〉

近代大阪の町・町会・学区

佐賀　朝

はじめに

本章は、東京・京都との比較も意識しながら、近現代の大都市大阪における町や町会（町内会）、及び小学校設置負担区（学区）の歴史的展開について検討するものである。

筆者は、これまで近代大阪の都市社会史について研究してきた〔佐賀 二〇〇七〕。そこでは、日本近世都市社会史研究の視点や方法を受け継ぎながら、近代都市大阪を構成する、多様で個性的な地域社会をフィールドとして、都市住民が取り結ぶ社会的結合関係を分析してきた。具体的には、①都市地域社会における行政的・自治的団体であった町《ちょう》や学区などの地域住民組織、②都市の様々な生業・営業と、それに関わって形成された共同組織である仲間（同業組合）などについて、その実態と歴史的特質を解明してきた。

本章では、こうした研究をふまえて、近現代大阪の町内組織や学区の変遷について、東京や京都との比較にも留意しながら論じたい。

近現代の三都をはじめとする都市の町や町内社会、町内団体に関する研究は長い歴史を持つ。本章では、都市社会学の町内会論なども含めた膨大な研究史に触れる余裕も力量もないため、基本的には大阪に限定して、歴史学の分野

における いくつかの研究に行論の中で触れるが、(1) 地方都市を主な対象として町総代制度について論じた高岡裕之の研究〔高岡 一九九五〕については、ここで触れておく。高岡は、近代日本における町総代制度の歴史的展開の画期として、一八八九年の市制・町村制の施行前後、明治末からの準備段階を経た第一次世界大戦期、大正末―昭和初年の三つを措定した。その上で、市制施行によって公的な地位を喪失した町に、市役所と住民の間をつなぐ行政補助的機能を期待して置かれた町総代が、世紀転換以降の都市化による社会変動に伴って、その役割を大きく変え、米騒動を大きな転換点として、新しい社会行政的機能や市民代表機能を持つ都市の統合装置へと変貌を遂げる、との見通しを提示した。高岡の研究は、近代日本の地方自治制が持つ社会的統合機能をめぐる矛盾の展開として町や町総代の問題を、都市行政側による制度化の局面から捉えたものであり、都市社会の変化と都市行政の再編を相互規定性のもとに論じている点が重要である。ただし、巨大都市における町内団体の問題を社会レベルの実態に即して検討する作業は、なお課題となる。これに関わって、想起されるのは、大阪府が米騒動後に創設した大阪府方面委員制度を論じた大森実の先駆的な論稿〔大森 一九八二〕が、方面委員の活動範囲である「方面」が設定された大阪市の旧市域周縁部から新市域に及ぶ地域において、一九一〇年代に親睦団体としての町内会の結成が進んでいた事実に注目し、大都市周辺部における新しい住民秩序形成の動きと評価していた点である。本章では、こうした高岡、大森の研究に学び、当該期における社会的流動化と町内会の簇生の関係について、主として地域社会レベルの動向に即して検討を加えたい。

以下、本章では、近代大阪の町・町内団体、学区と地域社会の歴史的展開について論じたい。具体的には、大阪における近世的な町の解体の具体的状況と、近代大阪における新たな町内団体の形成と再編の動向について、いくつかの先行研究や、筆者自身の断片的な事例分析をつなぎ合わせる形で、試論的に述べる。特に、従来、史料も研究も少なく具体的な状況がよくわからなかった一九〇〇―三〇年代の見通しに重点を置きたい。

その際の留意点は、二つある。第一に、近代になって、近世の町より上位に創設された聯合町あるいは学区の歴史的位置や町との関係を考察することである。かつて松下孝昭が近代大阪の地域支配構造の基盤として注目した学区〔松下 一九八六〕は、学校設置負担区・財産区としての性格を持ち、明治前半期に近世の一〇ヵ町程度を集約して設定された聯合町の系譜を引くものである。第二に、巨大都市三都の比較という課題を念頭に置き、東京や京都における町や町内団体のありようと比較することである。

一　大阪市における町の解体と学区・町内会

1　一八八〇―一九〇〇年代の町と町内団体

日本近世の町は、家持と呼ばれた町人身分である地主の団体であり、財産と営業の共同保全をはかる組織として存在した〔吉田 一九九八〕。町式目と呼ばれる独自の法を持ち、そこには町内の土地売買に際して家持すべての同意を必要とするなど、土地売買を規制する条項が盛り込まれた。こうした土地売買規制は、国法レベルでは一八七〇年代の地租改正による近代的土地・租税制度の成立によって否定された。

これまで立ち後れてきた近代大阪の町について、近年、重要な研究が現れてきた。まず、塚田孝は、明治前半期における近世的な町の存続や解体を考える注目すべき素材として、一八八一年の南区大宝寺東之町の「町内申合規則」を紹介した〔塚田 二〇一五〕。塚田は、同町の家持五五名が連印する形で、①町内の地所・建家の売買について、町内の家持を売り先として優先するとともに売却前に購入者の職種を町内に披露しその同意を得ることを決め、②町中の運営と意思決定について、町内協議事項の町会議員への一任と多数決原則とともに、毎年一回の家持一同による「懇議会」の開催を規定した事実を明らかにした。近世同様の町による土地売買規制や、家持〔地主〕による町内運営を規定したものであり、近世以来の町人自治〔地主自治〕の根強い持続性を示すものと塚田は位置づけた。ただし、規則が作成された一八八一年は、大阪市街地で前年から一年間だけ各町に戸長が置かれる毎町戸長制が実施され、八月には戸長設置単位が聯合町（町組）に再改定され戸長の選挙権から不動産所有要件がいったん削除されるという動きがあった。この申合は、同町の地主たちが、町を単位として戸長を地主が選ぶ仕組みの廃止という事態に直面し、町内運営や土地所有に対する彼らの共同規制を維持しようとして作成したものと見られる。そのため近世的な町人自治の持続を求める彼らの志向を示す一方で、その解体状況も示すものと評価すべきだと考えられる。とはいえ、非常に興味深い事例であることは確かである。

こうした塚田の史料紹介を受けて、さらに一八七〇―八〇年代の大阪市街地における町あるいは聯合町（小区）による土地売買規制について論じたのが飯田直樹の研究〔飯田 二〇一五〕である。飯田は、①一八七二年の上難波南之町における家屋敷売買に際して町内の家持に披露していた事例、②一八七六年に第四大区三小区が聯合内で生じた土地売買・相続について「地所家屋敷売買確証綴込」という史料を作成し、三小区内の土地売買について、該当土地が所在する町に戸長から通知を行っていた事例、③一八八一年の西区靱上通二丁目の土地売買について「旧慣」により戸長が同一町内にその優先的購入を打診していたことが確認できる事例の三つを紹介・検討した。その結果、飯田は、一八八〇年代まで町の家持（地主）たちによる土地売買規制が聯合町の戸長による通知・確認という形式に変容しつつも、存続していた事実を明らかにしたのである。飯田論文は、①の上難波南之町の事例が大区小区制実施以前の個別町の事例である一方、②③は大区小区制実施後の聯合町の事例であることに十分留意していないという問題はあるが、近世的な家持による土地売買規制が、間接的な形ではあれ、一八八〇年代まで存続していたことを明らかにしており、重要である。塚田と飯田の研究は、町が行政的機能を喪失していく過程で、町や聯合町が近世的な土地売買規制や地主による町運営を維持しようとする志向性を持っていたことを明らかにしており、近代大阪における近世的な町の持続と解体の具体的様相を示すものとして注目されよう。

じつは京都市では、近世以来の町が、地主の共同団体としての性格を長期にわたり強固に持続させ、一九二〇―三〇年代においても、地主によって町運営が独占される場合も少なくなかった〔藤井 二〇〇九〕。他方、大岡聡の研究によると、東京市においては、広大な武家地の存在が持つ意味が大きく、町人地の系譜を引く「伝統的商業町」では、近世的な町の解体動向が読み取れる一方、旧武家地の再開発によって近代に新たに形成された「新開町」において、むしろ、後の町内会につながる新たな町内団体が形成される動向を市制施行後の状況として読み取れるという〔大岡 二〇〇六〕。

これに対して、大阪市は、近代の市街地が町人地を主体としており近世都市からの継承性が強かったものの、全体の趨勢としては、一八八〇年代以降、町内の地主あるいは住民全体を組織する近世的な町内組織は解体し、不在になったと見られる。この点について重要な事例を提供するのが、北嶋奈緒子の研究である〔北嶋 二〇一六〕。北嶋が分析した大阪・上町地域の南区内安堂寺町二丁目の事例では、一八九四―九五年の日清戦争時に町内で結成された有志団体「愛親会」や、一九〇四―〇五年の日露戦争時に結成された有志団体「誠友会」が、ともに出征軍人の援護を担う一方、町内の公的業務や市会議員選挙時の候補者推薦活動を展開していた事実がわかる。両団体は併存した時期もある上、誠友会は一九一〇年代までに再結成・再々結成を経験した。また一九一〇年代半ばには、両団体のどちらを、町内を代表する組織とするかをめぐって協議が行われ、誠友会に一本化することが合意された。

こうした状況は、近代大阪の町内団体について重要な事実を提供してくれる。第一に、一八九〇年代以降の同町では、近世の町のように、即自的に町内を代表する団体が不在となったこと、第二に、複数の有志的町内団体が一つの町内に併存し、しかもそうした有志団体の一つが実質的に町内を代表する場合もあったこと、である。

内安堂寺町二丁目は、上町地域の南部に属し、大阪旧市街の周縁部に位置していた。そのため同町の事例が、都心部の船場なども含めた大阪市全体にもあてはまるかは要検討である。しかし、後述の一九三六年の『大大阪年鑑』所載の町内会一覧②によれば、大阪市の旧市街の各町では、同年の時点で複数の町内団体が並存し乱立する状況が確認できる。したがって、一つの町内に懇親会的団体を含む複数の団体が並存したり、有志的団体が町内を実質的に代表したりするケースは、大阪市全体に共通の現象だったと考えられる。この点については、第二・三節で具体的に検討しよう。

2　大阪市における学区と町内会

一九二〇―三〇年代になると大阪市は、同時期に町内会の組織化が進んだ東京市の動向〔竹中 一九九三〕をふまえてか、現代的な都市政策が形成される過程で、学区より下位の町レベルの団体を組織しようと何度か試みた。しかし、これは成功しなかった。その要因としては、おそらく「学区」の存在が大きかったと思われる。そこで次に大阪市内の学区の歴史を見よう。

大阪市における学区は、一八七二年以降の試行錯誤を経て、一八九二年に正式な行政的枠組として確定した。学区は、近世の町が一〇ヵ町ほど集まって構成された聯合町を母体とする大阪市内（特に近世以来の旧市街）における基礎的コミュニティであった〔松下 一九八六ほか〕。学区は、尋常小学校の経費を地元住民が負担する設置負担区であり、学校財産を管理する財産区でもあった。しかも、一九〇〇―一〇年代には在郷軍人会、衛生組合、青年団などの単位ともされた。上述の内安堂寺町二丁目を含む桃園学区（桃園は尋常小学校の名称）でも、町レベルの団体の上には桃園学区としてのまとまりがあり、市会議員選挙時には学区と町内団体が連携して候補者推薦や集票の活動が行われた。

しかし、地元の経済力に依存した学校設置負担区制度は、都市化に伴い、学区間の財政力格差が生まれたため、特に都市周辺部の貧困学区において学校教育に支障が生じた。また、学区は長らく地域の保守的な政治勢力の地盤でもあったため、第七代市長・関一は、その地盤の弱体化をねらって学校設置負担区制度を一九二七年に廃止した。関市長は、政府・内務省や大阪府に対しては、大阪市による団体自治の強化を主張したことで知られる〔芝村 一九八九〕が、行政区（東区、西区など）や学区のような市内部の単位が自立性を持つこと（住民自治の強化）を好まず、その単位性を弱める政策を採ったのである〔松下 一九八六〕。しかし、その一方で、学区より下位の町は、現代的都市行政の下請的な補助団体として再認知し、その活用に努めた。ただし、上述のように、関市長時代の町内会整備の試みは、町内団体の並存・乱立状況を克服することができず、未完成に終わった。

二 一九一〇―三〇年代の町内会設立状況――『大大阪年鑑』所載の町内会一覧の分析

先に触れた『大大阪年鑑』掲載の「各町内会と代表者氏名」という一覧表（以下、町内会一覧）には、大阪市による戦時町会整備の二年前にあたる一九三六年当時の大阪市内全域の各町における有志的・親睦会的な町内団体の名称とその代表者の氏名が記されている。

1 南区の場合

そのうち、南区の町内会に関する情報を一覧にし、代表者とされた人物を『大阪地籍地図』(3)で確認できる一九一一年の地主と照合し結果を加えて作成した表から、三学区分を示したのが表1である。また全学区の情報を集計し、町数や町内会数、一町あたりの町内会数の分布などを示したのが表2である。これらからは、以下の点が指摘できる。

第一に、南区全体（表2）では、一九三六年時点で、区内の九二ヵ町に合計一一〇もの町内会が存在し、一町に一つ以上の町内会があったことがわかる。実際には、一つも町内会が存在しない町が二五もある一方、二つ以上の町内会が存在する町が二三もあるなど、大きな偏在状況が見られた点も重要である。

の町内会一覧（1935年）・抄

M44地主				備　考
照合結果	氏名	所有筆数	坪数	
×				
△	小林猪之助	2	250.58	
×				
×				
×				
×				
◎	山本源兵衛	2	128.52	
△	三輪光三郎	2	253.47	三輪庄兵衛も
◎	山本源兵衛	2	128.52	
△	河井音吉	2	255.41	河井松蔵，つね，源兵衛も
×				
◎	松井重一	1	127.66	
×				
×				
△	萩谷秀	1	125.86	萩谷清江も
×				
×				
◎	小森理吉郎	1	455.92	西賑町＝旧西新瓦屋町
×				東賑町＝旧東新瓦屋町
×				
×				
×				
×				
◎	鵜飼喜太郎	1	142.74	
◎	堀野種吉	1	167.55	居所は瓦屋町1
△	萩谷秀	1	125.86	萩谷清江も
×				西賑町＝旧西新瓦屋町
×				東賑町＝旧東新瓦屋町
×				
×				
×				
◎	亀井利助	1	41.59	
◎	今村久兵衛	7	354.68	
×				
×				
◎	青木徳衛門	2	61.39	居所は瓦屋町4
◎	鳥谷市兵衛	1	252.54	
◎	鳥谷市兵衛	1	252.54	
×				安堂寺橋通1の誤りか
△	水谷常蔵	3	108.95	坪数は3ヵ所合計
×				

内会と代表者氏名」により作成．＊は，複数見える氏名．
所属学区など町名以外の地域名を用いている場合はA' とした)，B＝二字
名称（商店会型)，D＝その他に区分した．

の該当箇所と照合して得られた情報．照合結果は，◎＝氏・名とも一致
が高いもの，△＝氏のみの一致など判然としないがその可能性のあるも

表1 『大大阪年鑑』「各区町内会と代表者氏名」に見える南区

No.	名　称	名称類型	所属学区	所属町名	同一町内の町内会数	代表者氏名
1	革正会	B	桃園	内安堂寺町1丁目	4	赤井嘉七
2	近親会	B	桃園	内安堂寺町1丁目	4	小林政之助
3	安友会	B	桃園	内安堂寺町1丁目	4	菊地元雅
4	交友会	B	桃園	内安堂寺町1丁目	4	太田謙一
5	誠友会	B	桃園	内安堂寺町2丁目	1	峯宇一郎
6	誠安会	B	桃園	内安堂寺町3丁目	1	浦井橘次郎
7	上二町会	A	桃園	上本町2丁目	2	山本源兵衛*
8	大正会	B	桃園	上本町3丁目	3	三輪憲三
9	共親会	B	桃園	上本町2丁目	2	山本源兵衛*
10	上三町会	A	桃園	上本町3丁目	3	河井清吉
11	南北会	B	桃園	上本町3丁目	3	出川千松
12	桃交会	A+B	桃園	北桃谷町	1	松井重一
13	厚友会	B	桃園	南桃谷町	3	石田竹次郎*
14	桃上会	A+B	桃園	南桃谷町	3	石田竹次郎*
15	和合会	B	桃園	谷町7丁目	3	萩谷理平治*
16	桃友会	A	桃園	南桃谷町	3	浦谷　勇
17	永友会	B	桃園	松屋町	4	榊　三良
18	交親会	B	桃園	西賑町	2	小森理吉郎
19	親友会	B	桃園	東賑町	4	渡邊民蔵*
20	誠心会	B	桃園	東賑町	4	渡邊民蔵*
21	永親会	B	桃園	谷町6丁目	1	坪佐喜三郎
22	探勝会	B	桃園	空堀町	2	出口浅太郎
23	共立会	B	桃園	空堀町	2	山邊槇太郎
24	鉄友会	B	桃園	谷町7丁目	3	鵜飼喜太郎
25	一志会	B	桃園	田島町	1	堀野種吉
26	和合会	B	桃園	谷町7丁目	3	萩谷理平治*
27	空賑会	A+B	桃園	西賑町	2	石本半三
28	賑和会	A+B	桃園	東賑町	4	福西竹次郎
29	探足会	B	桃園	東賑町	4	立入吉次郎
30	賑栄会	B	桃園	松屋町	4	林田覚次郎
31	松友会	A+B	桃園	松屋町	4	大國國三郎
32	松栄会	A+B	桃園	松屋町	4	亀井利助
33	正列会	B	金鷗	瓦屋町3丁目	2	今村久兵衛
34	親和会	B	金鷗	瓦屋町4丁目	2	上田清太郎
35	鷗陽会	A'+B	金鷗	瓦屋町4丁目	2	喜田善之助
36	大和昭和会	B	金鷗	瓦屋町3丁目	2	青木徳衛門
37	愛心会	B	金鷗	瓦屋町5丁目	2	鳥谷市兵衛*
38	高徳会	B	金鷗	瓦屋町5丁目	2	鳥谷市兵衛*
39	親睦会	B	渥美	安堂寺町1丁目	1	山本藤助
40	塩一会	A	渥美	塩町1丁目	1	水谷藤吉
41	末二会	A	渥美	末吉橋通2丁目	1	森田喜太郎
	〔以下略〕					

注） 小川市太郎『大大阪年鑑 昭和十二年版』（大阪都市協会，1936年）巻末の「各町
①「名称類型」欄は，町内会の名称を，A＝町名・地名に由来する名称（地域団体型．
熟語に由来する名称（有志団体・懇親会型），C＝商店街や特定の営業を連想させる
②「同町内の町内会数」欄は，その町内会を含めて，同一町内にある町内会の数を示す．
③「M44地主」欄は，代表者氏名を吉江集画堂『大阪地籍地図 第三編 土地台帳之部』
したもの，○＝氏と名の一部が一致するなど該当もしくは関連の人物である可能性
の，×＝不一致のものに区分した．

第二に、町数と町内会数の関係を見ると、町内会の多寡は学区ごとに傾向が異なっていたことである。その傾向から、①町数に比して町内会数が明らかに多い桃園・大宝・高津の各学区、②町数に対して明らかに町内会数が少ない渥美学区、③町数と町内会数がほぼ同じである金鷗、芦池、御津、道仁、相生の各学区の三つに分けることができる。しかも、③でも町内会数と町数を差し引きした数よりも多くの町で町内会が不在だった。

第三に、前述の北嶋論文が検討対象とした桃園学区は、最多の三二町内会が存在しており（表1・2）、並存・乱立の傾向が特に強い学区だったことがわかる。北嶋論文が明らかにした内安堂寺町二丁目における愛親会と誠友会の並存は、こうした傾向とよく合致する。他方で、桃園学区の一四ヵ町のうち、一九三六年時点で誠友会だけに一本化された内安堂寺町二丁目のように一町内に一町内会である町は五ヵ町だけで、他の九ヵ町では二―四つの町内会が存在する状態だった点も興味深い。内安堂寺町二丁目のように早い段階で町内会を一本化した町は、例外的だったのである。旧市域とはいえ、都心部の外縁に位置したこの地域では、準戦時体制期になっても、町内団体が多くの町で乱立していたのである。

第四に、町内会の名称類型の区分を見ると、一一〇のうち、B型＝抽象的・徳目的な二字熟語による名称が五八と過半を占め、A型・A＋B型、すなわち町名や地域名を冠した町内会は四五であり、半数を下回ったことがわかる。

第五に、町内会数と町内会の名称類型の関係を見ると、大まかには、上記①の町内会が多い学区ではB型の名称が多く、上記②の町内会が少ない学区では、A型の名称が多いという傾向が読みとれる。しかし、①の大宝ではA型が多く、③のその他の学区でもA型が多いものとB型が多いものに分かれており、町内会数の

M44 地主一致状況					
◎	○	△	×	率1	率2
7		5	20	22	38
4			2	67	67
		1	2	0	33
	1		6	14	14
3		1	5	33	44
5	1	2	8	38	50
3			3	50	50
2	1	3	15	14	29
2	1	3	4	30	60
26	4	15	65	27	41

とし，±2 以内であれば空欄とし

も加えた場合の百分比．

表2 『大大阪年鑑』に見える南区町内会の学区別特徴(1936年)

No.	学区名	町数	町内会数	区分	同一町内の町内会数分布							名称の類型区分				
					0	1	2	3	4	5	1-5小計	A	A+B	B	C	D
1	桃園	14	32	+		5	3	3	3		14	3	6	23		
2	金鷗	5	6		2		3				3		1	5		
3	渥美	8	3	−	5	3					3	2		1		
4	芦池	9	7		3	5	1				6	4	1	2		
5	御津	11	9		4	6		1			7	4	2	2		1
6	大宝	10	16	+	1	5	2	1	1		9	7	5	3		1
7	道仁	7	6		1	6					6	1	1	4		
8	高津	15	20	+	3	9		2		1	12	1	3	12	1	3
9	相生	13	11		6	5	1		1		7	2	2	6		1
	合計	92	110		25	44	10	7	5	1	67	24	21	58	1	6

注) 表1より作成.学区ごとの所属町数は『南区志』(1928年)による.
区分欄は,町数と町内会数を比べて,後者が明らかに多ければ「+」,明らかに少なければ「−」
た.名称類型の集計にあたっては「A'」は「A」とカウントした.
「M44地主一致状況」欄の「率1」は町会数に占める◎と○の合計の百分比であり,「率2」は△

多寡と名称の類型の相関は、あまり強くない。とはいえ、地域名を冠する町内会が多い地域では乱立の傾向が弱く、抽象的・徳目的な名称の町内会はどの地域でも広範に見られたとは言えよう。

第六に、一九三六年の町内会長と一九一一(明治四四)年の地主との一致状況を見ると、金鷗・道仁がやや一致率が高く、上記の③の類型で、地主の系譜を引く町内会長が多いという傾向が窺えよう。ただし、町内会の会長は、多くの場合、一年交替だったため、こうした傾向は年によっても変動しうるので、確たることを論証するのは難しいであろう。

以上のように、内安堂寺町二丁目や桃園学区を含む南区では、一九三六年の時点で学区ごとの偏差を伴いながらも、全体として町数を上回る多くの親睦会的町内会が結成されていた状況を確認した。第五の点をふまえると、これら親睦会的町内会は、厳密な意味では町の区分との関係が薄い形で結成された傾向もあるが、全体としては「町内の親睦団体」として結成されており、ここには近世的な町という枠組みが制度上不在となったがゆえに、それを補う目的で、こうした団体が多数つくられたことを示唆しているとも言えよう。

2　西区の場合

次に、同じく旧市域の中心だが若干傾向の異なる西区について検討し、南区の場合と比較しよう。表2と同様の方法で作成した西区の町内会の学区別集計が表3である。

第一に、南区と同様、総計で、西区一七七町に二〇四もの町内会が存在するが、町内会の存在しない町も三二ある。ここでも、町内会は特定の学区や町内にかなり偏在し、三つ以上の町内会が存在する町が一二ヵ町に上る。とはいえ、表2と表3の南区と西区の各合計部分に注目すると、一町一町内会である町の割合は南区では四四％、西区では六三％となり、南区は一町一町内会である町の割合が低く、逆に、町内会のない町や乱立する町の割合がいずれも高いことがわかる。つまり南区の方が町内会の乱立度・偏在度が高く、近世的な町の枠組みの不在を補うという性格は西区の場合の方がより強かったと言えよう。

第二に、町数と町内会数の関係を見ると、西区でも、やはり学区ごとに違いがあり、①町数に比して町内会数が明らかに多い靱・明治・堀江・日吉・花園・本田の学区、②町数に対して町内会数がやや少ない広教学区、③町数と町内会数がほぼ同じである西船場、江戸堀、西六、高台の学区の三つに分けられる。

第三に、南区でいう桃園学区に近いのは、①に含まれる堀江学区で、二五町に、実に三九もの町内会が存在していた。

M44 地主一致状況						備　考
◎	○	△	×	率1	率2	
2		4	7	15	46	
1			15	6	6	
3	1	1	17	18	23	
5		4	16	20	36	所在町不明の町内会が2つあり
5	2		4	64	64	
8		1	12	38	43	
10	2	5	22	31	44	
3	3	2	9	35	47	
2		4	9	13	40	
4	2	1	6	46	54	
		3	9	0	25	
43	10	25	126	26	38	

±2以内であれば空欄とした．名称類型の集計にあたっては「A'」は

場合の百分比．

表３ 『大大阪年鑑』に見える西区町内会の学区別特徴（1936 年）

No.	学区名	町数	町内会数	区分	同一町内の町内会数分布								名称の類型区分				
					0	1	2	3	4	5	9	1-5 小計	A	A＋B	B	C	D
1	西船場	15	13		3	11	1					12	6	5	1	0	1
2	江戸堀	18	16		4	10	1		1			12	6	4	3	0	3
3	靱	17	22	＋		14	2		1			17	6	3	11	0	2
4	明治	16	25	＋		13	5					18	5	2	14	1	3
5	広教	16	11	−	5	11						11	4	2	5	0	0
6	西六	23	21		6	14	2	1				17	8	2	10	0	1
7	堀江	25	39	＋	4	12	3	5	1			21	9	5	22	1	2
8	高台	18	17		3	13	2					15	4	4	9	0	0
9	日吉	11	15	＋	2	6	1	1	1			9	5	3	6	0	1
10	花園	10	13	＋	1	5	4					9	7	3	0	2	1
11	本田	8	12	＋	4	3					1	4	1	0	10	0	1
	合計	177	204		32	112	21	7	4	0	1	145	61	33	91	4	15

注） 典拠は表１と同じ．学区ごとの所属町数は『西区史』第一巻（1943 年）による．
区分欄は，町数と町内会数を比べて，後者が明らかに多ければ「＋」，明らかに少なければ「−」とし，
「A」とカウントした．
「M44 地主一致状況」欄の「率１」は町会数に占める◎と○の合計の百分比であり，「率２」は△も加えた

両者の共通点を考慮すると、乱立状況と旧市街の周縁という立地の関係が示唆されているのではないだろうか（次節での谷町方面の事例も参照）。

第四に、町内会の名称類型の区分を見ると、二〇四のうち、A型・A＋B型、すなわち町名や地域名を冠した町内会は九四と半分弱を占め、B型、すなわち抽象的・徳目的な二字熟語による名称も九一と拮抗していることがわかる。南区に比べると、前者の割合がやや高い。一町一町内会が多い西区全体の特徴との相関が窺えよう。

第五に、町内会数と町内会の名称類型の関係を見ると、例外もあるが、大まかには、上記①の町内会が多い学区ではB型が多く、上記③の町数と町内会数が近い学区では、A型が多いという傾向が読みとれる。①の花園ではA型が多く、③の学区でも西船場と江戸堀はA型が多いが、西六や高台ではA型もB型も両方多いなど、単純な整理は困難だが、大筋では、地域名を冠した町内会は一町一町内会的な分布傾向と相関しており、抽象的・徳目的名称は乱立的傾向と相関すると言えよう。

第六に、一九三六年の町内会長と一九一一（明治四四）年の

地主との一致状況を率1で見ると、町会数がやや少ない上記②の広教と、町会数が多い上記①の花園の二つでやや一致率が高く、複雑であるが、率2で見ると、類型③に属する西船場や高台も高く、全体としては、町会数が少ない学区で旧地主系の町内会長が多いことがわかる。

以上のように、親睦団体的町内会の偏在状況は、西区でも確認でき、旧市域に共通した現象であったことがわかる。また南区と西区を比べると、南区の方が町内会の乱立・偏在傾向が強いことも明らかになった。抽象的名称の町内会と乱立傾向にある程度の相関が窺える点もふまえると、近世的な町の制度的不在が、それを補う意味合いを帯びた多数の町内団体の結成を促した様子も見て取れよう。また、偏在・乱立傾向が学区ごとに異なっていた事実も判明した。その原因は、全体としては未詳だが、乱立傾向の強い学区は、旧市街でも周縁部に位置し、おそらくは人口の流動化が、より激しい地域であった可能性が考えられる[4]。そこで、次節では、そうした点も意識しつつ、こうした町内会の設立時期や経緯が読み取れる具体例を二つの素材から検討しよう。

三　親睦会的町内会の地域的具体相

本節では、前節で行政区レベルの検討を行った親睦会的町内会の実態について、その設立時期・経緯や活動内容などを含む情報が得られる二つの素材を用いて、可能な限り、地域的な具体相を明らかにしたい。

1　東区「谷町方面」の場合

まず、大阪市社会部報告第九五号『谷町方面に於ける居住者の生活状況[5]』に記載された親睦会的町内会に関する情報を用いて、一九二〇年代の旧市域周縁部における町内団体の実態について検討しよう。同報告は、大阪市社会部が一九二〇―四〇年代に作成した社会部報告の中でも、大阪市内の主として旧市域周縁部や新市域の特定地域を対象に一九二〇年代後半に実施した地域的調査の一つである。同種の調査は、西野田、鶴橋・中本、泉尾・三軒家などでも行われたが、別途、詳細な調査が行われた下寺町・広田町も含めて、これらの地域は一八九七年の第一次市域拡張、もしくは一九二五年の第二次市域拡張で編入されたエリアに属し、社会的流動性の高い、都市労働者ないしは下層世帯の集住地区であった⑥。そのため、これらの地区は、大阪市が進めた市民館事業の対象地域でもあり、市営社会事業による救済を必要とする社会状況を孕んだ地区であった。しかし、そうした中にあって、本調査が対象とした「谷町方面」の一〇ヵ町は、旧市域に属し、比較的所得階層も高く、印刷業者や洋服商など自営業者の多い地区として、やや異色な性格を持つ地域でもあった。こうした地区調査で大阪市は、共通して対象地の町内会の結成状況も調査しており、かつて大森実が注目したように〔大森 一九八二〕、流動的な社会状況の中から地域的共同性が形成される可能性を読み取ろうと努めていたとも考えられよう。

さて、表4は、「谷町方面」一〇ヵ町における「町内会」を書き上げた同報告の記述を一覧に整理し、前節で触れた『大大阪年鑑』所載の町内会一覧の情報と照合した結果を加えたものである。この表からは以下の点が読み取れる。

第一に、「谷町方面」では一九二九年の時点で、基本的に一町に一「町内会」という形で町内団体が存在したことがわかる。明らかに特定長屋の借家人の親睦団体であるNo.2や12を除けば、この調査の対象となった一〇ヵ町に一組織ずつが書き上げられているからである。なお、『大大阪年鑑』が調査した一九三六年時点でも表の右端に示したように、一〇ヵ町には合計九つの町会の存在が確認でき、この地区は、一九二〇年代末―三〇年代半ばまで、ほぼ一町一町会の状況だったことがわかる。

第二に、各団体の町内世帯数に占める団体会員数の割合〔以下、組織率と呼ぶ〕を見ると、大半は五〇％前後以下であり、一町一「町内会」という特徴があるにもかかわらず、町内団体が各町内全域を組織化していたとはとうてい言いがたい状況だったことがわかる。ただし、こうしたなかにあって、№6の一農会や№8の信義会、№9の粉河会などは組織率が七〇—八〇％に達していたことも確認できる。

第三に、「町内会」の創立時期を見ると、多くが大正期、それも半ば以降であることがわかる⑺。したがって昭和期の時点で一町一町会の形を取っている地域や学区は、旧来的な町を補う意味合いで町内団体を組織しているとも言えるが、だからと言って当該地域の町会組織が伝統的な性格を引き継いでいるとは限らないとも言えよう。

第四に、創立時期と組織率の関係に注目すると、明治期に創立された№1の厚親会や№5の親有会、№7の藤江会の三つのうち、厚親会と藤江会は組織率が低く、早い時期に創立した町内組織はその後の住民の流入により、むしろ町内ではごく一部の住民（おそらくは旧来の家持＝地主層がその主体だろう）の組織になっていった事情が窺えよう。ここに、大正期になって、組織率がより高い町内組織が結成されていく要因も示唆されているのではなかろうか。逆に、組織率の高い№6、8、9の三組織の創立時期は、不明の8を除いた二つは大正期であることも、その点を裏書きしていると言えよう。

第五に、「町内会」の活動内容に注目すると、町内の慶弔に関わるものも少なくないが、基本的には構成員の親睦のために春秋二回の宴会・親睦会を開催する

幹事任期・改選方法	『大大阪年鑑』（1936）との照合結果		
	存否	町会名	会長氏名
年１回選挙	×	振洋会	井上政次郎
年１回交替	×	洋商会	松本一郎
年１回交替	○	誠進会	岩田喜右衛門
年１回改選	○	親睦会	植野千吉
年１回改選	○	親友会	白井亀太郎
年１回改選	◎	一農会	奥山栄次郎
—	◎	藤江会	林堅三郎
年１回交替	×	—	—
—	○	粉川会	上田浅次郎
年１回交替	△	神友会	戸田豊吉
—	×	—	—
—	×	—	—

協会『大大阪年鑑』（1936年）により作成．
のを△，明らかに別団体であるか同町内に町会組織の存在

表4　「谷町方面」10ヵ町の町内会（1929年）

No.	町内会名	創立年月	会員数	町内世帯数比	会費月額（円）	所在地	目的及び事業概要
1	厚親会	1909年	60	19%	1.00	谷町4丁目	同住者の親睦，春秋2回の宴会
2	竹林共楽会	1924年5月	90	28%	0.50	谷町4丁目ノ2	借家人間の親睦，会員の慶弔をなし残金ある時年1回宴会または旅行
3	誠心会	1922年	100	53%	1.00	谷町5丁目	町内同住者の親睦，春秋2回の宴会，会員の慶弔
4	両一親睦会	1918年	60	54%	1.00	両替町1丁目	町内の親睦，春秋2回の宴会または旅行
5	親有会	1896年	60	49%	1.00	農人橋1丁目	町内の親睦，年2回の宴会，3年目ごとに1回1泊旅行
6	一農会	1913年	83	80%	1.00	南農人橋1丁目	町内の親睦，春秋2回懇親会，春季1泊旅行
7	藤江会	1900年	50	27%	1.00	和泉町1丁目	町内の慶弔，幹事の意向により近傍旅行
8	信義会	—	80	73%	1.00	内久宝寺3丁目	町内の親睦，春秋1回または2回宴会
9	粉河会	1923年	150	81%	1.00	粉河町	町内の親睦，春秋2回宴会
10	神崎会	1919年	130	53%	1.00	神崎町	町内の親睦，春秋2回宴会
11	十二軒町会	1923年	80	36%	1.00	十二軒町	町内の親睦，春秋2回親睦会
12	親典会	1928年8月	10	4%	1.00	十二軒町	長屋借家人の親睦慶弔

注）大阪市社会部『谷町方面に於ける居住者の生活状況』（社会部報告95号，1929年）38-39頁，及び大阪都市
存否欄は，所在町・名称とも一致したものを◎，名称の用字などに違いがあるものを○，継承性の判断困難なも
が確認できないものを×とした．

などの親睦団体としての性格が濃厚であったことがわかる。ただし、こうした親睦的機能も、近世以来の町が持っていた機能でもあり、行政的枠組が解体した後につくられた町内団体がこうした役割を担うのは、それ自体、自然な現象でもあると言えよう。

第六に、一九二九年の「町内会」と一九三六年の『大大阪年鑑』所載の町内会一覧とを照合すると（右端の欄を参照）、一九三六年時点でも、ほぼ一町一町会という特徴は持続している様子が窺え、多くの団体の存続が確認できる。その中にはNo.5の親有会やNo.7の藤江会など、明治期に創立された組織も含まれている点が注目されよう。しかし、他方で、明治期に創立されたNo.1の厚親会の存在が確認できなくなり、二つの洋服商によると見られる二団体の存在だけが確認できる

谷町四丁目の例や、町内団体の存在自体が確認できない内久宝寺三丁目や十二軒町など、一九三〇年代にも町内組織の状況はかなり流動し、変化していたことも読み取れる。なお、№2や12のような借家人の親睦団体は、『大大阪年鑑』では、調査対象から外されていた可能性が高いだろう。

第七に、以上の状況の社会的背景を考える上で注目されるのは、同じ社会部報告における次のようなデータである。同調査には、住民の「現住期間に依り分ちたる世帯数」の統計が掲載されているが、それによると、一〇ヵ町の現住期間が判明する住民一七四七世帯のうち、現住期間一〇年未満の世帯はじつに九〇五世帯と全体の五二％にも及び、一〇―一九年が四三五世帯（二五％）、二〇―二九年が二一九世帯（一三％）、三〇―三九年が一〇五世帯（六％）、四〇―四九年が三四世帯（二％）、五〇年以上が四九世帯（三％）であった。すなわち、谷町地域という旧市域のやや周縁に位置するこの一〇ヵ町では、一九一〇―二〇年代における住民の流動性がかなり高かったことが確認できるのである。谷町方面を調査した社会部の担当者は、同時期に調査対象とした大阪市の旧市周縁部や新市域に属する鶴橋・中本方面、下寺町方面、西野田方面、泉尾・三軒家方面などと比較して、谷町方面の持ち家率の高さ（と言っても一〇％にすぎないが）や「如何に当地区居住者が土着性に富むと共に地区そのものが旧市中の旧市であるか」（同書二〇頁）を強調している。しかし、この地域に大阪市立東市民館が建てられ、セツルメント事業を展開していたことにも象徴されているように、船場のような都心部とは明らかに異なる流動的な社会状況を、上記のデータからは、むしろ読み取るべきだと言えよう。

以上をまとめると、先に表1―3で検討した一九三六年の『大大阪年鑑』所載の町内会一覧による分析から、もう一歩踏み込んで実情が確認できる。すなわち、一町一町会の特徴を持つ学区や地域が、近世的な町の制度的不在を補う形で町内団体を生んでいた傾向を窺わせる一方で、それは単純な意味での伝統的な町の存続とは言えないことである。一九三六年時点でも、なお明治期以来の町内組織が一定数は存続していた点は重要であるが、その場合でも、京都のように、近世以来の家持主体の町内組織が持続する傾向が濃厚だったのとは、かなり異なっていた。大阪では、全体としては、近世的な町の制度的不在を歴史的前提として、多くの親睦会的町内会が明治後半期以降、町内に生まれた。そこには、伝統的な性格を引き継ぐものを含みつつも、住民の流入や流動という社会的状況に対応して、明治後半から大正期にかけて多くの新しい団体を創出させながら、変貌を続けたと言えよう。じつは、本節で述べた「谷町方面」は、東区の東南周縁部にあたり、前節で触れた桃園学区のすぐ北側に隣接していた。したがって、東区の谷町方面は、乱立・偏在状況が顕著だった南区の桃園学区や西区の堀江学区などと同様、旧市域の周縁部に位置し、共通の社会的流動性を抱えていたと想定される。ただし、町内会数を見ると一方は一町一町内会、他方は乱立・偏在であり、社会的流動性と乱立・偏在状況も一様ではなかった。谷町方面の場合は、社会的流動性の問題が町内団体の組織率に現れていたと言えよう。

2　『西区史』記載の町内会事例

次に、アジア太平洋戦争期にあたる一九四三年に刊行された『西区史』第一巻⑧に記載された同区の親睦団体的町内会の事例を取りあげて、ここでも前節で触れた『大大阪年鑑』所載の町内会一覧との照合も行いながら、さらにその実態を検討し、あわせて戦時町内会との関係やそれへの移行状況についても見よう。

表5は、『西区史』記載の親睦団体的町内会の名称や設立年月、結成経緯や活動内容、戦時町会結成時の状況について整理し、前節で触れた『大大阪年鑑』の情報をベースに作成した表との照合結果も加えたものである。表5からは以下のような諸点が読み取れる。

第一に、西区史が記述する二〇の事例のうち、一五例は『大大阪年鑑』所載の町内会一覧でその名を確認できるものであり、西区史の記述によって、一覧に掲載された町内会の履歴が判明することである。以下、具体的に述べよう。

8	親友会 1919年7月	靱下通2丁目 —	大正8年，同町有志が，会員の親睦と隣保共助精神高揚のため組織．春秋2回の地方状況視察を兼ねた旅行を実施，一同会食も．	◎	親友会 宮口松次郎
9	千秋会 1921年ごろ	千秋橋以南 —	大正10年ごろ，千秋橋以南に居住する有志が結成．会員相互の親睦・懇親を目的とする．	×	— —
10	親楠波会 1926年	新難波橋・上之橋間 —	昭和元年，新難波橋・上之橋間に居住する有志が結成．会員相互の親睦・懇親を目的とする．	×	— —
11	互友会 1924年3月	靱南通5丁目 —	大正13年，同町有志が結成．会員世帯の慶弔時奉仕，春秋2回の地方見学を開催していたが，〔昭和13年〕町会結成に際して住吉大社に参拝，解散式を実施，残余金100円で慰問袋を調製し軍に寄贈した．	◎	互友会 宗岡源助
12	親続会 1902年4月	阿波座上通1丁目 約80名	明治35年，同町有志が結成．町内親睦と一致協力を目的に，奉祝や神社祭礼時に幕・提灯の調製・奉納を行い，春秋2回の総会を開催，慶弔諸費の報告をなす．事業は新町会に継承したが現在も存続．	○	親族会 木村卯之助
13	共親会 1883年4月	阿波座下通2丁目 65名	明治16年，阿波座下通2丁目一円の有志が結成．事業はないが会員和合協力一致をなし，現在も存続．	○	共進会 為井鶴松
14	誠友会 1894—95年	阿波座上通2丁目 —	明治27—28年ごろ，同町有志が結成．特筆すべき事業なし．	◎	誠友会 橋本利政
15	心和会 1900年4月	阿波座中通1・2丁目 48名	明治33年，両町の有志が創設．会員一定額の月掛け会費により春秋2回の親睦会を開催．	◎	心和会 浅野喜助
16	神馬会 1908年	阿波座下通1丁目 18名	明治41年，同町有志が創設．毎年7月21日，難波神社の祭礼時に会員一同奉仕する．	×	— —
17	昭和会 1927年1月	阿波座下通1丁目 (槌橋筋以東電車道迄) 結成時　約20名	昭和2年，同町の槌橋筋以東電車道迄の住民を会員として結成したが，昭和16年12月末に解散した．	◎	昭和会 美崎作市
18	親睦会 1929年9月	阿波座下通1丁目 (槌橋筋以西) 45名	昭和4年，同町の槌橋筋以西の住民で組織．町内親睦のため春秋2回の親睦会を開催，会員の弔事には幹事が万事を手伝い会員一同が会葬．	◎	親睦会 金川秀三
19	薩阿町内会 「約30年以前」 (1913年)	薩摩堀北之町・ 阿波堀通5丁目 1500《ママ》名	両町の四面を堀川に囲まれた地区を範囲とし，「約三十年以前」(大正2年以前）に創立．冠婚葬祭の相互支援，春秋2回の慰安の催しを常例とする．昭和15年12月の町会整備で両町分離して新町会を結成した．	○	薩阿会 川畑清蔵
20	薩阿共交会 1916年2月	薩摩堀北之町・ 阿波堀通5丁目 56名	大正5年，両町有志が結成．町内親睦を図るのが目的．昭和12年，新町会の組織に伴い，会費残額（銀行預金）450円を残して休会した．	×	— —

注） 西区役所『西区史』第一巻（1943年）489-497頁，及び大阪都市協会『大大阪年鑑』(1936年）により作成．存否欄は，所在町・名称とも一致したものを◎，名称の用字などに違いがあるものを○，同一性の判断困難なものを△，明らかに別団体であるか，1936年には同一町内に町会組織の存在が確認できないものを×とした．

表5 『西区史』(1943年) 記載の町内会

No.	町内会名 創立年月	所在地 会員数	設立経緯と活動の概要，解散・存続状況など (「現在」とあるのは1943年)	『大大阪年鑑』との照合	
				存否	町会・会長名
1	赤提灯 (組合) 1911年5月	長堀側問屋橋 北詰町筋 —	宝暦以来，変転を重ね明治23年の大火で中絶したが31年5月再興，44年，中・南の両組合対立克服のため赤提灯組合を結成．赤提灯の名は，宝暦期の難波神社の夏祭礼時に大破した渡御列に，町内の提灯屋が提灯を寄進し，無事，行列を先導した故事に因む．	×	— —
2	江一会 1916年5月	江戸堀上通1丁目 休会時約80名	大正5年，同町有志が「親睦と福利増進」のため創設．地方情況視察と神社仏閣参拝，懇親会が恒例だったが，昭和16年12月，時局重大化により「平和恢復まで休会」と決定，会費残金を分配した．	◎	江一会 元山助市
3	江親会 1915年2月	江戸堀南通1・2丁目 約60名余	大正4年，両町の東部有志が結成．会費は毎月1円，年1~2回，地方情況視察と神社仏閣参拝と会食を催し，町内に関する話し合いも行ってきたが，〔昭和16年ヵ〕「時局柄本会は平和恢復迄休会」となった．	◎	江親会 濱田栄蔵
4	江北会 1913年11月	江戸堀北通3丁目・ 土佐堀通3丁目 創設当時64名 1943年　約86名	大正2年，江戸堀北通3丁目の有志が結成，土佐堀通3丁目有志の入会続出に伴い同4年，会則を変更，両町の居住者は他町への転居者も含め会員に．大正天皇の大礼時に屋台行列を催したほか，春秋2回の懇談会と御陵・神社仏閣参拝を開催．会員の慶弔にも対応．同年からは両町の撒水も実施 (昭和5年，江戸堀衛生組合に移管)．敬老会開催や軍隊慰問，防空訓練にも従事．昭和12年8月，日中戦争をうけて陸海軍に各150円を献納．9月には戦争終結まで会費徴収停止を決議，翌13年4月，新町会に繰越金430円余を引き継ぎ，創設以来の現存者に記念品を贈呈し，剰余金で粗宴を開き解散．	◎	江北会 川喜田定太郎
5	土五会 1913年	土佐堀通5丁目 約40名	大正2年，同町有志が結成．町会員の親睦を図る目的で春秋2回会合し，秋季には会員の家族が揃って郊外に出かけ心身鍛練をなす．	◎	土五会 中村雄三
6	江西会 1907年前後	江戸堀南通4・5丁目 —	明治40年ごろ結成．当時は両町の会だったが，のち5丁目が独立．親睦旅行，心身鍛練を実施．昭和13年4月に新設の町会に合流した．	◎	江西会 —
7	靱中一会 1925年6月	靱中通1丁目 結成時59名	大正14年，同町有志59名が結成．15年，会長ほか数名の発起で靱中通電車停留所設置運動を計画，会員有力者の資金的支援もあり，昭和2年，電停設置を得た．親睦を兼ねた地方視察旅行を，宝塚，京都，堺，生駒，江州，伊勢，宮島，洲本，別府，伊豆下田，長門峡などで実施．	◎	靱中一会 植木弘次郎

まず、①設立年について見ると、明治期が七、大正期が一〇、昭和期も三あり、大正期に結成されたものが多いことがわかる。この点は、「谷町方面」の場合とも共通する傾向だと言えよう。次に、②構成員について見ると、記載自体が加入世帯数ではないと考えられる№19を例外として除けば、基本的には、いずれも有志団体であり、数十名程度の規模である点が共通しており、町内の世帯を網羅した団体ではないものが多いことが想定されよう。また、③活動内容も、「谷町方面」の場合と同様、会員の親睦を図るための春秋の「地方状況視察」や懇親会の開催、慶弔時の支援などであったことがわかる。ただし、№7の靭中一会のように、市電の電停設置運動のような、地域利害に関わる運動を展開した事例も含まれる点が注目される。

第二に、町内会を結成した有志や会の範域が二ヵ町にまたがる場合（№3、4、6、15、19・20）が多数含まれており、『大大阪年鑑』の所在町記載（単一とされている）と、それがズレている点、また一つの町内の一部を区域として町内会を結成している場合（№17・18）のほか、町域を範囲とはしていない地域団体（№19・20）も見受けられる点が注目される。なお、以上のうち№17の昭和会と18の親睦会は、阿波座下通一丁目を槌橋筋の以東・以西で二分して設立されているが、同町は近世においては以東が権右衛門町、以西が日向町に分かれていたため[9]、近世の町境に沿って区分した東西の各町域（ただし東側は「電車道」（四つ橋筋を指すと思われる）としているので、近世の町域をすべて含む訳ではない）を範囲として町内会が分立していたことになる。

いずれにしても、『大大阪年鑑』所載の町内会一覧の情報よりも実際の町内会の範囲は錯綜しており、複雑であったことになろう。このことは、先に述べた同一町内における町内会の乱立や偏在というだけでなく、町内会の範囲自体が各時点での町域と一致するとは限らず、近世以来の町境などを含む、いくつかの線引きによって画されるなど、ひじょうに錯綜していた状況を示していると言えよう。これら町内団体は、近世的な町の制度的不在を補う面を持っていたが、一八七二年以降の町域再編もあって、戦時期においては、その前提となる町内の範囲も、必ずしも自明ではなくなっていたと言えよう。

第三に、親睦会的町内会から戦時町会への移行状況がうかがえることである。多くの町内会が、一九三七年の日中全面戦争開戦後（№20）や、三八年四月の大阪市による全市を対象とした町会整備（№4、6、11）に伴い解散し、共有金も清算あるいは新町会に引き継いだことがわかる一方、一九四〇年一二月まで存続した事例（№19）や、四一年一二月のアジア太平洋戦争開戦まで存続した事例（№2）があるほか、一九四三年の時点でまだ存続と記載されている№12や13の事例など、戦時町会への移行状況が予想以上にまちまちであることが注目されよう。

以上、『西区史』記載の事例から、明治後半以降に旧市街で結成が進んだ親睦団体的町内会は、近世的な町の解体と制度的不在状況を前提として旧来あるいは各時点での町域を主な範囲として有志が設立した親睦団体だったが、そうした動きは、一九三〇年前後まで継続したこと、実際にはその範囲も錯綜していく傾向にあったこと、また親睦団体的町内会は、一九三八年の大阪市による戦時町会の結成を契機として解散されたが、一部の組織は戦時町会と並存しながら存続する場合もあったこと、などが確認できる。

以上、本節では一九二〇―四〇年代の同時代史的記述を素材に、大阪市内における親睦会的町内会の地域的実態を見た。特に、「谷町方面」の事例からは、親睦会的町内会の設立状況と旧市街周縁部の社会的流動性の高さに注目した。また『西区史』の記述からは、戦時町会への移行も、従来の想定より複雑であることがうかがえた。

四　戦時町会体制から戦後へ

以上のように、東京市で一九二〇年代に行政による町内会の組織化が進んだのとは対照的に、大阪市においては、いくつかの試み(10)はあったものの、一町一町会を原則とした町会組織の整備は進まず、親睦団体的町内会が乱立・偏在する状態が再生産され、それは一九三〇年代まで続いた。

結果として、大阪市において、東京市のように全域組織・全戸加入型の町内団体が整備されたのは、日中全面戦争が開始された翌年である一九三八年のことであった。この年の四月、大阪市は総力戦に伴う国民精神総動員運動の実践網として、大阪市全域で「町会」整備を断行した。一挙に、市域すべての町・丁目に「町会」（東京などでは「町内会」という呼称が一般的だったが、大阪市では「町会」と呼んだ）が結成され、既存の有志的・親睦会的な町内団体は、基本的には解散させられ、新町会に引き継がれたとされる〔三輪 一九八九〕。

一方、一九二七年に学校設置負担区・財産区としては廃止されていた旧学区の枠組は、一九三八年の戦時町会体制成立後も、尋常小学校の通学区域としてのみならず、各種団体の単位であり続け、戦時下にも、町会聯合会や国防婦人会、警防団などは学区単位でつくられた。戦時下には、町会と、そのさらに下位に組織された隣保班（のちの隣組）が戦時行政の下請け的補助団体となり、大阪市民を抑圧的に支配する枠組となったが、旧学区の単位も、住民のまとまりとして一定の機能を存続させたのである。

以上のような町会・隣組は、周知のように、一九四〇年以降、配給制度運用の単位とされ、総力戦体制に住民を動員し画一的に組織する手段として機能した。しかし、市民も不足する生活物資の獲得手段として町会を利用して食糧品の産地買い付けに奔走するなど、町会を実質的に生活協同体化しようとする動きも見られた(11)。これは、第二次大戦直後に町会を単位とした消費組合が続々と結成されていく歴史的前提でもあり、住民たちが、町会を生活や生存のための団体として捉え返した側面もあったのである〔佐賀 一九九九〕。

第二次世界大戦後、大阪市においては、戦時町会の枠組を継承する町内会組織がＧＨＱによる禁止命令により一旦解散するが、その後も「日本赤十字社奉仕団」や「地域振興会」「振興町会」などと名前を変えながら、大阪市の行政補助団体として長らく持続し、通学区域としての学区とともに、大阪市政の保守的な地盤を構成したのである〔吉

原　一九八九〕。

おわりに

以上の分析をふまえ、東京・京都との違いにも留意しながら、近代の大阪市における町・町内団体と学区の歴史について、以下のような特徴が指摘できる。

第一に、近世的な町は一九世紀末までには解体し、大阪市旧市街の町内には全域組織・全戸加入を原則としない有志団体・親睦団体が多くの町で複数併存する形となった。そうした有志団体結成の契機としては、日清・日露戦争に伴う軍事援護活動が存在した。こうしたあり方は、家持（地主）団体としての町組織が長らく持続した京都市とは対照的で、一九一〇年代までのあり方としては、同じように近世的な町が解体し、新たな町内団体の結成が進んだ東京市に近い展開を示したと言えよう。

第二に、一八九〇年代に設置された大阪の学区は、学校経営や地域諸団体、集票活動などの単位として比較的強固であったが、一九二〇年代以降の現代的都市行政のもとで、その弊害が指摘され、その役割は徐々に低下した。同様の事態は、京都、名古屋など、東京を除く六大都市でも見られた〔松下　一九八六〕。なお、東京市の学区は、区役所を置く単位である行政区と一致していたため、京都・大阪のような学校設置負担区は存在しなかった。

第三に、明治後期から結成が進んだ大阪市の親睦会的町内会は、都市への継続的人口流入によって社会的流動性が高まった大正期に、その結成のピークを迎えた。これは、近世的な町の制度的解体状況を前提に、住民が「町内」を単位に新たな社会的結合を模索した動きだった。しかし、多くの場合、町内全域組織化にはほど遠く、有志団体としての性格を持ち、旧市域においても人口流入の激しかった地域では乱立・偏在状況も見られた。そのため現代的な都市政策下での行政補助団体としては、その整理が課題となった。

第四に、一九二〇年代以降、行政補助団体としての町内会整備が各都市で進められ、東京市ではこの段階で全域組織・全戸加入型の町内会が整備された〔竹中 一九九三〕。しかし、大阪市では、それが成功せず、一九三八年になって、ようやく全域組織・全戸加入型の町会が一気に結成され、従来の有志団体・懇親会的な町内団体は基本的に解散させられた。大阪市の町内会整備は、総力戦期までズレ込んだのである。他方で、戦時町会の時代にも旧学区の枠組は一定の意味を有しており、町会聯合会の単位として衛生組合や警防団の機能も、そこに吸収された。近代大阪の基礎的コミュニティとしての学区の重要性があらためて注目されよう。なお、京都では近世以来の家持（地主）による町が一九三〇年代まで強固に存続し、そのことが、逆に、借家人も含めた戦時町内会の整備にあたり障害になった模様で、町（公同組合）の戦時町内会への編成替えは一九四〇年、学校設置負担区・財産区としての学区制度の廃止は一九四一年までズレ込み、大阪よりもさらに遅れた〔京都市 二〇〇三〕。

しかし、第五に、戦時期に整備された町会は、戦後においても、大阪市の保守的政治基盤として長らく機能した。学区の単位性が弱められ、再び大阪市内の町・丁目が、近世的な家持団体としての町とは異なる行政補助団体として見直され、再定置された時期が、日本の都市における現代化や、総力戦の時代と重なっていた点が重要であろう。

以上のように、本章では、近代大阪の町・町内団体と学区の展開について考察を加えた。近現代における町内社会の実態を、巨大都市大阪の社会構造の一環として解明していく作業は、緒についたばかりと言ってもよいが、この課題は、現代の区政再編問題を歴史的に考える上でも、ひじょうに重要な課題だと言えよう。

（1）なお、東京と京都の先行研究についても、両都市への対比的言及の中で随時、触れることにしたい。

（2）「各町内会と代表者氏名」（小川市太郎『昭和十二年版　大大阪年鑑』大阪都市協会、一九三六年）。大阪都市協会が一九三五―三六年に調査したものと見られる。

(3) 吉江集画堂『大阪地籍地図第三編　土地台帳之部』(一九一一年)。

(4) 従来からの町内会研究では、人口の社会的流動化が明治後半以降の町内会結成の背景にあったことが、ある程度共通の理解になっている(例えば、玉野和志『近代日本の都市化と町内会の成立』行人社、一九九三年などを参照)。

(5) 大阪市社会部『谷町方面に於ける居住者の生活状況』(報告九五号、一九二九年)。

(6) 大阪市社会部調査課『密住地区居住者の労働と生活』(労働調査報告三六号、一九二五年) ほか。

(7) (大森　一九八二) は、本節でも取りあげた社会部報告や『西区史』の記述を論じる中で、もっぱら、これら町内会の結成時期に注目し、大正期、特に第一次大戦期に方面設定区域における新たな住民秩序形成の動きを指摘している(大森　一九八二、六六頁)。本章では、大森が問題にした新市域ではなく、旧市域における伝統的な町との関係に着目して、地域どうしの違いにも留意して検討を進める。

(8) 西区史編纂委員会『西区史』第一巻(西区役所、一九四三年)。

(9) 「図5　天保期の大坂三郷」(新修大阪市史編纂委員会『新修大阪市史』第一〇巻、(歴史地図)、大阪市、一九九六年所収) による。

(10) 一九二二年に大阪市が協和聯合会を結成し、その配下に多くの修養団体や町内団体を組織しようとしたのも、そうした試みの一つであり、一九二二―二三年の大阪市による大阪電灯買収問題では、大阪市側の「市民運動」組織化の手段として一定の成果を上げた(芝村　一九八九、七七―七八頁)が、同会の下に組織された団体は、その単位(範囲)も性格もかなり雑多で、東京市のような系統的な住民団体の整備にはほど遠かった。

(11) 『大阪朝日新聞』一九四〇年九月一八日、同一九四一年六月一〇日の記事など。

参考文献

飯田直樹「明治前期大阪における家屋敷売買と町による規制」『大阪歴史博物館研究紀要』一三号、二〇一五年

大岡聡「東京の都市空間と民衆生活――一九世紀末―二〇世紀初頭の「町」住民組織」中野隆生編『都市空間と民衆　日本とフランス』山川出版社、二〇〇六年

大森実「都市社会事業成立期の中間層と民本主義――大阪府方面委員制度の成立をめぐって」『ヒストリア』九七号、一九八二年

北嶋奈緒子「明治期大阪の有志的町内団体――内安堂寺町二丁目を事例として」仁木宏ほか編『文学研究科叢書9　東アジア都

市における集団とネットワーク――伝統都市から近現代都市への文化的転回』清文堂出版、二〇一六年
京都市市政史編さん委員会『京都市政史』第四巻、京都市、二〇〇三年
佐賀朝「配給と闇」「焼け跡の生活」五十嵐仁ほか編『日本20世紀館』小学館、一九九九年
佐賀朝『近代大阪の都市社会構造』日本経済評論社、二〇〇七年
芝村篤樹『関一――都市思想のパイオニア』松籟社、一九八九年
高岡裕之「町総代制度論」『年報都市史研究』三号、一九九五年
竹中英紀「町内会体制と都市社会構造――東京市一九二〇―一九四三年」東京市政調査会『大都市行政の改革と理念――その歴史的展開』日本評論社、一九九三年
塚田孝「近代大阪への展開をみる一視点」『都市社会史の視点と構想――法・社会・文化』清文堂出版、二〇一五年、初出は二〇〇九年
藤井正太「近代京都の町共同体に関する基礎的考察――西陣・妙蓮寺前町を素材に」『部落問題研究』一九一号、二〇〇九年
松下孝昭「大阪市学区廃止問題の展開――近代都市史研究の一視角として」『日本史研究』二九一号、一九八六年
三輪泰史「解説」大阪市史料調査会『大阪市史史料二五輯　戦時下の民衆生活――九郎右衛門町会回覧板』大阪市史編纂所、一九八九年
吉田伸之『近世都市社会の身分構造』東京大学出版会、一九九八年
吉原直樹『戦後改革と地域住民組織――占領下の都市町内会』ミネルヴァ書房、一九八九年

Ⅲ　民衆世界の諸相

〈第7章〉

大坂天満宮と門前社地の運営

屋久健二

はじめに

よく知られているように、大坂天満宮は、菅原道真（天満大自在天神）を祭神とし、日本三大祭りの一つである天神祭りで有名な近世大坂を代表する大社である。『摂津名所図会』では、「四時詣人多く、社内之市店、観物、軽口噺、植木屋の鉢植、泉水の金魚、小山屋が料理、月毎の廿五日の群集、昼夜道に満てり」と紹介されており、ここから、大坂天満宮の賑わい振りがよく伝わってくる。

このような大坂天満宮をめぐっては木浦里美の研究が注目される〔木浦 二〇一七〕。木浦は天神祭（六月祭礼）を素材に、様々な史料を駆使しながら、その背後に広がる大坂天満宮が形成する社会関係の全体像を提示した。さらに、都市史全体に視野を広げれば、木浦も前提とした吉田伸之の浅草寺をめぐる一連の研究が、やはり特に注目される〔吉田 二〇〇〇・二〇〇七〕。吉田は、社会＝空間構造の視点から、それぞれの空間的特質にも注意を払いながら、浅草寺の社会構造を明らかにしている。吉田が対象とする浅草寺と、本章が対象とする大坂天満宮とでは、寺院と神社という違いはあるものの、吉田の研究に学びながら神社社会を検討する作業は、巨大都市大坂の全体像を構造的に明らかにするためにも不可欠なものといえる。

本章では、木浦の明らかにした大坂天満宮の全体的な枠組みを念頭におきながら、門前社地の特質を掘り下げてみたい。この門前社地は、吉田が明らかにした浅草寺の各子院の経営的基盤となった寺中地借町屋と、社会的にも経済的にも近似的な空間と見られるからである。本章では、吉田の研究を念頭に置きつつ、門前社地の特質と、それがもたらした歴史的帰結まで見通してみることにしたい。

あらかじめ大坂天満宮の空間構成についてふれておきたい〔屋久 二〇一三・二〇一八〕。図1は「天満宮境内並社地」（弘化三〔一八四六〕年作成）と題された絵図をトレースしたものに一部加筆したものである。表題から大坂天満宮は「境内」と「社地」から構成されていたことがわかり、図を見ると、本堂（「御正殿」）を中心に境内が広がり、周囲には北東部に社家町、そして南東部には神主滋岡家の神主屋敷が見える。それらは門を介して通じてはいるものの、本堂を中心とする境内とは壁で遮られている。そしてこれらを取り囲むように社地が広がっており、社地は門外にも及んでいることは注目される。あらかじめ、こちらで太線で囲った部分が「境内並社地」の範囲を示しており、着色しておいた部分が主な社地である。

社地については、南側の表門前に広がる表門前社地、南東部の神主屋敷の外縁部に広がる神主滋岡家社地、北東部に広がる的場屋敷、さらには北部や北西部にも社地が散在している。社地は別の史料では「カシ地」と表現されることもあることから、ここでは貸地経営が行われていたことがわかる。これらは全て除地であり、公役は免除されていた。地主的な立場で貸地経営にあたる存在は、基本的に表門前社地が各社家、神主家社地が神主滋岡家、的場屋敷やその他の社地が天満宮となる。このうち、本章で取り上げる社地は、門前社地として一括りにすることができる表門前社地と神主家社地である。

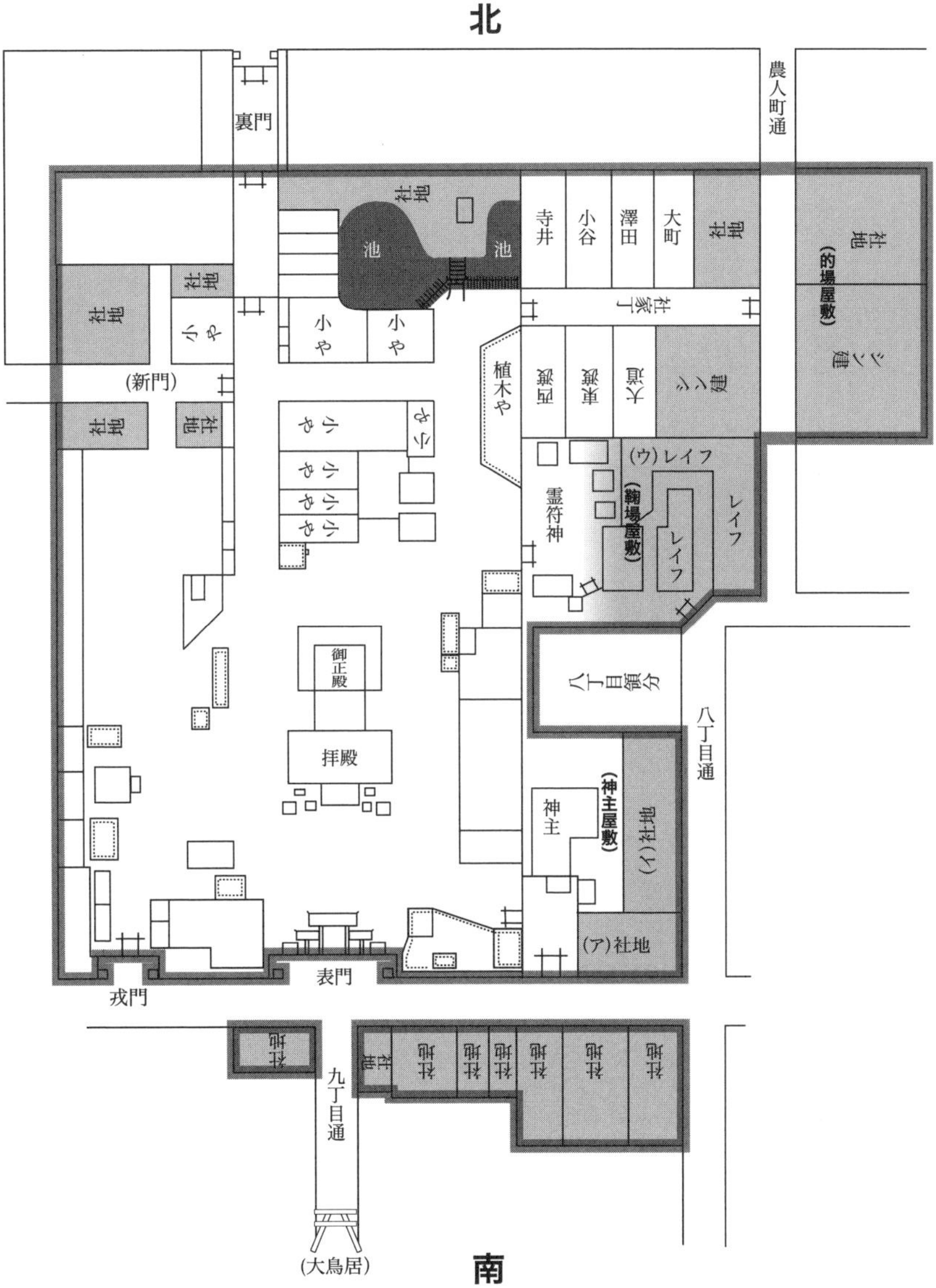

図１　大坂天満宮の境内・社地

一　門前社地

1　門前社地の概要

紹介したように門前社地は、次の二つから構成される。一つは、各社家が管理する表門前社地であり、もう一つは、神主滋岡家が管理する神主家社地である。

一つ目の表門前社地は表門通り南側に展開している。地主的な立場にあるのが、西側から順番に寺井、九丁目通りを挟んで大町・大道・小谷・沢田・東渡辺・西渡辺・天満宮＝社頭持（社有地）である。この表門前社地に関わっては、「表門通り八丁目角、南側より表門通り戎門迄南側片町だけ、寺井已下七軒の居屋敷なり、只今の社家町へ転住して、表門通りの各々之居屋敷を地貸致し、銘々家に地子を毎月受け納め候事也」（「大阪天満宮所蔵古文書」B55）とあることが注目される。表門前の社地は、元々は社家町（各社家の居住地）であり、現在の北東部の社家町に移転後は、各社家がそこで貸地経営を行い、地子銀を徴収していたことが記されている。

続けて、もう一つの神主滋岡家社地を見てみよう。滋岡家社地は、表門通り北側と表門通りを北側に折れた八丁目通り西側に展開する。三節で取り上げる神主滋岡家社地で作成された「宗門人別帳」〔東京滋岡家文書B69、大阪歴史博物館寄託〕では、神主滋岡家社地居住者を「門前住宅之者」・「門前家持・店かり之もの」と呼んでいる。そのため表門前社地と神主滋岡家社地は、門前社地として一括りにすることが必要となる。

次の図2は『東海道中膝栗毛』[1]に掲載された挿絵である。ちょうど大坂天満宮門前の様子が描かれている。挿絵の右端（南側）に見えるものが大鳥居であり、左端（北側）に見えるものが大坂天満宮の表門である。表門の前の通りが表門通りであり、大鳥居とこの表門通りとを繋ぐ通りが九丁目通りである。先の図1と見比べてわかるように、九丁目通りと表門通りが接する部分が社地であり、残りの南側の部分が天満九丁目である。

図2には、特に表店の様子になるが、九丁目通りに沿う表門前社地と天満九丁目の様子が描かれている。ここに描かれる建家は家屋敷そのものであり、社地の景観は天満九丁目と連続的で、何ら変わるところがない。ここで重要なことは、社地においても、一般的な町と同じような形で家屋敷経営が行われていたと考えられることである。

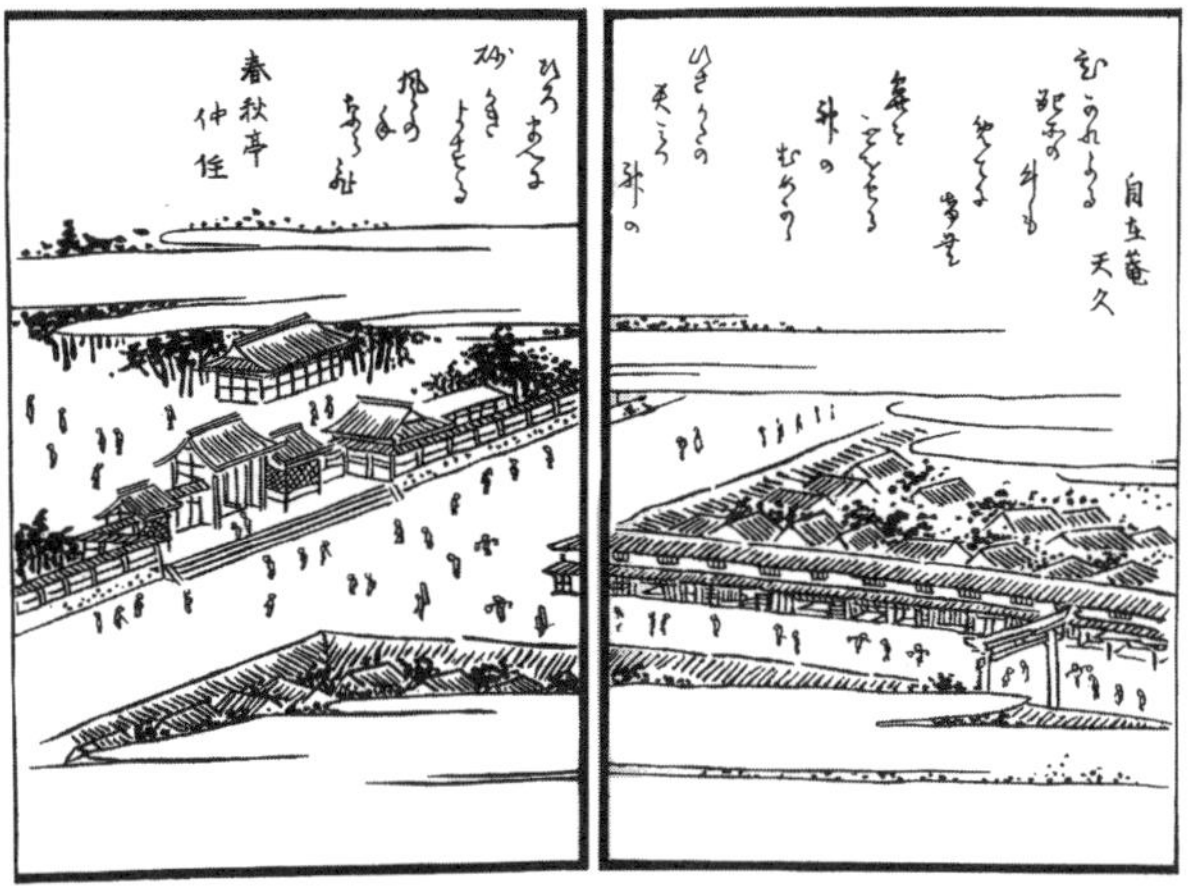

図2 『東海道中膝栗毛』挿絵

2 門前社地の社会的性格

続けて、史料1〔「東京滋岡家文書」G18〕と史料2〔「東京滋岡家文書」G19〕を使用しながら、門前社地の社会的性格を考えてみよう。

［史料1］

地面質証文之事

一天満宮社地、表側通り南側、渡辺美濃所持の地面、表口七間半、裏行拾五間四尺、此坪数は百拾七坪余り、西隣は渡辺伊賀所持の地面、東隣は社頭持の地面、南は地尻、東より七間は八町目町境、西半分は九丁目町境なり

一右の地面、当午五月より未四月迄、銀三貫目の地面質に差し入れ、銀子たしかに請け取り申候処実正なり、然ル上は、地面質、利足壱ヶ月に、拾五匁ずつ、毎月晦日に遅滞なく、相渡し申すべく候、尤社地地面につき、公役・町役は相懸り申さず候、自然右地面につき諸入用等出来候えば、このたび相勤め申し候、

万一銀子返済相滞り候はば、右地面帳切いたし、異儀なく、相渡し申し上げべく候、其元より何方へなりとも、御貸し附け成され候而、地面貸し附け賃銀は、永代其元へ御取り入れ成さるべく候、其時一言申し分御座なく候、後日のため、地面質連判証文、仍てくだんのごとし

文化七午年五月

地面質置主　渡辺美濃
西隣地面主　渡辺伊賀
東隣社頭持地面ニ付
社中当番　大町越後
天満社神主　滋岡上野介

右の通り相違御座なく候につき奥印仕り候、以上

社地支配人　山家屋又兵衛

天満屋猪蔵殿

右文化七午年五月、銀主振り替え、所々書き添えの通りに相改め、銀主天満屋猪蔵に相成り候事

［史料2］

一札

一表御門前、我ら所持の地面、表口東西七間半、裏行南北拾五間四尺

右の地面、これまで当時住宅の面々へ貸し附け、月々地子銀、此方へ収納いたし来り候処、この度銀子入用の事これあり、天満屋猪蔵方より銀三貫目借り入れ候証文に、御三方の御加判下され、取引相済み、忝なく存じたてまつり候、然る上は右地面より毎月相納め候地子銀をもって、元利の内へ差し入れ、連々に返済相成り候

様、滞りなく相渡し、各様へ聊御損難、相懸け申すまじく候、自然此余銀主より返済催促におよび候はば、我ら日次頂戴の賽銭、半減通り、社頭にて御引き落とし下され、銀主へ御渡し下さるべく候、其節親類たりとも一言の申分これあるまじく候、後日のため証書、依てくだんのごとし

文化七午年五月

渡辺美濃（印）

同　母寿光院（印）

滋岡上野介殿

渡辺伊賀殿

大町越後殿

右の通り御三家へ一紙宛別に差し入れ置き候也

右で問題となっている社地は、図1中の表門前社地の東から二番目の社地である。右の史料によると、文化七（一八一〇）年五月に、社家の渡辺美濃は、表門前に所持する表口七間半、裏行一五間四尺の社地を担保に、借り換えを行い、天満屋猪蔵（居所を含め詳細は不明）から一ヵ年返済・利息は一ヵ月に一五匁の約束で、銀三貫目の借銀をした。この「地面質証文」には、借主の渡辺美濃とあわせて三名が連印している。西隣の渡辺伊賀（東渡辺）、東隣は社頭持（天満宮）であったため、社中当番として大町越後、そして神主の滋岡上野介の三者が名を連ね、末尾には社地支配人の山家屋又兵衛の奥書がみえる。

このような地面質証文の事例は他にも存在する〔例えば前掲「東京滋岡家文書」G15・G16など〕。他の事例でも補足しながら、少し細かい部分まで踏み込んでみた時、門前社地の社会的性格として注目されることは次の①—④である。

①「地面質証文」という名が示すように、借銀にあたり社家が差し出す担保は土地のみである。これは、社家は土地に関わる権利は有するものの、その上にある建家に関わる権利は有していないということを意味するのではないか。このあたりの事情の詳細は、三節で扱うことにするが、簡単に紹介すると次のようになる。今回の渡辺美濃の事例では「右の地面、これまで当時住宅の面々へ貸し附け、月々地子銀、此方へ収納いたし……」（史料2）とあり、他の事例でも「右の地面、是まで当時住宅小山屋市郎兵衛へ貸し附け、月々地子銀、此方（社家の小谷右兵衛）へ収納いたし……」・「右の地面、此まで押尾川巻右衛門へ貸し附け、月々地子銀、此方（社家の沢田栄治郎）へ収納いたし……」とある。すなわち門前社地での貸地経営の基本的な仕組みは、神主滋岡家や各社家から借地のうえ、小山屋や押尾川といった存在から地子銀を受け取る仕組みだと考えられる[2]。

②神主滋岡家や各社家による借銀返済が不能になった場合、地子銀は、銀主のもとに直接届けられることになる。渡辺美濃の事例では、借銀返済不能時の対処としては「其元（天満屋）より何方へなりとも、御貸し附け成され候而、地面貸し附け賃銀は、永代其元へ御取り入れ成さるべく候……」（史料1）とある。この関係は他の事例も同様である。すなわち質流れとなっても社地の本来的所有権が動くことはないが、地子銀を受け取る権利のみが動くということである。ここには社地の社会的性格が端的に示されている。

③借銀時の請人には両隣の社家と神主が立っている。渡辺美濃の場合は、渡辺伊賀と社中当番としての大町越後、そして神主滋岡上野介であった。渡辺美濃が借銀返済に滞り、請人に迷惑をかけてしまいそうな場合は、「日次頂戴の賽銭、半減通り、社頭にて御引き落とし下され、銀主へ御渡し下さるべく」（史料2）とある。他の事例でも「御社頭より頂戴仕り候毎日の御散物（御賽銭）、各様（三人の請人）思し召し次第御取り計らい、銀主へ御渡し下さるべく候……」とあり、参詣者から集めた賽銭の分配銀のなかから返済に充当することが、あらかじめ約束されている。

④ここまで見てくると、社地の社会的性格のみならず、それを運営する社家や神主家の社会的実態も浮かび上がってくる。借銀返済のために、自らの特権ともいえる地子銀や賽銭の分配銀すらも、そっくりそのまま手放そうとする様子からは、自己を存続させていくためになりふり構わない社家や神主、そしてそのことを相互保障しあう両者の社会的実態まで浮かび上がってくるようである。

二　支配人と門前社地

1　小山屋孫兵衛・山家屋又兵衛と門前社地

ところで先の「地面質証文」には支配人山家屋又兵衛の奥印が見られた。支配人とはどのような存在なのであろうか。

通常、支配人は、「支配人」もしくは「社地支配人」と記されることが多いが、「御社地支配役」「天満宮社地会所役人」と記されることもある。ここから、支配人とは、社地の会所に詰める〝社地の支配人〟という形が基本的なあり方であることがわかる。ただしこれから見ていくように、支配人個人の利害やその時々の巡り合わせ等により、実態はもう少し複雑である。

享和元(一八〇一)年七月から八月にかけて、支配人は小山屋孫兵衛から山家屋又兵衛に交代することになる。その時の様子を社家仲間の「寄合」から拾い出すと次のようになる〔「東京滋岡家文書」K30〕。

(1)享和元年七月

①小山屋孫兵衛による退任の申し出があったため、社家仲間は内々に了承した。

(2)同年八月八日

②小山屋から退任願いが提出される。それと同時に、小山屋は、自分の後任に山家屋又兵衛を推薦している。
③後任のことは「内々」に聞いていたこともあり、社家仲間は推薦された山家屋を寄合の場に呼び出し、その場で山家屋に支配人就任の意思確認を行う。山家屋が支配人就任の意思を示したため、新支配人に山家屋を内定した。
④なお小山屋は、あらかじめ山家屋に対して、支配人は交代するが、境内商人の管理は継続したい旨を伝えていたが、この小山屋の意向は、寄合の場で受け入れられず、境内商人の管理は西側仲間で行うこととなった。

(3)同年八月一三日

⑤新支配人山家屋を町奉行所に届け出る。
⑥「西側行司」(西側茶屋仲間)・「表門前借屋」・「霊符」(霊符茶屋仲間)・「的場屋敷」(社地の的場屋敷)の代表者を呼び出し、支配人が小山屋から山家屋に交代したことを伝える。あわせて境内商人に関しては「先々之通」り西側仲間が管理することを伝える。
⑦支配人の交代を町奉行所に届け出て聞き届けられたことを惣会所に届ける。

享和元年七月の段階で、小山屋から退任の申し出があり(①)、翌月の八月八日の段階で小山屋が支配人退任願いを正式に提出し、同時に後任の推薦を行い(②)、推薦された山家屋が新しい支配人に内定している(③)。ここまでで注目されることは、第一に支配人の交代が社家仲間の寄合で決定していることであり、第二に退任する小山屋があらかじめ後任を推薦していることである。後にふれることになるが、支配人が退任する時に後任を推薦することは、今回の事例に限ったことではないことには注意をしておきたい。

続く八月一三日には、支配人の交代を町奉行所に届け(⑤)、その後に開かれた社家仲間の寄合では、支配人の交代と境内商人の管理方法の変更が伝達されている(⑥)。まず支配人交代は、「西側行司」(西側茶屋仲間行司)・「表門

表１　支配人と西側茶屋仲間

	境　内	社　地
支配人小山屋孫兵衛時の運営のあり方	境内＝支配人小山屋孫兵衛	社地＝支配人小山屋孫兵衛
基本的な分掌関係 （「先々之通」りとされたあり方）	境内＝西側茶屋仲間	社地＝支配人
支配人交代時の小山屋孫兵衛の意向	境内＝小山屋孫兵衛	社地＝支配人山家屋又兵衛
社家仲間が寄合で決定した内容 （「先々之通」りとされたあり方）	境内＝西側茶屋仲間	社地＝支配人山家屋又兵衛

前借屋」（後述の門前社地の地借家主）・「霊符」（霊符茶屋仲間）・「的場屋敷」（社地）の者が呼び出され、支配人の交代が伝えられている③。境内商人の管理方法については、あらかじめ表1を作成した。これを参照しながら見ていくことにしよう。境内商人については、社地と同様に、支配人の小山屋孫兵衛が管理にあたってきたが、今後は、「先々之通」り、西側茶屋仲間が管理にあたるようにと西側茶屋仲間に伝えられている。「先々之通」りとあるように、現在のあり方は例外的なものであり、本来的には、支配人と西側茶屋仲間の分掌は、境内＝西側茶屋仲間、社地＝支配人という関係にあることがわかる。ただし八月八日④にもあるように、小山屋としては、支配人は交代するが、境内商人の管理については継続したいという意向を持っていたようである。しかしこの小山屋の意向は、社家仲間によって受け入れられることはなく、予定通り、境内＝西側茶屋仲間、社地＝支配人山家屋という形で収まった。

右の経過から注目されることは次の点である。第一に、「天満宮境内並社地」という空間構成に対応する形で、境内は西側茶屋仲間、社地は支配人という形で受け持ち範囲が別個に設定されていることである。このことは当然、それぞれの空間の性格が異なることを意味している。注目される第二は、社家仲間の寄合という場は、誰を支配人にするのかということのみならず、それに関わる細かな変更まで決定していることである。天満宮運営において、社家仲間の寄合は、肝心要の重要な位置にあることがわかる。第三は、第二の点と関わるが、視点を変えて、伝達される側から見ると、伝達される側は、そのような変更には一切関与しえていないことが注目される。典型的な事例は小山屋である。小山屋は支配人交代の当事者であり、退任後も境内運営に関わり続けることで、そこから生じる利益や影響力を確保する意向を持っていたと考えられるが、社家仲間によって個人としては運営からあっさりと排除されることになった。

2　魚屋専助と門前社地

続けて、支配人魚屋専助を取り上げてみよう。天保期頃から支配人を務めていた魚屋専助は、嘉永七(一八五四)年二月に退役を申し出る。そこには「此度病気につき相勤がたく候間、退役仕り度、願い上げたてまつり候、跡役の儀、養子嘉蔵へ仰せ付けられ成し下され候様……」(「大阪天満宮所蔵古文書」G94)とある。この場合、後任には養子の嘉蔵を推薦しているが、退役願いと同時に後任を推薦しているあり方は、小山屋の事例と同様である。しかし、この時の後任の推薦は認められ、養子嘉蔵は、後に魚屋専助と改名し、支配人に就任することになる。

次の史料(「東京滋岡家文書」G87)は、支配人に就任することになった嘉蔵が天満宮に対して提出した請証文の本文部分である。

[史料3]

一養父専助義、病気につき社地支配役御免のうえ、跡役願の通り、私へ仰せ付けられ有りがたき仕合いに存じたてまつり候

一①社地人別差加へ候節、宗旨等急度相糺し申すべき事

一②御社地・御社内において、博打諸勝負等の儀、これ無き様相心得え、精々見廻り申すべき事

一③御社地・御境内等にて隠し売女等、これ無き様仕るべく候、其外、御公儀より兼て仰せ出され御座候御法度の条々、当役中急度相心得え申すべき事

一④御社法向き、夫々皆相守り申すべき事
一⑤御社頭並びに御神主家・御社中等より御用向き御呼び立て候節、遅滞なく出でられ、相勤め申すべき事
一⑥御社地住居の者の家作、御境内諸小屋等、右持主勝手により、手元融通のため、外方へ質物等ニ差し入れ、金子調達等の節、役印申し来り候共、其度々、二重質等これ無き様、篤と取り調べ、御社頭へ相伺い、其上調印仕るべく候、尤社地人別出入等、是又相伺い、自儘一己の取り計らい急度仕るまじく候
一⑦御改革後、社内西側仲間退転の後は、諸小屋向き諸願書、支配人奥印仕り候ニ付ては願面ニ相違致さず候様取り計らい、猶又、依怙の沙汰これ無き様仕るべく候
一⑧御社頭御支配地面はもとより、御神主家・御社中御預り持ち御地面等、すべて地子銀相滞候義これ有り候ハヽ、精々取り建て、急度埒明け、遅滞なく上納仕らせ申すべき事
一⑨当御社地より成丈公訴等これ無き様取り計らい申し、尤住居の者撫育いたし候、御社地繁昌を専一ニ心懸け申すべく候、猶又隣町へ対し不和ヶましき義、これ無き様致すべき事

まず確認しておきたいことは、前書きにあたる冒頭での「社地支配役」という記載である。ここから支配人の本来的なあり方は「社地支配役」人であることがあらためて確認できる。

ただしこの嘉永七年は、これまでと事情が異なる。⑦（⑦等は史料中の番号）によると株仲間解散を経て、この段階でも西側茶屋仲間は退転したままであったため、これまで西側茶屋仲間が行ってきた「（境内商人の）諸小屋向き願書」は支配人が管理（「奥印」）することになっている。⑥も西側茶屋仲間退転という事情が反映している。二重質が発生することがないように権利関係について、本来ならば社地の「家作」は支配人が管理し、境内の「小屋」については西側茶屋仲間が管理するはずであった。しかし西側茶屋仲間が退転していたため、社地の建家も境内の小屋も支配人が担当している。さらに⑧についても同様のことがいえる。「御社頭御支配地面」＝境内はもちろんのこと、「御

神主家・御社中御預り持ち御地面」＝社地の地子銀督促も支配人が行うことになっていた。すなわちこの時期は、株仲間解散にともない西側茶屋仲間が退転していたため、「天満宮境内並社地」の全範囲を支配人が担当することになっていたのである。

このような特殊な事情はあるものの、右の史料には支配人の実態が示されることになる。特に注目されるのが①―③である。支配人は、①では新たに社地に移ってくる者があれば、キリシタンではないことをしっかりと問いただすこととされ、②では社地・境内では博打をさせないこと、③では社地・境内では売女商売を行わせないこととされている。一見して明らかなように、①―③の内容は宗旨巻の内容と合致している。大坂における一般的な町の宗旨巻とは、キリシタン・博打・遊女について、店借・地借・下人・下女にいたるまで違反がないことを、家持が毎月押印して証明していくものである。この宗旨巻に関わる内容が支配人の「請証文」の冒頭にきている意味は大きいのではないか。すなわち支配人は、地子銀取り立てのみならず、一人で町年寄や町人の役割を補完する役割までも担わされていたのではないだろうか。同じようなことは⑨にも当てはまる。社地の住人が、簡単に町奉行所に出訴することがないように、支配人は、事前に入念に調査することや、他町との掛け合い等も期待される存在だったことがわかる。

三　地借家主と門前社地

1　神主滋岡家の門前社地と地借家主

続けて門前社地の一例として神主滋岡家社地を取り上げてみよう。文政八(一八二五)年九月、神主滋岡家は、社地を担保にして能勢屋彦三郎から三二貫目一八三匁の借銀をしている。利息は一ヵ月に六五匁の約束である。なおこの時に交わされた借銀証文には全体的に×の印が付けられているため、完済もしくは借り換えによって、証文の効力は

表2　神主滋岡家管理の社地一覧

（ア）	表門通り社地	「表門通り八丁目北西角」 表口14間余×裏行7間余　98坪余 西隣は滋岡屋敷門内，東隣は八丁目大道 北隣は地続滋岡地面
（イ）	八丁目通り西側社地	（ア）と地続の「八丁目通り西側」 表口18間余×裏行7間余　126坪余 南隣は滋岡社地地面，北隣は八丁目の滋岡抱屋敷，西尻は滋岡居宅
（ウ）	鞠場屋敷	「農人町通西側」 表口15間余×裏行19間余　285坪余 南隣は八丁目滋岡抱屋敷，北隣は社家町境目 西尻は滋岡所持地

出典）「東京滋岡家文書」G36から作成.

失われているものの、端書きからは、文化七（一八一〇）年一一月、文政二（一八一九）年七月に続いて、この文政八年の段階で再び借り換えを行ったことがわかる（「東京滋岡家文書」G36）。

この時、借銀の担保として出された社地を一覧にしたものが表2である。これから見ていくように、表中（ア）―（ウ）は、神主滋岡家が管理する社地の全体像を示していると考えられるが、これらがどの社地に当てはまるのか、あらかじめ図1に記しておいた。

この表と図をもとにして、次の史料4（「東京滋岡家文書」G45）を見てみよう。

［史料4］

一札の事

一八丁目通り西側地面、表口南北拾弐間半、奥行東西七間也、此坪数但し奥の方、弐尺通ハ御用捨地面也、この地子一ヶ年三百六拾目ツ、にて、来る丑年正月より卯年十二月迄、三ヶ年の間、拝借仕り候、且亦御地面御入用の節は、何時成り共、建家取り払い、急度明け渡シ申すべき事実正也、尤右地子銀、毎年十月晦日限に急度先納仕るべく候事、御約定仕り候、万一右日限少しにても相違、延引仕候ハヽ、隣家並ミ之地子一ヶ月五分坪之算用にて御召し立て成され候共、其節一言の申し分御座なく候、後日のため仍てくだんのごとし

文政十一年子十二月

借り主　池田屋治右衛門

滋岡様御支配人

これは池田屋治右衛門から神主滋岡家に対して出された借地証文である。池田屋が神主滋岡家から借地する社地は、前半の傍線部にあるように八丁目通り西側にあり、表間口が「南北」に開いていることから、（イ）の社地に当てはまることは確実である。（イ）の表間口は一八間とあるが、今回池田屋が借地する部分は、一二・五間である。池田屋は（イ）の全てではなく、その大部分を、三ヵ年という期限付きで借地したことになる。

後半の傍線部にあるように、〝建家を取り払い、（更地にして）必ず明け渡す〟と、神主滋岡家に約束しているのは借主の池田屋である。池田屋の意志と責任で建家を取り払うことが可能であるということは、建家主は池田屋であり、自費で建家を建築していると考えられる。すなわち池田屋は神主滋岡家から借地し、自費で建家を建築している地借家主といえる。しかし傍線部にあるように、借地期間を定められていることや、神主滋岡家の都合によっては借地を更地にして返却することを約束させられているところを見ると、地借家主である池田屋の神主滋岡家や土地に対する権利は脆弱なもののようにも見える(4)。

続けて、次の史料5〔「東京滋岡家文書」G53〕を見てみよう。

［史料5］

一札の事

一この度、地主滋岡常陸介殿要用につき、我等借り受け居り候地面地子銀、壱ヶ月三軒分、都合四拾五匁二分を以て引当にて、其元殿より合わせて銀弐貫目、利足壱ヶ月に銀拾九匁六分の定にて借用致され候所実正也、然ル上は右地子銀、毎月晦日、相違なく其元殿へ相渡し申すべく候、尤右銀子元利相済み候迄、幾年にても、

直々我等より急度相渡し申すべく候、後日のため連印証文、仍てくだんのごとし

文政十三年寅正月

花屋新助
伊豫屋くに
代判　利兵衛
大和屋三四郎
代判　太七

池田屋嘉兵衛殿

これは、文政一三(一八三〇)年、神主滋岡家が地子銀を引当にした借銀に関わって作成されたものである。銀主の池田屋嘉兵衛に対して、花屋新助以下の地借の者たちが、借銀した神主滋岡家にかわり、本来ならば神主滋岡家に支払うべき地子銀でもって、完済するまで、直接、池田屋嘉兵衛に返銀していくという内容である。実際、神主滋岡家から池田屋嘉兵衛に出された別の史料(「東京滋岡家文書」G54)では「嘉永五(一八五二)年子三月戻」という記述があり、二十数年がかりで返済を完了したようである。また同じ史料からは、ここで問題となっている社地を「此方(神主滋岡家)持地面、表通り、花屋新助・伊豫屋くに代判利兵衛・大和屋三四郎代判太七借り受け居り候……」と表現している。「表通」りとあることから花屋以下の三人が借地している社地は、(ア)の社地に該当することがわかる。

ここでも神主滋岡家による借銀の担保や返済に充てられるのは三人が支払う地子銀のみであり、その上の建家は対象になっていない。もちろん、これまでの文脈から考えても花屋以下三名は地借家主と考えて差し支えない。

地借家主についてもう少し踏み込んでみよう。次の表3は、天保四(一八三三)年三月に作成された「宗門人別帳」に記載された名前人を一覧にしたものである。この「宗門人別帳」は、一節で神主滋岡家社地の居住者が「門前住宅之者」「門前家持・店かり之もの」と呼ばれていると紹介したものである。表紙等に記載はないものの、「神主地面」「神主地面花屋新助借家」などの記載から、これは神主滋岡家社地の「宗門人別帳」だと判断できる。そのため、表

表3　「宗門人別帳」（滋岡家社地）

社地	居所	名前人
（ア）	神主地面花屋新助借家	中嶋屋佐市
（ア）	神主地面	伊豫屋弥兵衛
（ア）	神主地面	大和屋三四郎
（ア）or（イ）	神主地面仏具屋喜兵衛借家	塩屋庄七
	神主地面仏具屋喜兵衛借家	清水屋善助
（イ）	神主地面池田屋治右衛門借家	茶屋伊之助
（イ）	神主地面池田屋治右衛門借家	丹波屋宗助
（イ）	神主地面池田屋治右衛門借家	八幡屋萬蔵
（イ）	神主地面池田屋治右衛門借家	嶋屋亀吉
（イ）	神主地面池田屋治右衛門借家	はりま屋安兵衛
（イ）	神主地面池田屋治右衛門借家	中嶋屋七右衛門
（イ）	神主地面池田屋治右衛門借家	山田屋弥兵衛
（イ）	神主地面池田屋治右衛門借家	有田屋冨三郎
（イ）	神主地面池田屋治右衛門借家	綿屋八三郎
（イ）	神主地面山家屋栄助借家	美濃屋弥右衛門
（イ）	神主地面	福地屋治助
（ウ）	神主地面鞠場地	大濱屋専治郎
（ウ）	神主地面鞠場地	鯛屋くら
（ウ）	神主地面鞠場地	船屋太郎兵衛
（ウ）	神主地面鞠場地	はりま屋善助
（ウ）	神主地面鞠場地	菊屋くめ
（ウ）	神主地面鞠場地	和泉屋藤兵衛
（ウ）	神主地面鞠場地	土佐屋うめ
（ウ）	神主地面鞠場地	阿波屋亀三郎
（ウ）	神主地面鞠場地	大和屋吉兵衛
（ウ）	神主地面鞠場地	いせ屋し□
（ウ）	神主地面鞠場地	天満屋喜兵衛
（ウ）	神主地面鞠場地	扇屋つる
（ウ）	神主地面鞠場地	河内屋りつ
（ウ）	神主地面鞠場地	松屋庄兵衛
（ウ）	神主地面鞠場地	木屋うめ
（ウ）	神主地面鞠場地	嶋屋まさ

中に神主滋岡家社地（ア）―（ウ）の分類も示しておいた。[5]

一見して明らかなように（ア）には文政期（史料5）の花屋・伊豫屋・大和屋の名前が見え、（イ）には同じく文政期（史料4）の池田屋治右衛門の名前が見える。（ウ）の鞠場は、かつて別の素材をもとに検討したことがある〔屋久 二〇一三〕。簡単に紹介すると、（ウ）鞠場屋敷は霊符（「レイフ」）とも呼ばれ、そこには零細な茶屋仲間（黙認の遊女屋仲間）が存在していた。この鞠場仲間は借株の茶屋営業者で構成されていた。そして、鞠場仲間への加入の条件は鞠場屋敷において建家を所持することであった。すなわち「神主地面鞠場地」の大濱屋以下の人物は、遊女屋経営者であると同時に、零細ながらも地借家主だったのである。

地借家主と借家人の両方の存在に注目すると、例えば冒頭の「神主地面花屋新助借家中嶋屋佐市」は、神主滋岡家社地を借地した花屋新助が地借家主であり、中嶋屋佐市は、その借家人となる。続く「神主地面伊豫屋弥兵衛」は神主滋岡家社地を借地した伊豫屋弥兵衛が地借家主となる。このような記載のされ方から考えて、伊豫屋は居付の地借家主と考えられ、花屋は不在の地借家主と考えられる。すなわち地借家主が社地に居住する居付の地借家主とそうでない不在の地借家主とに二重化している様子が見えてくる。このような視点から、この表に登場する地借家主を分類すると次のようになる。

(1)居付の地借家主…伊豫屋弥兵衛・大和屋三四郎・福地屋治助・鞠場仲間構成員

(2)不在の地借家主…花屋新助・仏具屋喜兵衛・池田屋治右衛門・山家屋栄助

(2)の場合は、不在の地借家主による家屋敷経営が行われており、そのなかでも、先ほども登場した池田屋治右衛門は大規模な家屋敷経営を行い、多数の借家人を抱えていることが確認できる。

以上のことから門前社地には多くの地借家主が存在し、その一部は不在の地借家主という立場で家屋敷経営を行っていたことが明らかになってきた。ここから浮かび上がってくる論点は多岐にわたるが、特に注目されることは次の二点である。第一は地借家主と地主的立場にある神主滋岡家・社家の関係であり、第二は居付の地借家主と不在の地借家主が混在するなかでの社地運営のあり方である。第二の点は特に重要な論点となるが、検討するには、史料的制約もあり、いまだ多くの課題を抱えている。そのため、これの前提となる第一の点を地借家主による家屋敷経営のあり方から見通してみたい。

2 「表門前建家持中組合定」と社地運営

ここまで明らかになってきた門前社地の基本構成は、［「地主」（社地に不在の神主・社家）―地借家主（社地に居付の地借家主と不在の地借家主）―借家人］である。門前社地を一般的な町に置き換えた場合、町人の立場にあたるのが地主的存在としての神主滋岡家や各社家であるが、これらは社家町に居住しているため、門前社地に不在の存在である。さらに彼らは地借家主から地子銀を受け取る立場にあるが、これまでの検討からも明らかなように、神主滋岡家や社家にとっての社地やそこから得る地子銀は、彼らの特権ではあっても、借銀の担保という意味合いが強く、それ以上の関心を持ち合わせていたかどうかは大きな疑問である[6]。このように門前社地の運営に関心を持たない神主滋岡家や社家に代わり、運営の担い手となったのが地借家主だったのではないか。たしかに地借家主たちは、町人的立場にはないものの、借地の上には自費で建築した家屋敷がある。地借家主たちにとって、自己の財産としての家屋敷を維持・運営していくことに大きな関心が払われていたことは容易に推測できる。

このような関心のもと作成されたと考えられるものが「表門前建家持中組合定」〔以下「組合定」・「東京滋岡家文書」G20〕である。「表門前建家持」とは門前社地の地借家主のことであり、彼らは「建家持中」という形で「組合」＝地借家主仲間を形成していたことがわかる[7]。

この「組合定」では、地借家主が自身番を「順番」に務めること、火の用心のために風が強い時は月行司が見回ること、その月行司は地借家主が「順番」に務めること、さらに後述する披露目の出銀規定に関わっては月行司が取り仕切ること、「御公儀御用」が発生した時に支配人に差し支えがある場合は、「順番」に月行司が代人を務めること等々が取り決められている。この「組合定」は、地借家主が順番に務める月行司を中心にしながら、門前社地を円滑に運営していくための取り決めだといえよう。さらに「順番」を強調した運営のあり方からは、地借家主同士が互いに結びつくことで、門前社地における平等性を実現し、そうすることによって互いの共同を同時に強制したものと読み取ることができる。

次の表4は、「組合定」中の披露目に関わる出銀規定を一覧にしたものである。門前社地においても一般的な町と同じように物書・髪結・若い者が存在していることは驚きである。しかしここでは「組合定」における神主滋岡家・各社家の位置づけを通して、門前社地の運営のされ方について検討してみたい。

表4 「組合定」における出銀規定

	項　目	「御地主」	支配人	物書	髪結	若イ者	組合	家主
①	地借家主の名前替（代替わり等の相続）	銀1両	3匁	2匁			3匁	
②	借家人の名前替（代替わり等の相続）		1.5匁	1.5匁			1匁	
③	新規に借家を貸し出す		2匁	2匁			2匁	2匁
④	新規に同家人を入れる		2匁	2匁			2匁	2匁
⑤	新規の建家（家屋敷）購入	銀1両	銀1両	3匁	1.5匁	1.5匁	（分一銀）	
⑥	新規の建家（家屋敷）購入（1貫目以下）	3匁	3匁	2匁	100文	100文	（分一銀）	

まず出銀規定の枠組みから確認しておこう。出銀規定は次の二つの局面が想定されている。一つは建家購入（⑤⑥）と建家の相続に関わる局面（①）であり、もう一つは借家人に関わることなど、地借家主による家屋敷経営に関わる局面である（②③④）。

前者の新規の建家購入者・相続者は、この披露目を経て、晴れて社地の地借家主として認知され、「組合」加入を果たすことになる。そのため、この披露目は特に重要な意味を持つ。そのため出銀額も高額である。そしてここでの新規の購入者・相続者は、神主滋岡家もしくは各社家と新たに借地契約を結ぶことを前提としているため、披露目の対象に「御地主」（神主滋岡家・社家）があることは当然のことと容易に理解しうる。しかしここで注目しておきたいことは、後者の家屋敷経営に関わる局面では「御地主」（神主滋岡家・社家）は披露目の対象になっていないことである。これは、借り受けた社地をどのように運営するかという家屋敷経営の局面では神主滋岡家や社家を全く関与させていないことを意味しているのではないか。すなわち地借家主から地子銀を受け取ることになる神主滋岡家や社家は、わざわざ「御地主」と記され、敬うべき存在として位置づけられてはいるものの、家屋敷経営や門前社地の運営からは実質的に排除されていると考えられるのである。

ここからは門前社地における擬似的側面とその背後で成熟しつつある実質的側面が浮かび上がってくる。擬似的側面とは、門前社地における町制機構が、

表５　支配人の後任推薦と管轄

	時　期	支配人名前	後任に推薦された人物	認可・不認可	支配人の管轄
（ア）	寛政12(1800)年２月	長尾屋源兵衛	悴	不認可	社地
（イ）	享和元(1801)年８月	小山屋孫兵衛	山家屋又兵衛	認可	社地＋境内
（ウ）	天保4(1833)年５月	山家屋又兵衛	悴山家屋栄助	不認可	社地＋滋岡家社地
（エ）	嘉永7(1854)年２月	魚屋専助	悴嘉蔵（養子） （のち専助と改名）	認可	社地＋境内

出典）「大阪天満宮所蔵古文書」G32,「大阪天満宮所蔵古文書」G85,「東京滋岡家文書」G94から作成.

町人不在の擬似的なものであったということである。一方の実質的側面とは、地借家主は町人的立場にはないものの、自分たちの家屋敷経営に関わる平等性の維持や共同性の実現を通して、この擬似的な町制機構の担い手として成長しつつあったということである。

おわりに――支配人と地借家主

最後に、まとめをかねて社地運営に関わる重要な存在である支配人と地借家主について、それぞれの視点から天満宮全体への位置づけを考えてみることにしよう。

まずは支配人について見てみよう。基本的には、境内の運営は西側茶屋仲間が管轄し、社地の運営は支配人が管轄していた。しかしここまで見てきたように、株仲間解散などの社会状況などもあり、一言に「支配人」といっても多様なあり方が存在した。

次の表5は支配人の後任推薦と管轄についてまとめたものである。支配人の交代が確認される全ての事例で、退任時に後任の推薦を行っている。支配人側にとってこのことの持つ意味は重要なのではないか。後任の推薦を行うという点を最大限に評価するならば、支配人の役職が株化していることをうかがわせる。あらかじめ前任者が後任者を確定させようとしているところに支配人の株化の可能性がありそうである。ただし、表からも明らかなように、全てがそのまま認められる訳ではなく、支配人の任命、さらに支配人に任される範囲は、社家仲間が掌握していることも重要である。そのため、支配人の株化とは、近世を通して、いまだ萌芽的であり、社家仲間からの進退を脱するという領域には達していなかったのではないか。

そして象徴的な出来事が、このような支配人は明治期になると、その存在が確認できなくなることである。確かに支配人は一人で町年寄や町代の役割を期待される存在であったが、町奉行の側から見れば、地主的な存在は、あくまで神主滋岡家や各社家である。支配人は、社家仲間の掌握のもと、実務面で代行させられていたにすぎない。除地という神主滋岡家や各社家に与えられた身分的な特権を前提にした近世的存在だったといえるのではないか。

図3　明治期の地籍図

このような支配人のあり方と対照的な存在が地借家主である。次の図3は、明治期に作成された地籍図である。ここには神主屋敷と神主滋岡家が管理する社地に該当する区画が記されている。図中に「字　表門筋」とある通りが、かつての表門通りであり、「此花町弐丁目」と記された通りが、かつての八丁目通りである。五十四番地から五十七番地までが、（ア）表門通り北側の社地に該当し、五十番地から五十四番地までが（イ）八丁目通り西側の社地に該当する。

かつての社地は、（ア）表門通り北側・（イ）八丁目通り西側という二つの区画でしかなかったが、この地籍図では、それ以上に土地が細分化されていることがわかる。この細分化された区画の一つひとつに地借家主が存在していたのではないか。そして、このように細分化された地籍図の存在は、明治期になり、地借家主の実質的所有権が認められ、彼らに地券が発行されたことを意味するのではないか。近世を通じて、地主的立場＝町人的立場にある神主滋岡家・各社家にかわり、町人不在という門前社地にあって、擬似的なものとはいえ、町制機構を作り上げ、その担い手として門前社地運営にあたり続けた姿が、明治期に実質的所有権が認められ、地券発行という形に結びついたといえそうである。ここに、門前社地運営において、地主的立場にある存在の進退を脱した地借家主たちの内実を読み取ることができるのではないだろうか。

(1) ここでは『新編日本古典文学全集　東海道中膝栗毛』（小学館、一九九五年）。すでに指摘されているように『東海道中膝栗毛』の挿絵は、『摂津名所図会』を模したものが散見される。この挿絵も同書を参考にしたものと考えられるが、大鳥居と表門をつなぐ九丁目通りの様子がよく描かれているため、こちらの挿絵を採用した。

(2) ここに登場する小山屋や押尾川は、後述する地借家主そのものであると考えられる。

(3) なおここで呼び出された諸集団は、本章冒頭で紹介した「天満宮境内並社地」という空間に構造的に存在する重要な構成要素といえる。そしてこれら諸集団は支配人交代に関わり呼び出されたわけであるから、これら諸集団と支配人との関係、さらには天満宮との関係が注目されるところである。

(4) なお引用史料の後半部には返済の約束が守られない場合は「隣家並ミ」の地子銀に引き上げることが示されている。期限を設定されていることは、社地を安く貸し出すことと関わっているかもしれないが、詳細は不明である。

(5) 「宗門人別帳」の記載範囲は神主滋岡家社地に限定されている。現存していないものの、各社家の社地ごとに「宗門人別帳」が作成されていたと推測される。

(6) 例えば史料5では、神主滋岡家の借銀は、神主滋岡家を経由せず、地借家主たちから、直接銀主に返済する方法がとられていた。銀主の立場からいえば、この方法は確実で、合理的な方法といえるが、地主的立場にある神主家や社家の立場・権利は考慮されていない。それにもかかわらず、神主家や社家は、このような返済方法を了解し、推進している。ここでの指摘は、このような神主家や社家の機械的な態度・姿勢を前提としたものである。

(7) 「組合定」の表紙には「文化八未九月改」とあり、この「組合定」は文化八（一八一一）年九月に改正されたものだとわかる。ここから地借家主仲間は、これ以前から存在していたことがわかる。

参考文献

木浦里美「大坂天満宮をめぐる社会的諸関係――六月祭礼を中心に」塚田孝・八木滋編『近世大坂における神社と都市社会』大阪市立大学大学院文学研究科都市文化研究センター、二〇一七年
屋久健二「近世大坂天満宮の茶屋仲間」佐賀朝・吉田伸之編『シリーズ遊郭社会1　三都と地方都市』吉川弘文館、二〇一三年a
屋久健二「近世大坂天満宮の境内商人と西側仲間」『市大日本史』一五号、二〇一三年b
屋久健二「近世大坂天満宮の社家仲間と運営」『市大日本史』二一号、二〇一八年
吉田伸之「巨大城下町―江戸」「都市民衆世界の歴史的位相――江戸・浅草寺地域を例として」『巨大城下町江戸の分節構造』山川出版社、二〇〇〇年
吉田伸之「寺院・神社と身分的周縁」「寺社をささえる人びと――浅草寺地域と寺中子院」同編『身分的周縁と近世社会6　寺社をささえる人びと』吉川弘文館、二〇〇七年

〈特論5〉

四天王寺と楽人

山崎竜洋

はじめに

近世の都市社会史研究を牽引する吉田伸之により、巨大城下町を構成する分節構造の一つとして寺院を磁極とする「寺院社会」論が提示され〔吉田 二〇〇〇〕、城下町における寺院社会についての研究が進んでいる。

近世大坂においては近年、生玉社や天満宮といった神社社会の研究が進展しているが〔本書第7章屋久論文〕、四天王寺を中心とする寺院社会の研究もまた進められている。

四天王寺は大坂三郷南の天王寺村に所在し、同村内に寺領として朱印地一一七二石を与えられていた。近世の寺院運営は衆徒十二坊と秋野坊を中心に行われており、これらの下に境内内外の諸堂付の聖や門役、堂司、公人などの諸役人が存在していた。これらの諸役人は天王寺村内に存在した諸町の町役人を務める者も存在した〔山崎 二〇一二〕が、これらの役人の中に今回取り上げる楽人〔天王寺楽所〕も含まれている。

天王寺楽所は『徒然草』にも取り上げられているように古くから四天王寺において舞楽を担っており、東儀・林・岡・薗の四氏で構成されていた。天正年中に南都楽人とともに朝廷に出仕し、朝廷の儀式においても舞楽を担うようになり、京都・南都・天王寺で構成される三方楽所の一角を担うようになった。寛文六〔一六六六〕年には幕府から大和国平群郡七ヵ村に二〇〇〇石の朱印地を拝領し、三方楽所として朝廷・幕府の儀式に参勤する一方で、四天王寺の法要に参勤するという形をとるようになった。

近世の天王寺楽所は三方楽所の一端を担うようになったことから、京都に居住し、主として朝廷儀式での舞楽を担った「在京」と呼ばれた者たち、そして天王寺村に居住し、四天王寺の法要に主として参勤する「在天」と呼ばれた者たちという二つのグループに分かれていた。そして、「在天」の楽人内でも、四天王寺領に自らの家屋敷を所有し、家屋敷経営を行う「寺領住」、幕府領の借家に居住する「御料住」の二つに区分することができる〔山崎 二〇〇六〕。

本論では、四天王寺の諸役人としての側面に注目し、四天王寺で執り行われた将軍家年忌法要、および四天王寺で最重要の法要である聖霊会で起こった争論から、四天王寺法要の中での天王寺楽人、四天王寺と天王寺楽所の関係について見ていくこととしたい。

一　将軍家法要における楽人

四天王寺に残された約二〇〇〇点の史料の中には四天王寺で執り行われた将軍家年忌法要に関係する文書が多く残されている。史料が残されている法要を示したのが表1である。これをみると三五回分の将軍家年忌法要に関する文書が残されており、その年代は宝暦三(一七五三)年から元治元(一八六四)年までにわたっている。

四天王寺で将軍家の年忌法要が執り行われるようになった由緒を記した「御神影御尊号安置御由緒書」〔四天王寺文書一—四五〕からその経緯を見ておこう。

最初の契機となったのは、寛永五(一六二八)年四月に日光で執り行われた家康十三回忌法要である。この法要には四天王寺からは寺僧一舎利通順が参勤していたが、その際に慈眼大師(=天海)から、四天王寺は「御由緒格別之伽藍」であるので、「権現様御神影」を四天王寺五智光院に勧請し、家康の命日である四月一七日に四天王寺で法要を執り行うように仰せ渡されている。その後、慶安四(一六五一)年四月の家光死去に際し、四天王寺でも家光の法要を執り行うことを大坂城代に届け出て認められ、法要には大坂城代以下の諸役人が参拝し、銘々から「御献備物」が四

表1　四天王寺文書に残る将軍年忌法要一覧

年	西暦	法要名	記録	香奠帳	法事次席
宝暦3年6月	1753	有徳院三回忌	2-77		
宝暦7年6月	1757	有徳院七回忌	2-76		
明和8年6月	1771	有徳院二十一回忌	2-144-8	2-144-7	2-144-1
安永4年6月	1775	有徳院二十五回忌	2-143-1	2-143-2	2-143-5
安永8年5月	1779	厳有院百回忌	2-142-1	2-105-1	
安永8年6月	1779	孝恭院百ヶ日	2-78	2-111-1	6-69-2
天明3年	1783	有徳院三十三回忌	1-80	3-91	4-440
天明5年2月	1785	孝恭院七回忌	3-95	3-100	
天明6年10月	1786	浚明院七日・百ヶ日	1-87	3-118	
天明7年1月	1787	浚明院一周忌	3-96		2-118
天明8年	1788	浚明院三回忌	3-101	1-92	2-116
寛政3年2月	1791	孝恭院十三回忌	3-124	3-93	4-439
寛政4年1月	1792	浚明院七回忌	1-73		
寛政10年1月	1798	浚明院十三回忌		3-5-1	
寛政12年	1800	有徳院五十回忌		3-94	
寛政12年4月	1800	大猷院百五十回忌		3-12-1	3-12-2
享和2年	1802	浚明院十七回忌	4-14-1	3-113	
文化4年11月	1807	常憲院百回忌	1-77		
文化8年3月	1811	孝恭院三十三回忌	1-78	1-74	2-117
文化12年	1815	東照宮二百回御神忌	3-81		
文政元年1月	1818	浚明院三十三回忌	1-85		4-438
天保2年1月	1831	台徳院二百回忌	1-72-7		1-72-5
天保6年	1835	浚明院五十回忌	1-97	1-95	1-94-1
天保12年3月	1841	文恭院御中陰法事一七日	1-91	1-99	
天保12年5月	1841	文恭院百ヶ日		1-46	2-114
天保13年1月	1842	文恭院一周忌	1-71-4	1-71-3	1-71-2
天保14年	1843	文恭院三回忌			4-441
嘉永3年4月	1850	大猷院二百回忌	2-84	2-103	2-112
嘉永3年6月	1850	有徳院百回忌	2-85	2-107	2-113
嘉永6年1月	1853	文恭院十三回忌		2-140-4	
安政4年	1857	文恭院十七回忌		2-138-5	2-138-2
安政4年11月	1857	常憲院百五十回忌		2-139-1	2-139-5-4
安政5年9月	1858	温恭院御中陰	2-81		2-141-6
安政5年9月	1858	温恭院百ヶ日			2-141-5
元治元年5月	1864	東照宮二百五十回忌	2-87		

注）記録・香奠帳・法事次席の覧の番号は四天王寺文書の番号を示す.

天王寺に納められたという。その際、「一七日」(初七日)の法要を四天王寺で執り行う様に依頼を受け、「一七日」の法要を行った。そして、これ以後、将軍の年忌法要が執り行われる際には「上野(=寛永寺)」に葬られた将軍の年忌法要には大坂城代以下の諸役人が四天王寺に参拝するようになったとしている。つまり、家康・家光の法要を契機として四天王寺で将軍家年忌法要が執り行われるようになったといえよう。表1にあげた法要をみると、四天王寺で法要が執り行われた将軍は江戸では東叡山寛永寺に霊廟があった将軍と一致している。このことについては同じく「御神影御尊号安置御由緒書」に次のように記されている。

[史料1](四天王寺文書一—四五)

一、台徳院様御年忌御法事修行し奉り候節も、前々は御城代始め御一統当山え御参詣御座候処、中古以来天満専念寺に御尊号安置し奉り候後は、かの寺え御参詣これ有り、其の後追々増上寺え入らせられ候御代々は惣じて専念寺え御参詣御座候事

元々は四天王寺で秀忠の法要を執り行った時に城代以下の参詣があったが、「中古以来」天満専念寺に「御尊号」が安置されて以後は専念寺へ参詣するようになった。その後、増上寺に葬られた将軍については天満専念寺において法要が行われ、城代以下の諸役人も専念寺へ参詣していることが記されている。大坂において、四天王寺は江戸の寛永寺に相当する位置づけにあり、将軍家の年忌法要が重要なものであったが、その立場は江戸・増上寺に相当する専念寺と並び立つものであったと言うことができよう。

では、四天王寺における将軍家法要の中で楽人はどのような働きをしたのであろうか。ここでは一例として文政元(一八一八)年に執り行われた一〇代将軍家治(=浚明院)の三十三回忌法要を取り上げてみておきたい。

九月二日に大坂町奉行から四天王寺に対して、同四日に江戸寛永寺において家治三十三回忌法要が行われるため、鳴物停止などを求める触が伝えられている。これを受け、四天王寺においても六日から八日にかけて法要を執り行う

こととなり、四天王寺から諸役人に対して、法要に向けての指示が出されている。

同三日には、諸役人に対し法要に際しての役割を申し渡している。一例として聖老分の養元・円正に対しての申し渡しを見ておこう。

［史料2］（「浚明院殿就三十三回御忌御法事修行始末記録」九月三日条（四天王寺文書一―八五））

一、浚明院様三十三回御忌、当山に於いても先規の通り来る六日より八日まで御法事修行し奉るべき間、兼ねて相談の上御仏殿御修理等取り掛かり罷り在り候処、日限等衆議、いよいよ以って治定につき、その段秋野坊えも相達し、今日両組老分養元・円正等年預役所へ相呼び、御法事修行し奉るに付き、明四日より御荘厳幷に御膳盛等惣出に相勤むべし、……

ここでは聖老分である養元と円正を年預役所へ呼び出し、明四日から法要が行われる堂の荘厳を行うように申し渡している。同日には五智光院聖道閑、門番組頭など他の役人も、同じく堂舎の荘厳をするよう申し渡されており、準備をまず進めている。

楽人に対しては、この翌日に次のように申し渡されている。

［史料3］（「浚明院殿就三十三回御忌御法事修行始末記録」九月四日条、四天王寺文書一―八五）

楽所年番、沙汰人伊織を以って

今般

浚明院様三十三回御忌来る六日より八日まで二夜三日先規の如く御法事修行し奉り候間、御申し合わせ御出勤成さるべく候、もっとも御法事式一通御達し申し候

右の通り申し達し候所、承知の旨後刻返答これ有る事

ここから、楽人に対しては沙汰人伊織を通して法要が執り行われることが伝達されていることがわかるとともに、

同時に「法事式」が伝達されていることが注目される。この「法事式」は法要の式次第を記したものであり、法要での寺僧の役割、進行などを記したものである。楽人には寺僧の役割分担が記されていない簡略なものが伝えられていることが別の法要の史料から確認できる。しかし、堂舎の「荘厳」を申し渡されたのみである聖や門番らとは異なり、楽人は法要に参勤するために「法事式」が伝えられたものと考えられる。

この申し渡しの仕方についても楽人と諸役人で違いが見られる。諸役人に対しては直接申し渡されているが、楽人に対しては沙汰人を介して申し渡されている。また、聖や門番など諸役人に対しては、四天王寺から一方的に「申し渡す」のみで、参勤についての可否の返答は求められていないが、楽人は四天王寺からの申し渡しを受けて「承知」の旨を四天王寺に対して伝えている。つまり、聖や門番などが行う荘厳に対しては四天王寺からの申し渡しが行われるのみで、出勤する諸役人の意思は求められていない。しかし、楽人に対しては申し渡しがなされた後、楽人から「承知」の旨を伝えているように、参勤について意思確認が行われているのが特徴的である。

その後、六日から八日にかけて五回の法要が執り行われたが、法要の導師などの配役は寺僧が担当している。これらの法要目録を見ると「音楽」「付楽」と記されており、楽人は法要の際に音楽を伴奏する役割を与えられていた。将軍年忌法要に出勤した楽人をみると人数はほぼ十名前後で、「在天」の楽人のみが参勤していることが確認できる。九日に法要が終了したことを四天王寺から大坂町奉行に連絡することで、法要の一連の流れは終了している。この後、年忌法要に関わった寺僧や諸役人に対し、法要に参拝した大坂城代などからの香典を分配しており、楽人も配分を受けていることがわかる。

このように、四天王寺において定期的に行われる法要ではないが、四天王寺にとっては将軍の年忌法要は重要な位置づけにあったものと考えられる。そこでは、楽人は四天王寺の役人として参勤しているが、聖などの他の諸役人とは異なり、実際に法要に参勤することから参勤の可否を伝えている。町奉行からの触を受けてからのため、準備の期間も短く「在天」の楽人のみの参勤であったが、香奠の配分を受けるなど、楽人は四天王寺における将軍年忌法要には欠かせない存在であったと言うことができよう。

二　聖霊会における楽人――享和年間抜頭一件

聖霊会は毎年二月二二日に行われた四天王寺にとって最重要の法要である。聖霊会では三〇曲前後の舞楽を執り行うため、天王寺楽所の参加は不可欠であり、楽所も「在京」「在天」にかかわらず、ほとんどの天王寺楽所の楽人が参勤するものであった。しかし、一八世紀半ば以降四天王寺と楽所との間で争論がたびたび起こるようになり、聖霊会の舞楽をめぐっても争論が起こっている。ここでは、享和三(一八〇三)年の聖霊会の際に起こった抜頭をめぐる一件から四天王寺と楽人の関係についてみておきたい。抜頭一件については、天王寺楽所のうち林家の記録である「四天王寺楽人林家楽書類」に含まれる「抜頭一件之留」に一九世紀初頭に立て続けに起こった抜頭一件の記録が残されており、争論の経過などは同史料を用いた南谷美保による研究が行われている〔南谷 二〇一〇〕。

享和元(一八〇一)年一二月、四天王寺五重塔への落雷から出火し、伽藍内の金堂など多くの堂社が焼失した。この後、焼失した堂社の再建が進められる状況の中、享和二(一八〇二)年の聖霊会が開催された。その中で天王寺楽所の東儀家から林家に対し、太平楽・狛鉾の終了後、夜に入ったため「新楽二番」「賀伝・地久」「還城楽・抜頭」を省略したいといった申し入れがされた。林家側としては省略には不満ではあるが、四天王寺から伽藍焼失後でもあるので、会式を早く終了させるよう依頼があったこと、東儀家から「還城楽・抜頭」をふくめた四番の省略を重ねて申し入れてきたことから、享和二年については東儀家の申し入れ通り曲を省略し、聖霊会は終了した。

ここから享和二年時点で聖霊会の法要が延長しており、刻限内に舞楽が収まらなくなっている状況をみることができる。このような状況を受けて、翌年の聖霊会の前には四天王寺側から天王寺楽所に対して、「例年夜にまで舞楽が及んでおり、雑費も多くかかっており迷惑である」として、夜にまで延長しないよう申し入れている。

この申し入れに対し、楽所からは「……仮令伽藍失い候共、聖霊会の義は格別の会式に候へは、有り来り通り厳重に相勤めたく、万事差略致し候ては大会の詮これ無く、省略の儀相談に及び厳重に相勤むべき一統存心の趣」(「抜頭一件之留 二」京都大学付属総合図書館所蔵『四天王寺楽人林家楽書類』六一)として、従来どおりに舞楽を勤めることを主張し、四天王寺の申し入れを拒否し、結局は寺側もその主張を受け入れている。

しかし、実際に聖霊会が始まった後、東儀家から林家に対して、終盤数曲の省略を申し入れることとなった。それを記したのが次の史料である。

[史料4](「抜頭一件之留 二」京都大学付属総合図書館所蔵『四天王寺楽人林家楽書類』六一)

……入調後、安摩、散手・貴徳、太平楽・狛鉾、賀王恩・八仙、陵王・納曽利まで相勤め、その次甘州・林歌、央宮楽・長保楽、賀伝・地久、還城楽・抜頭、陪臚都合四番半の所、遅刻に相成り候間、央宮楽・長保楽、賀伝・地久、還城楽・抜頭略仕り、早く甘州・林歌、陪臚右三曲にて、還幸相催したきと左方一統より臨期に申し越し候……

ここでは東儀家は残り九曲になった時に、「甘州・林歌」までは予定通りに進め、その後の六曲を省略し、最後に演奏する「陪臚」につなげることを提案している。しかし、林家の立場としては、「甘州・林歌」を省略し、「還城楽・抜頭」を演奏するべきであるとして両家の間で省略する曲目について対立が起きている。つまり、法要で演奏する曲目をめぐる楽人間での主導権争いにより、聖霊会の進行に影響が出ているのである。このように双方ともに引き下がらない状況に、四天王寺から「遅刻に相成り候間、還御早く催したく、夫れとも楽所においては故障これ有り候はば、寺僧斗りにて還幸申すべきや」(「抜頭一件之留 二」京都大学付属総合図書館所蔵『四天王寺楽人林家楽書類』六一)

と楽所抜きで法要を進行することを伝達したことで、今年に限り「陪臚」だけを勤めることに同意し、聖霊会を終えている。

ここで注目したいのは楽人間での争論が聖霊会の進行に大きな影響を与えていることである。会式前の四天王寺からの提案に対して、楽所は聖霊会は厳重に行うべきであると主張していたこと、それによって会式が夜遅くに及んでいたこと、ただし、楽所内部ではどの曲を重視するかで対立が起こっていたことがわかる。ここで両家が演奏するべきとしている曲は家付の曲としてそれぞれが重要視しているものである。特に林家側は「還城楽・抜頭」は舞人がいない時には「楽斗」（舞を行わず、曲の演奏のみを行う状態）の形であっても行っており、昨年に続けて行わないのは「林家一統甚だ迷惑」であるとして、抜頭の省略には強く反対している。

このような事態を受け、聖霊会の終了後、四天王寺から今回の楽人の件につき武家伝奏へ願書を差し出している。そこでの訴えの内容は以下の通りである〔「抜頭一件之留　二」京都大学付属総合図書館所蔵『四天王寺楽人林家楽書類』六二〕。

・楽人は聖霊会を「容易」に心得ており、法会の場において「故障」に及ぶようになった。特に享和二年、三年の聖霊会は楽人の間の争論により法会の進行に影響が及んでいる。
・楽人は「皇太子為御法会」に四天王寺に付けられた存在であるのに、その趣意を忘却している。
・四天王寺からの申し入れは「身分支配違い」であるとして、楽人は聞き入れない状態である。

ここからは四天王寺の楽人の位置づけについての認識を見ることができる。四天王寺は、楽人は「皇太子」の法会のために四天王寺に付けられた存在であるとし、四天王寺の下役人として認識している。しかし楽人はその趣意を「忘却」している。そして、四天王寺からの申し入れは「身分支配違い」であるとして、楽人は聞き入れなくなっているとしている。ここから、楽人が四天王寺の支配を受け入れない状況にあったことがわかる。

このような状況は宝暦年間に四天王寺と楽人との間でおこった争論の影響を受けていると考えられる。この争論は①楽人の身分格式、②四天王寺から楽人に与えられる配当が知行か扶持かをめぐって争われたものであるが、このなかで楽所は自らを「禁裏楽人」として位置づけることで四天王寺からの支配を否定し、楽人は堂上公家四辻家支配であるとして内済に至っている〔山崎 二〇〇六〕。つまり、この争論の影響を受け、四天王寺による楽人支配が貫徹しがたい状況にあったことがうかがえよう。そのため、四天王寺はこの一件に関して武家伝奏に訴え、楽人への支配を改めて確認しようとしたものと考えられる。

この一件は享和四年二月に四辻家から楽人への申し渡しにより決着を迎えることとなった。そこでは、①今後は定められた目録通りに舞楽を執り行うこと、②曲を省略する場合は、抜頭は省略せずに他の曲を省略すること、③聖霊会が終了したことを武家伝奏へ報告することが求められるようになった。演奏曲目については林家の主張が取り入れられたが、聖霊会においては目録どおりに舞楽を行うことが求められている。また、以降は武家伝奏に終了報告がされるようになり、朝廷が関与するようになったことが四天王寺に残された史料からうかがうことができる（四天王寺文書には四天王寺からの報告に対する武家伝奏の請書が複数残されている）。

このように一九世紀初頭には、四天王寺が楽人の統制を十分に行いえない状況になっているが、このことは宝暦年間に起こった争論の影響を受けていると考えられよう。そこで楽人の身分は四辻家支配とした判断の帰結として、今回の抜頭一件を位置づけることができるだろう。

おわりに

本論では四天王寺で時々に行われた将軍年忌法要と毎年行われる聖霊会という二つの法要を通して四天王寺と楽人

との関係をみてきた。

将軍年忌法要は家康・家光の法要参勤を契機とする由緒を持ち、四天王寺は大坂における将軍家の位牌所としての位置にあった。そのため、将軍の年忌法要は四天王寺にとって重要な法要であり、聖などの諸役人を動員して法要を執り行っていた。年忌法要において楽人は音楽を演奏する役割を担い参勤しており、法要において重要な位置にあったと考えられる。そこでの香奠配分を受けるなど、ここでは四天王寺の役人としての立場が色濃く出ている。

一方で、享和年間におこった「抜頭一件」では、四天王寺における最重要の法要である聖霊会において楽人間で省略する曲目をめぐり争論を起こしている。この楽人間の主導権争いが法要に影響し、四天王寺からの申し入れも聞き入れない状況にあった。そこでは楽人は宝暦年間に起きた争論の結果を受け、「身分支配違い」であるとし、自らは四天王寺から離れた存在であると主張しているのである。そのため、「抜頭一件」において四天王寺は朝廷の力を引き出すことにより楽人に対処する必要が出てきたものと考えられる。

抜頭一件が決着した後も天王寺楽所の楽人は四天王寺で執り行われる様々な法要に参勤し、幕末を迎えている。自らを「禁裏楽人」であるという認識を強く持つようになっていたが、一方で、四天王寺の法要に参勤する四天王寺付の楽人という立場は変わることなく持続したのである。

参考文献

南谷美保「「抜頭一件」をめぐる考察――三方楽所に対する公的権力の介入の一部として」『四天王寺大学紀要』五〇号、二〇一〇年

山崎竜洋「近世中期における天王寺楽所の構造と四天王寺」『市大日本史』九号、二〇〇六年

山崎竜洋「近世四天王寺における寺院社会構造」『都市文化研究』一四号、二〇一二年

吉田伸之『巨大城下町江戸の分節構造』山川出版社、二〇〇〇年

〈第8章〉

堀江新地における茶屋町

吉元加奈美

はじめに

本章では、大坂三郷の西南部に位置する堀江新地に存在した茶屋に即して、大坂の「黙認」遊所のあり様を考察する。筆者はこれまで、大坂の遊所統制の展開を検討し、特に大きな画期である天保改革に伴う政策転換については、茶屋を廃止して「三ヶ所食盛女附旅籠屋」（のちに「泊茶屋」に改称）を認めた統制の意図と問題点を分析した。また、堀江新地に位置する御池通五丁目・六丁目の開発初頭以来の家持と家屋敷の変遷を整理・検討することで、開発方法が規定する堀江新地の特質を考察した。その上で、両町の茶屋について、存在形態や日常的な営業などの具体相を考察した。

ここでは、これまでの成果をふまえて、堀江新地に存在した「黙認」遊所の固有なあり様を紹介するとともに、天保改革下における両町の茶屋の動向を分析することで、天保改革で実施された遊所統制の政策転換がもたらした影響について考察する。統制と実態の相互関係を検討することで、天保改革下の政策転換がもった意味を、より深く理解することを目指す。

なお、近世大坂で茶屋同様に遊女商売を「黙認」された業態として、風呂屋がある。しかし、その軒数は近世を通して三〇軒に満たず、「黙認」遊所の中核を占めたのは茶屋であった。そのため本章では茶屋に即して叙述することを、あらかじめお断りしておく。

一　大坂の新地開発と茶屋

はじめに、本章の前提事項として、茶屋の統制上の位置づけと、堀江新地の開発のあり方を確認しておきたい。

1　茶屋の統制上の位置づけ

まず、大坂における遊所統制の展開を確認する〔吉元 二〇一三〕。近世の三都では、公認の遊女屋が集住する傾城町を設定し、それ以外での遊女商売を一切禁止する、共通の遊所統制が取られた。これは近世を通して幕府の原則であった。大坂でも傾城町として新町が設置されるが、実際は、近世初頭から茶屋による不正な遊女商売が問題となっていた。そのため大坂町奉行所は茶屋が女性奉公人を抱えることを禁止し、度々取締りを行った。

しかし、茶屋の取締り方針は、茶屋掟が制定された元禄七（一六九四）年に大きく転換する。これまでとは一転して、茶屋一軒につき茶立女二名の召し抱えを認め、かつ茶屋掟では茶立女の売春禁止を明記しておらず、事実上茶屋での遊女商売を「黙認」した。そうした茶屋の取締りのために茶屋仲間が結成され、町奉行に任命された茶屋年寄一〇名（ほどなくして四名に減少）を中心に、茶屋掟を守らない仲間内の茶屋と、市中で不正に遊女商売をする者の取締りが義務付けられた。こうして大坂の茶屋は遊女商売を「黙認」され、新町同様に不正な遊女商売を取締るという、統制上の独自の位置付けが与えられたのである。

ただし、当然のことながら茶屋に対して遊女商売の公認が明言されたことは一切ない。また茶屋掟には、茶立女を華美に着飾らせること、店外に派遣することなど、新町の遊女同然にならないように定める箇条があり、規定に違反すれば新町の遊女屋仲間による統制対象となった。このように茶屋は、唯一遊女商売を公認された新町とは明確に区別されていたことにも、注意する必要がある。

茶屋の営業赦免地の多くは、一七世紀末から一八世紀半ばにかけて開発された新地である。堀江新地（元禄一一（一六九八）年）・曾根崎新地（宝永五（一七〇八）年）・難波新地（明和元（一七六四）年）などの開発に伴い、新たに造成された土地の繁栄を目的として大量の茶屋株が赦免された。治水事業や宅地開発などの都市政策に伴う新地開発の進展と共に、茶屋の軒数増大と営業赦免地の拡大が進んだ大坂では、新地は「黙認」遊所としての側面を有したのである。

そうして、一八世紀半ば以降は、新地における不正な遊女商売の取締りが統制の眼目となった。町触では、茶屋掟に違反する茶屋と、茶屋株を借りずに茶屋同然の営業を行う者への注意喚起がなされた。同様の町触は天保改革期まで繰り返し発布され、新地開発の進展によって新地における不正な遊女商売の横行が問題化したことがうかがえる。その一方で、こうした事態の取締りを期待されたのも茶屋仲間であった。こうして茶屋は、事実上の「黙認」遊所の中核的な営業として、また遊所統制の担い手として、都市大坂に定着していったのである。

2　堀江新地の開発

つぎに、堀江新地の開発のあり方について見ていきたい。なお、ここでの記述は、塚田孝による一連の研究成果に基づくものである〔塚田　一九九四・一九九五・一九九六〕。

堀江新地開発の主要な目的は、堀江地域の中央に堀江川を開削することによって、市中の水運を向上させることにあり、開発は幕府主導で行われた（図1）。堀江地域は、四方の堀川沿いを除く大部分が未開発のままであったため、堀江川の開削に伴って大規模な宅地開発が行われた。また、道頓堀南側の幸町、安治川新地の対岸に位置する富島・

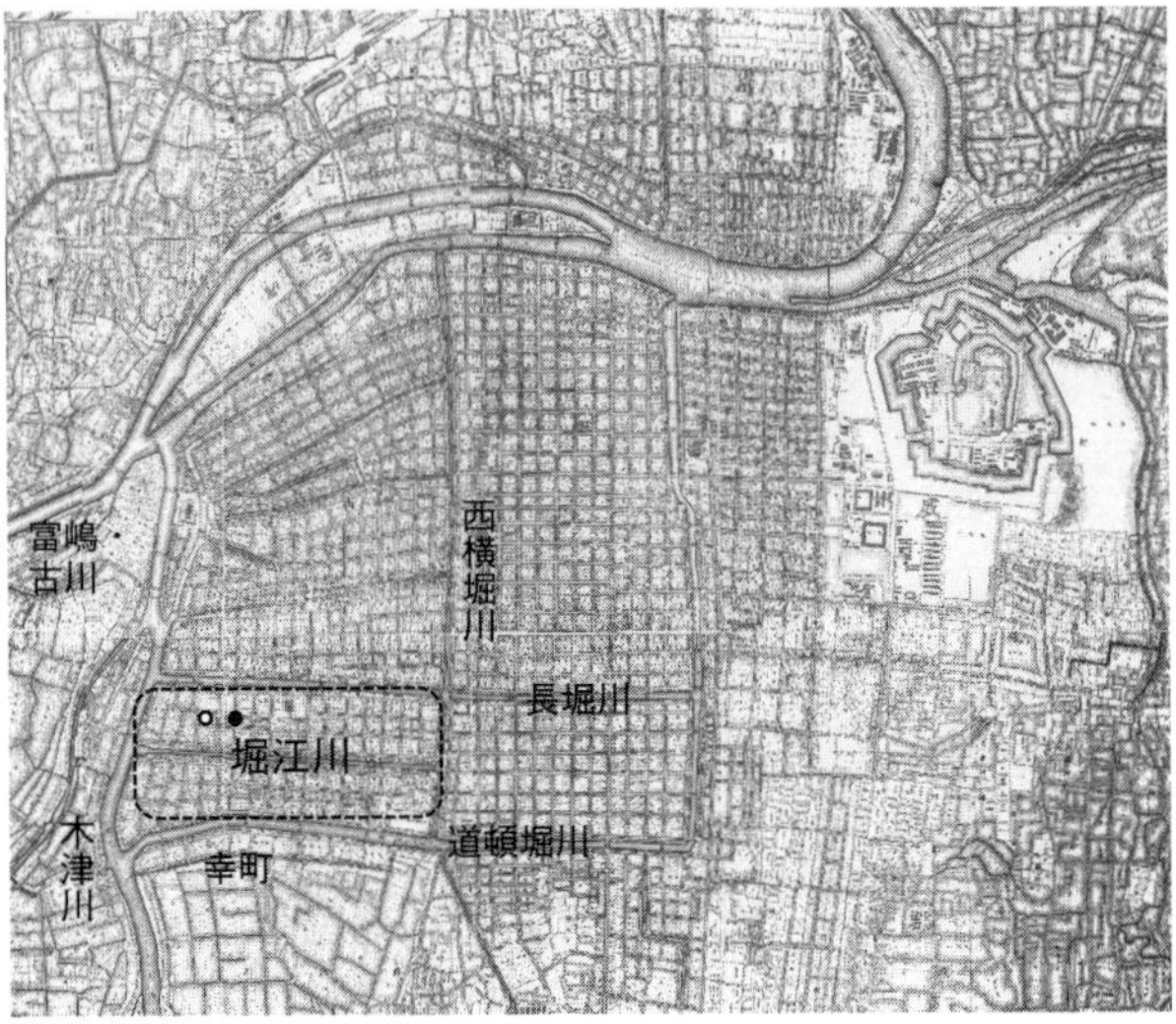

図1　堀江新地の位置と御池通五丁目

注）●は御池通五丁目，○は御池通六丁目のおおよその位置を示す．
出典）内務省地理局「大阪実測図」明治19年製板．

古川も同時に開発され、三三町もの新たな町が成立した。同時に開発が行われたことから、空間的には離れているものの、三三町総体で堀江新地として扱われた。本章の分析の中心となる御池通五丁目・六丁目は堀江川より北側の一画に位置している。

堀江新地には地代金が課せられており、入札でより高額の地代金の上納を約束した者が家持町人となった。幕府は投下した開発資金を地代金によって回収するため、できるだけ地代金額を吊り上げたいと考えていた。そのため堀江新地では、茶屋などの営業が許され、堀江新地だけで通用する諸営業の株が赦免された。これらの株は、家持町人全体で所有する「総有株」として赦免され、基本的には営業を望む者に貸し付け、借主が支払う株賃（「上前銀」と称する）を株の所有者である家持町人全体が利潤として得ることを想定した株である[1]。そしてこの利潤は、地代金上納の助成として位置づけられた。こうした特殊な性格から、堀江新地の茶屋株で営業する茶屋の仲間が、前述の茶屋仲間とは別に結成された。統括役として堀江茶屋年行司が置かれ、仲間内外の取締りのほか、株の管理や株賃の取集めを担った。

なお、家持町人にとって茶屋の存在は、遊所としての賑いに引き寄せられた借屋人を獲得し、店賃収入の増大が期待できるものであった。しかし、全ての家持町人に均霑される上前銀収入と比較すると、家屋敷経営による繁栄や利潤は、直接的には茶屋が実際に存在した地域の者が享受できるものであった点を指摘しておきたい。

堀江新地の町人総有の茶屋株は、堀江新地だけで通用するものであった。しかし、難波新地が開発されると、それに伴って赦免された茶屋株も堀江新地に通用することとなった。難波新地では、開発請負人の金田屋庄助に対して、売却して開発資金に充てるための茶屋株が大量に与えられた。換金を目的とした株であるために、その通用範囲は難波新地に留まらず、既存の茶屋赦免地全体となったのである。

当然のことながら、堀江新地の家持町人たちは、総有株の借り手が減少することを危惧して、新たな株の流入に反対した。しかし、株数に制限は加えられたものの、新たな株の流入は避けられなかった。こうして、堀江新地では二種類の茶屋株が通用することとなった。ちなみに、難波新地の茶屋株を借りて営業する者は元禄七年に設定された茶屋仲間に所属する。つまり、堀江新地内の茶屋は、借りた株の種類によって所属する株仲間が異なったのである。実際に、御池通五丁目・六丁目の茶屋のなかには、難波新地の株で営業する者もおり、同じ町内の茶屋であっても属する株仲間が異なることもあった。

このように、堀江新地では、開発のあり方に規定されて家持町人の利害と茶屋が密接な関係を有した。このことをふまえるならば、堀江新地に存在した茶屋や「黙認」遊所を考察するためには、家持町人、また彼らによって構成される町共同体のあり様を分析することが不可欠である。以下では、これまで筆者が進めてきた御池通五丁目・六丁目の社会構造分析の成果をふまえて〔吉元 二〇一五・二〇一八a・二〇一八b〕、両町に存在した茶屋のあり様に迫る。

二　御池通五丁目・六丁目の茶屋――堀江新地の「黙認」遊所

1　茶屋の存在形態

まず、御池通五丁目・六丁目の空間的なあり様を確認する。図2は一九世紀の両町の様子を示したものである。網掛けをしたのは土佐藩蔵屋敷で、長堀川に面する白髪町から、両町に跨る一帯まで蔵屋敷の敷地が及んでいる。

茶屋の分布を明らかにするために、「小林家文書」(大阪市立中央図書館所蔵)に残る両町の宗旨人別帳を検討する。(2) 宗旨人別帳は居付家持・借屋人の宗旨を確認するものであるが、各世帯の構成員とその動向(転出入・死亡など)も詳しく記録されており、住人の具体相を検討することができる。基本的には、「茶立女」という肩書の女性奉公人を抱える者を茶屋と判断した。そうすると、茶屋は図2の点線で囲った家屋敷A―Eのみで確認できた。つまり、土佐藩蔵屋敷のすぐ南側の町境に跨る一区画に、小規模な茶屋集中区域が形成されていたのである。以下では、この区画を便宜的に〝茶屋町〟と称する。

茶屋軒数の推移も確認しよう。まず六丁目の家屋敷Aは、文政末期までは茶屋が存在せず、天保期を通しても二、三軒の茶屋しか確認できない。三〇軒ほどの借屋人が居住する家屋敷Bには、文政期には七軒程度、天保初期には一〇軒程度、天保末期には八軒程度の茶屋が確認できた。五丁目で最も茶屋の密度が高いのが家屋敷Cである。この家屋敷には表借屋一〇軒ほどのみが存在するが、文化五年には八軒、文政末期にも六軒の茶屋が確認できた。続く家屋敷Dには、表借屋・裏借屋あわせて八軒ほどの借屋のうち、常に四軒程度の茶屋が確認できた。家屋敷Eには三〇軒弱の借屋人のうち、七軒程度の茶屋が存在した。いずれの家屋敷でも、茶屋は表借屋に展開していた。

以上のように、一九世紀以降の両町の〝茶屋町〟には、多少の増減はあれども合計二五―三〇軒ほどの茶屋が存在

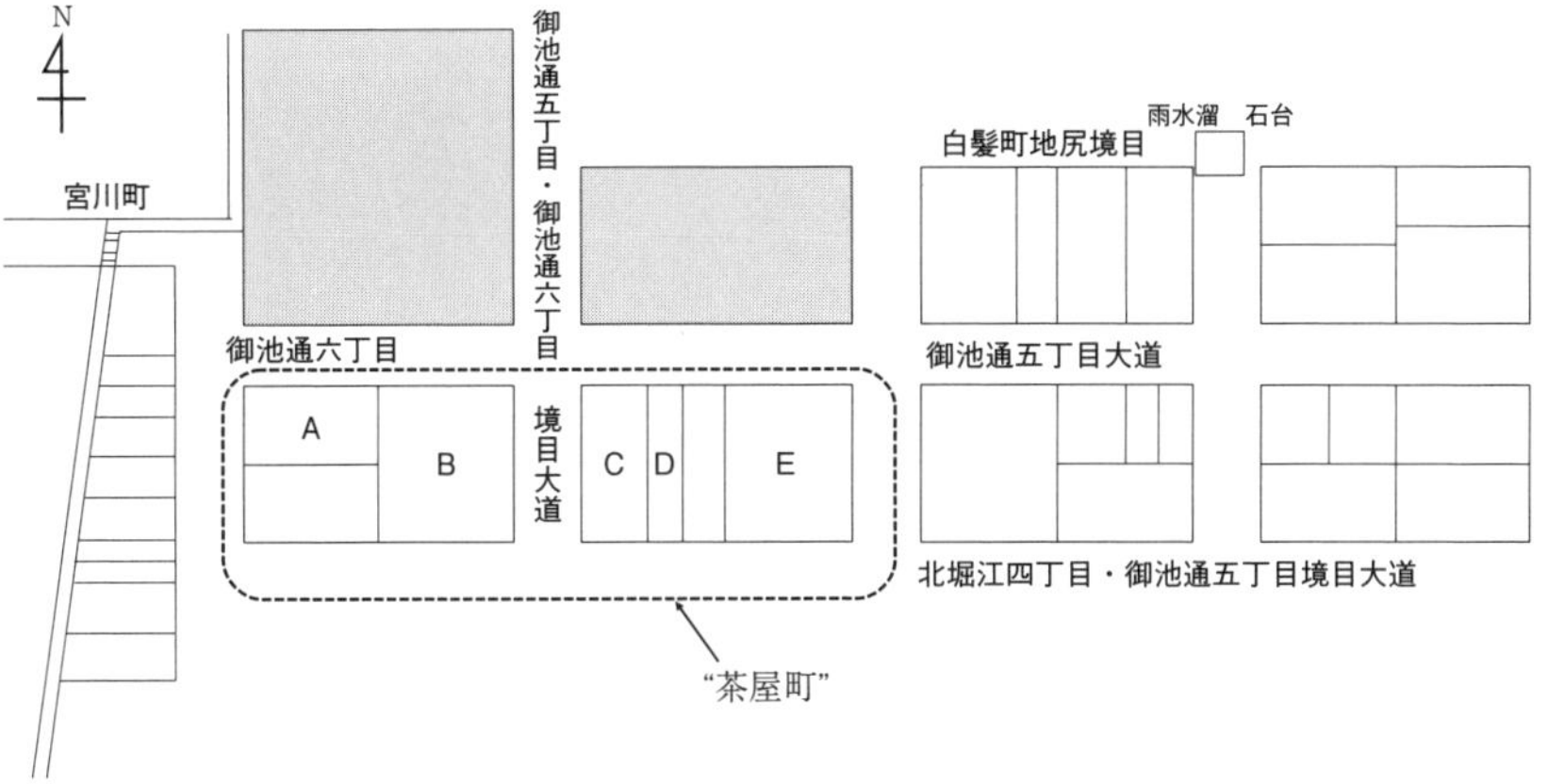

図２　19世紀の御池通五丁目・六丁目

注）網掛けした屋敷は土佐藩蔵屋敷である．
出典）御池通五丁目の文政8（1825）年作成の水帳絵図・御池通六丁目文化12（1815）年作成の水帳絵図を加工して作成．

した。なかでも茶屋の集中度が高いのは家屋敷Ｂと家屋敷Ｃであり、ここが中心部であると言えよう。〃茶屋町〃の出発時にはこの二軒の家屋敷に茶屋が存在したが、遊所として定着・発展するなかで新たな茶屋が流入・増加し、周辺の家屋敷へ空間的にも〃茶屋町〃が拡大したと想定しておきたい。〃茶屋町〃の立地に注目すると、土佐藩蔵屋敷の南側の区画は、商家が向き合って展開する商店街を大道沿いに形成することができず、また、六丁目は不安定な家持・借屋人が多く居住する零細な町であった。〃茶屋町〃は不繁昌な場所に存在していたのであり、むしろそうした場所での家屋敷経営を潤沢なものにするために、家持町人が茶屋を誘致した結果、〃茶屋町〃として定着・拡大したと考えられよう〔吉元 二〇一八b〕。

御池通五丁目・六丁目の茶屋の展開を念頭におくと、三三町もの広域に及ぶ堀江新地における茶屋の存在形態は、新地全体に茶屋が分散・点在するのではなく、両町の〃茶屋町〃に類する茶屋集中区域をいくつか形成するものであったと考えられる。両町以外の茶屋の具体相の分析はこれからの課題であるが、ひとまずここでは、両町に展開した〃茶屋町〃を、堀江新地における遊所の一般的なあり方を示すものと捉えておきたい。

2 〝茶屋町〟における営業

次に、御池通五丁目・六丁目の〝茶屋町〟の「黙認」遊所としての具体相を見ていこう〔吉元 二〇一五〕。先述のように、茶屋掟では茶立女二名の召抱えが認められた。御池通五丁目・六丁目の人別帳から、〝茶屋町〟の茶屋も茶立女を二名ずつ抱えたことが確認できるが、大半の茶屋は複数名の下女も抱えている。両町の一般的な借屋世帯の奉公人数は多くても下人・下女一名ずつであり、茶屋の下女数は明らかに多い。後述する事件・事故に関する史料において、同一人物の肩書が下女から茶立女に書き替えられている事例があることから考えると、茶屋の下女は実質的に茶立女同様の性格の者であると推測できる。そのため本項では、茶屋が抱える茶立女・下女を一括して「茶立奉公人」と捉えて分析を進める。

茶立奉公人の人数からは、茶屋の経営規模もうかがえる。〝茶屋町〟の平均的な茶屋は茶立女二名の他に下女を一—三名程度抱える小規模なものであった。下女数が五名を超える比較的経営規模が大きい茶屋も一定程度確認できるが、下女が一〇名を超えるものはほとんどなく、最多でも一五名であった。以上から、〝茶屋町〟の中心は中小規模の茶屋であり、最大規模の茶屋でも茶立奉公人数が十数名程度の小規模な遊所であったといえる。

「小林家文書」には、茶屋で起こった事件・事故に関する史料も数多く確認できる。次に、ここからうかがえる両町の〝茶屋町〟における日常的な営業の様子を検討する。

茶屋は二階建ての建物で経営しており、一階で酒食を提供し、茶立奉公人が接客した。そして客が望めば、茶立奉公人同伴で二階の座敷へ上り、遊興に及んだ。統制上の位置付けは新町遊廓とは明確に区別されていたが、茶屋の営業は実質的な遊女商売であり、遊女屋とも近似的な様相を呈していた。

茶屋の店先では茶立奉公人による客引きが常態化していたようである。また、茶屋掟では禁止されていたにも関わらず、茶立奉公人の店外への派遣も行われていた。茶立奉公人が小船から転落して溺死する事故の史料が何点も残っているが、これは、茶屋が所持する小船で木津川から沖合に出て、停泊する廻船に赴いて客引きをしたことを示している。大坂に入津する廻船の水主を目当てとした営業が日常的に行われていたのである。

事故以外にも、茶立奉公人がトラブルに巻き込まれることがあった。馴染客から強引に連れ合いになることを迫られ、それを拒否したことで危害を加えられることや、酔った客から暴力を受けることが多く見られ、最悪の場合は命を落とすこともあった。また、客引き中にトラブルに巻き込まれることも少なくなかった。実は、元禄七年当時の茶屋掟には、「正式な茶屋と明確にわかるように、表から店内を奥まで見通せるような店の造りとし、茶立女を表に立たせておくように」という箇条が見られたが、後年に削除されている。〝茶屋町〟の事例と併せて考えると、箇条の内容自体が客引きを助長しかねないこと、客引きがしばしば問題の温床となりうることなどの理由から、この箇条は撤回されたのであろう。

以上のような茶屋の日常的な経営のあり様からは、〝茶屋町〟の茶立奉公人たちが、危険な目に遭いかねない日々を過ごしていたことがうかがえる(3)。実際に、しばしば〝茶屋町〟から出奔した茶立奉公人を引き戻すための訴訟が、茶屋の主人によって起こされている。訴状の文言からは、度々掛け合っても奉公人が戻らない場合に訴訟に至ったと推測され、訴訟数以上に出奔は頻繁に起こっていた可能性がある。しかし、茶立奉公人の引込先はほとんどが実親・親類のもとであり、茶立奉公から逃れたい一心で逃げ込んでも、彼女たちが頼れる場所が限られていることもあり、すぐに発見され、連れ戻されてしまったのである。なお訴訟に至れば、奉公請状を取り交わし、また給銀先払いで雇われた奉公人であるため、基本的に茶立奉公人を主人の元へ返すことで決着する。ここからは、茶立奉公の過酷さとともに、年季契約のもつ拘束性からは、容易に抜け出せないことがうかがえよう。

出奔は、こうした過酷な状況から脱しようとする茶立奉公人の意思表示の一つであるが、自殺という手段を取る茶立奉公人も見られた。そうした場合、町奉行所によって捜査が行われ、雇い主である茶屋営業者や町役人から当時の状況や事情を説明する上申書が作成される。そこでは一貫して、自殺した茶立奉公人の「病気」が主張される。つまり、彼女たちが自殺したのは、「病気」で正常な判断ができないが故のことであると説明されたのである。彼女たちの意志表示は、事件後の事務的な手続きにおいては「病気」という決まり文句によって片付けられてしまうのである。

三　天保改革に伴う遊所統制の転換と〝茶屋町〟

1　茶屋の廃止と「三ヶ所」の設定——天保一三年八月の政策

ここまで見てきたように、茶屋が形成する〝茶屋町〟は、小規模ながらも一まとまりの遊所としての社会＝空間を形成していた。天保改革に伴う遊所統制の政策転換によって、これがいかに変容するのか、次に検討しよう。

厳しい風俗統制が行われた天保改革では、三都において、傾城町以外の遊女商売を一切禁止する、幕府の遊所統制の原則に立ち返る方針が取られた。江戸では、天保一三（一八四二）年三月一八日の町触で、「端々料理茶屋・水茶屋渡世致し候ものの内、酌取女・茶汲女等年古く抱え置き候もの」に対して、禁制の隠売女渡世であるため本来は残らず即座に撤去を命じるべきであるが、今回は格別の御宥恕をもって処罰せずに商売替を認めるので、当年八月までに「正路の渡世」に商売替するように命じられた〔『江戸町触集成』触一三五五四〕。こうして、非公認遊所である岡場所が撤廃されたのである。併せて、「料理茶屋・水茶屋」が新吉原に引き移って遊女屋を始めることや、彼らの女性奉公人を新吉原の遊女屋へ住替奉公させることは「勝手次第」とされ、新吉原に対しても、それを阻害しないように指示している。

大坂でも同年八月一五日に、「前々差免しこれ有り候茶屋・風呂屋」の営業を差し止め、同年中に渡世替をするか新町へ引き移るように命じられた〔『大阪市史　第四巻下』触五五〇九。以下、大坂の町触・達については『大阪市史』第三・四巻による〕。この町触の文言は江戸の三月一八日触とかなり近似的で、岡場所の「料理茶屋・水茶屋」を「茶屋・風呂屋」に入れ替えただけのような文面である。つまり、茶屋・風呂屋を禁制の隠売女渡世と位置付けた上で、その撤廃を命じるという、江戸と同じ方針の政策が一旦は取られたのである。

ところが二日後の一七日には、旧茶屋赦免地の一部分に当たる「三ヶ所（曾根崎・新堀・道頓堀）」に限って、「食盛《めしもり》女《おんな》附旅籠屋」が新たに赦免された〔触五五一二〕。これは、大坂独自の展開である。食盛女とは、幕府の交通システムを支える宿駅の機能を維持・管理するための助成として、街道の旅籠屋に差し置かれた奉公人である。彼女らは「遊客ではなく旅客の相手をするため、売女ではない」とされ、宿駅の旅籠屋は事実上遊女商売を認められていた。なお、天保改革下においても宿駅の旅籠屋が食盛女を抱えることは禁じられていない〔吉田　一九九九〕。

大坂は商旅の多い土地柄であるためとして、この時初めて食盛女附旅籠屋が認められた。つまり、宿駅の旅籠屋に準じて食盛女附旅籠屋を赦免することで、公認遊所以外は一切認めないという改革の趣旨と折り合いをつける形で、否定されたはずの「黙認」遊所の一部を存続させたのである。第一節で確認したように、大坂の茶屋は遊所統制上の役割をもち、都市開発のなかで広く定着していた。大坂町奉行は茶屋の全廃が大坂の実情にそぐわないと判断し、苦肉の策として「大坂は宿駅同様に商旅が多い土地柄である」という論理を前面に押し出して、旧茶屋赦免地の一部を残そうとしたのである。

食盛女附旅籠屋渡世を望む者の「三ヶ所」への移転は「勝手次第」とされ、新規参入に対する制限も特に設けられていない。茶屋・風呂屋が廃止されたとはいえども、彼らは食盛女附旅籠屋に渡世替えさえすれば、事実上同様の営業を継続できたのである。しかも、食盛女の上限数は一軒につき一〇名であった。前節で見たように、御池通五丁目・六丁目の〝茶屋町〟は小規模な遊所であったが、茶立奉公人が一〇名を超える茶屋も確認できた。このことから、当時の茶屋全体の中には、もっと大人数の茶立奉公人を抱える者も少なくなかったと思われる。一〇名という食盛女の上限数は、茶屋の実情を鑑みたものであろうが、茶立女二名という茶屋への規定と比べると大幅な増加である。こうしてみると、食盛女附旅籠屋への新規参入や、その営業への制限は不十分であり、「三ヶ所」が遊所として膨張してしまう可能性が残る施策であったと言えよう。

また、宿駅の旅籠屋に準ずる位置付けを与えられたことは、「三ヶ所」での遊女商売がほぼ公認されたことを意味する。つまり、遊女商売を「黙認」された改革以前の茶屋よりも、食盛女附旅籠屋はより公認の度合いが強まったのである。この後、食盛女の衣装を華美にすることの禁止など、傾城町同様にならないように度々注意が喚起されるが、「三ヶ所」は傾城町と並んで女髪結の居住が認められ、遊女・食盛女の髪は女髪結に結わせても良いとされるなど、傾城町に準じる扱いがなされた〔天保一三年一〇月二三日の達二〇六八の二条目〕。

以上、天保改革に伴う大坂の遊所統制の転換について見てきた。

2 〝茶屋町〟の茶屋の動向

次に、御池通五丁目・六丁目の〝茶屋町〟における動向から、「三ヶ所」を設置した政策がもたらした影響を分析する。

堀江新地のうち幸町一—五丁目の五ヶ町は「三ヶ所」の中の「道頓堀」に含まれた。しかし、御池通五丁目・六丁目をはじめ、それ以外の町は「三ヶ所」の範囲外であったため、茶屋たちは天保一三年中に廃業するか、新町や「三ヶ所」へ引き移る必要があった。

町触でも茶屋・風呂屋の渡世替が促されているが、人別帳を見る限り、期限間近になっても茶屋に大きな変化は無い。例えば、天保一三年一〇月二三日の達二〇六八の一条目では、「同年八月の触の趣旨も心得ず、従来通り大っぴらに営業する者もいると聞くので、表口に差し出している茶屋・風呂屋の目印の掛行燈を早々に取り除き、慎んだ営業をするよう」に命じている。ところが、期限が迫ってもなお多数の茶屋がそのまま営業を継続している状況に対して、「渡世替の猶予願いをしようと考える族《やから》がいないとも言えないが、そんな事は認められないので、早々に渡世替をすること。また、表向き商売替をしたように見せ、内実は煮売屋・料理屋などを装って紛らわしい女を抱えて隠売女同然の営業をする者がいれば厳科に処す」旨が、一二月一〇日に触れられた〔達二〇七七〕[4]。ここからは、茶屋・風呂屋営業は不正な隠売女商売に他ならないとする、町奉行の認識が改めて確認できる。また、二つの町触で注目されるのは、傾城町や「三ヶ所」への引移りについて言及されていない点である。町奉行はあくまでも、「正路の渡世（＝遊女商売以外の渡世）」への渡世替を促しているのである。

両町の〝茶屋町〟の茶屋に大きな動きがあるのは天保一四年一月である。その動向を詳しく分析するために、表1で天保末期に〝茶屋町〟で確認できる茶屋を整理した。まず、天保一三年一〇月作成の人別帳が残る六丁目の茶屋（1―11番）を整理し、天保末期の人別帳が確認できない五丁目については、天保二年一〇月作成の人別帳で確認できた一六軒の茶屋のうち、天保七年・一〇年・一一年の寺社への寄進者として確認できる八軒の茶屋を、天保改革期まで経営していたと想定して整理した（12―19番）。また、茶屋の経営規模を検討するために奉公人数も示した。

まず六丁目から見ていこう。1番の讃岐屋伊兵衛・2番の河内屋伊兵衛は、この時点で少なくとも三〇年以上〝茶屋町〟で営業していた茶屋で、讃岐屋は一五名以上の奉公人を抱えている。この讃岐屋や4番の丹羽屋徳蔵が〝茶屋町〟最大規模の茶屋である。5―8番は、いずれも茶屋を始めてから一〇年未満の者であるが、8番の扇屋は、茶屋開始時より徐々に茶立奉公人数を増やし、天保一四年には六名の下女を抱えている。9番・10番は、この当時の家内に茶立女は確認できないが、茶屋同様の営業を行っていたと判断したものである。なお、10番の西村屋は〝茶屋町〟で長期に亘って確認できるが、経営状況に応じて、奉公人の肩書を茶立女か下女のいずれかに変えていたようである。

表1　天保14(1843)年1月まで“茶屋町”で確認できた茶屋

	茶屋の名前	“茶屋町”での初出［居所］※1	備　考	天保14年1月の転宅先※1	奉公人数※2（茶立女／下女）
1	讃岐屋伊兵衛	寛政7年1月［家屋敷B］	小林家文書 117-1	幸町4丁目家屋敷（ア）	2／13
2	河内屋伊兵衛	文化6年6月［家屋敷B］	小林家文書 112-7	幸町5丁目松本屋八郎兵衛借屋	2／5
3	俵屋庄兵衛	文政10年10月［家屋敷E→B］	—	幸町4丁目家屋敷（ア）	2／6
4	丹波屋徳蔵	文政13年5月［家屋敷A］	小林家文書 110-17	幸町5丁目塚本屋利兵衛支配借屋	2／15
5	大和屋治左衛門	天保6年1月［家屋敷B］	—	幸町4丁目家屋敷（ア）	2／7
6	天王寺屋市郎兵衛	天保9年9月［家屋敷B］	—	幸町4丁目家屋敷（ア）	2／2
7	柏屋清七	天保10年8月［家屋敷B］	—	幸町4丁目家屋敷（ア）	2／2
8	扇屋弥兵衛	天保12年5月［家屋敷A］	—	幸町4丁目家屋敷（ア）	2／6
9	井筒屋善助※3	天保13年4月［家屋敷B］	—	幸町4丁目家屋敷（イ）	0／1
10	西村屋惣七	文化2年11月［家屋敷E→C→A→B］※4	文化2年の寄進者	幸町4丁目家屋敷（ア）	0／4
11	戎屋幸助	文化5年10月［家屋敷E］※5	文化2年の寄進者※5	※6	なし
12	堺屋佐四郎	文化2年11月［家屋敷C］	天保7年・10年・11年の寄進者	（幸町へ変宅ヵ）	2／10
13	京屋伝兵衛	文化5年10月［家屋敷C］	天保7年・10年の寄進者		2／5-7
14	万屋久蔵	文政10年10月［家屋敷D］	天保7年・10年の寄進者		2／3-6
15	播磨屋伊兵衛	文政10年10月［家屋敷E］	天保7年・10年・11年の寄進者		2／5-9
16	美濃屋新蔵	文政10年10月［家屋敷E］	天保7年・10年の寄進者		2／7-9
17	播磨屋万治郎	文政10年12月［家屋敷C］	天保7年・10年の寄進者．なお，天保11年8月でも茶屋として確認（小林家文書131-4）．		2／1-8
18	和泉屋太兵衛	文政10年10月［家屋敷C］	天保7年・10年・11年の寄進者		2／2-6
19	淡路屋良平	天保3年3月［家屋敷D］	天保7年の寄進者		2／2

注）※1 御池通五丁目・六丁目の人別帳をもとに作成．出典が人別帳以外の場合，また寄進者として確認できる場合は備考欄に記した．
※2 奉公人数については，六丁目は天保14年当時の実数を，五丁目は人別帳で確認できる範囲の奉公人数の推移を整理した．
※3 井筒屋善助は「茶立女」を抱えていたことは確認できない．しかし，下女の名前が頻繁に変わるなど，茶屋と共通する側面が見出せるため，あわせて整理した．
※4 文化5年は家屋敷E，文政10年は家屋敷C，天保5年は家屋敷Aで確認できる．天保9年7月に北堀江4丁目河内屋伊助借屋に転宅するが，天保10年6月からは再び“茶屋町”に戻り，家屋敷Bに居住する．
※5 文化2年段階の居所は“茶屋町”外であり，文化5年段階でも奉公人は抱えていない．茶屋経営の開始時期は文化期半ば以降であると想定される．
※6 弘化2年5月に幸町4丁目家屋敷（イ）和泉屋弥兵衛方へ引き取られる．本文注5参照．

出典）御池通五丁目：御池通五丁目宗旨人別帳・御池通六丁目：天保13年10月宗旨人別帳．
寄進については，小林家文書16のうち，文化2年の寄進（11月：上難波宮御旅所寄進）・天保7年の寄進（3月：住吉四本社幷末社皆正遷宮）・天保10年の寄進（5月：稲荷御旅所皆普請末社新造ニ付砂持幷ニ博労町末社普請ニ付正遷宮）・天保11年の寄進（5月：上難波宮御旅所正遷宮寄進）．

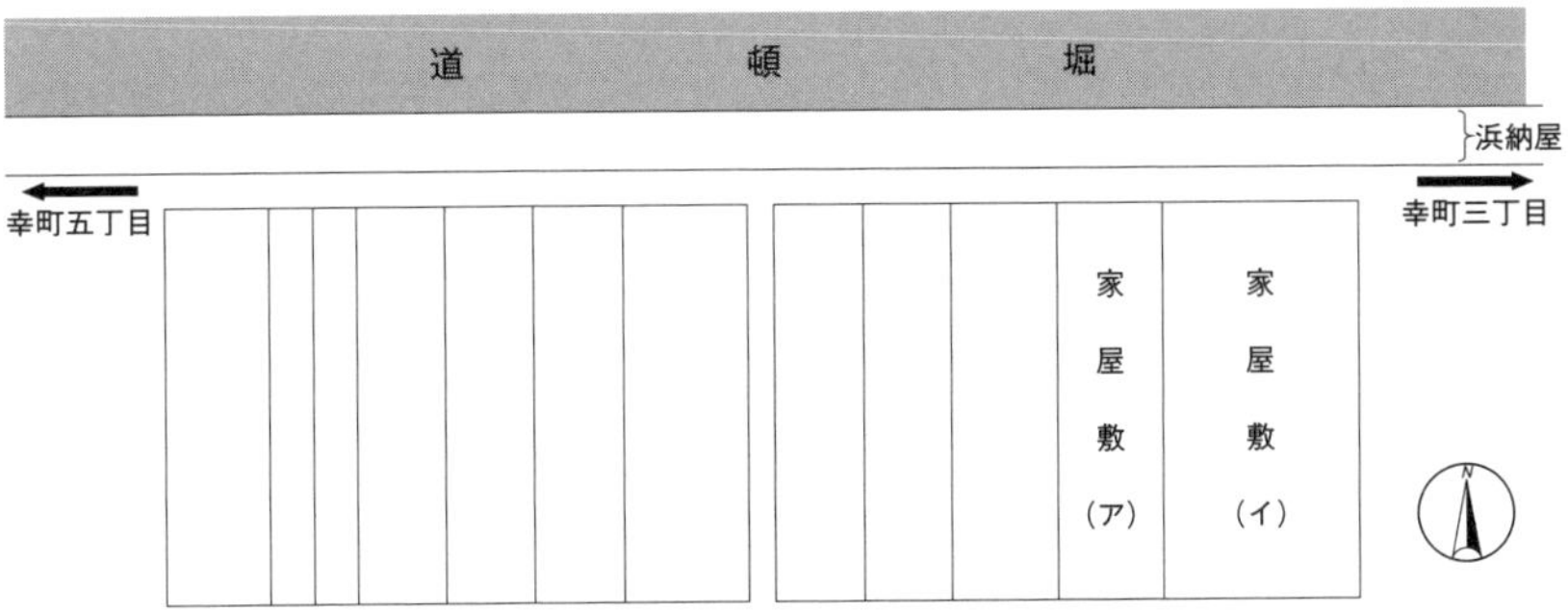

図３　19世紀の幸町四丁目の概念図

注）水帳絵図が残されていないため，家屋敷の並びは逆の可能性もある．今回は，水帳で幸町三丁目側から家屋敷が書き上げられていると仮定して本図を作成．

出典）幸町四丁目の水帳と，「濱納屋地坪数帳」（文政８年）をもとに作成（いずれも大阪府立中之島図書館所蔵）．

五丁目についても整理すると、いずれも少なくとも一〇—一五年は〝茶屋町〟に定着しており、文政末期—天保初頭の茶立奉公人数の推移を見ると、京屋伝兵衛以外は増加傾向にある。つまり表1で確認できる茶屋は、一定期間〝茶屋町〟に定着し、経営規模を拡大させていたものであるといえる。五丁目でも茶屋の入れ替わりがあるため、天保一四年一月時点でも表1以外の茶屋が存在したはずであり、第二節で見た茶屋世帯数の推移を念頭におくと、少なくともあと七、八軒ほど営業していたと推測されよう。

表1からわかるように、御池通六丁目の茶屋は、天保一四年一月になると一斉に、「三ヶ所」のうち幸町四丁目に転宅した。転宅先を確認すると、ほとんどが幸町四丁目の家屋敷（ア）であった。その位置を幸町四丁目の水帳・濱納屋地坪数帳（大阪府立中之島図書館所蔵（近世文書71・72））をもとに確認すると、図3のようになる。また、幸町五丁目の文政八年の水帳（「佐古文書」大阪商業大学商業史博物館所蔵）からは、表1の12番の堺屋佐四郎が天保一五年九月に、幸町五丁目の家屋敷を買得したことがわかる。その当時の佐四郎の居所は「幸町四丁目和泉屋勘六借地」であり、堺屋は家屋敷の一部を「借地」して自身で普請した建家に居住していたようである。和泉屋勘六の所持地を確認すると図3の家屋敷（イ）であったことから、堺屋佐四郎は御池通五丁目から、一旦は家屋敷（ア）に隣接する家屋敷（イ）に転宅したことがわかる。御池通六丁目の茶屋がまとまって家屋敷

表2　茶屋以外の幸町への転出者

	名　前	御池通六丁目内での居所	転出した時期	転出先
1	吹田屋伊三郎※1	家屋敷Ｂ	天保14年3月	幸町四丁目家屋敷（イ）
2	沢田屋卯兵衛	家屋敷Ｂ	天保14年7月	幸町四丁目家屋敷（ア）
3	山城屋藤兵衛	家屋敷Ａ→御池通六丁目八萩屋弥兵衛借屋→家屋敷Ｂ※2	天保14年9月	幸町四丁目木屋五兵衛借屋
4	尼崎屋与三郎	家屋敷Ｂ	天保14年閏9月	幸町四丁目家屋敷（イ）
5	茶屋弥助※3	御池通六丁目日向屋藤吉借屋（家屋敷Ａと家屋敷Ｂに隣接する家屋敷）	天保14年閏9月	幸町四丁目家屋敷（ア）

注）※1 家屋敷Ｂに居住していた兄弟の重兵衛と父親の亀吉の世帯も，天保14(1843)年10月から弘化2(1845)年9月の間に御池通六丁目から転出している．伊三郎同様，幸町へ変宅した可能性もあろう．

※2 家屋敷Ａには天保9年11月まで，八萩屋弥兵衛借屋には天保12年9月まで，家屋敷Ｂには天保14年9月まで居住する．

※3 弥助は，天保12年8月まで家屋敷Ｃの茶屋惣兵衛の同家人であった．惣兵衛は古手屋渡世の者で，彼も天保14年11月までに幸町四丁目家屋敷（イ）へ変宅する（小林家文書2-7）．

出典）「小林家文書」御池通六丁目人別帳．

（ア）に転宅したことをふまえると、五丁目の茶屋もまとまって転宅したことが想定されるが、それは堺屋と同じ家屋敷（イ）であった可能性もあるのではないだろうか⑤。

また表2に、御池通六丁目のうち、天保一四年以降に幸町へ転宅した茶屋以外の者を整理した。それを見ると、転宅時期は天保一四年三月—閏九月とばらつきがあるものの、転宅先は家屋敷（ア）・（イ）に集中している。これらの者の渡世は不明で、茶屋との関係も未詳であるが、茶屋の転出後ほどなくして追うように転宅することから、〝茶屋町〟と関係の深い生業を営む者であったと考えておきたい。このように、茶屋と何らかの関係をもつ者の変宅先も家屋敷（ア）・（イ）に集中していたのである。

以上から、〝茶屋町〟では御池通五丁目・六丁目に留まった茶屋は確認できず、全て「三ヶ所」のうち幸町四丁目・五丁目に引き移った。彼らは食盛女附旅籠屋に渡世替したと考えられよう。しかも、転宅先は幸町四丁目の家屋敷（ア）・（イ）に集中しており、茶屋の周辺で営業していた者たちも同じ家屋敷に引っ越した⑥。つまり、茶屋の廃止によって両町から茶屋営業者は撤退し、一見すると旧来の「黙認」遊所を撤廃できたように思われるが、その内実は〝茶屋町〟が丸ごと「三ヶ所」に移転したに過ぎなかったのである。

このことをふまえると、天保改革に伴う政策転換によって、遊女商売を行う者の削減や遊所の規模縮小が実現したとは評価しがたい。御池通五丁目・六丁目と同様のことは広く見られたと想定され、渡世替を命じられた茶屋・風呂屋の大半は、それぞれ最寄りの「三ヶ所」へ引き移り、食盛女附旅籠屋に渡世替したのであろう。つまり、空間的な遊所の範囲は「三ヶ所」に限定されたが、「三ヶ所」への流入に制限が設けられなかったために、内実は既存の遊所を吸収・凝縮した「三ヶ所」を生み出してしまったのである。実際、大坂町奉行による天保一四年一月の調査では、「三ヶ所」合計で一七八〇軒の食盛女附旅籠屋が確認でき、これは改革以前の茶屋・風呂屋株の合計約一二〇〇株を遥かに上回る。おそらく、改革以前には売女屋同然とされた者も、「三ヶ所」へ流入したのであろう。このように、「三ヶ所」は初発の段階で、遊所としての規模が膨張してしまっていたのである。

本項の最後に、大坂町奉行の「三ヶ所」への認識を確認しておきたい。天保一四年三月一〇日に、町奉行は十人両替屋に対して、以下のように仰せ渡した〔補触一八四〇〕[7]。

出入関係のある元女附茶屋（現在の旅籠屋）を「金談寄合所」などと唱えて、諸家家来を招いていると聞く。これは遊興に他ならず、無益の雑費の削減を命じた触の趣旨に背く事態である。また、今回旅籠屋を赦免したのは旅客の宿泊のためであり、出会いの場所ではない。出入関係のある元茶屋について、商売替をしようとする者こそ世話をしてやるべきなのに、旅籠屋に取り立てる世話をするなど甚だ以て心得違いである。（十人両替屋のなかには）別宅を所持する者もいるが、元茶屋を金談・寄合に用いるのであれば、無用の別宅は奢侈にあたるため取り上げられても仕方ないことである。今後は重立った身分にあることを弁えて、触れ渡したことの趣旨を斟酌し、出入関係にある元茶屋についても、なるべく正路の渡世を営むように世話すべきである。

ここからは、茶屋に命じたのは「正路の渡世」への商売替であり、食盛女附旅籠屋は「正路」な渡世ではないという認識が、端無くも表れてしまっている。町奉行自身も、茶屋・風呂屋と食盛女附旅籠屋の営業が同質のものであることは承知しており、茶屋・風呂屋を「隠売女」として否定した以上は、「正路の渡世」に商売替させるべきと考えているのである。この申渡しには、「宿駅同然」という論理を用いて「三ヶ所」を設定することを前提としつつも、内実は遊女商売に相違ない食盛女附旅籠屋が無制限に増加することは看過できない、町奉行の微妙な立場、自己矛盾が表れていると言えよう。

このように、ただ「三ヶ所」を設定するだけでは、遊所統制としては不十分であり、大坂町奉行は老中から政策の見直しを指示される。次項で、その政策転換を検討する。

3　泊茶屋への変更――天保一四年一〇月の政策転換

老中の指示に応じて、大坂町奉行は天保一四年一月に改善策を上申した。同年九月まで、江戸町奉行・道中奉行の意見も交えながら老中とのやり取りを行い、そうして作成された新たな政策が一〇月四日に大坂市中に触れ渡された。政策決定の過程は別稿〔吉元 二〇一四〕ですでに分析したので、ここでは施策の要点のみを整理しておく。

一点目は、「三ヶ所」のうち「道頓堀」の縮小である。「曾根崎」に含まれる個別町は三ヵ町、「新堀」は二ヵ町であったのに対し、「道頓堀」は、道頓堀の南側に位置する一六ヵ町とかなり広範囲であった。そのため、「道頓堀の儀は芝居稼重もの土地に付、売女体の者が入交り候ては取締方に拘」るとして、芝居町である立慶町と吉左衛門町、またそれに近接する元伏見坂町と難波新地一丁目の四ヵ町が「道頓堀」から除外された。この四ヵ町で営業していた食盛女附旅籠屋は、芝居の見物客に対して桟敷や食事の世話をする芝居茶屋だけを営み、以後は「売女屋同然の所業に及」ばず「正路の渡世」をするように命じられた。ここからも、食盛女附旅籠屋が内実は遊女商売にほかならないという、町奉行の本音がうかがえる。また四ヵ町以外でも、芝居茶屋同様の営業を望む場合は商売替をするように命じており、できるだけ食盛女附旅籠屋軒数を減少させようとする意図がうかがえる。

二点目は、食盛女附旅籠屋の「泊茶屋」への改称である。これは、大坂の「三ヶ所」に対して、街道の宿駅と同様の営業を認めることは妥当ではないという判断のもとで実施された。一方で、女性奉公人の名称は「食焼女」という旅籠屋の奉公人を意識したものが、引き続き用いられた。

三点目は、「三ヶ所」ごとに食焼女の上限数を設定したことである。天保一四年一月段階で確認できた各場所の食盛女数の半数を食焼女の上限数とし、今後これ以上の食焼女を差し置くことは堅く禁じられた。併せて、この上限数を超過する軒数の「泊茶屋」が無いように命じられた。食焼女の上限数によって、泊茶屋軒数を制限しようとしたのである。

「三ヶ所」が遊所として膨張しないためには、泊茶屋の軒数を制限することが肝要であろう。しかし、天保改革では株仲間解散令が施行されていた。そのため、「三ヶ所」の遊所としての膨張が問題となり、取締りの必要性が明白な段階においても、営業を独占する同業者組合を認めることと同様の効果をもつ、泊茶屋の軒数制限は避けられたのである。そして、直接的に軒数を定める代わりに食焼女の上限数を定めることで、それ以上の軒数の泊茶屋を増加させない措置が取られたのである。

以上のように、「三ヶ所」の範囲を縮小し、泊茶屋の軒数の増加を抑制しようとする政策に改正されたが、株仲間解散令との兼ね合いで、直接的に泊茶屋軒数を制限することはできなかった点で、遊所を取り締まる政策としては不十分なものであった。また、泊茶屋への変更によって、宿駅の旅籠屋との差別化が図られたものの、公認遊所に準じた位置付けは変わらなかった。つまり泊茶屋は、改革以前の茶屋・風呂屋に対する「黙認」とは大きく異なる位置づけにあることを、改めて注意しておきたい。

では、この食焼女の上限数の設定は、泊茶屋の軒数増加を制限する上で、どれほどの実効性を有していたのであろうか。天保一三年八月に「三ヶ所食盛女附旅籠屋」が赦免された段階で、その取締りは惣年寄に申し付けられていたが、食焼女人数の制限が設定されると、その改めも惣年寄に任されることになった。天保一四年一〇月の町触では、「三ヶ所内の各場所単位で毎年一一月に食焼女数を改め、その内容を認めた帳面を町役人の連判の上で惣年寄に提出し、惣年寄からも改めさせる」とされている。実際に、この人数改めがどのように行われていたのか、次の史料から考えたい〔「佐古文書」大阪商業大学商業史博物館所蔵「泊茶屋三ヶ所御免御触書附道頓堀飯焚女町別人数割町内泊茶屋式目」〕。

右道頓堀分八百壱人町別割方の儀は、当卯正月十七日飯盛女人数書き上げ奉り候高に応じ、拾弐ヶ町に割府致す事、左の通、

一、九郎右衛門町	百弐拾人	一、湊町	弐拾六人
一、幸町壱丁目	五拾五人	一、幸町弐丁目	八拾九人
一、同三丁目	弐拾九人	一、同四丁目	弐拾六人
一、同五丁目	五拾弐人	一、本堺町	五拾六人
一、本京橋町	九拾人	一、本相生町	七拾三人
一、難波新地弐丁目	百弐拾人	一、難波新地三町目	六拾五人

都合拾弐ヶ町八百壱人

右の通永々相定め候上は、毎年十一月泊り茶屋惣判の節、町別人数の通飯焼女人別書き上げ申すべく候、然れば向後泊茶屋変宅の節、外弐ヶ所は勿論、右拾弐ヶ町の内にても、飯焼女人別は相互に送り出さず、町別人数増減これ無き様致すべく候事、

天保十四年卯十月

道頓堀九郎右衛門町

この史料は、先述の食焼女の上限数の設定によって、「道頓堀」の食焼女数が八〇一人となったことを受けて作成

されたものである。内容は、「道頓堀」一二ヵ町での八〇一人の配分と、人数改めに際しての注意書きで、改めを行う惣年寄に対して町々が提出した請書の形式を取っている。引用したのは、九郎右衛門町が提出したものの写しである。

冒頭にあるように、この配分の基準となったのは、「当卯（天保一四年）正月十七日」に町々から町奉行所に上申した「飯盛女人数」である。これは、前項で述べた天保一四年一月の町奉行による「三ヶ所」の調査に該当する。おそらく町奉行も元茶屋・風呂屋が「三ヶ所」に引き移ると想定し、引移りが完了するはずの茶屋・風呂屋の撤廃期限直後に、旅籠屋軒数と食盛女数を「三ヶ所」内の町々に命じて上申させたのであろう。また、この調査は、老中に上申する遊所統制の改善策の検討を進める上でも必要なものだったと考えられる。そして、その調査で確認できた食盛女数に応じて、食焼女の上限数を決めたのである。

配分をみると、西横堀川より西側の湊町・幸町一—五丁目の六ヵ町に二七七人、東側の六ヵ町に五二四人の食焼女が割り付けられている。東側の六ヵ町の方が食焼女の人数が多いのは、芝居地に近接するため改革前から多くの茶屋が展開していたことに加え、「三ヶ所」の範囲外となった道頓堀北側の宗右衛門町などで営業していた元茶屋たちが流入したためであろう。西側の六ヵ町も茶屋の流入先であったが、改革以前には茶屋が存在しないか少なかったために、食焼女数の割り付け数に差が生じたものと考えられる。食焼女数の配分からは、各町の改革以前の性格の差異をうかがうことができる。

傍線①では、上限数が定められた上は、毎年一一月の「泊り茶屋惣判」の際に、町ごとに割り当てられた人数通りに食焼女の人別を書き上げる、と述べている。そして傍線②で、今後泊茶屋が転宅する場合には、「道頓堀」外の二ヵ所は当然、「道頓堀」内の一二ヵ町であっても、食焼女としては相互に送り出さず、町別に定められた割り付け人数から増減が無いようにする、とある。つまり、ここで定められた食焼女数にもとづいて、今後は毎年その通りの人数の食焼女の人別を上申すること、また泊茶屋の転出入に際してその人別が移動することがあっても、食焼女という肩書で送り出さないことで、配分数とは異なる食焼女数にならないようにする、というのである。

これは、各町の食焼女数を固定し、実際の人数変動に応じた調整は一切行わないことを意味している。毎年の改めも、天保一四年一〇月の配分数と同じ数の食焼女人別が、物年寄に報告されただけだったのではないだろうか。つまり、食焼女の上限数は有名無実化していたのであり、食焼女数に照らして泊茶屋軒数を制限するという統制の方法は、「三ヶ所」の遊所としての膨張を制限するような実効性は無かったと考えられよう。

おわりに

本章では、天保改革に伴う遊所統制の転換を、実際に茶屋の廃業が命じられた御池通五丁目・六丁目の〝茶屋町〟の動向とあわせて検討した。統制と、それが社会の実態に与えた影響の双方を突き合わせて分析することで、天保改革下における遊所統制が抱え込んでいた深刻な矛盾について、より明確に示すことができた。

なお、大坂の遊所統制は、安政四(一八五七)年一二月の茶屋再赦免によって、再度大きく転換する。天保改革に伴う政策転換を前提に、幕末期の政策転換も一連のものと捉えて検討することが課題となるが、その際にも今回と同様に、実際の遊所のあり様を併せて分析することで、政策の変化と実態の相互関係を考察する必要があろう。

また本文中で、幸町一帯が元茶屋営業者の流入先であったと想定したが、幸町の家持町人たちは、天保一三年八月に飯盛女附旅籠屋の赦免地となったことをうけて、幸町裏側の入堀を整備している(「成舞家文書」大阪城天守閣寄託史料「三間幷路御堀浚一件」)。彼らは、旅籠屋の流入によって遊所として発展することを見込んで普請を開始したのである。この動向を詳しく検討することで、天保改革下の遊所統制の転換がもたらした幸町一帯の地域社会への影響とともに、遊所の存在と家持町人の利害についても分析することが可能となる。

本章で見てきたように、遊所を軸に据えた分析を行うことで、堀江新地の社会構造分析を深化させることも可能となる。こうした都市周縁部に展開した新地の具体相解明は、都市大坂の全体構造の解明にも不可欠であろう。

(1) 明和元年に堀川に新築地が開発され、堀江川に面する北堀江・南堀江一〇ヵ町と、安治川に面する富島二ヵ町に対して、茶屋・煮売屋の総有株が赦免された。これらも実質的には、開発段階で赦免された株と同様に、堀江新地全体で利用されていたと考えられる。

(2) 「小林家文書」(大阪市立中央図書館所蔵)には、五丁目の人別帳四冊(文化五(一八〇八)年・文政一〇(一八二七)年・同一三年・天保二(一八三一)年)、六丁目の人別帳一二冊(文政二・六・九・一一年、天保五・六・八—一三年)が残されている。小林家は明治期に両町の町域にあたる管轄域の戸長を務めた家で、史料群には近世の町政に関する史料が豊富に含まれている。

(3) 小林家文書には、茶屋以外で起こった事件(喧嘩口論の末の殺傷事件や自殺)に関する史料も残されているが、確認できる史料点数の比率からは、こうした事件・事故が生じる頻度は、茶屋に比べると低かったことが想定される。

(4) この触の二条目では、「芸子・芸者・舞子・仲居」は新町に限ることが命じられている。本文中で述べたように「三ヶ所」はほぼ傾城町に準じる扱いを受けるが、遊所としての性格が色濃く表れる側面においては、傾城町である新町と、遊所ではない「三ヶ所」との差異化が図られている。また、唯一の公認遊所としての新町の特権性もうかがえよう。

(5) また、表1の11番の戎屋の事例を見てほしい。戎屋はかなり長く〝茶屋町〟で営業する茶屋であったが、名前人幸助が死亡して以降、奉公人を抱えていない。ところが、天保一四年段階では六丁目に留まるも、弘化二(一八四五)年五月には家屋敷(イ)の和泉屋弥兵衛に引き取られている。あるいは、和泉屋は泊茶屋を営む縁戚の者である可能性もあろう。

(6) なお、丹波屋徳蔵・河内屋伊兵衛といった有力な茶屋は、幸町五丁目に変宅した。堺屋佐四郎も有力な茶屋の一つであり、後に幸町五丁目に家屋敷を買得する。彼らは独自の意図をもって変宅した可能性があるが、詳細は不明である。

(7) この触と同内容が同日中に、十人両替屋のみならず「金銀引替御用掛町人」全般にも命じられている。

参考文献

塚田孝「近世大坂の茶屋をめぐって」『ヒストリア』一四五号、一九九四年

塚田孝「近世大坂の傾城町と茶屋」『歴史評論』五四〇号、一九九五年
塚田孝「近世大坂の開発と株」『人文研究』第四八巻第一二分冊、一九九六年、以上三論文はのち『近世大坂の都市社会』吉川弘文館、二〇〇六年に収録
吉田伸之「旅籠屋と内藤新宿」新宿区立新宿歴史博物館『内藤新宿――歴史と文化の新視点』一九九九年、のち『身分的周縁と社会＝文化構造』部落問題研究所、二〇〇三年に収録
吉元加奈美「近世大坂における遊所統制――町触を素材に」『都市文化研究』一五号、二〇一三年
吉元加奈美「天保改革における大坂の売女統制策の検討」塚田孝・佐賀朝・八木滋編『近世身分社会の比較史――法と社会の視点から』大阪市立大学文学研究科叢書8、清文堂出版、二〇一四年
吉元加奈美「近世大坂における茶屋の考察」『部落問題研究』二一一号、二〇一五年
吉元加奈美「近世大坂堀江新地における町内構造――御池通五丁目の水帳の分析」『部落問題研究』二二五号、二〇一八年a
吉元加奈美「近世大坂における都市社会構造――御池通五丁目の家質の分析」『部落問題研究』二二六号、二〇一八年b

〈第9章〉

渡辺村の構造

三田智子

はじめに

近世都市・大坂の南側に位置した渡辺村は、近世を通じてかわた（えた）身分に特有の役を大坂町奉行所のもとで務めるとともに、西日本一帯の皮革流通の中心地でもあった、巨大なかわた村である。そのため、同村が担った役や、皮革流通、また都市大坂との関係性に注目する視点から、これまで研究が積み重ねられている〔中西 一九五九、盛田 一九七〇、「浪速部落の歴史」編纂委員会編 一九九七・二〇〇二など〕。

こうした研究成果をもとに、渡辺村の全体性を包括的に解明しようとする際に重要となるのは、村落構造の側面からの捉え直しである。このような視角からの研究としては、塚田孝による一連の成果が到達点として挙げられる〔塚田 一九九四・一九九六〕。塚田は、渡辺村の年寄が天明五（一七八五）年に二人から六人に変化した事実に注目し、①これは、村全体の「村の年寄」二人から、渡辺村内に存在した六町の「町の年寄」六人へという変化であること、②旧来の年寄は渡辺村が担う諸役を差配することを主とし、諸営業を行う存在ではなかったが、新たな年寄は西国諸藩の皮革を一手に引き受ける有力皮問屋らであること、③これは村の構造変容であり、その背景には、皮革業の発展による新興皮問屋の台頭があったこと、④村内の皮革業については、斃牛馬処理制―皮革関連業（細工）―流通構造（問屋）の三層構造であること、を見通している。塚田は有力皮問屋らの西日本での活動を具体的に解明する一方で〔塚田 一九九二・二〇〇〇・二〇〇六〕、内部に町を包摂する渡辺村の都市的要素に着目することで、村落構造の変化を明確に捉えたのである。

行政的には村として把握されるが、内部に町が展開する「町村」という渡辺村のあり方は、近隣の木津村や難波村、天王寺村などと共通する。塚田の指摘は、近世都市大坂の南側に位置した地域の展開を面的に解明する上でも重要であるといえよう[1]。また同時に、渡辺村の村落構造に注目することで、これまで皮革業や役などが注目され、畿内かわた村のなかでも「別格」と理解されがちであった渡辺村を、畿内の他のかわた村と横並びにおき、比較する可能性も提示されたといえる。

泉州のかわた村の村落構造を検討してきた筆者の立場からは、まずかわた村の村落構造の比較・検討を深めていくことが、当面の課題となる。その際に渡辺村について残されている大きな課題は、①内部に六町を含みながらも二人年寄制をとった時期と、六人年寄制の時期、この双方の実態解明と、その変化・差異の検討、そして②村内の有力皮問屋以外の存在、とりわけ捕捉が難しい膨大な下層の人びとを、具体的に村落構造に含めて把握することである。ただし渡辺村については史料的な制約が大きく、これらを全面的に解明することは難しい。

本章では、一九世紀を中心に渡辺村の村落構造を解明する第一歩として、渡辺村の空間構造と家持や細工場所持人などを確認し、化政期から天保期を中心に村内の寺をめぐる事件について検討する。近年西本願寺に所蔵されるいわゆる「諸国記」のうち、渡辺村に関連する部分がまとまって翻刻・刊行された〔『浪速部落の歴史』編纂委員会編 二〇〇五、以下本書については『史料集』と記す〕。本史料を利用して、主に教団史・真宗史の立場から渡辺村の村内寺院と西本願寺の関係が明らかにされており、その内容は村落構造を解明するうえでも非常に示唆的である。渡辺村の都市的要素とこれらを合わせて検討することで、新たな渡辺村のあり方に迫りたい。

一　渡辺村の概要

1　木津村領内への移転と展開

渡辺村の淵源は、大川（淀川）南岸に位置した座摩神社に奉仕するキヨメ集団であると考えられる。天正一二（一五八四）年に秀吉が同社に移転を命じたため、彼らも大坂市中周辺の五ヵ所に分散し、その後元和期には西成郡難波村領内に集住させられた。さらに元禄一一（一六九八）年に移転を命じられ、元禄一四年に難波村の南側にあたる木津村領内への移転を開始し、宝永三（一七〇六）年までに移転が完了した（図1）。以後、移転することなく、幕末に至っている。

木津村領内に移転した渡辺村は、二町一反九畝歩の除地と、一町六反四畝二三歩の年貢地（増屋敷）からなる。これは難波村領内にあった頃の面積と地種がそのまま引き継がれたためと考えられ、その範囲は図中の「穢多村除地幷屋敷地」にあたる。渡辺村の内部には、中之町・北之町・南之町・八軒町・新屋敷町・十軒町の六町が存在した。このうち、新屋敷町と十軒町が年貢地にあたる。

村役人は、当初は渡辺村全体で二人おり、遅くとも一八世紀初頭以降には二家に固定された。しかし、天明五（一七八五）年以降は各町に一人ずつ、計六人の年寄がおかれた。彼らは村内でも最有力の皮問屋である。少なくとも化政期から天保期には月番で年寄としての職務にあたった。

渡辺村は公儀に対してかわた身分に特有の役を負担した。その内容は、大坂城の太鼓張り替え（皮役）・公儀附属施設などでの死体片付役、そして行刑役である。行刑役については、摂津・河内各所で行われる場合にも出役した。役に関わる業務は、年寄が差配したが、行刑役については年寄の下に小頭と呼ばれる者がおかれていた〔大阪の部落

史委員会編　二〇〇九〕。

渡辺村の人口は、正徳三（一七一三）年には二三四一人であったが、その後増加を続け、一九世紀には幕末まで四〇〇〇人台を維持している。ただし、かわた村出身者が人別を移さずに渡辺村に多く居住していた徴証もあり、実数はより多かったものと思われる[2]。

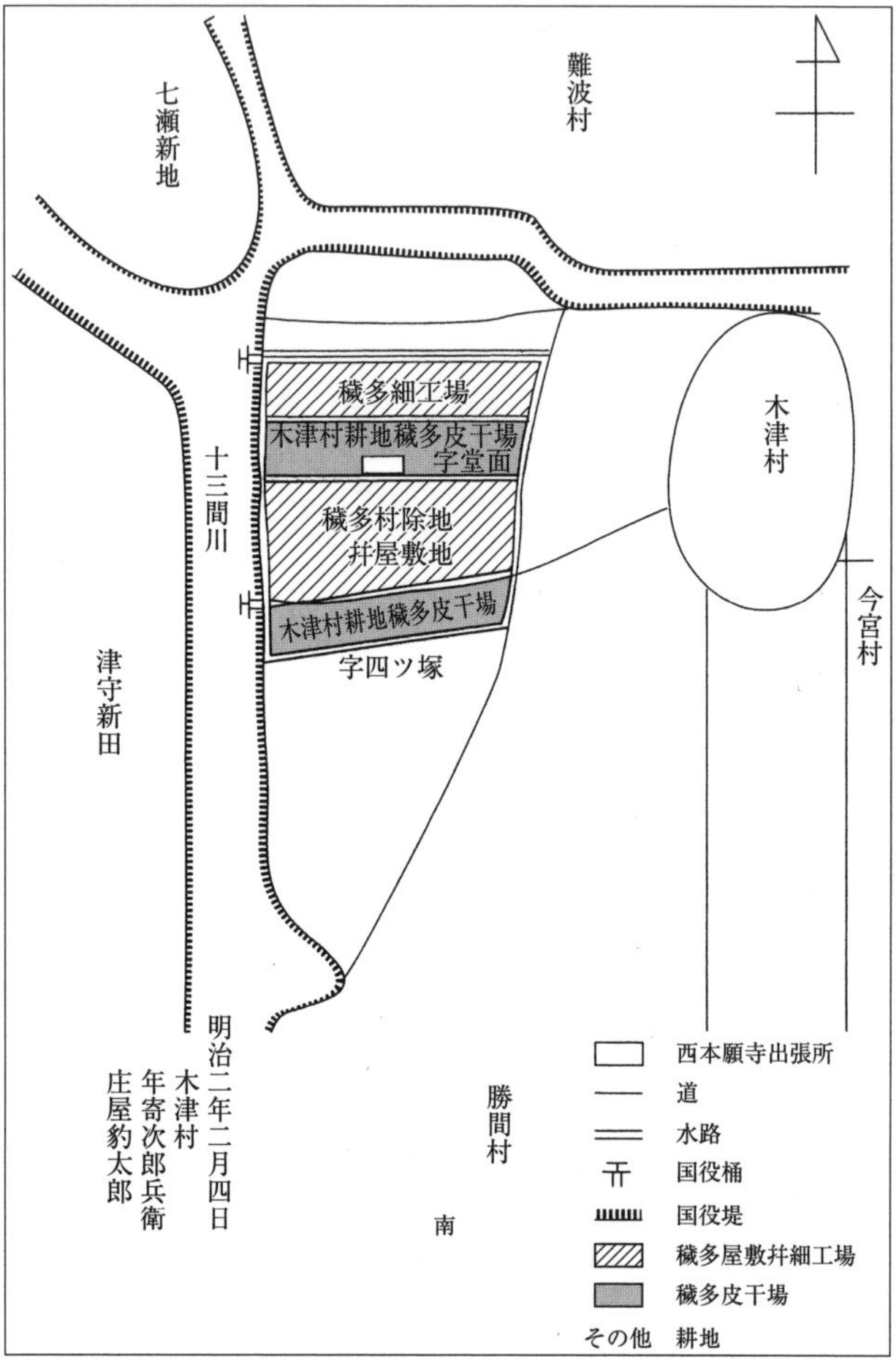

図１　渡辺村絵図（1869 年）

出典）〔塚田 1996　123 頁より〕

2 村内の寺院

渡辺村内には、幕末までに徳浄寺・正宣寺・順照寺・阿弥陀寺の四寺が開かれた（表1）。いずれも西本願寺派寺院であるが、「村の惣道場」という格を有したのは徳浄寺と正宣寺である。徳浄寺は「北之町惣道場」とも呼ばれるが、中之町を除く村内五町の旦那寺であった。これに対し、正宣寺が「中之町物道場」である。五町と一町という檀家の枠組みにはやや不自然さも感じるが、寺送りに関する史料では確かに中之町の住人のみが正宣寺檀家として確認できる。二寺はいずれも西本願寺寺内の万宣寺を上寺としたが、幕末までに離末している③。また、本章で扱う時期との関わりで、両寺とも文政元（一八一八）年大晦日の渡辺村大火で焼失し、文政五年頃に再建されたことにも触れておきたい。

残る二寺は、いずれも一九世紀に開かれた。順照寺は、文化一四（一八一七）年一二月に木仏・寺号が認められた。ただし徳浄寺が「私寺中に寺号木仏お願い上げおき候ところ、この度御慈悲をもって徳浄寺寺中順照寺と御免」と述べているので（『史料集』三九一―三九二頁）、徳浄寺の境内にあって本尊を有する堂のようなものとして出発したものと思われる。阿弥陀寺は、万延元（一八六〇）年以降に徳浄寺の看坊了忍が徳浄寺の自庵化を目論むも、檀家を二分する事態に陥り、最終的に一八〇人の檀家をつれて明治元（一八六八）年に村内に開基した寺である。了忍は、実父であり、有力皮問屋の播磨屋（合坂）五兵衛から金銭支援を全面的に受け、阿弥陀寺は大坂津村御坊の出張所という異例の寺格を有した（左右田 一九九四）。

表1　渡辺村内の寺院

	開基年次	明治12年の門徒数
徳浄寺	慶長4年	2048人
正宣寺	慶長8年	1623人
順照寺	文化14年	500人※
阿弥陀寺	明治元年	624人

注）順照寺は大正3年に同帳に加えられているため，門徒数も大正3年のものと考えられる．

出典）明治12年作成「寺院明細帳　南区」（大阪府公文書館蔵）より．

二　一九世紀渡辺村の空間構造

1　渡辺村の拡大

渡辺村の村人は、移転完了直後から渡辺村の南側・北側に位置する木津村畑地を買得し始め、宝暦四(一七五四)年の木津村書き上げでは二八・六三九石(二町六反一六歩二厘)が「穢多役人村小前所持高」と記載されている〔『史料集』一一—一四頁、四〇—四五頁〕。この畑地を渡辺村の村人は皮干場や細工場として利用していたようだが、当初は細工を目的とした小家であったものが次第に建家となり、一八世紀中頃からその取り払いを求める木津村との間で、深刻な対立が生じることとなった。

また明和六(一七六九)年には、渡辺村の西側に七瀬新地が開発された。これは周辺の新田と同様に、町人身分の地主が支配人をおき経営するものであるが、下作百姓を確保できなかったため、同七年に渡辺村に細工を目的とした建家をおくことが認められた(4)。七瀬新地は、その後地主により転売されていくが、渡辺村との関係は継続した。だが一九世紀には木津村領内に細工場が認められたため、幕末の七瀬新地は空地が目立つようになり、渡辺村が地主に余内銀を支払うこともあった〔大阪の部落史委員会編　二〇〇七、一五七—一六九頁〕。

一方、一九世紀に入ると木津村とは渡辺村の四面から広がる建て出し(添え建て)部分をめぐる争いと、木津村領内での建家取り払いをめぐる対立が生じた。前者は文化三(一八〇六)年に取り払いが町奉行所から命じられており、その後も繰り返されたようである。木津村領内での建家は、結局その趨勢を木津村が押しとどめることはできず、文化一三年には渡辺村北側の字堂面に細工場が、またさらに北側の字北島にもその後小屋建てが認められたようである(5)。文木津村や町奉行所が認めた名目は「細工を目的とする小家」であったが、次第に居所としての建家(あるいは細工場と居所が一体化した建家）となっていったため、天保期には七瀬新地も含めて一斉に取り払いが命じられるなど、問題は継続した。

2 細工場と南北取払場所

以上の空間構造を、塚田の想定をベースに図で確認しておこう〔塚田 一九九六〕。

図1で渡辺村の南北両側に位置する「木津村耕地穢多皮干場」が、天保期に「南北取払場所」とされた場所で、原則小屋建てが禁止された空間である。北側の字は堂面、南側の字は大樋口・四ツ塚であり、移転以来村人が買得した前述の土地に由来するものと思われる。北側の斜線部「穢多細工場」が字堂面細工場であり、この場所は細工を目的とする小家をおくことは認められた。さらにその北側が字北島と想定される。

このうち、字堂面細工場は天保一一（一八四〇）年の所持者三四名が、「南北取払場所」は天保一〇年の底地所持者と土地利用のあり方が判明する。南側の「取払場所」には一〇名の所持者が小家を一一〇、北側には二一名の所持者が小家を六一建てている。また西側の国役堤上にも一三名が石橋や建家をおいている。南北の小家は二間半×二間半程度で、所持者のなかには町の年寄を経験した者や有力な皮問屋が確認できる。こうしたあり方と、字堂面細工場と「南北取払場所」の所持者が三名しか重複しないことから、塚田は①「南北取払場所」に当時進出していたのは有力皮問屋である村内最上層部であり、これらの建家は彼らの掛屋敷である、②これに対し字堂面細工場の所持者は、皮革製品の細工を行う親方・商人層である、と想定している。

この想定はおおむね妥当であると考えられるが、字堂面細工場については、近年名義変更の届出が翻刻・刊行されている〔『史料集』六六―七四頁、九六―九七頁、九九頁、一〇四―一一五頁〕。これらを確認すると、三名に加えて七―九名が一致する。このなかには太鼓屋又兵衛家も含まれており、皮問屋は流通のみを担い、加工・細工に全く関わらな

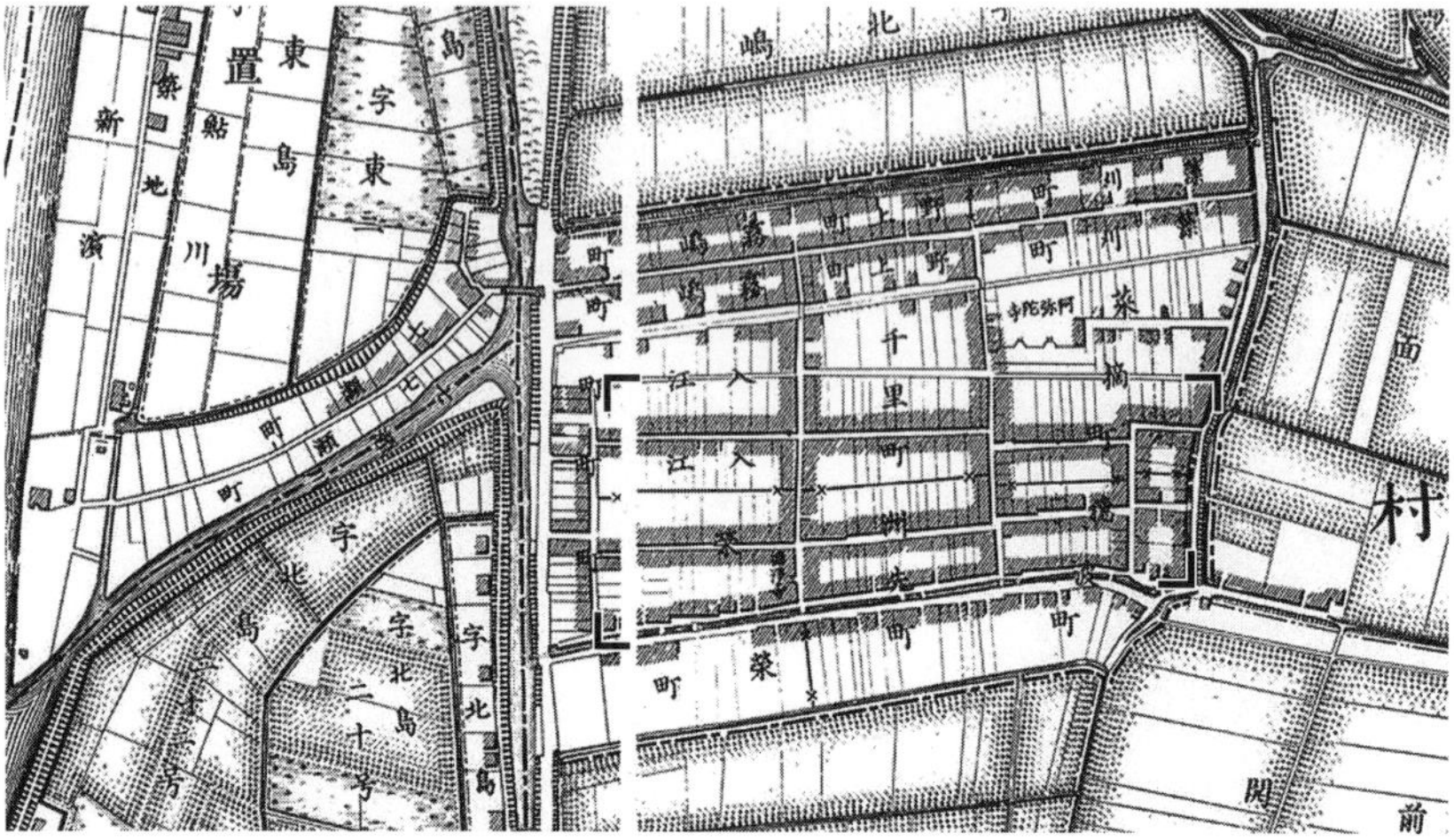

図2　1886年の渡辺村

注）「　」で囲んだ範囲が，図1の「穢多村除地幷屋敷地」にあたると想定される．

かったわけではない、という塚田の指摘と適合するものと思われる。しかし一八八六年大阪図の渡辺村部分（図2）では、細工場や「南北取払場所」は町場化されている。渡辺村の人口増加ともあいまって、一九世紀のこの付近は細工場や皮干場と居所が一体化しつつある空間であったと考えられる。

3　村内部の具体相

a　個別町内の様子

渡辺村内部の具体的な様子については、塚田も指摘するように断片的な情報しか得られない。一つは、宝暦八年の八軒町の借家数である。この年、八軒町で借屋中の中合が作成されており、一三の借家に五二名の借家人が確認できる〔盛田　一九七〇、二一二頁〕。しかし町内の家屋敷と家持の数は不明である。だが年寄六人体制となる以前から、個別町単位に中合が作成されている点は示唆的である。

もう一つは、天保五年に作成された「米一件町内取締書」である〔吉田　一九九四〕。この取締書では、家持一六名に続いて、二六の借家に二二二名の借家人が連印している。塚田は記載のされ方から、町内には二六の家屋敷が存在した、と想定している。家屋敷数の想定には再検討の余地もあるように思われるが、町内に借家層が分厚く展開していたことは確実である。なお、本史料に町名は記されていないが、三節でとりあげる新屋敷町池田屋藤五郎（天保一二年）が家持のなかに確認されるため、新屋敷町のものと考えられる。

b　安政七（一八六〇）年三月「役人村下屎受ケ所帳」　次にこれまで注目されていない史料から、村の全体のあり方を見ておきたい。遅くとも一九世紀には、渡辺村の下屎は西成郡にある五つのかわた村が独占的に汲み取っており、安政七年三月には五村一六名が、明治元（一八六八）年には五村一七名がその権利を有していた(6)（兵庫県部落史研究委員会編 一九七四、尼崎部落解放史編纂委員会編 一九九〇、三三〇―三三四頁、四一〇―四一二頁）。下屎流通についても渡辺村は大坂市中と共通する都市性とともに、身分制的な性格を強く帯びていた、と評価できよう。

このうち、安政七年には西成郡今北村内のかわた四名の汲み取り場所の帳面が作成されている。史料では、一筆目は次のように記されている。

一 新屋敷町 日向屋音右衛門　居宅 新屋敷 八軒町　〆三ヶ所　金壱両弐歩壱朱

一五筆目のあとに「〆三拾三両壱歩　右惣右衛門受」とあり、一筆目は新屋敷町に住む日向屋音右衛門の所持する居宅・新屋敷・八軒町の三ヵ所を惣右衛門が年間一両二歩一朱を日向屋に支払い、汲み取っているものと判断できる(7)。日向屋の居宅は新屋敷町に所在すると考えられるが、二つめの「新屋敷」が何を指すのかは不明である。また八軒町は掛屋敷だが、史料中ではこのように所在した町名を記す場合と「借家」などと記す場合がある。また三筆目以降は「〆〇ヶ所」という表記がないため、請入箇所の総数がはっきりしない場合もある。

そのため表2では、史料表記通りにまとめたものを居所ごとに整理した。今北村内かわた四名の請入箇所であるた

7年3月）

肩書 （居所）	名前	内訳 （請入箇所）	請負額（金／銭） 両	歩	朱	文	請負人 （請主）
新屋敷町	岸部屋伊三郎	居宅 新屋敷１カ所	1	1	2		惣右衛門
新屋敷町	岸部屋吉五郎	居宅 北之町 北島	1	1	2		惣右衛門
新屋敷町	岸部屋三五郎	居宅 借家 新地２カ所	1	2	3		留治郎
新屋敷町	岸部屋又七	居宅 借家１カ所	1		2		惣右衛門※2
新屋敷町	日向屋音右衛門	居宅 新屋敷 八軒町	1	2	1		惣右衛門
枕町	難波屋六三郎	借家 北島６カ所	6	3			惣右衛門
枕町	住吉屋市兵衛	借家 北島２カ所	2				惣右衛門
北島	淡路屋勘兵衛	居宅 借家		2	2		作右衛門
北島	池田屋常次郎	居宅		2			惣右衛門
北島	池田屋彦兵衛	居宅			3		作右衛門
北島	池田屋安兵衛	居宅		1	3		留治郎
北島	京屋庄次郎	居宅		1			作右衛門
北島	京屋豊吉	居宅		3	2		留治郎
北島	中喜	居宅		1	2		留治郎
北島	播磨屋吉兵衛	居宅 北島１カ所	1				作右衛門
北島	播磨屋三次郎	居宅		1			作右衛門
北島	八幡屋忠兵衛	居宅		1			作右衛門
北島	吉田屋藤兵衛	居宅		1			惣右衛門
（記載なし／北島カ）	明石屋佐七	居宅		1	2		作右衛門
（記載なし／北島カ）	岸部屋又兵衛	居宅			3		作右衛門
井路川	住吉屋六兵衛	隠居 居宅		1	2		留治郎
井路川	鶴吉	居宅		1			留治郎
井路川	池田屋九兵衛	居宅		2	2		留治郎
井路川	（記載なし）	（記載なし）			3	200	作右衛門
南井路川	（記載なし）	（記載なし）			2		作右衛門
（記載なし）	（記載なし）	（記載なし）			3		作右衛門
（記載なし）	（記載なし）	（記載なし）			3		作右衛門
合計			53	2	1	400	

衛門は後筆で，史料作成時には作右衛門と思われる．

表 2　西成郡今北村内かわた 4 名の渡辺村内の下屎汲取箇所（安政

肩書 （居所）	名前	内訳 （請入箇所）	請負額（金／銭） 両	歩	朱	文	請負人 （請主）
北之町	岸部屋周次郎	借家 北島 1 カ所	5				惣右衛門
北之町	住吉屋六兵衛	居宅		2			留治郎
北之町	太鼓屋藤兵衛	居宅			3	200	作右衛門
北之町	播磨屋源兵衛	居宅 北島 借家 1 カ所	1	3	2		留治郎
北之町	播磨屋五兵衛	居宅	1		2		留治郎
北之町	播磨屋五兵衛	借家 北之町 1 カ所	1		2		惣右衛門
北之町	大和屋吉兵衛	居宅 同町 1 カ所		2			惣右衛門
北之町	大和屋又兵衛	居宅 北之町 4 カ所 南之町 1 カ所 新地 4 カ所 十軒町 1 カ所	8				惣右衛門
南之町	明石屋佐吉 （佐兵衛を修正）	借家 北島 1 カ所		3			惣右衛門
南之町 （十軒町を修正）	池田屋源兵衛	居宅 南之町※1		1	2		作右衛門
南之町	池田屋伝兵衛	居宅			3		作右衛門
南之町	吹田屋安兵衛	居宅 北島 1 カ所 南之町 1 カ所	2	3			作右衛門
南之町	吹田屋安兵衛	借家 北島 2 カ所	2	2			惣右衛門
南之町	中屋喜兵衛	居宅			2		留治郎
南之町	中屋平兵衛	居宅		1	3		惣右衛門
南之町	難波屋新兵衛	居宅		1			留治郎
南之町	濱太	居宅 又 1 カ所		2 1	 2		留治郎 留治郎
十軒町	池田屋吉右衛門	居宅 井路川 1 カ所		2			作右衛門
十軒町	池茂	居宅		2	2		作右衛門
十軒町	播磨屋安太郎	居宅		1			留治郎
十軒町	風呂屋	居宅		2			惣右衛門※2
十軒町	生嶋屋善四郎	居宅		1	2		惣右衛門※2
（記載なし）	正専寺	居宅	1		2		惣右衛門
八軒町	大和屋勘左衛門	居宅		1			作右衛門

注 1）南之町という記載は，肩書きが十軒町段階のものではないかと思われる．注 2）惣右

め、もとより渡辺村の全体を示すものではないことに注意が必要であるが、[8]次の四点を指摘しておきたい。

まず、前項との関わりで、枕町・北島・井路川・新地という六町以外の表記に注目したい。枕町・北島・井路川はそれぞれ肩書となっており、「居宅」がおかれている。この時点で六町以外に住居が相当数展開していることが明らかである。木津村領内の字北島・枕町・井路川は、それぞれ明治五年三月に霧島町・野上町・藻刈町になるとされ〔『新修大阪市史　第五巻』、六四一頁〕、この三町は渡辺村六町の北側に西から順に位置した（図2）。これは北側の「取払場所」と字堂面細工場、さらにその北側の字北島にあたる部分であろう。また北之町の大和屋又兵衛と新屋敷町の岸部屋三五郎の内訳に見られる新地は、七瀬新地であろう。こちらもやはり借家がおかれていたものと思われる。

二つめとして、このうちの「北島」に注目したい。三ヵ所のうち、北島には最も多くの居宅がおかれている。また居住人数に比例する下屎請負額が高額な人物は、いずれも北島に借家を所持している（岸部屋周次郎・吹田屋安兵衛・難波屋六三郎など）。文久二（一八六二）年に、徳浄寺門徒が西本願寺に提出した願書には、門徒惣代として五町の者と北島の者が確認できる〔『史料集』七〇六—七〇七頁〕。こうした点から、三ヵ所は一律に展開したのではなく、六町の北側でも西側部分において特に宅地化が進んだものと思われる。

三つめは、六町の内部についてである。表中で目をひくのは、北之町の大和屋又兵衛である。居町内に居宅と四ヵ所の掛屋敷、他町にも掛屋敷を複数所持し、請負額は八両に及んでいる。大和屋又兵衛は、天保一二年に北之町年寄として、また天保期から幕末まで徳浄寺門徒惣代として断続的に確認でき、最有力門徒の一人であると考えられる。[9]また、太鼓屋又兵衛の一統である播磨屋源兵衛や、有力皮問屋である播磨屋五兵衛、吹田屋安兵衛なども突出している。村内有力者層である皮問屋は、一般的に複数町に掛屋敷を所持していたと考えられる。

四つめは、皮革関連業との関わりである。西日本から渡辺村に送られる皮革の一部は、播州高木村に賃鞣しに出されていた。幕末に高木村惣兵衛に皮を送っていた人物が複数判明するが〔『史料集』二二五七—二二九二頁〕、表中では新屋敷町の岸部屋吉五郎と日向屋音右衛門が一致する。なかでも岸部屋はかなり大量の皮を送っている。彼らも複数の家屋敷を所持してはいるが、やはり経済的には皮問屋の下に位置づくものと考えられる。なお新屋敷町の五名を「米一件町内取締書」に探すと、岸部屋吉五郎は家持、岸部屋三五郎と日向屋音右衛門は借家人として表れる。二五年ほど時期は開くが、仮に同一人物であるとすれば、皮革関連業の中下層の浮沈はかなり激しいものがあったと予想される。

以上から、渡辺村が当初の村域（六町）の外に拡大していく様子をみたが、その背景には皮革関連業の存在と人口増加問題を考えるべきである。住居そのものが不足し、「建て増し」が問題となっていたのである。「細工」を名目に許可を受けた場所に、細工場と住居が展開することは必然であった。字北島に居住する者たちは、皮革関連業の中下層ではないだろうか。また村内には、膨大な借家層が存在したのである。

三　一九世紀の村内寺院をめぐる動き

1　西本願寺と渡辺村の関係

左右田昌幸は、西本願寺所蔵の「諸国記」から様々なことを明らかにしている〔左右田　一九九五・二〇〇二〕。本節に関わる範囲では、①かわた村の寺院は教団内では「穢寺」と位置づけられており、②名号など免物類の下付時には一般の寺院に比べて五割増しの冥加を求められた、③その一方で西本願寺は渡辺村の徳浄寺・正宣寺の二寺を、多額の懇志を上納できる経済力のある寺と認識し、たびたび懇志上納や馳走を命じ、④こうした二寺の働きに対して、西本願寺は一八世紀中期以降より高位の免物や衣体を二寺に認めたが、⑤次第に他のかわた村寺院にも西本願寺が同様のものを認めたため、二寺やその門徒は西本願寺に不信感を抱くとともに、かわた村寺院のなかにあって二寺が別格に位置づけられるように求めたこと、⑥西本願寺は「穢寺」を統制する位置づけを二寺に与えることもあったが、これに反発するかわた村も存在したことを指摘している。また惣道場である二寺が多額の懇志を上納できたのは門徒の経済力によるが、門徒のなかには仏壇も構えられないような困窮した者もいた、という事実も指摘されている。[10]

近世を通じて西本願寺と渡辺村二寺の間は、西本願寺から二寺への高位の免物・衣体の許可と、二寺による西本願寺への懇志上納が、基本的な関係である、と理解できよう。

2　天保一一（一八四〇）年の二寺への色衣許可

こうした関係がよく表れる事例として、天保一一年の二寺への色衣許可をみておく。天保八年、徳浄寺門徒三名・正宣寺門徒一名は津村御坊に対して、二寺の住持に認められていた袈裟が、近年他のかわた村寺院の住持にも認められているため、これらの寺と二寺が区別されるような沙汰を下されたい、と申し出た。その願書には、「末々の者に至っては前後（を）相弁まえず、外の者格別（に）御取り扱い成し下させられ、私共村方の儀は御頓着下されざる様相心得、大いに気前取り失い騒々しく申し立て、右につき愚昧のもの共如何体との失敬成る義出来候程も計りがたく候、（中略）右申し上げ候通り末々愚昧之もの共、唯々今日にも御沙汰これ有り候様相心得騒々しく申し立て、多勢の儀制しがたく」と、村内で西本願寺に対する不信感が募っており、村内の大勢が何らかの示威行動に及ぶかもしれない、という状況が示されている〔『史料集』四一〇―四一一頁〕。以前から渡辺村側はこうした希望を示していたようで、その初発は天保二年一一月ではないかと思われる。[11]

渡辺村はその後、二寺の住持への色衣許可を希望し、西本願寺は一旦はこれを拒否した。しかし渡辺村が津村御坊に対する定例の「馳走」を怠るなどしたため、[12]二寺が二〇〇〇両を上納することを前提に、天保一一年二月に色衣を許可した。しかし肝心の色目は追って沙汰をするとしたため、渡辺村側は一〇〇〇両の上納に留めた。その後、渡辺村の様子を津村御坊から伝えられた西本願寺は、三月に色目は「褐色《かちいろ》」（藍を濃く染めた色）とする沙汰を下した。しかし門徒らが望んだ色目ではなく、その後も残る一〇〇〇両の上納をめぐって対立が続いたのである。この経過の中で、徳浄寺門徒の大和屋又兵衛は「両寺惣代世話方」として重要な役割をはたしている〔『史料集』四三七—四三九頁〕。

3 化政期から天保期の村内での異儀事件など

以上からは、先に指摘された点とともに、村内で西本願寺に対する不満が広範に存在していた様子が窺える。村落構造を考える上では、この点をより重視する必要があろう。天保期頃までの「諸国記」には免物・衣体をめぐる、西本願寺・津村御坊・渡辺村（二寺・門徒）間のやりとりが多い。しかし、村内で発生する異儀事件に関わるものもあり、そこでは門徒のなかに二寺への強い反発があったことが明確に示されている。またときには、村方騒動的な状況に陥ることもあった。次にこれらの事例を順に紹介する。

①文化四（一八〇七）年六月—一〇月　河内国般若寺村誓願寺による異安心事件〔『史料集』三五九—三六三頁〕

文化四年六月、徳浄寺の一件で同行が上山した。上寺の万宣寺は、これについて（渡辺村で詳しく話を聞いてきたという）河内国誓願寺からの伝聞として、徳浄寺では以前から門徒の八割が不帰依であり、寺の評議が決まらないため、「壇中頭分」の者が出銀し、一人七〇〇匁で雇用して上山させたもので、彼らの多くは「その日過の借家（に）住居仕り候いたって小前の者」である、と西本願寺に報告している[13]。ところが一〇月に入り、誓願寺が渡辺村を混乱させていると津村御坊からの報告があった。それによると、誓願寺が渡辺村内で「私に御本山から横目役を仰せ付けられた。そのため門徒達の安心の心得違いがないかを糺す」などとして村内を騒がせた。取り調べを行った津村御坊は、ⅰ誓願寺は「瀬木村」の看坊で、妻子も同村にいるが、親類である徳浄寺門徒の岸部屋吉右衛門方に逗留している、ⅱ正宣寺の伴僧は誓願寺の倅である、ⅲ誓願寺と岸部屋、正宣寺伴僧と門徒二人は、「本山」と呼び捨てにするなど、悪言を申し立てている、ⅳ岸部屋の身上は良いようだが人柄は悪いとみえる、などと西本願寺に報告している。

②文化五年一一月　播磨国前坂村周了による不正勧化〔『史料集』三七〇―三七四頁〕

文化五年一一月、七瀬新地に居ついた播磨国前坂村の周了が「本山より御修復上納銀取り立て」を命じられたとして、在家の軒下に西本願寺の紋が入った大提灯などをつるし、毎夜法談を行った。渡辺村の二寺はこれを、「御宗意の御紕しも畏れず、本山の裁断書も持参せず、一寺の住職でもない者が自分たちの同行を集めて教化している」と問題にし、また津村御坊は西本願寺に対し、「周了の不正の勧化を、以前より不正の門徒共が一同に尊信するようになり、二寺が教化して改心していた者までもまた翻っている」と報告している。また一二月には、二寺の住持と門徒のうち「周了帰依の者」らが法儀教諭のための使僧派遣を願い、許可されている。「周了帰依の者」が使僧の派遣を願う理由は不明であるが、本山使僧の前で自らの主張を展開したい、との思惑があったのではないかと考えておきたい。また文化七年六月にも徳浄寺が「門徒共に安心心得違いの者がいるので、教諭法談のための使僧を派遣してほしい」と願い出ている〔『史料集』三七五―三七六頁〕。

③文政三（一八二〇）年八月　三河国願徳寺新発意宗順の三業法門〔『史料集』三九五―三九七頁〕

文政三年八月、村内に滞在する三河国の宗順が三業法門を勧めているとして、[14]順照寺が宗順を津村御坊に召し連れた。宗順の処罰は不明だが、順照寺には、他国者で宗意に抵触する宗順に法談を行わせたことを理由に、七日の遠慮が命じられている。

④天保元（一八三〇）年一一月の村内「大混雑」〔『史料集』三九九―四〇四頁〕

文政一二年八月、徳浄寺は西本願寺への二〇〇両の上納を滞らせた。事情を問いただした津村御坊は「徳浄寺は金額については特に何も言わず、ただ先日の主張を繰り返すばかりです。こちらが様々に説得すると、まずは門徒一統に伝え、相談のうえで返答する、と申しております」と西本願寺に報告している。この滞納は一〇月にも続いており、一一月には西本願寺が法儀引き立てと「御仕法取り集め」を目的に使僧を派遣した。翌天保元年七月にも本山は使僧派遣を決め、一〇月に使僧が到着した時には、渡辺村は「村方大混雑難渋の段」に陥っていた。津村御坊は、使僧と徳浄寺・門徒らから聞き取った内容として、一〇月二四日より村内で「大混雑」が起きているため、使僧による法座の延引を徳浄寺が願う一方で、西本願寺への上納は可能な限り集めて納めるとしている、と報告している。

⑤天保一二年二月　肥後国西光寺顕照による異安心事件〔『史料集』四四一—四五三頁〕

天保一二年二月、渡辺村の二寺は村内の新屋敷町池田屋藤五郎方に肥後国西光寺弟子の顕照が滞在しており、異安心を勧めている、と津村御坊に届け出た。このため顕照は捕らえられ、池田屋藤五郎も津村御坊から事情を問われている。池田屋は津村御坊に対し、ⓘ顕照は六年前に本山において安心の研究を行い、宗祖相承の正義であると認められ、ⓘⓘ二年前より二、三度渡辺村で説法を行っている、ⓘⓘⓘ徳浄寺・正宣寺・順照寺は顕照を異安心とするが、これは虚言であり、ⓘⓥむしろ三寺の安心をお調べ頂きたい、などと主張した。顕照の取り調べは詳細に行われており、池田屋が顕照に縁戚の家を紹介するなどし、摂州住吉村や芝村でも顕照が説法を行っていたことも明らかになっている。

このほかに、寛政八（一七九六）年一一月と文政一〇年三月の二度、西本願寺が津村御坊に対して、「渡辺村門徒に改派の動きがあると聞いたので、必要に応じて改派押届《かいはおさえ》を出すように」と命じていることも注目される〔『史料集』三四七—三四八頁、三九八—三九九頁〕。改派押とは、門徒・門末の改派の動きに対して、領主に改派禁止を願い出ることである。西本願寺は「噂」程度であっても、こうした対応をすぐさまとるほど二寺を注視していた、と思われるのである。

4　異儀事件などが起こる構造的な背景

一九世紀初期から、渡辺村内では徳浄寺・正宣寺の多くの門徒が不帰依であり、それへの対応に二寺が苦心していたこと、村外からの「不正」僧が入り込みやすい状況にあり、「不正」僧に不帰依門徒が感化されると村方騒動的な

表3　使僧常満寺が西本願寺に提案した徳浄寺と門徒への褒美（天保14年3月）

対　象	褒　美	備　考
徳浄寺住持	金入りの輪袈裟 難しければ，御添え書の一行物	いずれも 「冥加苦しからず候」
尼講の大将	ぼうし60，裏に「貴寺様へ御寄幷御印」	
重の世話方大将6人 （大又，竹田，戎，長明，伊作小，播熊）	御紋付の御盃	
中通り世話方12人	安きかたぎぬ，裏に朱印	
御賽銭拾い15人	安き数珠	
余一統	松風1040枚	

注）　大又は大和屋又兵衛，播熊は播磨屋熊治郎と思われる．他は未詳．

状況に陥ることが明らかである。この状況は徳浄寺の方が深刻で、少なくとも一九世紀には慢性化していたものと思われる。

多くの門徒が不帰依となる理由は、やはり西本願寺への「懇志」にあり、その取り集めを行う二寺に不満が向けられていたためであろう。ただし、その不満は、厚い信仰心と西本願寺へのある種の強い期待に起因する、もどかしさからくるものと思われる。

この点について、天保一四年に常満寺が西本願寺に提案した褒美は示唆的である（表3）〔『史料集』四七三—四七四頁〕。徳浄寺からの上納金が思わしくないために派遣された常満寺（大坂南久太郎町）は、村内の状況が非常に難しく住持らが苦労していること、しかし順照寺で二夜法儀を行うと一〇両が集まったことを引き合いに、表3の褒美が西本願寺から下されれば、「直に倍の御冥加上がり申し候」としている。常満寺の提案は、冥加を前提にした限界性をもつものだが、「この程度は報いて然るべき」という西本願寺に対する批判も含まれているように思われる。

また、同年一〇月には二寺とその肝煎総代が、公儀による仏壇改めを理由に、村内の「平生極難困窮（に）過ぎ行きこれ在る者」で仏壇も構えられない門徒九五軒（徳浄寺七〇軒・正宣寺二五軒）に対し、村役人らが仏壇を買い求めて与えたので、その本尊を下付されたいと願っている[15]〔『史料集』四八六—四八八頁〕。こうした動きは、西本願寺の慈悲を示すものとして、村内を抑えるために村役人や門徒総代らが必要だと判断したものと思われる。また村役人と寺による下層への宗教的な施行という意味合いも含まれていよう。

表3には、常満寺が把握した徳浄寺門徒の構造が示されている。尼講六〇人・重立ち世話方六人・中通り世話方一二人は、門徒のなかでも徳浄寺住持を強く支える存在であろう。このなかに大和屋又兵衛が含まれている。しかし有力皮問屋が徳浄寺に帰依しており、下層が不帰依という状況ではないようである。というのも誓願寺を村内に引き込み、西本願寺を公然と批判した岸部屋吉右衛門は、天保一一年には久留米藩革座と取り引きを行う問屋である。また顕照に肩入れした池田屋藤五郎は新屋敷町の家持であることが確実である。岸部屋は村内最上層の皮革問屋、池田屋も同等か皮革関連業の商人・親方層であると想定できる。寺をめぐる問題は、必ずしも村内階層で区分されるものではない、と想定しておきたい。

また一九世紀になると、太鼓屋又兵衛に代表される有力皮問屋層が、個人的に冥加を納めて出仏壇や額を希望するという事例もみられるようになる。村や徳浄寺という枠組みを相対化する動きであるとともに、有力層の多様な動向として注目する必要があろう。

5　渡辺村の村落構造の特徴

一九世紀の渡辺村の村落構造を他のかわた村と比較して考察する場合、①なぜ村外の僧が渡辺村に頻繁に入り込むのかという疑問と、②村方騒動的な状況を生じさせる原因が手がかりとなるように思われる。泉州南王子村の場合、一九世紀に村内にたびたび入り込むようになるのは、かわた村出身の無宿であり、勧化僧はほとんどみられない。また村方騒動においても、寺が大きな争点となることは共通するが、借財の返済方法や住持と村方の娘との縁組の可否をめぐるものである〔西尾 二〇〇六、三田 二〇一三〕。

まず①であるが、顕照は取り調べにおいて、かわた村の徘徊を始めた契機を、六年前に二十四輩旧跡巡拝をしていた際に、かわた村に無銭で止宿し、法話をしたところ聴聞する者が集まったためだ、と述べている。また、天保五年には御影の許可のため上京した越後国西真寺の新発意義諦が、路銀に困ったため、渡辺村に止宿している。この義諦は渡辺村同行の世話で、無事に免物も許可されることとなった〔『史料集』四〇七―四〇九頁〕。ここから、かわた身分の者を比較的心安く滞在させる、というかわた村に共通する特質と、巨大なかわた村であり、宗派内でも特別な位置にあった渡辺村に他国の僧が来村するという状況があったことが想定される[16]。ただし、こうした他国僧が不意に来村する場合と、村内に引き込む者がいる場合を区別する必要があろう。

②については、まず村内寺院が村方騒動の中心的な要素になる、という点にかわた村における厚い真宗信仰という共通点をみておく必要がある。ただし渡辺村では、有力皮問屋層の経済力を見込んだ西本願寺からの過度な要求と免物の下付というあり方を基礎に、これに応じて村内寺院をもり立てたい、という思いを含みながらも、西本願寺への反発が二寺の住持に直接むけられるように思われる。西本願寺との冥加・免物をめぐるやりとりは、妥協や決着が期待できるものではなく、渡辺村の規模が大きく村内下層が膨大であることや、宗派内でもかわた村の中で特別な位置にありたい、という思惑もあったため、対立は慢性化したのである。しかしこの他にも村制・町制における矛盾も存在したはずであり、他の要素も複雑に関連していることは言うまでもない。

以上から、渡辺村の村落構造はやはりかわた村としての特質に規定された側面が大きい。一方で渡辺村の様々な要素——皮問屋の存在とその経済力、西本願寺との関係、人口規模、村内の諸関係、村外とのネットワーク、かわた村間の宗派内での序列など——が、問題をより一層深刻化・複雑化させたものと考えられる。

おわりに

最後に、近代への見通しとして、水平社創立の直前に真宗教団批判が展開したことを検討した鈴木良の成果にふれておきたい。鈴木は、水平社創立以前の大阪西浜部落〔渡辺村〕の地域支配構造は皮革関連業を基礎に真宗組織を利用したものであったこと、一九二一年四月に徳浄寺住職加藤哲勝が西本願寺を公然と批判する一文を『中外日報』に掲載し、これが教団批判が全国化する一つの契機となったこと、また西浜部落では有力門徒を中心に加藤を支援するために哲勝会を組織し、本山と対立する姿勢をとったことを紹介している。しかし、その後有力門徒は水平社創立には賛同せず、水平活動に村内寺院を使用させなかった。これを村内青年組織などが打ち破ることによって、西浜の水平社が設立された、という筋道が示されている〔鈴木 一九九七〕。

こうした近代の状況は、大枠では本章で明らかにした西本願寺と村内寺院、そして地域住民の矛盾を含んだ関係構造を歴史的前提としているように思われる。もちろん時期的な差や、真宗組織を利用した村内支配がどの程度強固なものであったか、などは検討する余地があろう。幕末の阿弥陀寺分立にいたる対立とその決着も重要であるように思われる。これらについては次の課題としたい。

（1）ただし、渡辺村は町奉行所の管轄下にあり、この三村とは異なり近代には大阪市区に属すことになった。また三村は早い時期から各町に年寄をおいていた点も、渡辺村とは異なる。こうした差異は渡辺村に特有の役負担と関連する面も大きいように思われるが、留意した上で、地域に共通する展開と差異として検討すべき課題であろう。

（2）こうした存在は「掛かり人」と呼ばれた〔塚田 一九九六〕。また天保一二年に池田屋藤五郎は渡辺村の人別は七四〇〇人余と述べている〔『史料集』四四五—四四六頁〕。

（3）西本願寺派のかわた村寺院のほとんどが西本願寺寺内の四寺を上寺とした。この四寺は「四ヶ之本寺」と呼ばれ、万宣寺もその一つである。

（4）七瀬新地に建家をおく渡辺村の村人は、七瀬新地の下作人と位置づけられる。

（5）天保一五年の木津村明細帳には、二〇・一一三石（一町八反二畝二六歩）が「穢多細工場」とされており、これが字堂面細工場にあたるものと思われる〔『史料集』九九—一〇四頁〕。

（6）安政七年には各かわた村は本村から汲み取り場所を預かる形をとり、本村が摂河在方下屎仲間に加入している。摂河在方下屎仲間は、明和六年に主として大坂の北側に位置する摂河三〇〇村以上が参加して成立したものである。

（7）摂河在方下屎仲間の場合、居宅・掛屋敷・借家を問わず、下屎代銀はその所有者（原則家持町人）に支払われた。

（8）明治元年の史料では、渡辺村が五ヵ村以外の者に下屎を糶取りさせることが問題となり、文政二年に下屎が偏らないように「村高」に応じて担当の区割りを設定し直した、とされている。この「村高」については未検討である。

（9）表2の人物で他に徳浄寺門徒惣代として確認できるのは、岸部屋周次郎・池田屋源兵衛・中屋平兵衛・岸部屋伊三郎・岸部屋三五郎・吉田屋藤兵衛・中屋喜兵衛（北島）である。

（10）また和田幸司は、②から⑤について渡辺村の「身分上昇志向」という視角から検討し、渡辺村二寺の西本願寺に対する免物・衣体の許可願は、部落寺院門徒の国家的政治的な身分を宗教上において越えようとする動きである、と評価している〔和田 二〇一三・二〇一四〕。和田の議論は、西本願寺が天皇・朝廷権威に接近し身分上昇を志向した動きと、渡辺村の動きを連結させたものであるが、より慎重な検討が必要であるように思われる。

（11）詳細は不明だが、天保二年一一月に西本願寺内で渡辺村からの申し出を「さてさて六ヶ敷注文に御座候」と評している〔『史料集』四〇五―四〇六頁〕。

（12）渡辺村の二寺は、津村御坊に対して「定御馳走」として、年頭・中元に境内提灯一式、非常手当人足、太鼓張替の三つをつとめていた〔『史料集』四一五―四一六頁〕。

（13）なお誓願寺は、史料中では「河内瀬木穢村道場看坊誓願寺」と記載されるが、かわた村の所在などから、瀬木村ではなく近隣の般若寺村誓願寺であると考えられる。

（14）寛政九年から文化三年まで、西本願寺派では三業惑乱という大規模な教義論争が起きた。これは西本願寺学頭の智洞が唱えた三業帰命説が教義上の異儀にあたるのではないか、というもので、最終的に文化三年七月に寺社奉行が智洞に遠島を命じて終息した。宗順の勧めた三業法門とは、この三業帰命説であろう。

（15）「公儀による仏壇改め」については不詳。この出願にも常満寺が関わっており、冥加は自らが拝借してでも納めるので、許可されたいと述べている。

（16）なお、宗順と顕照がかわた身分であるかどうかは明らかでない。

参考文献

尼崎部落解放史編纂委員会編『尼崎部落解放史　史料編Ⅰ』尼崎同和問題啓発促進協会、一九九〇年
大阪の部落史委員会編『大阪の部落史』部落解放・人権研究所、第三巻、二〇〇七年、第一〇巻、二〇〇九年

左右田昌幸「大坂津村御坊出張所について」『国史学研究』二〇号、一九九四年
左右田昌幸「部落寺院と真宗教団」「大阪の部落史」編纂委員会編『新修大阪の部落史　上巻』解放出版社、一九九五年
左右田昌幸「『渡辺村真宗史』に向けての覚書」「浪速部落の歴史」編纂委員会編、二〇〇二年（書名後掲）
新修大阪市史編纂委員会編『新修大阪市史　第五巻』大阪市、一九九一年
鈴木良「真宗教団批判の展開――水平社創立をめぐって（その6）」『部落問題研究』一三九号、一九九七年、のち『水平社創立の研究』部落問題研究所、二〇〇五年所収
塚田孝「アジアにおける良と賤――牛皮流通を手掛りとして」荒野泰典・石井正敏・村井章介編『アジアのなかの日本史Ⅰ　アジアと日本』東京大学出版会、一九九二年、のち『近世身分制と周縁社会』東京大学出版会、一九九七年所収
塚田孝「身分制社会の解体――大坂渡辺村＝西浜の事例から」『歴史評論』五二七号、一九九四年、のち『近世大坂の都市社会』吉川弘文館、二〇〇六年所収
塚田孝「大坂渡辺村」『近世の都市社会史――大坂を中心に』青木書店、一九九六年
塚田孝「長州藩蔵屋敷と渡辺村」『部落問題研究』一五一号、二〇〇〇年、のち『近世大坂の都市社会』吉川弘文館、二〇〇六年所収
塚田孝「近世大坂における牛馬皮流通と売支配」『近世大坂の都市社会』吉川弘文館、二〇〇六年
中西義雄「都市部落の生成と展開――摂津渡辺村の史的構造」『部落問題研究』四号、一九五九年、のち『中西義雄部落問題著作集1』部落問題研究所、一九八四年所収
「浪速部落の歴史」編纂委員会編『渡辺・西浜・浪速――浪速部落の歴史』解放出版社、一九九七年
「浪速部落の歴史」編纂委員会編『太鼓・皮革の町――浪速部落の三〇〇年』解放出版社、二〇〇二年
「浪速部落の歴史」編纂委員会編『史料集　浪速部落の歴史』二〇〇五年
西尾泰広「かわた村――和泉国南王子村の一九世紀」塚田孝編『身分的周縁と近世社会4　都市の周縁に生きる』吉川弘文館、二〇〇六年
兵庫県部落史研究委員会編『兵庫県同和教育関係史料集　第三巻』兵庫県同和教育協議会、一九七四年
三田智子「十九世紀泉州南王子村の村落構造――博奕問題を手がかりに」『ヒストリア』二四一号、二〇一三年
盛田嘉徳『摂津役人村文書』大阪市浪速同和教育推進協議会、一九七〇年
吉田徳夫「摂津役人村関係史料の紹介」『関西大学人権問題研究室紀要』二九号、一九九四年
和田幸司「近世大坂渡辺村真宗寺院の特質と身分上昇志向」『政治経済史学』五六一号、二〇一三年

和田幸司「近世被差別民の身分上昇志向と天皇・朝廷権威――大坂渡辺村真宗寺院における「色衣御免」を通して」『法政論叢』五〇号、二〇一四年

〈第10章〉

音曲芸能者の三都

神田由築

はじめに――音曲芸能の世界

1　斎藤月岑の『声曲類纂』

弘化四(一八四七)年、江戸神田雉子町の名主・斎藤月岑が三味線音楽の歴史を集大成した『声曲類纂』が刊行された。斎藤月岑といえば、祖父の代から三代にわたり編纂した『江戸名所図会』をはじめ『東都歳時記』『武江年表』など、江戸の歴史や地誌、風俗を詳細に記した著述で知られるが、彼はその深い造詣と熱意とを当時流行の音曲芸能に対しても注ぎ込み、三味線音楽の百科辞書ともいうべき同書を編み上げた。三味線音楽の系譜を丹念に跡づけた月岑の探究心にも驚かされるが、彼をここまで突き動かした当時の音曲芸能の隆盛ぶりにも瞠目するものがある。

近世の三味線音楽は、おおよそ語り物系統(義太夫節、豊後節など)と歌物系統(長唄、小唄など)の二つに分けられる。とりわけ前者の語り物系統では次々と新たな流派が生み出されたが、その様相は『声曲類纂』でも詳述されている。

月岑は『声曲類纂』の凡例に、

音曲の態人、一派の祖と称するものを、撰びて挙ぐ。有名の輩といえども、其枝葉に至りては際限あらざれば、これを省く。但し、一派をなすものは、すべて三都の内也。

と掲げている。彼の編集方針は、①音曲の一派の祖と称される芸能者を選ぶ、②ただし、ここでは流祖であるかどうかを重視して、有名であっても一派の流れから見れば「枝葉」にあたる者は省く、というものであった。さらに、一派をなす者は、すべて三都のうちに限られる、と付言している。

三都の芸能といえば、歌舞伎や人形操などの芝居が思い浮かぶ。だが、それだけでなく多様な音曲も、それら芝居と密接に関わりつつも独自の芸能として根をおろし、『声曲類纂』が刊行された一九世紀ともなれば、生業から趣味に至るまで、音曲にたずさわる人々の数は膨大なものになっていた。一派を築き上げる者がいる一方で、一己の才能ひとつで有名になる者もいる。三都とは、音曲芸能者のさまざまな欲望がうごめく場でもあった。

本章では、こうした音曲芸能者の視点から、三都を結ぶ芸能文化の様相をみていくことにする。なお本章では、語りと歌、楽器による音楽を総体的に「音曲」と表現する。

2　江戸の音曲芸能

近世の音曲芸能は、三都など都市を起点にしながら、あらゆる場所や場面に浸透していった。それに対応するかのように音曲芸能に関する研究も、音楽学、舞踊学、都市史、祭礼史、遊廓史など、多分野にわたりなされている。とりわけ、都市江戸の研究成果が著しい。江戸の祭礼番付や吉原細見、吉原俄の浮世絵などに音曲芸能者の情報がみられることを指摘し、この分野に道筋を付けたのが竹内道敬である〔竹内　一九八二ほか〕。その後の研究も音曲芸能の展開過程に沿って、おおよそ三つの方向から進められている。

第一に、遊里における芸能である。新吉原の案内書である吉原細見には、遊女だけでなく男芸者・女芸者（芸子）も記されている。男芸者は「十寸見蘭洲」（河東節）など三味線音楽の種目に由来する芸名で記載され、ほかに荻江節、一中節、富本節、新内節、長唄、常磐津節、義太夫節、宮薗節の芸能者が確認できる〔前原 二〇〇六ほか〕。女芸者は、義太夫節、長唄、豊後節、常磐津節、河東節、宮古路節、富本節の種目が確認される〔水野 二〇〇八〕。江戸で流行した三味線音楽のほとんどが、男女芸者を通じて新吉原に供給されたばかりでなく、新吉原が音曲文化のひとつの発信地でもあった。なかでも河東節は二代目の十寸見蘭洲が新吉原の遊女屋であり、荻江節は初代の荻江露友が座敷に合う曲風を工夫して新吉原で流行らせたという事情から、とりわけ新吉原との関係が深い。

第二に、祭礼における芸能である。江戸の神田・山王両祭礼の附祭で披露された音曲や舞踊には、各種芸能の名取およびその実子・弟子が関与し、そこには町人の子女も含まれていた〔西形 一九八二ほか〕。近年は神田祭の研究が進んだこともあって〔都市と祭礼研究会 二〇〇七ほか〕、たとえば常磐津節など音曲の一流派に着目して祭礼と三味線音楽との関係を問うなど、研究は個別具体的な段階にきている〔前原 二〇一六〕。また、祭礼の歴史的諸相の一面として、音曲を捉え直した研究もある〔竹ノ内 二〇〇四ほか〕。

第三に、芝居における芸能である。芝居は音曲芸能者にとって活動の基盤であり、芝居に関係した特定の流派や種目研究の蓄積も多い〔岩沙 一九六八、景山 一九九二、安田 一九九二、根岸 二〇〇二など〕。さらには、遊里や祭礼と芝居との関係も注目される。芝居や踊りで吉原俄や祭礼を主題にした作品が上演されたかと思えば、祭礼や吉原俄で初演された音曲作品もある〔竹内 一九八九、前原 二〇一六〕。

また、三都から音曲芸能者が周辺に出向くことによって、音曲芸能は着実に周辺地域に伝播していった。たとえば、宇都宮明神祭礼の附祭には江戸の常磐津連中、清元連中、長唄連中、そして芸子連中が雇われた〔渡辺 二〇〇二〕。

以上のように、江戸の遊里と祭礼と芝居とは、音曲をめぐって三つ巴の関係にあった。では、大坂・京都の場合はどうだろうか。あるいは三都を比較すると、どのような論点が浮かび上がるだろうか。本章ではそうした観点から、まだ研究の余地がある大坂・京都の音曲芸能者の実態に迫るとともに、音曲芸能を切り口として三都それぞれの特色を考察することに努めたい。

一　芸子の芸能

1　大坂新町の『つましるし』

大坂には唯一の公認遊廓として新町があり、江戸の吉原細見のような遊廓案内書――『澪標』と『つましるし』が刊行されていた。前者は総合的な新町案内書、後者は遊女屋・芸子屋や遊女・芸子の名譜（名前一覧）である。吉原細見と比べて刊行数が少なく断片的な情報しか得られないが、新町に関する基本的史料として、すでにこれらを用いた研究もある〔松本 二〇〇三、吉元 二〇一七〕。このうち『つましるし』には吉原細見と同じく、音曲芸能者に関する情報も多く含まれている。

『つましるし』は寛政一〇（一七九八）年に刊行され、以後、情報を更新しながら再版を重ねていった。同書は、年によって異同はあるものの、おおよそ「揚屋の部」「天神茶屋の部」「呼屋の部」「太夫の部」「天神・芸子の部」「鹿子位送り女郎・同芸子の部」「店女郎屋の部」「太鼓店の部」によって構成されている。「太夫の部」から「店女郎屋の部」までが遊女の名前一覧に相当し、遊女のランク（上から「太夫」「天神」「鹿子位」「店女郎」）に応じて、抱元の店ごとに名前が書き上げられている。

ただ、寛政一〇年版では「天神・芸子の部」「鹿子位送り女郎・同芸子の部」の部立てがまだ成立しておらず、かわりに「女郎屋の分」として店ごとに「天神」「女郎」「げいこ」「舞子」の名前が書き上げられている。すでに遊女（「天神」「女郎」）と芸者（「芸子」「舞子」）の分離は成立していたが、一方で、後述するような音曲芸に関する記述は見られず、「芸子」と「舞子」の区別の基準も不明である。

遅くとも文化二(一八〇五)年版になると前掲の部立てが成立し、「天神・芸子の部」「鹿子位送り女郎・同芸子の部」では一部の芸子の名前に「浄瑠璃」や「江戸歌」など、得意とする芸能を表すと思われる肩書きが添えられるようになる(後掲表1参照)。さらに、遅くとも文化一〇(一八一三)年までには「太鼓店の部」が成立する。こうして一八世紀末から一九世紀初めにかけて、遊里のなかで音曲芸能が急速にクローズアップされるようになってくる。すなわち音曲芸能者としての芸子と太鼓持の誕生である。以下、この「天神・芸子の部」「鹿子位送り女郎・同芸子の部」と「太鼓店の部」に登場する芸子と太鼓持に注目して、遊里における音曲芸能の展開についてみていくことにする。

なお、江戸の吉原細見では、「芸子」と「芸者」が並行して現れる時期があり、両者の区別を考慮しなければならないが(水野 二〇〇八)、上方では江戸の「芸者」も「芸子」と表現する(『守貞謾稿』巻之二一『娼家』)ため、本章では「芸子」で統一する。男性芸能者についても「男芸者」「幇間」の呼称もあるが、「幇間」に「タイコ」とルビを振った例もあり、本章では基本的には「太鼓持」で統一する。

2 義太夫芸子

まず芸子の芸について紹介しよう。文化二年版以降の『つましるし』「天神・芸子の部」「鹿子位送り女郎・同芸子の部」では前述の通り、一部の芸子の名前の右肩に、芸種を表す添書きがみられる。そこで、おおよその傾向を知るために、現存する『つましるし』の中から数年分の情報を抜粋し、表1にまとめた。

この表には、じつに多岐にわたる芸種が見られるが、大別すると、以下の三つに分けられる。

①語り物系統―浄瑠璃、義太夫、宮薗節
②歌物系統―江戸歌、歌
③鳴物系統―江戸三味線、二丁鼓、笛、胡弓、琴

天保2(1831)年版		弘化2(1845)年版		万延元(1860)年版	
天神・芸子の部	鹿子位送り女郎・同芸子の部	天神・芸子の部	鹿子位送り女郎・同芸子の部	天神・芸子の部	鹿子位送り女郎・同芸子の部
13	9	2	4		
1		14	14	25（*2）	8（*2）
5	4	1	5	7（*3）	1（*3）
2	1	2	7		2（*4）
1	1			2	
2					
1					
9	6	7	9	10	6
18	22	18	20	13	13
50	27.3	38.9	45	76.9	46.2
関西大学図書館蔵 L22-384-42		関西大学図書館蔵 L22-384-47		大阪商業大学商業史博物館蔵 N 37-44	

江戸歌か．（*4）史料には「二」とあり．二丁鼓か．

浄瑠璃とは語り物全般を指す名称だが、語り物のなかでも固有名詞で表1に登場するのが、宮薗節と義太夫節である。宮薗節は、享保期（一七一六―三六）頃に宮古路豊後掾の門弟である初代宮古路薗八が京都で創始し、その門人・二代目宮古路薗八（宮薗鸞鳳軒）が大成し、安永期（一七七二―八一）に上方で流行したものである。文化二年版『つましるし』に「さしまひ・ミやぞの付（さし舞・宮薗付）」と出てくる。しかし、宮薗節が登場するのは、この年限りである。

代わって天保二年版以降は、「義太夫」が「浄瑠璃」と併存するようになる。しかも、遅くとも弘化二年以後、「義太夫」が急増する。遊里での義太夫節の需要の高まりと、芸子の技芸レベルが向上したことにより、浄瑠璃のなかでも特に義太夫節を得意とする者が区別され、「義太夫」の肩書きで示されるようになったと思われる。

一九世紀には「浄瑠璃芸妓」や「義太夫芸子」という呼称も生まれていた。たとえば、六代目竹本染太夫という義太夫節の太夫が記した「染太夫一代記」には

表1　『つましるし』にみる大坂新町の芸子と芸能

	文化2(1805)年版		文政3(1820)年版	
部立 芸能	天神・芸子の部	鹿子位送り女郎・同芸子の部	天神・芸子の部	鹿子位送り女郎・同芸子の部
浄瑠璃	8	6	13	9
義太夫				
江戸歌	1			
江戸三味線	1			
二丁鼓	1		2	2
歌・浄瑠璃・さし舞・宮薗付	2			
笛				
胡弓				
琴				
α 肩書きをもつ芸子がいる店数（軒）	5	5	10	7
β 総芸子店数（軒）	27	19	20	24
α／β（%）	18.5	26.3	50	29.2
出典	大阪市立中央図書館蔵 384／130／1805		関西大学図書館蔵 L22-384-41	

注）（*1）芸能の名称は適宜，統一した．（*2）史料には「ギ」とあり．義太夫か．（*3）史料には「エ」とあり．

・四条縄手（京都）の茶屋いせ半にて歌芸者、浄るりの芸妓大勢を呼び（下略）（天保四年四月条）

・新堀（大坂）淡路屋のうち元吉という浄瑠璃芸妓は京都の芸者にて（中略）梶太夫（染太夫の前名）なつかしきと来たりける。（嘉永二年九月条）

とある。上方の遊里では、「歌」を得意とする「歌芸者」と、「浄瑠璃」を得意とする「浄瑠璃芸妓」が誕生していた。ここでの浄瑠璃とは、やはり義太夫節を指すとみられる。

京都祇園の太鼓持・富本繁太夫が記した日記「筆まかせ」には、以下のように「義太夫芸子」が登場する（「筆まかせ」については後述）。

祇園町井筒へ初めて行く。（中略）義太夫芸子お市（中略）など同座にて、浄るり語りし所、殊の外評判よろし。（天保六年正月二〇日条）

天保六（一八三五）年一一月五日条には「栂之尾（京都）に大坂芸子大助と言う来たり」との記述がある。この大坂芸子の「大助」とは、一〇年以上の隔たりがあるが、嘉永元（一八四八）年版『つましるし』（表1では省略）に見える「義太夫　大助」と同一人物の可能性もある。そうだとすると大坂新町の義太夫芸子が京都の栂尾まで出張っていたことになる。

3　義太夫節の流行

このような遊里での音曲芸の隆盛は、世上での音曲文化の人気と連動している。一七世紀末に大坂で竹本義太夫が創始した義太夫節は、やがて全国に広まり、男女を問わず多くの芸能者を生み出していった。

女義太夫は、六代目竹本染太夫が「東都はきようはつめい（器用発明）にて、女の音曲は当国にかぎる」（「染太夫一代記」文政一一年一二月一二日条）と記した通り、江戸で隆盛を誇った感があるが、上方でも人気を博していた。近世大坂の著述家・浜松歌国が記した年代記『摂陽奇観』文政六（一八二三）年一〇月条には「御霊社内にて女義太夫興行」という記事がみられる（巻四九）。大坂の御霊社では男性による義太夫節もよく興行されたが、女義太夫の活躍の場でもあった。この時の一座の構成は表2の通りで、祇園新地と宮川町の者が大半を占める。いずれも京都の遊里であることから、この女義太夫というのは、芸子のなかで義太夫節が得意な者、すなわち義太夫芸子ではないかと思われる。享和二（一八〇二）年七月にも京都祇園町から少女の女義太夫が来て大当りをしているから（『摂陽奇観』巻四三）、こうした義太夫芸子を実体とする女義太夫の公演は少なくなかったと想像される。

では、義太夫芸子はどのように生まれたのか。単純には答えられないが、一つには、男性の音曲芸能者の親族が芸子になるケースが考えられる。「染太夫一代記」によれば、四代目竹本染太夫の娘たへは、大坂の新町、また堀江などで高名な芸子であったし（天保一三年六月二日条）、六代目染太夫の娘照路は芸子奉公をしている（「染太夫一代記」別冊「真鏡記」）。染太夫の姪であり養女のお房（妻の兄の娘）は、大坂の北の新地（曾根崎新地）から芸子奉公に出て雛栄

表2　御霊社内の女義太夫

居所	名前	
祇園新地	井筒屋	芝丈
〃	京井づゝ屋	住吉
〃	井上屋	久吉
〃	近江屋	正吉
宮川町	池升屋	八重吉
祇園新地	花菱屋	待吉
〃	井筒屋	豊吉

出典）『摂陽奇観』巻49（『浪速叢書』第六，1929，所収）.

と名乗り、もう一人の姪も北の新地から芸子に出て雛尾と名乗っていた（同前）。幼い頃から音曲に慣れ親しんだ女性が芸子になった例は、ほかにも相当数あっただろう。

4　江戸歌と江戸浄瑠璃

再び表1を見ると、歌物系統では「江戸歌」、鳴物系統では「二丁鼓」（史料上の表記は「二丁鼓」「二調鼓」「二つ鼓」など）の人気が注目される。「江戸歌」とは、具体的には、長唄や小唄などであろう。「二丁（挺）鼓」とは一人で大鼓・小鼓を打ち鳴らす芸で、元来は長唄の囃子から生まれたものである。これら江戸から上方に移入された音曲芸は、「義太夫」よりも早くから『つましるし』の芸種として登場し、やがて幕末になると「義太夫」と人気を三分するようになる。

『摂陽奇観』文化元（一八〇四）年条によれば、

江戸長唄　大坂にて流行出し、素人の好士稽古して諷う、囃子の鳴物を交えて、その群れをチリカラ連と呼ぶ（中略）その外三都かぶきの手踊の唱歌、七変化、九ばけなどの類を専ら諷う（下略）

という状況であった（巻四四）。一九世紀初頭には大坂で江戸の長唄がもてはやされ、素人の愛好者が集って稽古し、おりから歌舞伎で変化舞踊が流行した影響もあって、その演奏に使われた歌が盛んに歌われたという。

江戸で誕生した豊後節系統の浄瑠璃も、上方で人気を得ている。豊後節とは、京都の都一中の弟子・宮古路《みやこじ》豊後《ぶんごの》掾《じょう》（?—一七四〇）が享保期（一七一六—三六）頃に江戸に進出して語り評判をとった浄瑠璃で、その流れを汲む門人等が江戸で新たに常磐津《ときわづ》節《ぶし》（延享四（一七四七）年に初代常磐津文字太夫が創始）、新内節《しんないぶし》（宝暦期（一七五一—六四）頃に鶴賀若狭掾が確立）、清元節《きよもとぶし》（文化一一（一八一四）年に初代清元延寿太夫が創始）などの流派を起こしている。一八世紀の江戸の音曲界は、上方に由来する曲風から分離脱却して、新たな浄瑠璃が誕生する機運に充ち満ちていた。そして、その熱気は、やがて上方に逆輸入される。

『摂陽奇観』享和三(一八〇三)年三月条には「(大坂)座摩社内にて江戸浄瑠璃女太夫・芝ノお伝出勤、大当り」(巻四三)とある。「江戸浄瑠璃」とのみあるので具体的に何節かは不明であるが、「江戸歌」や「江戸浄瑠璃」などが、義太夫節とはまた一線を画した目新しさで、上方の聴衆の心を摑んでいたのだろう。上方で浄瑠璃といえば、通常は義太夫節を指すが、表1の「浄瑠璃」には豊後節系の江戸浄瑠璃が含まれている可能性がある。

ひるがえって江戸では、宝暦八(一七五八)年の吉原細見に豊竹八十吉という、義太夫節の芸姓「豊竹」をもつ芸子が登場する。これは吉原における芸者(芸子)の草分け的存在であり、その後、吉原細見では三七人の女義太夫が確認される〔水野 二〇〇八〕。上方で言うところの「義太夫芸子」が、江戸にも現れていたのである。音曲や舞踊などの技芸の発達は遊女から芸子の分離を促進し、そのなかでも得意芸という、いわば芸子の〝看板商品〟を生み出していった。

しかし、表1に軒数と割合のデータを示したように、得意芸をもつ芸子を抱える店は新町の芸子屋の一部に過ぎず、しかも特定の店にやや絞られる傾向がある。こうした店の、総芸子屋に占める割合は、年によって軒数に増減はあるものの、平均すると天神・芸子屋で四六・九%、鹿子位女郎・芸子屋で三四・八%である。天神・芸子屋の方が割合が大きいが、鹿子位女郎・芸子屋との間にそれほどの差はない。むしろ両者は、得意芸をもつ芸子がいるという点で同質性が高い。

では、同じ店の中での芸子数の割合はどうだろうか。サンプルとして文化二(一八〇五)年版の例をあげると、一つの店の総芸子の中で得意芸をもつ芸子の割合は、天神・芸子屋では平均二二・〇%、鹿子位女郎・芸子屋では一八・九%で、天神・芸子屋の方が割合も実数も多いが、これも両者の間に際立った差はないとみてよい。新町の遊女全体からみれば、得意芸を売り物にした芸子は、やはり少数である。ただ、きわめて少ないとも言えず、それなりに存在感はあったというところだろうか。

5　伏見坂町と曾根崎新地

ところで、大坂の芸子の存在は新町に限られない。公許の遊廓である新町のほか、いわば黙認された遊里である伏見坂町、北の新地（曾根崎新地）、堀江新地などにも芸子がいた。

表3　伏見坂町の芸子

芸子屋	雪之部 人数（人）	月之部 人数（人）	花之部 人数（人）
わたつる（綿鶴）	1	1	1
だいい（大伊）	5	2	4
うつぎや（内木屋）	3	6	5
いづひこ	3		
てんわうじや（天王寺屋）	1	2	1
おゝつい	3	1	1
いたこ（伊丹幸）	3	3	2
うじや	1	1	
はまもりしん（浜森新）	1		2
ふしぜん（伏善）	1	3	2
だい弥（大弥）		3	4
合計	22	22	22
上記の内 浄瑠璃芸子（*1）	いづひこ　照吉 うじや　吉松		だい弥　正吉 〃　大吉 〃　秀吉

注）（*1）紙面に「▲しるしハ浄るりげいこニ御座候」とあり．▲印のみ芸子屋名と芸子名を抜き出した．
出典）天保11年11月改大新板「雪月花　浪花坂町芸子見立」（大阪府立中之島図書館蔵）．

天保一一（一八四〇）年刊行「雪月花　浪花坂町芸子見立」という一枚摺は、伏見坂町の芸子六六人を、雪月花の三部に分類（分類の基準は不明）したものである。そのデータを表3にまとめた。この表に見る通り、伏見坂町には五人の「浄瑠璃芸子」がいて、目立つように▲印が付されている。

曾根崎新地では、新町の『つましるし』に似た『北陽細見記』という遊女名譜が刊行されていた。慶応三（一八六七）年版と同四年版の二冊を確認したが、慶応三年版のみ表4にデータを示した。曾根崎新地では置屋ごとに芸子の情報がまとめられ、かつ慶応三年版では芸種ごとに名前が書き上げられている。

芸種の傾向は新町に似ており、江戸歌と義太夫と二丁鼓（二調）が三本柱である。江戸浄瑠璃も人気で、豊後節や新内節、清元節という具体的な流派まで書かれているのが興味深い。置屋のうち得意芸をもつ芸子がいる店は六五・二％と、新町に比べて割合は大きいが、一つの店の中で得意芸をもつ芸子の占める割合は平均二三・五％と、新町の天神・芸子屋の傾向とほぼ同じである。おそらく他の遊

伊勢島	井筒屋	播安	池伊	播長	高田屋	松葉屋
4	1	3		4	2	
1						
			4	1		
4（舞・二調）	1	3	1		5（舞・二調）	1
9	2	6	5	5	7	1
70	7	19	21	14	49	9
12.9	28.6	31.6	23.8	35.7	14.3	11.1

天保2(1831)年版 太鼓持名・人数	天保14(1843)年版 太鼓持名・人数	弘化2(1845)年版 太鼓持名・人数	万延元(1860)年版 太鼓持名・人数
竹本由松 ほか1人	千吉ほか 18人	千吉ほか 18人	浪吉ほか 5人
竹本門八 ほか10人	照八ほか 24人	紅八ほか 17人	叶八ほか 13人
竹本花助 ほか2人	陀羅介ほか 24人	陀羅助ほか 18人	源二ほか 8人
関西大学図書館蔵 L22-384-42	関西大学図書館蔵 L22-384-46	関西大学図書館蔵 L22-384-47	大阪商業大学商業史 博物館蔵　N37-44

文政3年，天保2年は稲荷善兵衛店.

表4　曾根崎新地の芸子と芸能

芸能＼店名	明いよ	立みね	大西屋	木ノ本屋	河ミね	萬屋	若狭屋	播くま
義太夫	4	6	4	1	1	2		1
新内・豊後・篠笛		1	4（豊後）					
清元								
江戸歌		2						
舞子	3（舞・二調）	3	5			2	2（舞・二調）	
二調			4					
一調		6						
小弦		1						
α肩書きをもつ芸子合計数（人）	7	19	17	1	1	4	2	1
β店ごとの芸子合計数（人）	22	67	67	34	9	10	9	3
α／β（%）	31.8	28.4	25.4	2.9	11.1	40	22.2	33.3

注）置屋のうち肩書きをもつ芸子がいる店は23軒中15軒（65.2%）.
出典）慶応3(1867)年版『北陽細見記』(大阪商業大学商業史博物館蔵　N37-31).

表5　『つましるし』にみる大坂新町の太鼓持

店名	寛政10(1798)年版 太鼓持名・人数	文化2(1805)年版 太鼓持名・人数	文化10(1813)年版 太鼓持名・人数	文政3(1820)年版 太鼓持名・人数
伊勢屋店(*1)	竹本正六 ほか6人	竹本猪八 ほか7人	竹本辰八 ほか5人	竹本長吉 ほか3人
稲荷店(*2)	竹本保八 ほか4人	宮園卯蔵 ほか5人	竹本虎吉 ほか3人	竹本米吉 ほか8人
豊嶋屋店			竹本淀八 ほか1人	竹本淀八 ほか1人
出典	関西大学図書館蔵 L22-384-39	大阪市立中央図書館蔵　384／130／1805	大阪市立中央図書館蔵　384／130／10.	関西大学図書館蔵 L22-384-41

注）(*1) 文化2年，文化10年は伊勢屋金蔵店，文政3年，天保2年は伊勢屋佐助店．(*2) 文化10年，

里でも同じような割合で、得意芸を売り物にする芸子が一定の地位を占めつつあったと考えられる。

二　太鼓持の芸能

1　大坂新町の太鼓持

新町では遅くとも寛政六(一七九四)年には太鼓持を抱える店が二軒成立しており、『つましるし』では寛政一〇年版から太鼓持が登場する。この時点ではまだ部立てはされていないが、その後、遅くとも文化一〇年版から「太鼓店の部」が設けられる。これは、太鼓持なる職掌が遊里で存在感をもってきたことの現れであろう。新町の太鼓店は当初は伊勢屋、稲荷店の二軒、文化一〇年までに伊勢屋、稲荷店、豊嶋屋の三軒となり、そのまま幕末まで変わらない。芸子と同じように、数年分の『つましるし』を抜粋して、太鼓持のデータを表5にまとめた。

芸子と比較して特徴的なのは、太鼓持の名前である。ほぼ「竹本」姓で占められ、新町の太鼓持の芸の基盤が義太夫節にあることが明らかである。文化二年版に「宮園卯蔵」とあるのは、宮薗節を得意とする芸者であろう。しかし、

表6　大坂市中の太鼓持

遊所名	店名	太鼓持名前（*1）	人数（人）
新町	いせや	忠蔵，稲吉，淀吉	3
	いなり店	辰八，多八，つる吉，忠八，万吉，名八	6
坂町	藤川店	菊八，八兵衛，八十八，藤八	4
	亀井	百七，東吉，米吉，大吉，江戸吉，床吉	6
	つる井	万六，エンテイ，権八，利八，松八，善八，林八，正八，音八，嘉八，ゴンテワ	11
堀江	梶店	のせ八，沢八，三八	3
	大津や	弥吉，土来	2
	兵金	桐太夫，善七，卯吉，大八	4
	玉川	太吉，弥八，百助，善八，礒八	5
難地（*2）	藤川店	一八，大八，兵八，浅八	4
	亀井店	忠吉	1
北の新地	東店	万蔵，与市，九八，直八，ゑ吉，さが八	6
	西店	十九，上人，たしなみ，小俵，よも八，粂八，米八，与八	8
馬場前（*3）	大谷店	与八，熊八，嘉六，仁六，涌八	5
	西店	みね八	1
		合　計	69

注）（*1）新町は「たいこ」，それ以外は「弁慶」と記載されている．（*2）難波新地のことであろう．（*3）生玉社前の馬場先のことであろう．
出典）寛政6年『虚実柳巷方言』（『浪速叢書』巻14，1927）

太鼓持で宮薗を名乗るのは、この一人のみである。芸子でも宮薗節から義太夫節へ、あるいは江戸歌・江戸浄瑠璃へという芸の人気の移行がみられたが、太鼓持でも同様である。

その背景としては、とくに男性の場合は、一八世紀に大坂市中に広まった素人浄瑠璃との関係が考えられる。素人浄瑠璃とは、生業を別に持ちながら芸名をも有して芸を披露するような、独特な義太夫節愛好者（素人）による芸能、あるいはその人そのものを指す。

素人浄瑠璃番付（素人を技量や人気にもとづきランキングした番付）も多く板行されたが、いくつかの番付から新町にも数名の素人がいたことがわかる。ただし、新町の素人の名前と『つましるし』の太鼓持の名前とは一致しない。素人はおそらく遊女屋の主人などで、太鼓持とは階層的に重ならないと考えられるが、いずれにしても遊里という空間に義太夫節が根付いていたことはいえるだろう。

芸子と同じく、新町のほか堀江新地、難波新地、伏見坂町などにも太鼓持がいた。後述する「筆まかせ」にも

・鎌倉や五郎八と言う芸者より使い来る。この人、元この堀江の太鼓持なり。いろは裏といえる居りしが、当時は南場（難波）新地に出ている。（天保七年七月一七日条）

・五郎八を尋ね、坂町藤川（太鼓見せなり）行く。（同年七月一八日条）

との記述がある。

大坂市中にどのくらいの太鼓持がいたのか。寛政六（一七九四）年刊行『虚実柳巷方言』（著者「香具屋先生」の詳細は不明）に市中の遊里における「たいこ」あるいは「弁慶」なる職名で太鼓持の店名・人名が載せられているので、これを表6にまとめてみた。「筆まかせ」にも登場する坂町（伏見坂町）の店「藤川」も確認することができる。大坂市中で少なくとも約七〇人、伏見坂町を例にとれば、芸子の人数の三分の一ほどの太鼓持がいたことになる。

甚吉弟子
芸者　富本繁太夫
江戸豊後節　大鶴屋

2　京都祇園の太鼓持

天保期（一八三一―四四）の京都祇園に「芸者」（太鼓持）として身を寄せた、富本繁太夫という芸能者がいる。彼はもともと江戸深川仲町に住み、豊後節を生業としていたが、文政一一（一八二八）年に東北地方に旅稼ぎに出かけ、天保六（一八三五）年には祇園で太鼓持になっていた。その間の日記が「筆まかせ」（東北大学附属図書館狩野文庫蔵）の題名で知られており、すでにいくつもの研究で言及されているが、ここでは遊里における音曲の展開、および音曲を仲立ちとする三都の結び付きの具体例として「筆まかせ」を紹介してみたい。

天保六年正月早々、繁太夫は甚吉という太鼓持の弟子となり、「江戸豊後節」をなりわいとする「芸者」の触れ込みで、上記の差紙（名刺のようなもの）を持って茶屋に挨拶廻りをすることになる。この差紙には、「芸者」にまつわる情報の要点――抱店、師弟関係、得意とする種目――が詰められている。当時の祇園では、繁太夫の抱元である大鶴屋のほかに花増屋、鳥羽屋の三軒のみが、太鼓持の抱店として認められていた。「筆まかせ」に登場する太鼓持の記述から推察して、三軒で合わせて約二〇から三〇人ほどの太鼓持がいたようで、ゆるやかな（家元制などではないという意味で）師弟関係が結ばれていたようである。

天保六年一二月一六日条には「この日、三軒見せの太鼓持、祇園地頭所へ残らず呼ばる。皆々身持悪しきとて、掟書の帳面印形を取らる。」とあり、太鼓持たちが「地頭所」と呼ばれる祇園社の役所で身分を管理されていたことがわかる（ここで言う「身持悪しき」とは、前月に一部の太鼓持が新たな店を作ろうとして失敗した、独立騒ぎのことを指していると思われる（一一月二八日条））。

3　太鼓持の出自

江戸新吉原の男芸者は、各種の三味線音楽にまつわる芸姓をもつことから、一面では新吉原という社会＝空間に拘束されながら、他面では家元制という原理のもと、種目を同じくする芸能者コミュニティをも編成していたといえる。ただし、たとえば男芸者の家に生まれた者が名取を取得するのか、あるいは名取の中から男芸者を勤める者が選ばれるのかなど、男芸者の出自については、まだ不明な点が多い。

では、上方の太鼓持はどのような出自なのだろうか。「筆まかせ」から関連記事を拾ってみよう。

一つめは、繁太夫のような音曲芸能者である。江戸から北の新地（曾根崎新地）に来た三味線弾き二人は、河東節と富本節を身に付けていた。

当所（大坂）へ江戸より三味線二人来たり、北の新地へ出候由。（中略）元来河東節なれども、富本も少々覚え居る由。（天保七年七月二〇日条）

河東節といえば、二代目の十寸見蘭洲が新吉原江戸町の遊女屋であったのをはじめ新吉原との関係が深い音曲であるが、なかには江戸から大坂の遊里へと渡って来る者もいたのである。その他、同年八月五日条には、北の新地にいる為八という太鼓持は、もとは清元為太夫（江戸浄瑠璃の一つ清元節の太夫）であると記されている。

二つめに、役者出身である。大坂堀江の桃八という太鼓持は、もとは大坂の名優・三代目中村歌右衛門（俳名梅玉）の弟子であった。

この桃八と言う太鼓持は、中村梅玉の弟子にて中村村右衛門と言う役者なり。先年、梅玉歌右衛門といえる頃、江戸へ同道して下り評判も宜しからず。直に道化師と成り評判よく、上（上方）へ帰り役者を止めて太鼓持と成る。三ヶの津これに続く芸者あるまじ。（天保六年五月晦日条）

これは道化方の役者から太鼓持になったという事例である。

三つめに、芝居周辺の雑芸者である。『明和雑記』（作者不詳）巻之四「正勢散上田近江之事」では、当時京都室町四条下ルで売薬業を営み有名になっていた上田近江の半生について、次のように紹介している。彼は元大坂片町長久寺の僧の子であったが、難波新地で浄瑠璃、物真似、さらには竹田芝居の口上言いをするようになり「四郎八」と名乗った。その後、北の新地で太鼓持「一平」となり、さらに京都宮川町に移籍したが、そこで若衆の痔を治したのをきっかけに売薬業に乗り出し、「上田近江」と受領（朝廷から官位の名乗りを許されること）し四条通東洞院や大坂本町に店を構えるようになったという。太鼓持の芸が芝居周辺の雑芸と親和性を持っていたことがうかがえる。

以上、わずかな例からであるが、大坂新町の太鼓持が義太夫節の竹本姓で占められる一方で、その周辺の遊里――北の新地や堀江、そして京都では、繁太夫自身がそうだが、さまざまな出自を持ちながら一時的に遊里に寄留する者が混在していることが判明する。よって上方では、種目によるコミュニティがあったとしても江戸ほど強固なものとは想像できず（義太夫節も江戸の諸流派のような家元制をとらない）、流動性が高かったといえるのではないだろうか。

4　江戸と上方の浄瑠璃

太鼓持の第一の勤めは、遊客の座敷で芸を披露することで、繁太夫の場合は浄瑠璃を語ることである。しかし、同じ浄瑠璃といっても、義太夫節に親しんだ上方の客の嗜好にとって、繁太夫の語る江戸豊後節系の浄瑠璃は異質なものだったようである。「筆まかせ」は、こうした音曲文化の微妙な機微を伝えている。

この程（繁太夫が）座敷へ出しに、先達て中より豊後節「相撲」を語るに、女の詞いやみ成るとて「吉きの」（祇園の茶屋）へ出る時はいつにても「相撲」なり。最初の内は評判よしと思いしに大きに違い、このいやみ成るを笑うて楽しむなり。（中略）誠にくやしく腹は立てども、これ太鼓持の苦界なり。勿論女どもは豊後節の筋を知らず、この客へ勤めに笑う花芸者の事なれば、笑わるゝをよしとなせども、持芸の豊後節にて笑わるゝ事、残念至極なり。（天保六年五月二一日条）

豊後節の「相撲」とは、『四十八手恋所訳　相撲の段』を指すと思われる。安永四（一七七五）年一一月江戸中村座で初演された富本節の曲である。曾我物の作品で、股野五郎景久と河津三郎祐安が傾城喜瀬川の行司で相撲を繰り広げ、四八手を尽くして勝負を決めようとする話である。史料中の「女」とは喜瀬川のことであろうか。江戸の芝居ではお馴染みの曾我物も、上方では表面的な笑いの対象としかならなかった。江戸で発達した豊後節に対する、上方での受容感覚の違いも読み取れる。結局繁太夫は京都祇園で「不流行」に終わり、天保七年七月、新天地を求めて大坂の新町に移る。この移籍に当たっては、大坂堀江の太鼓持桃八の女房徳平が「芸子顔役」をしていて、その口利きもあったようである。

三　祭礼と芝居

1　ねりもの

芸子・太鼓持が遊里の座敷以外に芸を披露する機会としては、祭礼と芝居があった。まず祭礼については、上方では芸子や太鼓持が扮装したり囃子方を務める「ねりもの」と呼ばれる行列が発達した。これについては、京都の祇園祭や砂持（川を浚渫した砂を持ち運ぶ行為が祭礼化したもの）で行われる「ねりもの」を分析した福原敏男らの研究が詳しい〔福原・八反 二〇一三ほか〕。

「ねりもの」の陣容の情報は、その都度発行された「ねりもの」番付から得ることができる。しかし、江戸の吉原俄（後述）では行列の内容を記した浮世絵が多数発行され、その中に男芸者の名前も見出されたのに対して、上方の「ねりもの」番付では音曲芸能者の名前が記されない場合も多い。よって、太鼓持がどの程度「ねりもの」に関わったかについては、よくわからない。ただ、「筆まかせ」天保七年五月晦日条には、祇園神輿洗の「ねりもの」番組が

表7　坂町ねりもの番付

天保8(1837)年「道頓堀坂町ニワカおどけねり物番附」(大阪歴史博物館蔵　大阪歴史コレクション　9732)		
太鼓店	太鼓持	役割（*1）
鶴井店	此吉，瀧八，鯉八，紺八，高八，藤八，名八，光八	嫁入狐すがた
宮園店	宗八，鶴八，ゟ八，新八，亀八，愛八，与八，玉八，浪八	
ふじ川	米八，市八，信八，沢八	
亀井店	秀吉，甚吉，梅八，正吉，染吉，安吉，力吉，鳴吉	
芸子店	芸子名前	楽器（*2）
綿つる	小絹	三味線
大伊	小梅	三味線
天王寺屋	三木	三味線
内木屋	小いし	三味線
浜森新	つね	砧
伊丹幸	小龍	砧
大弥	きと	太鼓
いづ平	つね	太鼓

注）（*1）番付上の記載による．（*2）番付の絵から判断される．

掲載されていて、「川竹屋連中」として三弦（玉八、直八、寅八、佐の八、海老八）、砧（鯉八）、太鼓（新八、関八、市六）、鉦（千代八）の名前が記載されている。このうち直八と寅八は花増屋の太鼓持なので、太鼓持が「川竹屋連中」として楽器を担当したのではないかと推察される。また、ここには後で説明する表7にみえる大坂坂町の太鼓持と同名（玉八、鯉八、新八）も含まれるので、もしかしたら大坂から京都祇園の「ねりもの」に参加した太鼓持もいるかもしれない。

大坂でも「ねりもの」は行われ、新町、島之内、堀江、坂町などの「ねりもの」番付が発行された。あくまでも一部の史料を確認した現段階での見解だが、新町や島之内の「ねりもの」番付では音曲芸能者の名前が見られないのに対して、堀江と坂町の「ねりもの」番付には太鼓持の名前が記されている。一例として、天保八（一八三七）年の坂町の「ねりもの」番付の情報を表7に掲げた。

なぜ新町・島之内と堀江・坂町とで違いが生じるのか、たんに史料が未発見のためなのか、番付の体裁上の問題なのか、それとも実際に新町や島之内では太鼓持が参加しないのか、など不明であるが、もしかしたら公許遊廓と新地茶屋における太鼓持の存在形態の違いを反映したものかもしれない。あるいは、堀江と坂町は芝居地に近いという、芝居との関係の深浅による可能性もあるが、いずれにしても今後の課題である。

2 俄芝居

「俄《にわか》」とは一般的には〝滑稽や諷刺を取り込んだ即興的な芸能〟と解釈されるが、この言葉で表現される芸能の具体的な内容やそれが行われる場面は幅広い。江戸の新吉原では、安永期（一七七二―八一）に年中行事として復活した吉原俄が、寛政期（一七八九―一八〇一）以降は芸者が主体となって行う仮装行列として定着する〔浅野 二〇〇九〕。芝居や踊りを女芸者が、囃子方を男女芸者が務めている。

これに対して、上方では多種多様な場面で俄が展開した。とくに目立つのが、①祭礼、②砂持、③芝居における俄である。①祭礼と②砂持では仮装行列の「ねりもの」がときに「俄ねりもの」と表現され、それ自体が「俄」とみなされた。ここに一部の太鼓持が参加していたことは、表7で確認した通りである。

京都祇園でも、太鼓持がたびたび俄を出している。再び「筆まかせ」をひもといてみると、天保六年正月七日、繁太夫は七人連れで「嘘と誠の二夕瀬川」という流行歌を歌って茶屋茶屋を歩いている。三月五日にも聖護院の「地築」へ行き、思い思いに拵えて俄に出たという。「地築」とは砂持に近いものであろう。五月晦日には祇園会の「ねりもの」として、芸子だけでなく太鼓持も俄を出している。六月七日には天平という太鼓持に頼まれて繁太夫が浄瑠璃の節付けをし、新たに拵えた俄を出した。山姥を天平、金太郎を友吉、熊を染吉という太鼓持が務め、繁太夫も浄瑠璃で出るなど、この時の俄は太鼓持店の大鶴屋が総出で取り持ちした。この『祇園会 金の山姥』は大評判となり、翌八日も頼まれるなど大当たりした。七月一九日には俄の「寄せ興行」があって、繁太夫も見物に出かけている。「皆大坂の人にて、来玉、寝言、璃清などいう人々、皆名人なり」（七月一九日条）とある。「寄せ」と銘打っていることからも推察されるように、これは店単位ではなく、太鼓持たちが単独で芸を競い合ったものだろう。

③芝居の中幕（幕間）に俄を出すこともあった。天保七年五月二二日、京都四条道場で上演中の芝居に俄を出して欲しい、と太鼓店に頼みが来たため、繁太夫は『夏祭（浪花鑑）』の中幕へ出た。『夏祭』とは、延享二（一七四五）年大

坂竹本座初演の人形浄瑠璃『夏祭浪花鑑』を原作とする歌舞伎芝居のことであろう。この俄は翌月まで続いた。繁太夫の次の記述からは、太鼓持が積極的に俄に参加した様子がうかがえる。

先月晦日より今日迄、太鼓持、我勝と俄をする。大坂は俄所なり。役者など皆する。大坂にては、暮の内は残らずなす。当所は十八日限りなり。（六月一八日条）

では、「俄所」とされた大坂の状況はどうだろうか。先述したように、繁太夫は天保七年七月に大坂新町に移る。その年の一一月に俄芝居をすることになり、一〇月に配役決めがあった。ところが、

西店にて幇間《タイコ》（太鼓持）打ち寄り、狂言いよいよ出来るに付き、皆役割をなす。新芸者の事故、我によき役付かず。甚だ外聞悪しき故、狂言の方へは出ず、囃子の方へ勤むべしと申せし所、仲間一流の事、左様には成らずと言う。それに付き鯛吉いろいろ利解なす。（天保七年一〇月二三日条）

という有様で、新参者の繁太夫には良い役が付かなかった。この記述を見ると、俄芝居における太鼓持の役割として、狂言方と囃子方とがあったことがわかる。

そして一一月二五日、堀江市の側で本番初日を迎える。演目は『奥州白石噺』『敵討亀山噺』『仮名手本忠臣蔵』『源平布引滝』。いずれも義太夫狂言である。繁太夫の役は、『仮名手本忠臣蔵』の桃井若狭助、田村右京と、『源平布引滝』の庄屋、そして大井川の川越人足だった。

江戸と比較すると、大坂の俄では太鼓持自身が役に扮するのが特徴である。表7の「俄ねりもの」の場合は、太鼓持がいわば「狂言方」、芸子が「囃子方」を務めていた。これは男芸者が囃子方を務め、女芸者が、一部囃子方を務めるとはいうものの、基本的には扮装する江戸の吉原俄とは、逆の関係である。

なぜ江戸と大坂では逆転するのか。あるいは、なぜ大坂では太鼓持が役に扮するのか。狂言方と囃子方が未分離なのは、なぜか。それについてはまだ仮説的だが、江戸では遊里と市中をまたいで編成された、家元制の枠組による芸

能者コミュニティが強いのに対して、上方では芸能の専門的な種目を超えた交流があって、素人芝居や俄芝居に馴染みやすいという、両者の芸質の差異に関係するのではないだろうか。俄芝居に限らず、大坂では「素人浄瑠璃」「素人琴」「素人胡弓」など〔『虚実柳巷方言』〕、芸能における「素人」性が濃厚である。ゆえに「俄」という回路が発達し、これを通して「素人」役者である太鼓持が「狂言方」を務めることが珍しくなかったのではないだろうか。

3 流行歌と太鼓持

「筆まかせ」によれば、繁太夫は「嘘と誠の二タ瀬川」なる流行歌も作っていて、流行歌という点でも俄と太鼓持の関係が注目される。一八世紀末には俄師なる芸能者が成立する。大坂の俄師として名前が判明しているのは、南玉・新玉・定川・西蝶・音琴・本虎・三貴・九仙・本春・三朝・南光・道楽・新蝶・金玉・三七丸・福丸・広丸・梅勢・市丸などであるが〔山本 二〇〇二〕、これらの名前は、表5〜6にみえる太鼓持の名前とは重ならない。同じく俄という芸能を演じていても、俄師と太鼓持とは別の存在である。

しかし一方で、俄師「新蝶」は流行歌「まけなよ節」の作者である新蝶と同名であり、さまざまな流行歌の作者として知られた扇蝶の名前は、繁太夫と交流のあった太鼓持と同名である。(1) もし彼らがそれぞれ同一人であれば、流行歌の創作という共通項を媒介として、太鼓持と俄師とはごく親しい関係にあったことになる。俄はその後、寄席をひとつの拠点として発展していくのだが、その揺籃期は太鼓持の芸と極めて近いところにあった。

水野悠子は、天明期（一七八一―八九）以降に新吉原の義太夫芸者が激減したことを指摘し、その後は町内の貸家や寺社境内で語り始め、ほどなく寄席に進出したと推察する〔水野 二〇〇八〕。俄にしろ義太夫節にしろ、芸能を行う場の比重が遊里から寄席に移行する点では共通する。遊里と市中の音曲芸能の動向とは、常に連動しているのである。

おわりに――三都の先にあるもの

富本繁太夫は、江戸から東北へ、それから京都・大坂へと、文字通り三都を渡り歩いた。ある日、曽楽という客から「是非〳〵長崎へ参るべし」と言われ、添状（紹介状）に名前書（名刺）までもらう（天保六年五月一六日条）。曽楽の話は、非常に具体的である。大坂から船に乗り下関に赴き、それから九州に渡り、豊前小倉では森口屋又左衛門、博多では天木屋という髷屋友九郎を頼るように、さらには友九郎からまた「先々を頼み」（寄留先を紹介してもらい）行くように、と助言される。

それより肥前長崎馬町にて菊太郎と申す者、これは成田やの元〆なり、同所森安様、また川端妾宅・新宅・大工町、右三軒川端へ行くべし、同所丸山中村様御妾宅お熊様、同所阿蘭陀通事石橋様（若旦那様・御隠居様）、森様、村上様、この下りは海老蔵贔屓の衆中ゆえ、團十郎を讃えさえなせばよし。長崎よしこのを聞く。（五月一六日条）

曽楽なる客が何者なのか、残念ながらわからない。しかし、彼の話を聞き、「長崎よしこの」に旅情を覚える繁太夫の視線の先には、西国、そしてその極にある長崎が待っていた。それは、けっして漠然とした話ではない。どこに行って誰を頼ったらいいのか、その土地土地で足がかりとなるべき人物が特定されており、さらにその人物を足がかりにして……と多元的に広がる人脈が、具体的に提示されている。「よしこの節」とは、一九世紀初めに潮来節から変形して江戸で流行し、上方でも人気を得た流行歌だが、それが長崎にも伝播して「長崎よしこの」として定着したものだろう。

一八世紀から一九世紀にかけて、三都の芸能者の往来はますます頻繁になった。江戸の新吉原に「義太夫芸子」が登場し、京都や大坂の遊里で太鼓持が江戸浄瑠璃を語るようになる。三都ばかりではない。繁太夫が実際に長崎に行ったかどうかはともかく、流行歌が全国各地を巡るように、音曲芸能者の足跡は全国津々浦々に広がっていった。すでにこの時期、歌舞伎や浄瑠璃の地方興行は全国各地で行われ、番付には音曲芸能者の情報も掲載されている。だが、それぞれの土地の芸能が交錯する機会が増える一方で、だからこそ具体的な場面では、相互の芸風の違いが意識されることも多かった。それぞれの地域色を失うことなく、むしろそれを個性的な魅力としてまといつつ、新たな土地で聴衆を獲得していった。それが音曲芸能の特徴である。

(1) 都ヤ扇蝶戯作の唄本『いよぶし』と『よどの川瀬　御しよ車』、ほかに「とっちりとん」の唄本などが確認されている〔荻田 二〇一五〕。「筆まかせ」天保七年七月一五日条に「西店江戸扇蝶と言う太鼓持宅にて馳走に成る」とあるから、扇蝶は江戸出身で、現在は「西店」（北の新地か馬場先）にいる太鼓持と思われる。

参考文献

浅野秀剛「吉原俄の錦絵――安永期から寛政四年まで」『浮世絵芸術』一五八号、二〇〇九年
浅野秀剛「吉原の女芸者の誕生」佐賀朝・吉田伸之編『シリーズ遊廓社会1　三都と地方都市』吉川弘文館、二〇一三年
岩沙慎一『江戸豊後浄瑠璃史』くろしお出版、一九六八年
荻田清『上方落語　流行唄の時代』和泉書院、二〇一五年
景山正隆『歌舞伎音楽の研究――国文学の視点』新典社、一九九二年
竹内道敬『近世芸能史の研究――歌舞伎と邦楽』南窓社、一九八二年
竹内道敬「江戸祭礼芸能資料」『東洋音楽研究』五三号、一九八八年
竹内道敬「祭礼と俄」『国文学　解釈と鑑賞』五四巻八号、一九八九年八月
竹ノ内雅人「江戸の神社とその周辺――祭礼をめぐって」『年報　都市史研究』一一、二〇〇四年
竹ノ内雅人「江戸祭礼の表象」『別冊　都市史研究　江戸とロンドン』、二〇〇七年
都市と祭礼研究会編『天下祭読本　幕末の神田明神祭礼を読み解く』神田明神選書1、雄山閣、二〇〇七年ほか

西形節子「江戸祭礼の芸能」『舞踊學』五号、一九八二年
西形節子「幕末期の町師匠と踊り子たち――山王祭附祭を中心に」『演劇学』二五号、一九八四年
根岸正海『宮古路節の研究』南窓社、二〇〇二年
福原敏男『京都の砂持風流絵巻』渡辺出版、二〇一四年
福原敏男・八反裕太郎『祇園祭・花街ねりものの歴史』臨川書店、二〇一三年
前原恵美「音楽史料としての「吉原細見」」『昭和音楽大学研究紀要』二六号、二〇〇六年
前原恵美「江戸祭礼資料による常磐津節研究――嘉永四（一八五一）年の神田祭を中心に」『有明教育芸術短期大学紀要』七号、二〇一六年
松本望「近世大坂新町遊廓と遊女名寄――『大坂新町遊女名譜つましるし』の改板をめぐって」『史泉』九九号、二〇〇四年
水野悠子「吉原細見に見る女義太夫の痕跡」『藝能』一四号、二〇〇八年
安田文吉『常磐津節の基礎的研究』和泉書院、一九九二年
山本卓「鬼洞文庫」『文学』二巻三号、二〇〇一年
吉元加奈美「大坂の傾城町――新町」『市大日本史』二〇号、二〇一七年
渡辺康代「宇都宮明神の「付祭り」にみる宇都宮町人町の変容」『歴史地理学』二〇八号、二〇〇二年
井野辺潔・黒井乙也校註『染太夫一代記』青蛙房、一九七三年
香具屋先生『虚実柳巷方言』（『浪速叢書』第一四所収）浪速叢書刊行会、一九二七年
斎藤月岑『声曲類纂』岩波文庫、一九四一年
浜松歌国『摂陽奇観』（『浪速叢書』第五・六所収）浪速叢書刊行会、一九二八・一九二九年
作者不詳『明和雑記』（『浪速叢書』第一一所収）浪速叢書刊行会、一九二九年

〈第11章〉

道頓堀周辺の地域社会構造

塚田　孝

はじめに

吉田伸之は、巨大城下町をトータルに把握する戦略として、藩邸社会や寺院社会、市場社会や大店などの分節的把握の視角を提起した〔吉田　一九九五〕。その実践として、浅草寺を事例に寺中―境内―寺領の三重構造の寺院社会を描き出した。その後、その周辺に新吉原を中核にする遊廓社会や、天保改革以後の猿若町の芝居地（社会）、隅田川沿いの御蔵や材木商の展開など、諸社会構造の複合する全体を地帯構造として把握する方法を切り拓いた〔吉田　二〇〇三〕。そこには、関八州えた頭の弾左衛門役所の所在する浅草新町や浅草非人頭車善七の囲内も近接していた。浅草寺の寺院社会の寺領は本来は千束村であったが、その中に町が展開していた。

本章では、こうした地帯構造把握のひそみに倣って、近世大坂の道頓堀周辺の諸要素を整理してみたい。道頓堀周辺には芝居小屋が展開し、茶屋町も広がっていた。また、四ケ所垣外の一つ道頓堀垣外、千日墓所や刑場も存在していた。道頓堀とその周辺は、安井九兵衛や平野藤次郎らが開発したことは著名であるが、開発されていく難波村から見ると、町奉行支配の浸潤であると言えよう。浅草寺領の千束村の内実が町々に転換していたのと同様である。

以下、絵図史料で全体的な様相を見たうえで、いくつかの要素を取り上げてやや詳しく検討することとしたい。

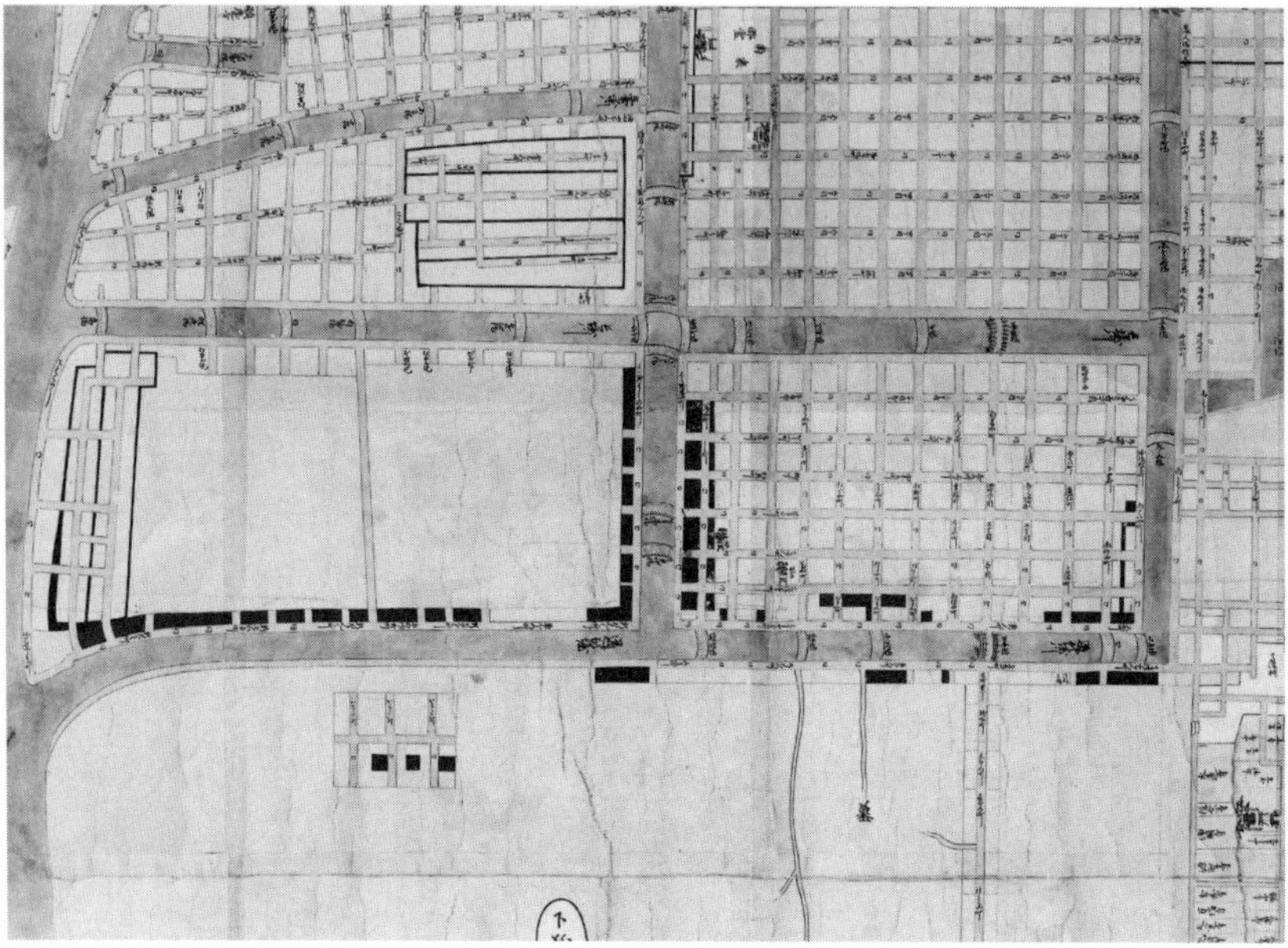

図１　大坂三郷町絵図（明暦元年）

出典）　大阪歴史博物館蔵.

一　絵図に見る開発の進展

道頓堀とその周辺の開発の進展状況を、時期の異なる諸種の絵図から見ておこう。

一七世紀半ばの「大坂三郷町絵図」（明暦元（一六五五）年、図1）では、道頓堀の南には、日本橋から延びる紀州街道沿いに町が描かれ、「墓」所が記されている。道頓堀垣外は、元和八（一六二二）年には屋敷地を与えられているはずだが、記されていない。後に長町一―九丁目となるところは、長町半丁・新介町・甚左衛門町・喜右衛門町・けかわや町・おこり坂町・かさや町・茂助町という町名が記されており、開発の中心となった人名や特徴ある職種がうかがえる。島之内の区域は開発されているが、道頓堀の北側でも（後の）堀江地域は未開発である。渡辺村は道頓堀の南側に町場を形成して所在していることもうかがえる（かわた町村）。赤く色付けされた部分（「薄紅」）は、町役と年貢の二重負担の町と家屋

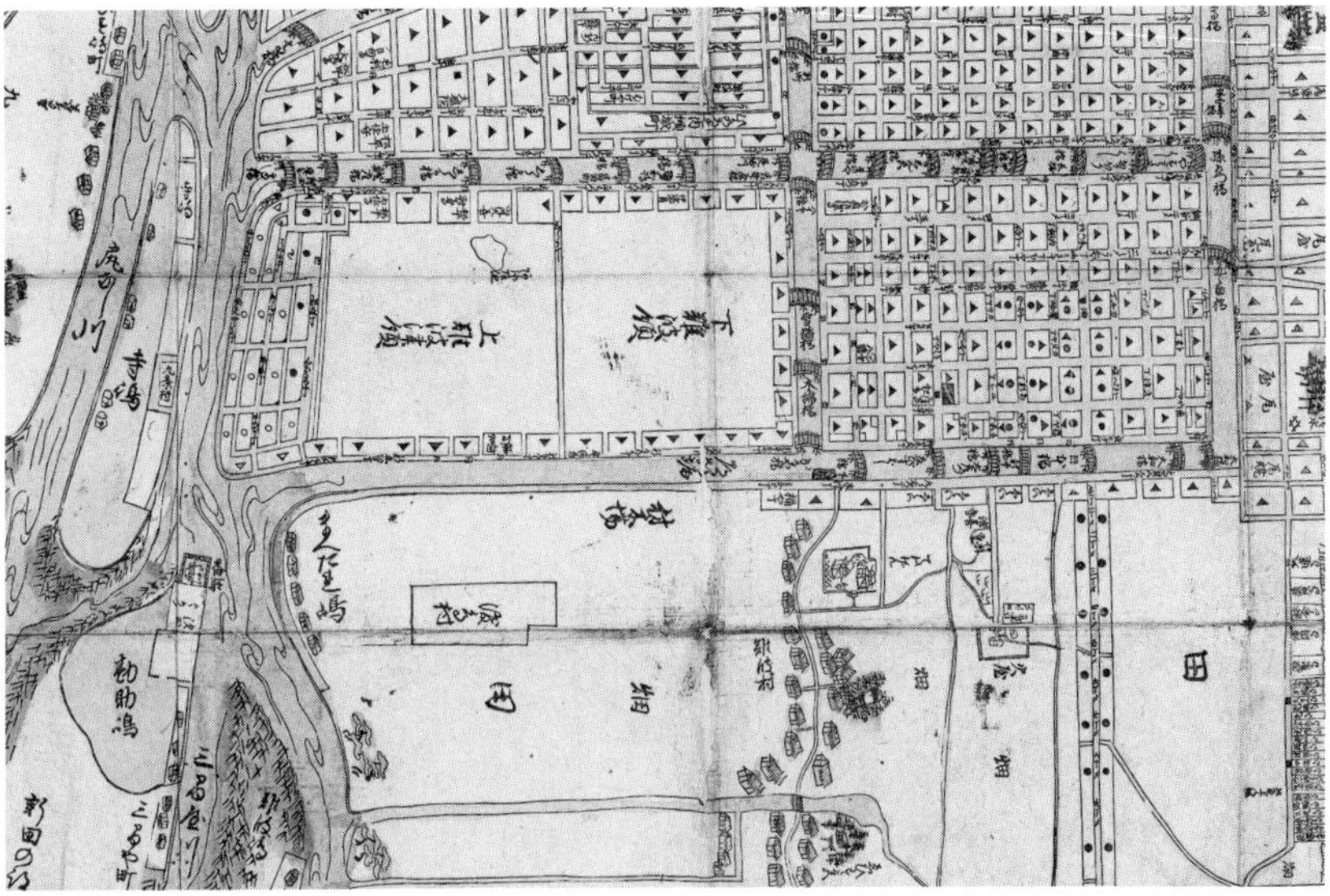

図２　新撰増補大坂大絵図（貞享４年）

出典）　大阪歴史博物館蔵.

敷であるが、道頓堀や西横堀沿いに広く存在していることが注目される。

一七世紀末の「新撰増補大坂大絵図」（貞享四（一六八七）年、図2）は、新川（後の安治川）が開かれた直後で（河村瑞賢の第一回治水事業）、「新田の跡」などが見え、堀江はまだ未開発である。道頓堀の西半（以下、西道頓堀と記す）の南側は材木場であり、渡辺村も元の位置にある。日本橋から南へ延びる町は長町一丁目から九丁目となっている。墓所には「火屋」と「ひしり」（墓所聖）が記され、墓所に向かう道沿いに法善寺と竹林寺がある。竹林寺の南に建物が描かれているのは道頓堀垣外であろう。しかし、墓所道の東側の刑場や天和四（一六八四）年に認められた新垣外（増地）は描かれていない。また、道頓堀東半（以下、東道頓堀と記す）の南岸に位置する立慶町・吉左衛門町に相当するところには、「しはい」（芝居）の書き込みが見える。

一八世紀半ばの「大坂三郷町絵図」（『慶應義塾図書館蔵大阪町絵図』元文年間（一七三六―四一）頃に作成、図3）では、すでに堀江新地（元禄一一（一六九八）年）が開発され、

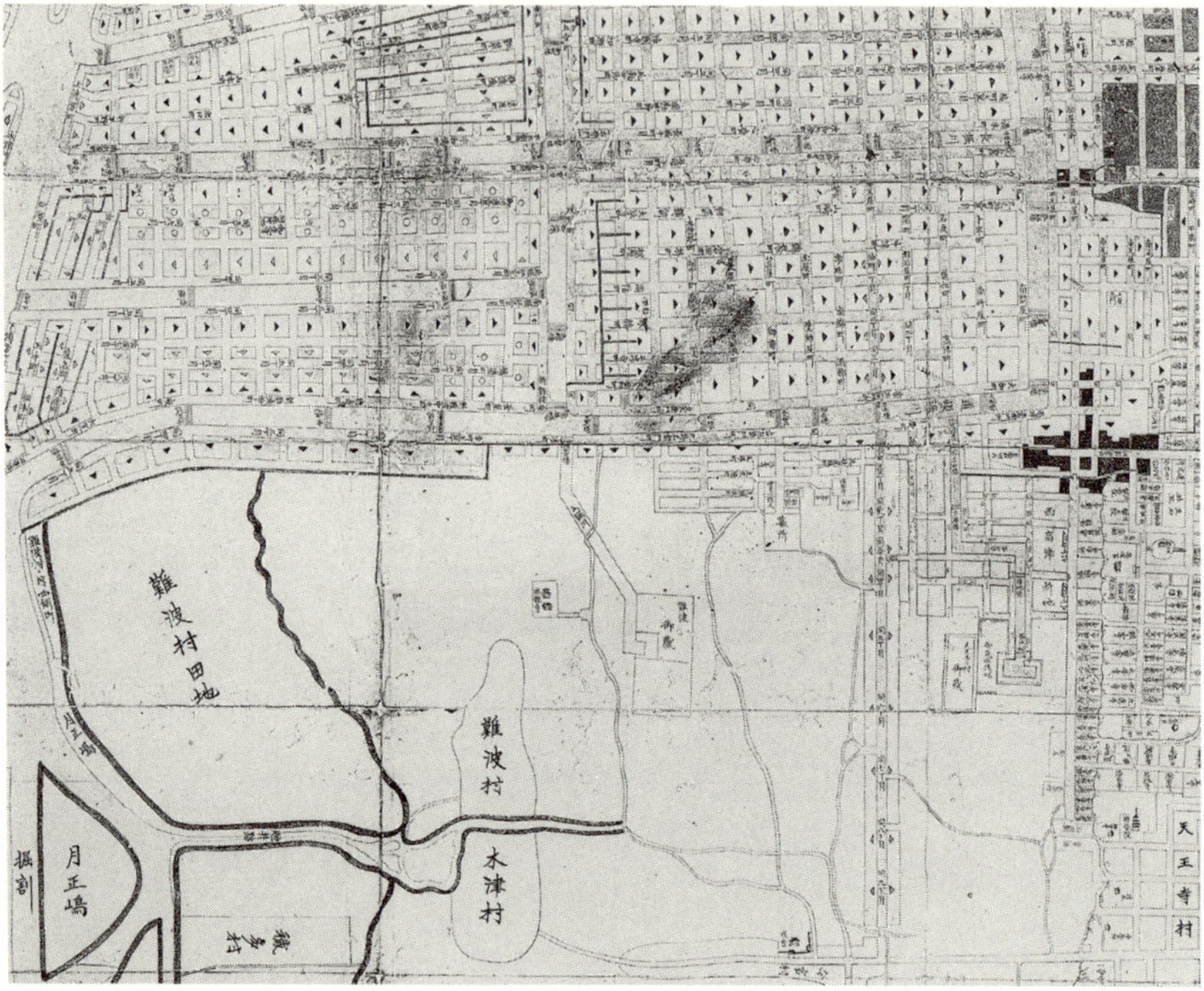

図３　大坂三郷町絵図（元文年間ころ）

西高津新地（享保一八（一七三三）年出願）も町立てされている。一八世紀初めに替地を認められた元伏見坂町やそれに続いた元堺町・元京橋町・元相生町も見える。また、この絵図には、法善寺・竹林寺に加えて自安寺や法祐寺・大見寺も見え、墓所・隠坊（聖）に加えて「仕置場」（刑場）や「非人」（道頓堀垣外）も記されている。享保飢饉による米価高騰への対策である難波御蔵と入堀もできている。この入堀の普請は、救済のために困窮者を雇用する形で行われた（御救い普請）。

この後、明和元（一七六四）年に難波新地一丁目が元伏見坂町の南側に、難波新地二・三丁目が元堺町・元京橋町・元相生町の南西側に開発される。それらは、文久三（一八六三）年の「国宝大阪全図」に反映しているが、一八世紀半ばの「大坂三郷町絵図」と大枠は変わっていない。

大坂三郷の町絵図から、段階を追いながら、道頓堀の周辺に焦点を当てて、地域を特徴づける諸要素を確認してきた。以下、その地域構造を垣間見ていきたい。

二　道頓堀周辺の都市開発

道頓堀とその周辺の開発については、これまで道頓堀の開発に携わった安井家の寛文五(一六六五)年や延宝五(一六七七)年の由緒書に依拠して理解されてきた〔『安井家文書』大阪市史史料20、7・8、塚田 二〇〇四〕。それによると、

①慶長一七(一六一二)年に成安道頓・安井治兵衛・同九兵衛・平野藤次郎の四人が出願して、着手されたこと、

②安井治兵衛の病死、大坂の陣による成安道頓の敗死により、残る二人で元和元(一六一五)年に堀川を完成させ、同年九月に松平忠明の家老・奉行衆から両岸の町立てをするように指示を受けたこと、

③東道頓堀（東横堀から西横堀までの間）の両岸および西道頓堀（西横堀から木津川までの間）の北岸は残らず町屋となったが、南岸は明屋敷のままで安井九兵衛・平野次郎兵衛が所持していること、

④松平忠明の時代には明屋敷に年貢は課されなかったが、直轄化（元和五(一六一九)年）以後は、初めは町奉行に、その後は代官に年貢を上納しており、その年貢額は、明屋敷が御用地化したり、町屋化したため、変動（減少）していること、

⑤開発の由緒から、安井九兵衛が道頓堀の「組合八町」の下年寄を申し付け、安井・平野が各町の水帳に奥判したり、「道頓堀大絵図」を仕立てて提出するなど特別の権限を持っていたこと、

などが知られる。

筆者はこれによって、西道頓堀の南岸では町立てが進まなかったものの、それ以外では町立ては順調に進んだものと想定していた。④の明屋敷も主として西道頓堀南岸のものと理解していた。しかし、由緒書の記述は寛文・延宝期

の状況が反映したものであり、実際の開発の過程はもっと曲折があることを、八木滋が新出の安井家文書を駆使して詳細に明らかにしている〔八木 二〇一四a・二〇一四b・二〇一五〕。八木の研究を参照して、若干の私見も加えつつ、その様相を見ておこう。

慶長一七年に下難波村の村高のうち一五五石余が「道頓堀川屋敷」に渡されており〔『古来ゟ新建家目論見一件』大阪市史史料10〕、また元和元年の三津寺村の検地帳（幕領分一二一石のもの）によって、三五石余が「新川・やしき分」（＝道頓堀分）とされたことがわかる〔上畑 一九九九〕。これにより、由緒書に記された道頓堀の開削とその周辺の町立てが慶長一七年に開始されたことが確認できる。

由緒書では、「上下弐拾八町」の土地を下され、自分の資金で堀を掘り、両岸に裏行二〇間の屋敷（町屋）を取り立てたとあるが、二八町は道頓堀の東西の長さと理解されてきた。しかし、八木は元和七（一六二一）年の「道頓堀川屋敷」と同九年の「道頓堀川やしき間数之帳」という帳面が、その段階での屋敷割を示すものであり、各筆毎に間口と奥行、家持名が記されているが、その記載は、一筆目の道頓堀南岸の東端（後の高津五右衛門町の東端）から西に進んで、樋屋敷の西側まで行き（一〇八筆目）、北側に折り返し、後の（平野）徳寿町辺り（一〇九筆目）から東に進み、北側の東端（後の大和町の東端）に至ることを明らかにした。その上で、東端から折り返し地点までの南北岸は表間口が八六〇間弱と八四〇間余と推定され、その合計がほぼ二八町余であることから、由緒書の上下二八町の土地を下されたというのは堀そのものの長さではなく、町割された空間の表間口と理解するべきことを指摘している(1)。なお、元和七年の「道頓堀ノ北裏町九兵衛・次郎兵衛町屋敷御検地帳」と題する帳面が残されており、明暦段階で裏町とされる部分も最初から安井・平野による町割が行われていたことがわかる。

元和九年の帳面には、①東西の端の方の屋敷で「明屋敷」という注記があり、初めのうち開発は順調に進まなかったこと、また②〝是より〟「境くみ」「しおやくみ」「きつくみ」あるいは誰分という表記が見られることに注目し、後の川八町（「組合八町」）に当たる（塩屋）九郎右衛門町や（堺屋）吉左衛門町などにつながるまとまりが見られることを指摘している。

当初から開発は計画通りに進まず、東横堀に近い所や西横堀より西の部分は家建てが進まなかった。また東道頓堀でも、南岸の中央部や北岸の裏町とされる部分では明屋敷化が見られた。おそらく、家建て（＝町立て）が進んだ地域には地子（都市域に課される「税」〈地代〉）が課されたが、こうした家建てが進まず明屋敷状態の土地には年貢（田畑に課される〈地代〉）が課されるようになった（先の由緒書④は、このような事態を表現している）。

さらに八木は、寛永一七（一六四〇）年に東道頓堀の南岸の立慶町や吉左衛門町の明屋敷部分、北岸の久左衛門町や宗右衛門町の明屋敷部分の家建てを望む個人から願い出て、それが認められた経緯を明らかにしている。この時、吉左衛門町・立慶町で再開発された家屋敷は芝居小屋が作られたり、塩屋九郎右衛門芝居が九郎右衛門町から移ってきて、両町が芝居町として定着していく契機となったのである。こうした開発の促進（「所賑い」）のために芝居などを公認するのは、後の新地開発の手法の先駆と言えるであろう。

寛永一一（一六三四）年に上洛した徳川家光（三代将軍）は、大坂にも足を運び、大坂三郷の地子免除の措置を取った。これにより、町人地には地子はかからず、三郷と町の運営費（公役町役）だけを分担する優遇措置（特権）を受けることとなったのである。この時、明屋敷の年貢負担は免除されなかった。寛永一一年以後に町建てを行った場合には、年貢負担を継続したまま町役も負担するようになった。それゆえ、寛永一七年の再開発地も、この段階では年貢と町役の二重負担となるのである。

また、同じ頃、安井九兵衛・平野徳寿（次郎兵衛）・伊丹屋道寿・木津勘助・難波孫兵衛・高津村五右衛門らが、東道頓堀の東端区域や西道頓堀一帯のまとまった再開発を願い出て、認められている。逆に言うと、この一帯はほとんど町屋の取立てが進んでいなかったことがわかる。そうした明屋敷で年貢を課された土地の再開発は、もう一度出願

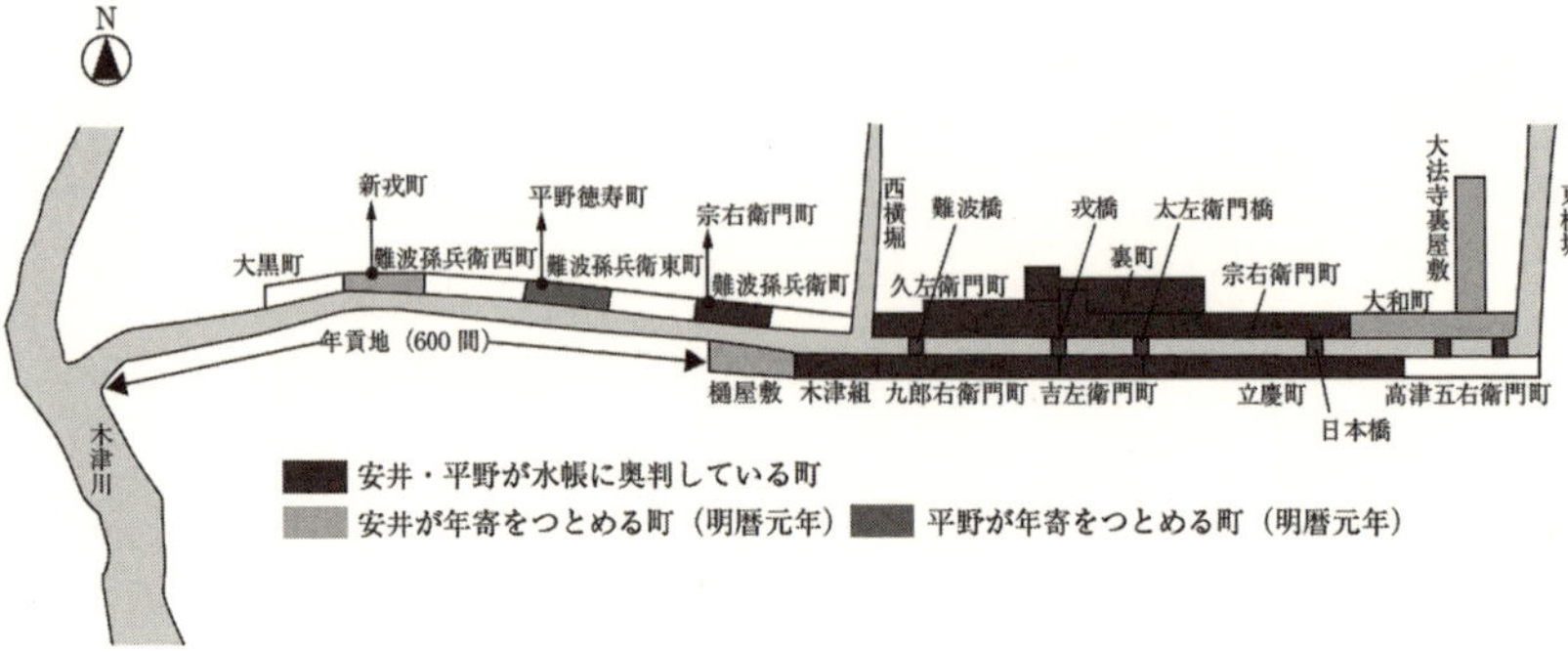

図 4　明暦のころの道頓堀

出典）〔八木 2015〕より（一部修正）.

して許可を得る必要があったことも確認できる。こうして、寛永一一年の地子免許後に家建て・町立てが実施された部分が、明暦元年の三郷町絵図（図1）の「薄紅」で表現された町役と年貢の両役負担の区域となるのである。なお、明暦元年段階の安井九兵衛と平野次郎兵衛が関わった地域の開発の進展と土地所持の状況を総体として示す絵図（先の由緒書⑤に言及されていた大絵図の写し）が、新出「安井家文書」に残されている〔塚田・八木 二〇一五の口絵に収録〕。

ここまでの開発の進展を振り返ると、元和段階では、東道頓堀から西道頓堀の中半までの両岸の町割が計画されていた。しかし、開発は順調に進まなかった。それでも明屋敷を含みながらも、町としての開発が一定程度定着している部分は、組合八町となり、それ以外のところは町域単位での再開発が行われたのである。こうして安井九兵衛と平野次郎兵衛が関与する町域は、組合八町、および自身が再開発に携わり町年寄となった町である。こうして、明暦元年の大絵図には、組合八町と両人が町年寄となった町の家屋敷が記載され、合わせて西道頓堀南岸の明屋敷（由緒書③が言及）が記載されているのである。

大絵図に示された部分とその周辺の両人の管轄範囲以外も含めた明暦段階の「町」のあり方を整理すると、図4（〔八木 二〇一五〕より）の通りである。寛永段階ですでに「町」として成立していた中で部分的な再開発が行われた

「組合八町」の部分は、安井九兵衛と平野次郎兵衛の管轄のもとで下年寄が置かれる枠組みが維持され、この部分は下年寄が変わってもその町を管轄する安井九兵衛の権限は幕末まで継続する。一方、安井九兵衛らが全体として再開発に当たったところは、彼らがその町の年寄となった（その中で、複数町を再開発した安井九兵衛の再開発地以外は、開発に当たった者の名前が町名となる）。しかし、町年寄が変わるとその区域への安井九兵衛らの直接の関与は見られなくなるのであった。すなわち、一見逆説的ではあるが、再開発に間接的にしか関わらなかった前者（組合八町）には、安井九兵衛の管轄が幕末まで持続するのに対し、直接的な再開発地であった後者では関与が見られなくなるのである。

なお、明暦元年の三郷町絵図で町役・年貢の両役が課される「薄紅」部分は、一七世紀後末期に作成された手描きの三郷町絵図(2)では（渡辺村など一部を除いて）いずれも見られなくなる。すなわち、再開発された町域も明暦元年以後間もなく年貢負担は免除されることとなったのである。

以上の点をふまえて、道頓堀周辺の開発の性格について、触れておきたい。豊臣段階においては、都市域は大坂城周辺の上町台地部分と天満・船場地域に限られていた。そこと道頓堀の間には三津寺村や難波村などの農地が広がっていた。それを念頭におくと、道頓堀開削以前に小さな川筋があったという地理的条件もあるであろうが、道頓堀の両岸の町立ては、大坂の都市づくりにおいて、その南を限る都市計画的な意味合いが大きかったのではないか。東道頓堀の北側は元和六（一六二〇）年の三津寺村の都市化によって、一気に島之内として開発される（上畑 一九九九）。しかし、西道頓堀両岸は開発がスムーズには進まず、道頓堀大絵図に見られるように、一七世紀半ばすぎに、北岸は町として再開発されたものの（さらにその北側は難波村領のままであった）、南岸は一七世紀を通して空き屋敷のままであった。ここは、元禄一一（一六九八）年の堀江新地の開発によって、ようやく都市化が実現したのである。

また、道頓堀周辺の開発は、同時期に行われた西船場の堀川の開発と一連の、都市大坂の形成プロセスの一環という性格を持っていたことは間違いない。ただ、もう一方で、「所繁昌」「所賑い」のために芝居や茶屋などが赦免されるなどの点は、後の堀江や曾根崎などで行われた新地開発につながっていく性格も持っていたと言えるのではなかろうか。

三　道頓堀の芝居地と役者集団

東道頓堀の南岸では、安井九兵衛らは「所繁昌のため」芝居の取立てを図った〔『安井家文書』二〇九〕。当初、芝居小屋は九郎右衛門町にもあったようだが、寛永一七年の再開発の過程を通して、立慶町と吉左衛門町の二町に集中していく〔木上 二〇一五〕。

表1　寛文元年の芝居小屋持

大芝居持	小芝居持
立慶	立慶※3軒
吉左衛門	吉左衛門※3軒
太左衛門※2軒	太左衛門※4軒
惣助	惣助※2軒
甚兵衛	甚兵衛※2軒
九郎右衛門	九郎右衛門※2軒
九左衛門	

出典）〔木上 2015〕より．

寛文元(一六六一)年には、両町に大芝居八軒、小芝居一六軒があったとされる(表1)。町地に展開する大芝居は、歌舞伎興行を本位とし、浜側（したがって非常設）の小芝居では、操りや小見世物などが行われたのではないかと思われる。しかし、小芝居は一七世紀後半にはすべてなくなる。「伏見坂町一件」に含まれる、一八世紀初頭のこの界隈を描いた絵図（図5）では、立慶町に（東から）若太夫芝居・亀谷芝居・角丸芝居・角之芝居、吉左衛門町に中之芝居・筑後芝居・大西芝居が見られ、竹田芝居だけが立慶町の浜側に見られる。この段階では、浜側には「いろは茶屋」（芝居茶屋）と記されている。竹田芝居は後に立慶町に所在するようになる一方、大西芝居が宝暦八(一七五八)年に、亀谷芝居が一八世紀末までに退転し、さらに角丸芝居も文政一〇(一八二七)年の火災で焼失した後、再建されず、幕末には五軒となった。

また、先の絵図（図5）には、道頓堀周辺の町や長町一帯に茶屋の軒数などが書き込まれている。大坂では、延宝二(一六七四)年に茶屋の古株が赦免されたが、その段階では茶立女を置くことは認められていなかった。しかし、元禄七（一六九四）年に茶屋一軒に二人の茶立女を置くことを認められ、事実上の遊女商売を黙認されたのである〔塚田 二〇〇六Ⅱ—1〕。この茶屋は三郷のどこででも営むことができたわけではなく、表2に示した町に限定されていた。先の絵図に茶屋御免地などと書かれた町がそれに当たる。その後、新地開発に伴って、新たに多数の茶屋株が赦免され、茶屋営業地は広がっていくが、道頓堀周辺は本源的な茶屋営業赦免地だったのである。道頓堀周辺で芝居や茶屋の営業が認められたのは、後の新地開発において「所繁昌」「所賑い」のためとして取られた措置の先駆であると評価できよう。

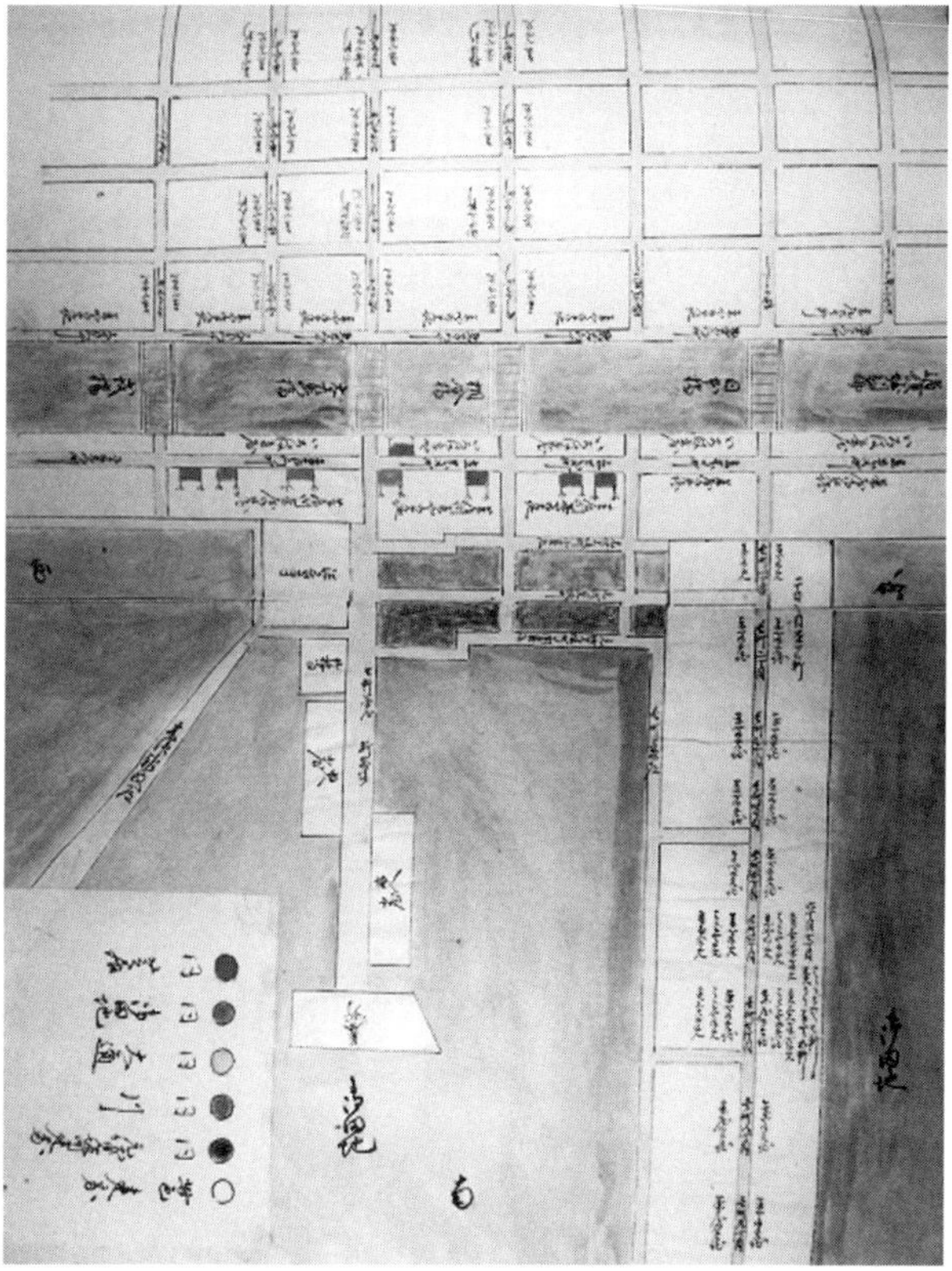

図5　18世紀初頭の道頓堀周辺

出典）「伏見坂町一件」（成舞家文書）より．

芝居小屋を勧進能・操り・勧進相撲に貸すことに関して、寛永一七（一六四〇）年五月二三日、続いて慶安元（一六四八）年五月二日に「道頓堀芝居仕置」が出されているが、そこには「道頓堀芝居主」全員が連判している〔以下は、塚田 二〇一〇〕。また、慶安五年六月五日に諸種の武家奉公人が無銭で芝居に入ることを禁じた「芝居仕置」も、「芝居之者」に宛てられた内容である。こうした芝居仕置のあり方を参照すれば、芝居地

表2　古株の茶屋赦免の町

北組	南組
長町一丁目	道頓堀御前町
長町二丁目	道頓堀布袋町
長町三丁目	道頓堀宗右衛門町
長町四丁目	道頓堀久左衛門町
長町五丁目	道頓堀九郎右衛門町
長町六丁目	道頓堀吉左衛門町
長町七丁目	道頓堀立慶町
長町八丁目	玉屋町
長町九丁目	南塗師屋町
元伏見坂町	南笠屋町
	南畳屋町
	菊屋町
	西高津町

出典）〔塚田 1996〕より.

の秩序統制のヘゲモニー主体が芝居小屋の小屋主であることが理解できる。さらに前者からは、芝居小屋は歌舞伎の興行を行うことを前提に、他種の興行に場を提供することもあるという性格付けがされていたと思われる。実際は、一八世紀に入って人形浄瑠璃が隆盛になってからも、その原則（法レベル）は潜在的に生きていた。

一七世紀から一八世紀初めにかけての町奉行所からの芸能者への取締りは、浄瑠璃や説教に対するものは全く見られず、すべて歌舞伎と歌舞伎役者に関わるものであった。歌舞伎は当初、遊女歌舞伎として始まるが、これが禁じられて若衆歌舞伎となる。さらに承応元（一六五二）年七月に若衆歌舞伎の禁令が出されたが、翌年、「物真似狂言尽」という名目で芝居興行（野郎歌舞伎）が復活されるのである。その後、元禄二（一六八九）年には、歌舞伎役者に対する包括的な規制が出され、歌舞伎役者は毎年一二月に南組惣会所で誓約の連判を提出することになる。いわゆる役者惣判である。

遊女歌舞伎や若衆歌舞伎の禁止、さらに役者惣判など、一七世紀に幕府の芝居町に関わる取締りの対象とされているのは、いずれも歌舞伎であり、その関心は売春や男色に関わっての風俗統制にあったということができよう。

一方で、役者惣判は、歌舞伎役者の仲間としての成熟をもたらしたものと思われる。寛保元（一七四一）年に起きた鶴井京七一件がそのことを端的に示している。この一件は、寛保元年七月一四日に、吉左衛門町の塩屋九郎右衛門芝居において鶴井京七が座本として興行しようとしていたのに対し、佐野川花妻や中村富十郎が差止めを求めて出訴したことに端を発する。その結果、鶴井京七は座本と称することを禁じられ、「声色仕鶴井京七」という看板に改めることとなるが、それらの経過は省略し、佐野川・中村らの出願の論理に注目したい。佐野川・中村らは、鶴井京七が歌舞伎狂言役者でない、あるいは役者名代を持たない者であると主張し、その根拠を、毎年一二月六日に行われる南組惣会所での制法への判形の有無に求めているのである。つまり、役者惣判に加わっていることが歌舞伎役者仲間に属する根拠になっているのであり、ここには、歌舞伎役者取締りのために行われた役者惣判が彼ら自身の歌舞伎役者としてのアイデンティティー形成に寄与していることが示されている。

またこの一件史料には、「定役者相談の上、右の役者の内より役者年寄壱人、年行司三人、月行司五人、下支配人六人、相極め、万事右の役人にて御公儀様、惣御年寄中様より仰せ渡させられの趣、役者仲間へ申し聞け申すべく候」とあり、どこの小屋で、誰が座元の一座で興行しているかに関わらず、大坂における役者全体が属する一つの役者仲間が実体的に存在していたのである。また、今回、狂言作者も名前帳に判形をした一〇人以外は認められないことになり、狂言作者も役者仲間に属することがはっきりさせられることになったのである。

歌舞伎役者の居所についての情報は少ないが、神田由築が寛政一二(一八〇〇)年の『増補戯場一覧』に記載された五一人の歌舞伎役者について、四八人が戎橋や太左衛門橋の北側の島之内の西方に居住し、道頓堀の南では元伏見坂町の二人と日本橋〔長町〕四丁目に一人だけが居住するに過ぎなかったことを指摘している〔神田 二〇一三〕。ここに載せられたのは、五一人だけであり、多数の歌舞伎役者のうちでも人気役者であると考えられよう。

例は多くないが、一九世紀の孝子褒賞関係の史料からは、道頓堀南側の東寄りに位置する西高津新地への居住が見られた〔塚田 二〇一七〕。これらの例は、島之内西側に集中する人気役者に対して、下積みの役者は道頓堀南側の西高津新地などが多かったことを示しているのではないか。さらに注目されるのは、歌舞伎役者の居所は、本人が家持・借屋の名前人になるのではなく、他の名前人の同家とされることが広く見られたことである。ここには歌舞伎役者が名前人になることに対する社会的規制が働いていた可能性がうかがえる。

天保改革において、芝居や遊廓などに対する厳しい取締りが行われたことは周知のことであろう。その中で歌舞伎役者の居住地についても規制が出されている。

木上由梨佳の研究によって、天保改革の芸能興行への取締りについて見ておこう〔木上 二〇一五、一二八―一三二頁〕。

天保一三(一八四二)年五月一三日に芝居地や新地芝居における興行実績のない芝居小屋や名代の整理が行われる。五月二一日には寺社境内での説教・操・物まねの芝居小屋取払いが命じられる(宮地芝居の禁止)。さらに、翌年三月には、存続が認められていた新地芝居についても取払いが命じられる。こうした制限は安政四(一八五七)年に新地や寺社境内一三ヵ所に新規に芝居小屋が認められるまで継続する。

一方、天保一三年五月一二日に、歌舞伎役者などの華美な風体を戒め、また彼らに加え、操り芝居掛りの浄瑠璃語り・三味線弾き(と鳴物渡世)・人形遣いが、市中・在方ともに田畑家屋敷を所持することを禁じることが命じられている。さらに、七月二五日に芸能関係者への詳細な統制の町触が出されている。その中で、歌舞伎役者と操り芝居のうち人形遣いについては、住居を道頓堀に限るとされている。このうち歌舞伎役者については、古来より道頓堀に限ってきたものを再確認したものであるが、人形遣いは今回役者に準じて命じるものとされた。ここで、道頓堀とされているのは、芝居町である吉左衛門町・立慶町と九郎右衛門町・宗右衛門町・久左衛門町・御前町・布袋町・湊町の組合八町を含む道頓堀南北岸の町々であろう。

同年八月に、遊所統制の一環として、それまでの茶屋が道頓堀・新堀・曾根崎新地の三ヵ所に限って、「飯盛女付旅籠屋」として認められることになったが、翌年一〇月には泊り茶屋と改称された。その際、道頓堀のうち立慶町・吉左衛門町・元伏見坂町・難波新地一丁目は、泊り茶屋を差し止め、芝居茶屋に限定するとされた。さらに同月末に、先に歌舞伎役者の居所を道頓堀に限るとしたが、泊り茶屋を除外された四町のうち、立慶町・吉左衛門町は芝居五ヵ所があるので良いとして、元伏見坂町・難波新地一丁目はそれでは立ちいかないだろうから、代りに歌舞伎役者と人形遣いの居所を両町に限るという町触が出された（借屋人を増すことによる家持への助成か）。

現実には、大勢の歌舞伎役者の居所をこの二町に狭く限定することには無理があり、実際には道頓堀周辺に広がっていた。一方、この二町に限定することに対する変更が表立って行われたのか、経緯は不詳であるが、歌舞伎役者の居所は道頓堀周辺に限るという規制に戻って定着していたと思われる。

こうした近世における芝居町と役者集団のあり方の帰結たる明治初年の様子を見ておこう。一八六九（明治二）年に、歌舞伎役者は「立慶町外七ケ町に住居」することが決まりだが、近年猥りになっているとして、以前の規定を守ることを命じる布令が出されている（『大阪府布令集』明治二年五月四日）。ここには、歌舞伎役者の居住地は道頓堀八町（「組合八町」）に限定されているという法レベルの認識と、現実にはもっと広がっているという実態の両面がうかがえる。

明治四年三―四月の役木戸再取立ての出願から展開して、大阪府から吉左衛門町少年寄橋屋（橋本）誠太郎と御前町少年寄久代屋（中野）徳治郎の二人が歌舞伎役者取締り少年寄に任じられた（塚田 二〇一八）。芝居町である吉左衛門町と歌舞伎役者の居住を認められる道頓堀八町のうちの御前町の少年寄の二人が選ばれたのである。もともと彼らは役者の中から取締役を取り立ててくれることを願ったのだが、出願者自身が任じられることになったのである。

彼らは、その職務の一環として、近世の役者物判を復活させようとした。明治五年正月付の「歌舞妓役者共取締方御制法之条々」が残され、それとは別帳で「歌舞妓役者共御制法之趣奉畏候請印帳」が残されている（「橋屋資料」大阪城天守閣寄託）。後者は、町ごとに別の罫紙で役者・狂言作者の連名とその家主、少年寄が連印したものが、一冊にまとめられている。ここに歌舞伎役者と狂言作者が含まれている点は、近世の役者物判と共通している。また、請印帳には、三三〇名以上の名前が見られ、人気役者だけではない、芝居地の興行に出演する多様な役者の居所が知られる。その町ごとの人数を図6に示した。道頓堀北岸の宗右衛門町（三三人）・御前町（三五人）・布袋町（三六人）・久左

注）数字は町内の歌舞伎役者居住人数．
（　）はそのうち狂言作者の人数．
他に天王寺村北立町に１人あり．

図６　歌舞伎役者の居所分布

衛門町(二九人)という組合八町に含まれる町の人数がとりわけ多いが、その北側の島之内や南側の長町・西高津新地・難波新地などにも広く展開している。

なお、この時期の「覚」に、「歌舞伎役者人別」三二四人、「惣判後人別入」五九人、「当時見習」一三〇人余という数字が見られる(「橘屋資料」)。見習も含めて、役者の人数は五〇〇人近くがいたのである。これ以外にも、道頓堀の芝居小屋には出演していないが、宮地芝居などに出演する者などもいたかもしれないが、その点は不明である。また、これらで問題になっているのは歌舞伎役者だけであり、人形浄瑠璃の太夫・三味線弾き・人形遣いなどは規制の対象に入っていないことも注目される。

こうした役者惣判を復活させようとする動きと役者の居住の実態は、近世以来の歌舞伎役者規制とそれを越えた社会的実態の広がりを反映しているものと言えよう。

四　墓所道と八軒茶屋・床店

前節では、道頓堀周辺の芝居地としての側面を見てきたが、この地域には諸種の茶屋が併存していた。本節では、これらの茶屋の存在形態と、それが認められる論理を見ていこう。まずその前提として、道頓堀垣外と役木戸について触れておきたい。

近世大坂の非人身分の者たちは、都市大坂の成立期に乞食・貧人として生み出され、四ケ所の垣外仲間を形成して都市社会に定着した(以下、塚田 二〇一八b)。天王寺垣外・鳶田垣外・道頓堀垣外・天満垣外の四ケ所であるが、そのうち道頓堀垣外は、慶長一四(一六〇九)年の片桐且元の検地で除地とされた荒れ地を、元和八(一六二二)年に垣外屋敷として下され、成立した(古垣外)。それは千日墓所道の西側の一画であった。その後、天和三(一六八三)年に市中に小屋掛けしていた非人を払い、四ケ所に配分する措置が取られた。それらの者を収容する小屋を取り立てるため、四ケ所ともに新しい土地を確保する必要があった。一五三人を割り当てられた道頓堀垣外の長吏らは、翌天和四年に下難波村の畑地を借り受けた（新垣外）。それが、先の一八世紀初頭の道頓堀周辺の絵図（図5）に記された墓所道の東側の「非人小屋」である。

享保一八（一七三三）年の道頓堀からの火災で、新垣外の非人小屋が類焼し、一部は垣外の地続きに小屋を建てたが、多くは小屋を建てられず、縁を求めて分散した。宝暦三（一七五三）年に至り、道頓堀垣外長吏仁兵衛は難波村庄屋に対して、新垣外の元地を借り受けて、非人小屋の再建を出願する。これは一旦認可されたが、翌年一〇月に、古垣外の南側に場所替えを願い認められる。これによって、墓所道の東側の垣外地はなくなり、西側の古垣外の周辺に集約されることになる。続いて、宝暦五（一七五五）年二月に竹林寺所持の寺裏の土地を借り、小屋地と紙屑・古継切れ（古布）の干場に利用することを出願し、許可されている。江戸でも非人稼ぎとされていた紙くず拾いが、大坂でも非人の生業の一つとなっていた点も注目される。

各垣外には、トップに長吏とその下に数人ずつの小頭がおり、さらに一般の小屋持ち非人である若き者が数十人から百数十人で構成されていた。以上が小屋持ち非人である。これら小屋持ち非人に抱えられた弟子もいたが、彼らは垣外番として市中の町に派遣されることもあった。自らも乞食＝貧人として生み出された垣外の長吏・小頭らであったが、この時期には、新たに生み出されてくる新非人・野非人に対する治安統制と救済の二側面からの支配を担う存在となっていったのである。この身分内統制の延長上に、長吏・小頭らは町奉行所盗賊方の下で警察関係の御用を担うようになり、さらに、若き者も含めて定町回り方の下での御用の比重が増大していった。

大坂町奉行所の盗賊方の下で警察関係の御用を担う存在として、垣外仲間と並んで役木戸と呼ばれる者たちがいた〔以下、塚田 二〇一八a〕。彼らは道頓堀の芝居小屋の木戸番から、一二軒が固定して勤めた。もともと、芝居にやってくる見物人の中に怪しい者がいないかをチェックし、また木戸番自身の強制的な客引き行為を取り締まることから出発し、盗賊方の下での御用を担うようになった者たちである。彼らは芝居前に居住していた。

役木戸一二人は、元禄五(一六九二)年に助成として吉左衛門町と立慶町の浜納屋で水茶屋営業を認められたが、この水茶屋一二軒は、二年後に御用を木戸番全体で順番に勤めることとされたため、芝居主に預けられることになる。その後、元禄一〇年に芝居町両町に計五八軒の水茶屋が認められた際に、役木戸一二人が御用を勤めることに復し、彼らにも再度一二軒の水茶屋営業が赦免された。この時認められた水茶屋が、先に触れた芝居町の浜側に展開した「いろは茶屋」である。芝居町両町に赦免された五八軒と役木戸に赦免された一二軒の計七〇軒が芝居地の水茶屋(芝居茶屋)の数であったが、一八世紀末の『増補戯場一覧』の「道頓堀芝居側略図」を見ると、実際にはこの数を越えて営業されていたと思われる〔神田 二〇一三〕。

注目しておきたいのは、この役木戸一二人に対して認められた水茶屋株一二軒によって、役木戸一二家が固定することになった点である。この水茶屋株は御用を勤めなくなれば返上することとされ、他への譲渡は禁じられていた。ただし、水茶屋株を御用勤めと切り離して売買することは認められていないとしても、現実には役木戸の職務を譲ることで水茶屋株が移動することは防げなかったのではなかろうか。また、役木戸も芝居地における地域的・集団的治安維持の延長上に、町奉行所の下での御用を勤めるようになったことに注目しておきたい。

垣外仲間が御用を勤めることと市中での勧進権を認められることは表裏の関係にあり、また役木戸の場合も御用を勤めることと水茶屋株を赦免されることは不可分の関係にあった。また、道頓堀周辺では、「所繁昌」「所賑い」のために芝居興行が認められ、茶立女を置く茶屋営業が認められていた。こうした茶屋は、茶立女を置くことを認められた(すなわち遊女商売を黙認された)元禄七(一六九四)年に、新町の遊女屋と並んで市中での女を抱えた売女屋の摘発を担う存在として位置づけられた〔吉元 二〇一三〕。すなわち、町奉行所から都市大坂の風俗統制の担い手という位置を与えられたのである。一方で、茶屋は新町遊廓の遊女屋から規定に反する行為を取り締まられる立場でもあったのだが…。

道頓堀周辺では、こうした茶屋やいろは茶屋（芝居茶屋）に加えて、墓所道で二種類の茶屋営業が行われていた。実は、これも地域の治安維持と密接に関わっていた。次に、この二種類の茶屋について見ていこう〔以下、注記した以外は塚田 二〇一八b〕。

千日墓道には、寛文九（一六六九）年に水茶屋の設置が認められ、八軒茶屋として定着する（時に七軒茶屋とも）。この水茶屋の設置は、「此の処近辺人立ち多く、其の上徒者の集り申し候所」なので、不審な者は追い払い、「墓の近辺」の万般にわたって「目付」（監視）を行うことを目的として認められたものであった。道頓堀南岸の町々の南側は難波村の村領に属しており、これら茶屋営業者たちは、不審なことがあれば、難波村の庄屋に注進するようにと命じられている。これらの水茶屋は、墓所道に面する法善寺の向かい側に置かれたが、店のしつらえは軽くし、「若キ女」などを置かず、村方の指示があればいつでも茶屋を撤去することを誓約する手形を提出している。ここからは、千日墓所道の水茶屋は、芝居地裏から墓所近辺までの往来人の監視と統制を担うことを条件に認められたのであり、いつでも撤去できる仮設の店での営業が義務づけられていたのである。

その後、元禄一五年に元伏見坂町が移転してくることに伴って、水茶屋が同町の西側に接することになるため、いったん撤去が命じられたが、水茶屋たちは、法善寺・竹林寺前に移転して営業したいと代官万年長十郎に出願した。これに対し、竹林寺も法善寺も「事の外迷惑」との見解を示し、最終的には、墓所道の東側（両寺の反対側）で元伏見坂町の南端より南へ二〇間の場所での営業が認められたのである。

元禄一六年の水茶屋八軒は、立慶町の秋田屋弥兵衛・堺屋平兵衛、（高津）五右衛門町の木津屋三左衛門、炭屋町の姫路屋作右衛門、南塗師屋町の花火屋五左衛門、長町四丁目の大和屋又兵衛、山崎町の池田屋長左衛門後家と難波

村の吉兵衛の八人であった〔『道頓堀非人関係文書（下）』清文堂出版、四〇五—四〇七頁〕。吉兵衛以外の大坂市中居住の七人はすべて借屋人であった。山崎町はこの中では離れている方であるが、それでも島之内の北部であり、いずれも千日墓道から遠くない町々と難波村に居住する者たちであった。本源的には、彼ら自身がやって来て、水茶屋を営んだものと思われる。なお、山崎町の池田屋長左衛門は二年前には宗右衛門町、炭屋町の姫路屋作左衛門は同じく久左衛門町に居住とあり、道頓堀の「組合八町」に居住していた〔『道頓堀非人関係文書（下）』四〇三—四〇五頁〕。なお、大和屋又兵衛はその時は見えず、鱣谷二丁目の八百屋忠兵衛の名前が見える。数ヵ月後には八百屋から大和屋に代わったようである。この後、八軒茶屋の営業権は事実上の株となり、株主と実際の営業者の分離も進行することになった。

八軒茶屋は、明和元（一七六四）年に難波新地の開発に際して、再び難波新地一丁目の西側を塞ぐことになるため場所替えとなり、今度は法善寺門前塀際が水茶屋の敷地とされた〔『道頓堀非人関係文書（下）』四六八—四七四頁〕。今回は、法善寺は拒否するという態度をとらなかったのである。

千日墓道の水茶屋は、元々は墓所道周辺の目付を行うことを条件に認められたものであったが、徐々に営業権（事実上の水茶屋株）として定着していった。しかし、明和元年の場所替えを契機として、難波村（の庄屋）が持つ茶屋（「難波村領法善寺前にこれ有る私所持の茶店」）という形に転形し、営業者はその茶屋を家賃を払って借り受けることになったのである。こうした変化を伴いつつも、千日墓道での水茶屋は年間を通じた営業を行うものとして定着していたのである。

千日墓道では、もう一つ期間限定の茶店が見られた。享保四（一七一九）年七月に難波嶋の大和田屋甚左衛門が法善寺前で床一脚を設けて菓子商売をしようとしたが、誰かから差し止められた（制道された）という。おそらく、制道したのは道頓堀垣外の者たちであろう。それ以前から、墓道で七月一五日から月末まで垣外仲間の者が床店営業を行っており、それに差し障るということで制止したものと思われる。

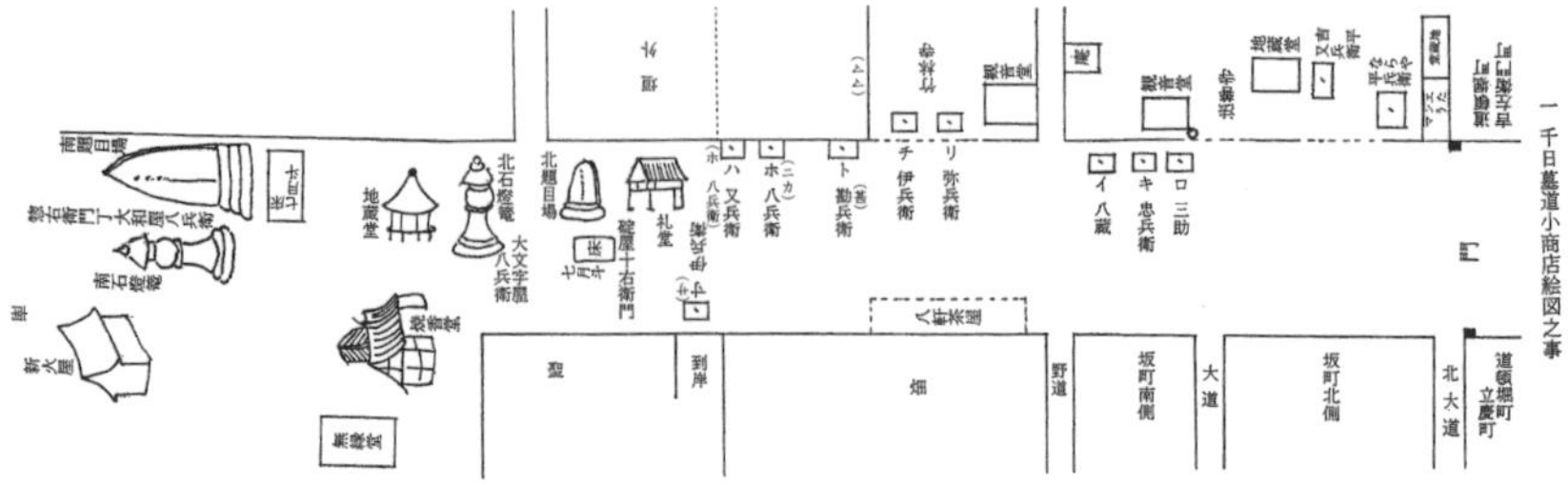

図７　千日墓道の床店

享保六（一七二一）年には、竹林寺住職文達から難波村の庄屋甚左衛門に対して、同寺の家来同様の和泉屋甚兵衛と大和屋弥兵衛の二人が墓道での床店を出すことを願っている。これを契機に、道頓堀垣外の長吏から毎年難波村庄屋に、この時期に床店を出す者の名前、商う品、出店の位置とそれを絵図にしたものを一緒に届け出るようになった。おそらく、これ以前は長吏手下の者の出店に限られていたのが、墓道での床店の営業に利益を見込んで、参入しようとする者が出てきた状況が想定される。享保六年の出店の状況は図７の通りである。

この絵図には、芝居地である立慶町と吉左衛門町の間の通りの南側の門から千日墓所までの道の両側の様子が描かれ、そこに床店の位置が記されている。なお、竹林寺の向い側に八軒茶屋とあるのは、先述の寛文九（一六六九）年に法善寺の向い側に水茶屋を赦免された後、元伏見坂町の移転に伴って替地となった場所である。

享保六年の床店は、図７と道頓堀垣外の長吏積右衛門の願書と合わせて、以下の通りに整理できる。

法善寺前には、次の三軒が位置していた。

(ロ)三助　（長吏手下）　西瓜店　荷籠に入れて商売
(キ)忠兵衛（手下ではない）煙草売　床一脚
(イ)八蔵　（長吏手下）　西瓜店　床一脚

竹林寺前には、次の五軒が位置していた。

(リ)大和屋弥兵衛（竹林寺家来同様の者）菓子店　床二脚

(チ)伊兵衛（長吏手下）　くだ物売　床二脚
(ト)和泉屋甚兵衛（竹林寺家来同様の者）菓子店　床一脚半
(ニ)八兵衛（手下ではない）（ただし、長吏積右衛門の願書に見えない）
(ハ)又兵衛（手下ではない）西瓜店　床間半（床一脚の半分か）
竹林寺前の南に引き続く形で、道の両側に二軒があった。
(ホ)八兵衛（長吏手下）　西瓜店　床間半
(サ)伊兵衛（長吏手下）　菓子店　床一脚

竹林寺前には、竹林寺に家来同様に抱えられた二人が含まれ、全体として、長吏手下五軒とそれ以外の五件が併存していた。重要なのは、それらがともに長吏の管轄下にあるものとして、難波村庄屋甚左衛門に願い出られていることである。また、西瓜店四軒、菓子店三軒、くだ物店一件、煙草店一軒である（不明一軒）。このうち菓子店とあるのは、別の年では「菓物店」と言い換えられており、いわゆる水菓子のことであろう。つまり、ほとんどが西瓜やくだものを売る商売だったことがわかる。

また、店舗の大きさを表す際に、「床」何脚と表現しており、まさに床店（屋台店）であることがうかがえるが、その規模は半脚（半間）から二間ほどの零細なものであった。

なお、一つ注意しておきたいのは、難波村庄屋甚左衛門に許可を求めて出願する形をとっているが、出願の日付からは実際はすでに商売を行っており、その事後承認を得ていたと想定される点である。

この後宝暦四(一七五四)年まで、長吏から絵図を添えて難波村庄屋に願い出た、ないし届け出た文書が残されている。それらによって知られる情報を表3にまとめた。法善寺前と竹林寺前より南に分けて、長吏手下とそれ以外の者の店の軒数を数え、また販売する物を菓子・西瓜・その他に分け、その他については備考に種別と軒数を記した。

表3　墓道の床店

年代	法善寺前 手下	法善寺前 その他	竹林寺前より南 手下	竹林寺前より南 寺内	竹林寺前より南 その他	種別 菓子	種別 西瓜	種別 その他	総数	備考
享保6	2	1	3	2	1	4	4	1	9	煙草1
享保7	1	—	4	2	1	7	1	—		
享保8	1	2	4	2	—	7	1	1	9	煙草1
享保9	—	—	4	2	—	4	1	—	5	
享保10	1	1	4	2	—	6	1	1	8	煙草1
享保11	5	1+3	5	2	—	10	5	1	16	煙草1
享保12	6	2	5	2	—	11	2	2	15	煙草1土人形1
享保13	8	2	6	2	2	12	4	4	20	煙草1土人形1飴2
享保14	8	3	7	2	—	14	3	3	20	煙草1土人形1飴1
享保16	4	10	5	2	1	17	3	2	22	煙草1土人形1
享保17	4	6	5	2	2	13	4	2	19	煙草1土人形1
享保19	3	8	3	1	4	12	7	—	19	
享保20	4	5	4	1	3	9	7	1	17	花餅1
元文1	4	5	4	1	3	9	6	2	17	花餅1煙草1
元文2	2	7	3	1	2	3	4	8	15	花餅1煙草1茶店6
元文4	3	10	1	—	—	4	6	4	14	煙草2飴1田楽1
元文5	2	11	1	—	4	8	4	6	18	煙草2飴2餅1燈籠1
寛保1	2	9	1	—	—	3	5	4	12	煙草1田楽1楊枝1花だんご1
寛保3	2	5	1	—	—	3	2	3	8	煙草1楊枝1花だんご1
延享1	2	5	1	—	—	3	2	3	8	
延享2	2	3	1	—	追加2	3	2	1+2	8	飴1楊枝1塗箸1
延享3	2	3	1	—	1	3	3	1	7	飴1
延享4	2	5	1	—	3	2	4	5	11	飴4楊枝1
宝暦2	2	1	—	—	1	—	3	1	4	飴1
宝暦3	2	4	—	—	1	2	2	3	7	飴1田楽2
宝暦4	2	4	—	—	1	2	2	3	7	飴1田楽2

出典）「水茶屋一件」（『道頓堀非人関係文書』下）より．

　当初は、竹林寺前より南が出店の中心で、法善寺前は付随的であった。享保一〇年までは、両者合わせて一〇軒以内であったが、享保一一年に一六軒となって以降、十数軒から二〇軒を越えるまでに増加する。この増加は、法善寺前での出店の増加によるものである。その際、水菓子（菓物）や西瓜の店が増えるとともに、煙草に加えて土人形・飴・田楽・楊枝・花だんごなどの多様な物を商う店も出てきている。また、当初の増加は長吏手下の者の増加として始まる。しかし、享保一六年以降、特に法善寺前での手下以外の者の出店が急増する。

　享保末年以降、徐々に軒数が

減っていくが、寛保三(一七四三)年以降、一〇軒を切り、減少が著しい。特に竹林寺前より南の区域は、長吏手下では角兵衛だけが法善寺前に最も近い地点で継続する以外は、ほぼ床店が放棄されていく。法善寺前でも、長吏手下では吉郎兵衛と庄兵衛が継続的に出店する以外は、早くに撤退してしまう。手下以外の者も元文四・五(一七三九・四〇)年に再度一〇軒を越えるが、長吏手下の減少にやや遅れて減少していく。

以上からは、まず竹林寺前より南での床店は利益が得られなくなり、法善寺前も徐々に床店の継続が困難になっていったことがうかがえる。

長吏手下では、一部に一年で変わる者がいるが、先の角兵衛・吉郎兵衛・庄兵衛など連年で床店を出す者が中核をなしていたと言えよう。残念ながら、道頓堀垣外の場合、この時期には長吏・小頭以外には個人の名前がほとんどわからず、これらの者たちを特定することはできないが、少なくとも長吏・小頭ではないので、おそらく若き者層と思われる。

このうち角兵衛は七月後半の期間だけでなく、享保九(一七二四)年一二月に定菓子店を認められていた。難波村庄屋は、これを認める理由を「惣て墓道の分垣外者共、常々政道申し付け置き候に付」としている。これを参照して考えると、期間限定の床店もお盆の七月一五日から月末までの人出の多い時期の取締りを担うものとして容認されていたのではなかろうか。なお、ここで定菓子店を認められた角兵衛も宝暦二年以降は出店が確認できず、撤退したものと思われる。

長吏手下以外の者については、元文四(一七三九)年以降、居住地が記されるようになるが、その年には、難波村三名、相生町二名の他、長町四丁目・元伏見坂町・周防町・三津寺町・白髪町各一名が確認される。白髪町がやや離れているが、それ以外は道頓堀南北岸の近くの町と難波村である。こちらも継続的に出店を行う者と一年で変わっていく者がいる。彼らがどういう存在か不詳であるが、半月ほどの期間限定の出店であることを考えると、何らかの床店

（露天商）の集団を構成している者たちの可能性を考慮する必要があるのではなかろうか。

以上、享保年間の初めころには、千日墓所の墓道でお盆のころに垣外仲間の者による屋台（床店）での西瓜やくだもの販売が行われるようになっていた。そこに垣外仲間以外の者も参入しようとする動きが見られ、それが村政レベル（ひいては代官所）の公認を得ることにつながったと考えられる。そして、垣外仲間以外の者の出店であっても、千日墓道での床店はすべて道頓堀垣外の長吏の管轄下にあるものと位置づけられたのである。長吏の管轄下にあることを示すために、床店先の行燈に▲印を付けることになっていたが、それでもその床店が広く利用されていたことが注目される。一八世紀後半になると、この七月下旬の床店は十分な利益が得られなくなり、終焉するのではあるが、これは身分社会の周縁的状況を考えるうえで重要な意味を持つと言えよう。

おわりに

本章では、道頓堀周辺の開発過程の見直しを行ったが、当初の開発がスムーズに進行しない中で、「所繁昌」「所賑い」をもたらすものとして芝居小屋の誘致が計られ、また、茶屋商売が振興された点が注目された。こうした側面は、後の新地開発につながるものだからである。芝居地のあり方に関わって、歌舞伎役者への諸種の規制、特に居住地規制とそれを越えた役者集団の展開を確認した。また、諸種の茶屋の併存のあり様を明らかにしたが、それらの営業が認められる論理には、形は違っても社会的な秩序を維持するための貢献（御用）を申し立てることが共通に見られることに注目した。

遊女商売を黙認された茶屋は、無株で類似商売を営む者を取り締まることが求められた。また、芝居茶屋の一部は、町奉行所盗賊方の下で警吏の御用を勤める役木戸への助成として認められた。千日墓道の八軒茶屋はその辺りに集まる者への目付の役割を負っていた。お盆の七月一五日から晦日までの床店についても、人出の多い時期の千日墓道の取締りを期待されていたものと思われる。

この地域の複合的な社会構造を全体として復元するには、法善寺や竹林寺、刑場と隣接する白安寺なども見ていく必要があろう。また、元伏見坂町など道頓堀の南側に移転してきた町々、さらに西高津新地や難波新地などの新地開発そのものも視野に入れていく必要もある。これらは、都市社会の周縁部への拡大であるが、一方、難波村から見れば、村領内に町奉行所支配が浸潤してくる過程でもある。そうした視点から、多様な要素を今後さらに検討していくことを期して、本章は擱筆する。

（1）内田九州男は長堀の開発にあたって、「心斎系譜」に「長堀川上下二十七町・幅七十五間申し請け、川幅二十五間これを掘立て、両側に町屋を造り」とあるのを、堀の両岸に奥行き二〇間・長さ二七町の屋敷地を造成したと説明し、また『長堀惣水帳』によって、南北岸に一〜二八丁目まであったとしている〔内田　一九九〇〕。ここでの上下二七町は長堀そのものの長さと考えられる。道頓堀の「上下弐拾八町」と似た表現であり、この点については、今後も検討する必要があろう。

（2）図2とほぼ同じ貞享年間の手描き絵図（大阪歴史博物館蔵）。なお、これには古垣外と並んで新垣外も「非人村」として書かれている。手描き絵図と出版された絵図では、描く目的が異なるが、その詳細についは今後の検討が必要である。

参考文献

上畑治司「近世初期の三津寺町」『大阪の歴史』五三、一九九九年
内田九州男「都市建設と町の開発」高橋康夫・吉田伸之編『日本都市史入門Ⅱ　町』東京大学出版会、一九九〇年
神田由築「近世「芝居町」の社会＝空間構造」東京大学日本史学研究室紀要別冊『近世社会史論叢』二〇一三年
木上由梨佳「近世大坂の芸能をめぐる社会構造――芝居地・新地芝居・宮地芝居のあり方に即して」〔塚田・八木　二〇一五〕
塚田孝『近世の都市社会史――大坂を中心に』青木書店、一九九六年
塚田孝『都市大坂と非人』山川出版社、二〇〇一年
塚田孝「一七世紀における都市大坂の開発と町人」塚田編『大阪における都市の発展と構造』山川出版社、二〇〇四年、のち

〔塚田 二〇一五〕所収
塚田孝『近世大坂の都市社会』吉川弘文館、二〇〇六年
塚田孝「近世大坂における芝居地の《法と社会》——身分的周縁の比較類型論にむけて」塚田編『身分的周縁の比較史——法と社会の視点から』清文堂出版、二〇一〇年、のち〔塚田 二〇一五〕所収
塚田孝・八木滋編『道頓堀の社会=空間構造と芝居』大阪市立大学・都市文化研究センター、二〇一五年
塚田孝『都市社会史の視点と構想——法・社会・文化』清文堂出版、二〇一五年
塚田孝「近世大坂の開発と社会=空間構造——道頓堀周辺を対象に」『市大日本史』一九、二〇一六年
塚田孝『大坂 民衆の近世史——老いと病・生業・下層社会』ちくま新書、二〇一七年
塚田孝「近世大坂の役木戸——明治初期・再設置出願を手掛かりに」『部落問題研究』二二三、二〇一八年a
塚田孝「近世大坂の道頓堀周辺——非人垣外と水茶屋」『歴史学研究』九七二、二〇一八年b
八木滋「近世前期道頓堀の開発過程——新出文書の検討から」『大阪歴史博物館研究紀要』一二、二〇一四年a
八木滋「一七世紀大坂道頓堀の開発と芝居地」塚田孝・佐賀朝・八木滋編『近世身分社会の比較史——法と社会の視点から』清文堂出版、二〇一四年b
八木滋「近世前期道頓堀の開発過程と芝居地」〔塚田・八木 二〇一五〕所収
吉田伸之「巨大城下町——江戸」『岩波講座日本通史15 近世5』岩波書店、一九九五年、のち『巨大城下町江戸の分節構造』山川出版社、二〇〇〇年所収
吉田伸之『身分的周縁と社会=文化構造』部落問題研究所、二〇〇三年
吉元加奈美「近世大坂における遊所統制——町触を素材に」『都市文化研究』一五、二〇一三年

執筆者一覧（掲載順）

塚田　孝（編者）　大阪市立大学

大澤研一　大阪歴史博物館

齊藤紘子　京都精華大学

植松清志　大阪教育大学（非常勤）

森下　徹　山口大学

島﨑未央　日本学術振興会 PD

北野智也　彦根城博物館

羽田真也　飯田市歴史研究所

飯田直樹　大阪歴史博物館

佐賀　朝　大阪市立大学

屋久健二　鹿児島実業高等学校

山崎竜洋　五條市教育委員会

吉元加奈美　日本学術振興会 PD

三田智子　就実大学

神田由築　お茶の水女子大学

シリーズ三都　大坂巻

2019年7月31日　初　版

[検印廃止]

編　者　塚田《つかだ》　孝《たかし》

発行所　一般財団法人　東京大学出版会

代表者　吉見俊哉

153-0041 東京都目黒区駒場 4-5-29
http://www.utp.or.jp/
電話 03-6407-1069　Fax 03-6407-1991
振替 00160-6-59964

印刷所　株式会社三陽社
製本所　牧製本印刷株式会社

ISBN 978-4-13-025183-9　Printed in Japan